KI im praktischen Einsatz

Einstieg und Praxis

Wolfram Gieseke

Markt+Technik

ISBN 978-3-98810-046-7

Espenpark 1a
90559 Burgthann

Produktmanagement Christian Braun, Burkhardt Lühr
Lektorat, Herstellung Jutta Brunemann
Covergestaltung David Haberkamp
Coverfotos © rawintanpin, Robert Kneschke, Kassiopeia – Adobe Stock; dauosshop – Pixabay
Satz inpunkt[w]o, Wilnsdorf (www.inpunktwo.de)
Druck mediaprint solutions GmbH, Paderborn
Printed in Germany

Vorwort

Künstliche Intelligenz entwickelt sich in rasantem Tempo weiter und ist längst im (Arbeits-)Alltag vieler Menschen angekommen. In gut einem Jahr seit der ersten Auflage dieses Buches ist dementsprechend viel passiert. Die Fähigkeiten der KI-Assistenten haben sich weiterentwickelt, neue Anbieter und neue Möglichkeiten sind hinzugekommen. Höchste Zeit also für eine aktualisierte Neuauflage, mit der Sie sich auf den aktuellen Stand bringen können.

Auch in dieser Auflage soll dabei der praktische Nutzen im Vordergrund stehen. Ich stelle Ihnen Anbieter, Dienste und Assistenten vor, die Sie ohne Umstände, Kosten oder langwierige Installationen unmittelbar nutzen und gewinnbringend für sich arbeiten lassen können. Ob zu Hause, bei der Arbeit, auf Reisen oder bei Ihrem liebsten Hobby: KI kann in vielen Bereichen das Leben erleichtern, Ihnen Arbeit abnehmen und zu schnelleren und besseren Ergebnissen führen.

Ich habe mich wieder bemüht, für alle Bereiche KI-Anbieter zu finden, die sich ohne Abonnement oder andere Kosten nutzen lassen, auch wenn eine Anmeldung per Google-, Microsoft- oder Apple-Konto oft unausweichlich ist. Auch auf deutschsprachige Benutzeroberflächen habe ich Wert gelegt, was sich allerdings nicht immer ganz durchhalten ließ. Zu allen Anwendungen finden Sie Schritt-für-Schritt-Anleitungen und nachvollziehbare Beispiele, die Sie schnell für Ihre eigenen Bedürfnisse abändern können.

In meinem Blog unter www.gieseke-buch.de informiere ich über aktuelle Entwicklungen und stelle spannende neue Anwendungsmöglichkeiten vor. Er dient als ständige Aktualisierung und Ergänzung meiner Bücher. Sie können hier auch mit mir in Kontakt treten, um Ihre Fragen oder Anregungen loszuwerden.

Jetzt wünsche ich aber erst mal viel Spaß und viele hilfreiche Erkenntnisse beim Lesen dieses Buches und beim Entdecken der Möglichkeiten, die moderne KI-Systeme Ihnen eröffnen.

Wolfram Gieseke

Inhaltsverzeichnis

1. Künstliche Intelligenz – die Grundlagen im Überblick

Dieses Buch soll ausdrücklich »künstliche Intelligenz zum Anfassen« bieten, also viele Beispiele von konkreten Diensten und praktischen Anwendungen, die Sie selbst nachvollziehen und für sich anwenden und anpassen können. Aber ein paar wesentliche Dinge sind für das Grundverständnis von KI-basierten Diensten hilfreich. So kann man besser verstehen, wie künstliche Intelligenz funktioniert, warum sie das tut, was sie tut, und warum sie manchmal eben nicht das tut, was man von ihr erwartet.

1.1 Wie werden Computer künstlich intelligent?

Unter **k**ünstlicher **I**ntelligenz (KI) oder im Englischen **A**rtificial **I**ntelligence (AI) versteht man Anwendungen, mit denen Maschinen menschenähnliche Intelligenzleistungen erbringen können. Ursprünglich hatten Forscher dazu die Vorstellung, tatsächlich ein menschliches Gehirn in Software zu simulieren. Davon hat man sich inzwischen weitestgehend verabschiedet. Denn ein menschliches Gehirn mit seinen mehr als 80 Milliarden Neuronen können selbst die neusten Superrechner nicht in allen Details nachbilden.

Mustererkennung und Trainingsdaten

Auf dem Weg dorthin hat die Wissenschaft aber viele Erkenntnisse gewonnen, die sich heute in praktische Anwendungen umsetzen lassen. Ein wesentlicher Bereich sind Algorithmen und Modelle, die es Computern ermöglichen, aus Daten zu lernen, indem sie Muster darin erkennen. Wenn ein Computer beispielsweise Bilder erkennen können soll, auf denen Autos abgebildet sind, könnte man eine möglichst umfassende Vorschrift definieren, nach welchen Strukturen und Pixelhaufen er Ausschau halten soll. Das wäre sehr aufwendig und würde am Ende doch nicht alle Konstellationen berücksichtigen.

Deshalb geht die KI einen (für dieses Beispiel stark vereinfachten) anderen Weg: Man trainiert den Computer beispielsweise mit 1.000 Bildern von Autos und 1.000 Bildern, auf denen keine Autos zu erkennen sind. Die Maschine abstrahiert die Bilddaten in grobe Muster ohne unnötige Details, um die Komplexität zu reduzieren. Dann registriert sie diese Muster in allen Bildern. Sind alle Bilder verarbeitet, analysiert die Software, welche Muster viele der 1.000 Bilder mit Autos gemeinsam haben. Die 1.000 Bilder ohne Autos kann sie nun noch als Gegenprobe verwenden, um Muster zu entfernen, die mit Autos offenbar nichts zu tun haben, wie etwa Straßen oder Ampeln. Übrig bleiben dann Muster, die offenbar Autos entsprechen. Dermaßen trainiert kann die KI nun beliebige Bilder analysieren und erkennen, ob diese Muster von Autos enthalten oder nicht.

Rechenpower und Internet als KI-Turbo

Dieses Erkennen von Mustern in großen Datenmengen ist eine der Schlüsseltechnologien der KI. Und einer der Gründe, warum KI in den letzten Jahren eine so rasante Entwicklung genommen hat. Denn die heutige Leistungsfähigkeit von Computern in Verbindung mit der unvorstellbaren Menge von im Internet verfügbaren Daten hat zu einem gewaltigen Evolutionsschritt geführt. Dabei sind die Grundideen von KI teils jahrzehntealt. Nur musste man sich lange Zeit mit sehr kleinen Datenmengen begnügen, weil nicht mehr verfügbar war und weil das Training viel Rechenzeit beanspruchte. Heute hingegen haben wir riesige, hochleistungsfähige Rechenzentren mit direktem Zugriff auf Daten aus dem Internet.

Inhalte mit generativer KI erstellen

Der zweite wichtige Baustein der heutigen leistungsfähigen KI sind Systeme, die nicht nur bestehende Daten analysieren und klassifizieren, also Erkenntnis gewinnen können. Generative KI kann selbst Inhalte erzeugen und auf diese Weise neue Texte, Bilder, Musik oder andere Medien erschaffen. Dazu verwendet sie statistische Methoden, um Inhalte auf der Grundlage von Wahrscheinlichkeiten zu produzieren.

Wie wahrscheinlich es beispielsweise ist, dass ein Satz wie »Heute wollen wir grillen, denn das Wetter« mit den Worten

- » ist so schön«,
- »wird stürmisch« oder
- »spielt verrückt«

fortgesetzt wird, hat das System im Training gelernt. Es wird sich bei der Fortsetzung immer für Worte mit hoher Wahrscheinlichkeit entscheiden und Kombinationen mit geringer Wahrscheinlichkeit vermeiden. Dabei wählt es nicht immer zwanghaft die allerhöchste Wahrscheinlichkeit, sondern gibt sich mit einer ausreichend hohen zufrieden, sodass eine große Bandbreite an Varianten entstehen kann. Selbst bei gleicher Aufgabenstellung wird die KI also nicht immer stumpf dieselbe Antwort geben, sondern abwechslungsreiche Ergebnisse produzieren.

Das macht aber vielleicht auch eines deutlich: Generative KI-Systeme (von heute) haben kein explizites Wissen. Sie können einen KI-Assistenten wie ChatGPT (siehe Seite 35) fragen, wie Photosynthese funktioniert, und werden als Antwort eine gute Erklärung erhalten. Aber nicht, weil ChatGPT irgendeine Ahnung von Photosynthese hat, sondern weil es eine Menge von Worten aneinanderreiht, die in dieser Abfolge mit hoher Wahrscheinlichkeit einen Text ergibt, der die Funktionsweise von Photosynthese erklärt. Streng genommen könnte man also eher von einer Imitation von Wissen sprechen. Man kann das ein wenig mit einem Chamäleon vergleichen: Wenn das auf einem Baumstamm liegt, nimmt es die Farbe und das Muster der Baumrinde an. Liegt es auf einem Stein, nimmt es das Aussehen der Steinoberfläche an. Es weiß nicht, was ein Baum oder ein Stein ist oder worin beide sich unterscheiden. Aber das muss es auch nicht, um beeindruckende Ergebnisse zu erzielen.

Schwache, breite und starke KI

Im Zusammenhang mit KI werden gelegentlich Adjektive wie »schwach«, »eng«, »breit« oder »stark« verwendet. Von schwacher oder enger KI spricht man bei Anwendungen, die auf ein sehr spezifisches Thema spezialisiert sind. Solche Systeme haben eine eng umrissene Aufgabe wie etwa das Erkennen von Gesichtern, das Übersetzen von Text oder das Erfassen menschlicher Sprache einschließlich regelbasierter Antworten darauf (Alexa, Siri und Co.).

Von breiter KI hingegen spricht man bei Anwendungen, die nicht auf einen spezifischen Anwendungsfall beschränkt sind, sondern eine Vielzahl von Aufgaben lösen können. Zurzeit befinden wir uns bei diesem Schritt hin zu breiter KI. ChatGPT, Copilot, Gemini und Co. können vielfältige Aufgaben lösen. Sie verstehen nicht nur Anweisungen in menschlicher Sprache, sondern können auch Texte generieren und übersetzen, Fragen beantworten und Gespräche führen. Dabei können sie den Kontext eines Dialogs um Informationen erweitern, also begrenzt hinzulernen. Auch die derzeit entwickelten autonomen Fahrzeuge mit ihrer Vielzahl von Herausforderungen können als breite KI betrachtet werden (wenn sie denn mal richtig funktionieren).

Starke KI wird von manchen als Ziel, von anderen als Horrorvorstellung betrachtet: ein System, das über so breites Wissen und so vielfältige Fähigkeiten verfügt, dass es Wissen über verschiedene Bereiche hinweg integrieren, sich an beliebige Situationen anpassen, aus seinen Erfahrungen selbstständig lernen und auf diese Weise letztlich womöglich so etwas wie ein eigenes Bewusstsein entwickeln könnte. Hollywood hat solche Systeme als »Terminator« oder »HAL 9000« bereits vorausgeahnt. In der Realität sind wir davon noch entfernt. Wie weit, weiß allerdings niemand so genau.

1.2 Prompts – mit KI-Systemen kommunizieren

Ein zentrales Werkzeug beim Umgang mit generativer KI sind Prompts. Öffnen Sie beispielsweise ChatGPT oder Copilot, dann sehen Sie zunächst ein Eingabefeld vor sich. Dort geben Sie Ihre Anweisung für die KI ein. Diese kann in der Regel in ganz normaler Sprache erfolgen. Da der Prompt die Schnittstelle zur KI ist, kommt ihm eine große Bedeutung zu. Es hat sich innerhalb kürzester Zeit das neue Berufsbild des Prompt Engineers entwickelt, mit dem man gutes Geld verdienen kann: als jemand, der genau weiß, wie man einer KI möglichst schnell und effektiv genau die gewünschten Informationen entlocken kann.

Allerdings sind Prompts nun auch keine Geheimwissenschaft. In diesem Buch werden Sie eine Menge Prompts finden, die Sie ausprobieren und für sich selbst abändern können. Mit ein paar Regeln und Tipps kann man recht weit kommen. Die wichtigste: Stellen Sie sich vor, Sie würden einem menschlichen Assistenten, der für Sie arbeitet, Anweisungen erteilen. Beschreiben Sie der KI Ihr Anliegen also genau so, als ob Sie es einem anderen Menschen mitteilen würden.

Abgesehen davon sollten Sie der KI immer möglichst viele Informationen bzw. genaue Vorgaben machen. Anstatt

```
Wie funktioniert Oxidation?
```

können Sie beispielsweise schreiben:

- `Beschreibe Oxidation in drei Sätzen.`
- `Liste die fünf wichtigsten Aspekte zur Oxidation auf.`
- `Ich schreibe morgen eine Klassenarbeit über das Thema Oxidation. Was für Fragen könnten in der Arbeit vorkommen?`
- Und ergänzend dazu: `Was sind gute Antworten auf diese Fragen?`

Geben Sie der KI Kontext

Ein wichtiges Gestaltungsmittel bei Prompts ist es, der KI einen bestimmten Kontext mitzugeben, in dem sie operieren soll. Es macht ja einen riesigen Unterschied, ob man beispielsweise das Funktionsprinzip eines Elektromotors einem Kindergartenkind oder einem Elektrotechnik-Studenten erklären möchte. Teilen Sie der KI also mit, wofür bzw. für wen Informationen bereitgestellt werden sollen.

Generative KIs können auch Rollen annehmen, die Sie ihnen zuweisen. Sie können also beispielsweise schreiben:

```
Stell dir vor, du bist Physiklehrer in einer fünften
Klasse und willst deinen Schülern erklären, wie ein
Elektromotor funktioniert.
```

Ebenso können KIs eine ganz bestimmte Rolle in einem fiktiven Dialog einnehmen:

```
Stell dir vor, du bist Personalchef in einem
regionalen Entsorgungsunternehmen und führst ein
Bewerbungsgespräch mit mir. Welche Fragen würdest
du mir stellen?
```

Weitere Rollen, die eine KI einnehmen kann:

- Sie kann Experte für ein bestimmtes Fachgebiet sein und aus dieser Perspektive antworten.
- Sie kann bei einem Pro- und Kontra-Thema einen bestimmten Standpunkt einnehmen und diesen vertreten.
- Sie kann die Perspektive einer Person aus einer ganz bestimmten Zeit einnehmen.
- Sie kann in die Rolle einer ganz spezifischen Persönlichkeit schlüpfen, wie etwa William Shakespeare, Albert Einstein oder Marie Curie.

Dieses Kontext-Prinzip lässt sich auf andere Arten von Prompts übertragen. Auch bei Bildern etwa kann es einen großen Unterschied machen, wofür man das Bild verwenden möchte. Wenn Sie das der KI mitteilen, wird sie entsprechend passgenauere Inhalte erzeugen. Und das kann einen wichtigen Unterschied machen, etwa:

```
Erstelle ein Bild von einem grinsenden Clown.
Es soll auf eine Einladungskarte zu einem
Kindergeburtstag.
```

vs.

```
Erstelle ein Bild von einem grinsenden Clown.
Es soll die Titelseite meines neuen Horror-Romans
werden.
```

Lassen Sie sich Prompts vorschlagen

Generative KIs können Texte erzeugen und ein Prompt ist auch nur ein Text. Sie können sich von einer KI also auch Prompts generieren lassen. Das mag im ersten Moment etwas seltsam anmuten. Aber wenn Sie nicht wissen, wie Sie eine Aufgabe angehen sollen, lassen Sie sich dafür einen Prompt erstellen:

```
Erstelle mir einen Prompt, mit dem ich eine schöne,
nicht zu aufregende Gute-Nacht-Geschichte für
meinen Sohn generieren kann.
```

Auf diese Weise bekommen Sie nicht nur einen passenden Prompt, sondern lernen auch gleich einiges über die Möglichkeiten bei der Prompt-Gestaltung. Ebenso können Sie der KI einen Text übergeben (einfach in den Prompt mit einfügen) und diesen analysieren lassen:

```
Analysiere diesen Text auf Stil, Sprache und Tonfall
und schlage mir einen Prompt vor, mit dem ich Texte
nach diesem Muster generieren kann.
```

Sollte ich zur KI höflich oder freundlich sein?

Sie werden in diesem Buch an verschiedenen Stellen feststellen, dass ich in KI-Prompts Höflichkeitsfloskeln wie »bitte« verwende. Nun kann man argumentieren, dass das bei einem Computer, der auf Algorithmen und harten Daten basiert, verschwendet ist. Manche plädieren sogar ausdrücklich dafür, bei der Interaktion mit KI-Assistenten auf jegliche Freundlichkeit zu verzichten und sich diese lieber für menschliche Kommunikationspartner aufzuheben. Auch wenn man beispielsweise ChatGPT selbst fragt, ob man höflich formulieren sollte und ob das möglicherweise zu besseren Antworten führt, wird dies entschieden verneint.

Wissenschaftliche Studien allerdings zeigen inzwischen, dass auch beim Umgang mit KI-Assistenten der Ton die Musik machen kann. Dabei kommt es nicht so sehr auf bestimmte Schlüsselwörter wie »bitte« an, da diese für eine Problemstellung oder die Antwort darauf in der Regel tatsächlich bedeutungslos sind. Aber je verbindlicher und persönlicher man mit einer KI kommuniziert, desto bessere Ergebnisse erzielt man. Vielleicht lässt es sich so auf den Punkt bringen: Wenn man mit einer KI wie mit einem menschlichen Partner umgeht, vermittelt man ihr automatisch zusätzliche Informationen, die zu einer individuelleren und passgenaueren Antwort führen.

> Führt es zu besseren Antworten, wenn ich zu KI-Systemen höflich und freundlich bin?
>
> Nein, die Art und Weise, wie Sie mit KI-Systemen interagieren, hat keinen direkten Einfluss auf die Qualität der Antworten, die Sie erhalten. KI-Systeme basieren auf Algorithmen und Daten und liefern Antworten basierend auf diesen Faktoren. Es ist jedoch wichtig, klar und präzise zu formulieren, um genaue und relevante Antworten zu erhalten. Höflichkeit und Freundlichkeit können jedoch dazu beitragen, eine positive Interaktionserfahrung zu schaffen.

Und das Verwenden von Höflichkeitsformen mag dazu führen, dass man sich selbst immer wieder daran erinnert, möglichst konkret und ausführlich nachzufragen, um optimale Antworten zu erhalten.

Sie können das leicht selbst probieren, indem Sie verschiedene Varianten einer Anfrage durchführen und die Ergebnisse vergleichen, beispielsweise

```
Palstek
```

vs.

```
Erkläre mir Schritt für Schritt, wie man einen
Palstek knotet!
```

Oder auch

```
Blumen Balkon welche
```

vs.

```
Kannst du mir bitte Empfehlungen für Blumen geben,
die ich auf meinem Balkon einpflanzen könnte, um
mich den Sommer lang daran zu erfreuen?
```

Die Erfahrung zeigt, dass es dabei weniger auf »bitte« und »danke«, sondern auf Hinweise wie »ausführlich«, »Schritt für Schritt«, »im Detail«, »genauer« oder aber auch »allgemeiner« oder »grundlegend« ankommt. Für die KI sind das eben keine Füllwörter, sondern sie geben wichtige Hinweise, wie die Antwort konkret gestaltet werden soll.

1.3 Künstliche Intelligenz und Urheberrecht

Eine naheliegende Frage bei KI-generierten Inhalten ist die nach dem Urheberrecht. Wer ist der geistige Schöpfer eines von einem KI-Assistenten erstellten Beitrags? Der Nutzer, der den Assistenten mit bestimmten Vorgaben beauftragt hat? Der Programmierer der KI? Das Unternehmen, welches das System betreibt?

Da es hier um Urheber**recht** geht, lohnt sich der Blick ins Gesetz. § 2 Abs. 2 des deutschen Urheberrechtsgesetzes (UrhG) sagt zur Definition von urheberrechtlich geschützten Werken:

»Werke im Sinne dieses Gesetzes sind nur persönliche geistige Schöpfungen.«

Eine Person kann nur ein Mensch sein und insofern besteht ein Urheberrecht nur für Werke, die ein Mensch erstellt hat. In Österreich und der Schweiz gelten in diesem Punkt entsprechende Bestimmungen.

Ein KI-System kann also an den von ihm generierten Inhalten kein Urheberrecht erlangen, da es keine Person ist. Gleichzeitig darf davon ausgegangen werden (auch wenn es hierzu noch keine gesetzliche Regelung oder höchstrichterliche Rechtsprechung gibt), dass das Formulieren einer Aufforderung an ein KI-System, Inhalte nach bestimmten Vorgaben zu generieren, nicht ausreicht, um das Urheberrecht an den so generierten Inhalten zu erlangen. Die eigentliche Schöpfung erfolgt ja in der Maschine.

Folglich erstellen KI-Systeme Inhalte, an denen prinzipiell niemand Urheberrecht hat. Man spricht dabei auch von gemeinfreien Werken. Diese können von jedermann ohne Einschränkungen verwendet werden. Einfach gesagt: KI-generierte Inhalte können Sie prinzipiell bedenkenlos in sozialen Medien teilen, im Web oder auch in einem Buch veröffentlichen und damit Geld verdienen. Das Wort »prinzipiell« legt aber vielleicht schon nahe, dass die Sache ein paar Haken hat, die man beachten sollte.

KI-generierte Inhalte sind nicht automatisch urheberrechtsfrei

Im scheinbaren Gegensatz zum vorangehend Gesagten muss KI-generierter Inhalt nicht automatisch urheberrechtsfrei sein. Eine KI »lernt« aus einer Unmenge an Daten, die überwiegend aus von Menschen geschaffenen Inhalten bestehen, die urheberrechtlich geschützt sind. Das macht auch nichts, da für das Generieren bestimmter

Inhalte in der Regel das Wissen aus einer Vielzahl von Quellen genutzt und vermischt wird, sodass neuer, urheberrechtsfreier Inhalt entsteht.

Es besteht immer das Risiko, dass ein KI-Assistent seine Inhalte zu einer speziellen Anforderung 1:1 aus einer bestimmten Quelle übernimmt und damit deren Inhalt quasi kopiert. In gewissem Umfang wäre das rechtlich sogar in Ordnung, sofern dieser Teil als Zitat gekennzeichnet und mit Quellenangabe versehen ist. Achten Sie bei Antworten von KI-Assistenten also stets auf Hinweise zu Quellen, sofern diese vorhanden sind.

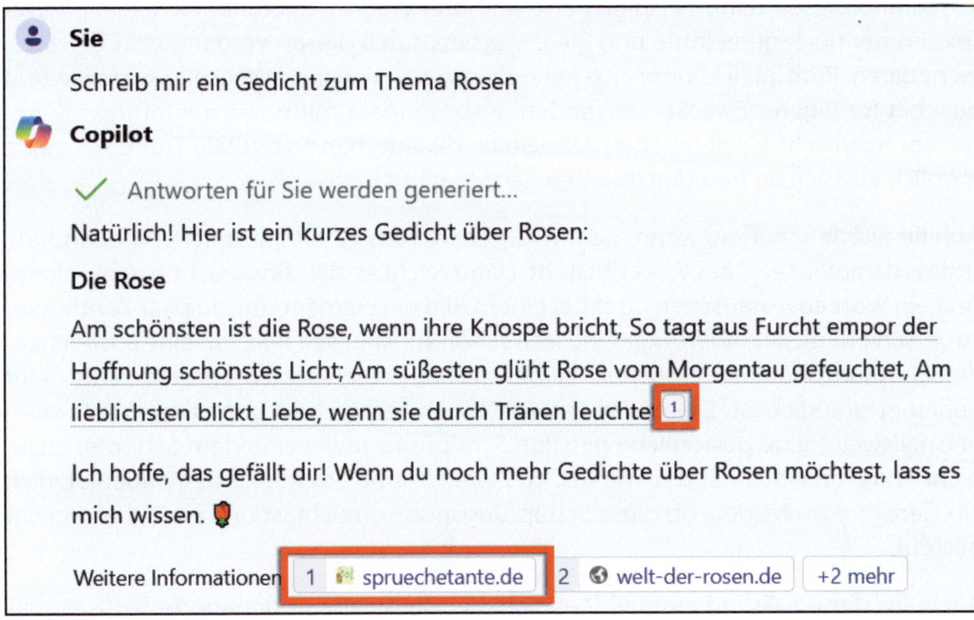

Achten Sie in den Antworten von KI-Systemen auf Quellenangaben, um Urheberrechtsverstöße zu vermeiden

Es kann aber auch sein, dass ein KI-System selbst gar nicht »merkt«, wenn es mit seinem generierten Inhalt einen bestimmten Urheber plagiiert, und Benutzer dementsprechend auch nicht warnen kann. Wenn in generierten Inhalten urheberrechtlich geschützte Teile noch erkennbar sind (und diese nicht korrekt zitiert sind oder im Umfang über das Zitatrecht hinausgehen), gelten sie nicht mehr als gemeinfrei und dürfen nur mit Einwilligung der Urheber verwendet werden. Wer solche Inhalte veröffentlicht, muss sich diese Urheberrechtsverletzung zurechnen lassen und kann sich nicht damit rechtfertigen, das KI-System habe das verursacht.

Die Wahrscheinlichkeit, dass so etwas passiert, ist angesichts der riesigen Datenmengen an Trainingswissen heutiger KI-Systeme überwiegend unwahrscheinlich. Aber je spezieller und exotischer ein Thema ist, desto mehr steigt das Risiko. Dies sollte man bedenken und insbesondere vor einer kommerziellen Nutzung von KI-generierten Inhalten gründlich prüfen. Ebenso besteht aber immer auch die Möglichkeit, die KI-generierten Inhalte nur als Ausgangsbasis für eigene Werke zu verwenden, was dieses Risiko erheblich reduziert.

Das Urheberrecht an KI-Inhalten erwerben

Weil KI-generierte Inhalte gemeinfrei sind, hat niemand das Urheberrecht daran. Auch wenn Sie einen Text nach Ihren Vorgaben von einem KI-Assistenten erstellen lassen und diesen dann beispielsweise auf Ihrer Webseite veröffentlichen, ist dieser Text immer noch gemeinfrei und Sie erwerben durch diesen Vorgang kein Urheberrecht daran. Prinzipiell könnte also jeder diesen Text von Ihrer Webseite kopieren und beliebig für eigene Zwecke verwenden. Insbesondere mit einer zukünftigen Kennzeichnungspflicht für KI-Inhalte (siehe Seite 19) lädt man so digitale Trüffelschweine förmlich ein, sich an fremden Inhalten ganz legal zu bedienen.

Abhilfe würde schaffen, wenn Sie die KI-generierten Inhalte ausreichend abändern, sodass daraus Ihr eigenes Werk entsteht. Dafür reicht es allerdings nicht aus, bei einem Text ein Wort auszutauschen oder bei einem Bild ein Element um ein paar Zentimeter zu verschieben. Die Änderungen müssen schon substanziell sein, um eine ausreichende Schöpfungshöhe zu erreichen. Leider gibt es keine exakten Kriterien, was dafür genau erforderlich ist. Die etwas schwammigen rechtlichen Definitionen erfordern beispielsweise eine persönliche geistige Schöpfung sowie eine dem Schöpfer zuzurechnende Individualität des Werkes. Im Zweifels- und Streitfall müsste aber letztlich ein Gericht entscheiden, ob diese Schöpfungshöhe erreicht ist und ein Urheberrecht besteht.

Auch aus diesem Grund empfiehlt es sich, beispielsweise KI-generierte Texte nur als Inspiration bzw. Grundlage seiner Arbeit zu nutzen, auf der man dann letztlich einen eigenen Text formuliert. An dem haben Sie automatisch ein unveräußerliches Urheberrecht. Und Sie müssen ein so erschaffenes Werk selbst im Fall einer Kennzeichnungspflicht für KI-generierte Inhalte nicht als solches markieren.

Nutzungsrechte der Anbieter beachten

Ein weiterer Aspekt neben dem Urheberrecht ist das Recht zur Nutzung beispielsweise für kommerzielle Zwecke. Betreiber von KI-Systemen haben zwar kein Urheberrecht an den von ihren Systemen generierten Inhalten. Aber sie können in den Nutzungsbedingungen ausschließen, dass die erzeugten Inhalte für kommerzielle Zwecke genutzt werden. Wenn Sie solchermaßen erzeugte Texte, Bilder oder Videos trotzdem kommerziell auswerten, kann man Ihnen zwar keinen Verstoß gegen das Urheberrecht vorwerfen. Aber auch Verstöße gegen Nutzungsbedingungen können Konsequenzen bis hin zu Schadensersatzforderungen haben.

Insbesondere wenn Sie KI-generierte Inhalte kommerziell veröffentlichen möchten, sollten Sie sich deshalb vergewissern, dass der Betreiber des jeweiligen Dienstes dies erlaubt oder zumindest nicht ausdrücklich ausschließt. Bei großen Anbietern wie OpenAI (ChatGPT usw.) gibt es in dieser Hinsicht bislang keine Beschränkungen. Kleinere Anbieter können die kommerzielle Nutzung aber durchaus ablehnen oder etwa nur zahlenden Kunden einräumen.

Einen naheliegenden Denkfehler sollte man in diesem Zusammenhang unbedingt vermeiden: Betreiber von KI-Systemen können durchaus erkennen, ob ein Bild oder Video mit ihrem Produkt erstellt wurde.

Dabei helfen digitale Wasserzeichen, die automatisiert unauffällig in Medien eingefügt werden können. Selbst wenn man von ihrem Vorhandensein weiß, kann man sie allenfalls mit erheblichem Aufwand aus einer Datei entfernen.

Solche Wasserzeichen werden beispielsweise von Bilddatenbanken schon länger eingesetzt, um die Nutzung ihrer Produkte im Internet zu kontrollieren. Vermutlich setzen auch KI-Bildgeneratoren solche Wasserzeichen bereits für statistische Zwecke ein. In Zukunft könnten sie auch genutzt werden, um nicht genehmigter kommerzieller Nutzung auf die Spur zu kommen.

1.4 Kennzeichnungspflicht für KI-Inhalte

Seit August 2025 besteht in der EU eine Kennzeichnungspflicht bei der Verwendung von KI-Inhalten.

Kennzeichnungspflicht bedeutet in diesem Zusammenhang, dass für die Öffentlichkeit bestimmte KI-generierte Texte, Bilder, Videos usw. für Konsumenten eindeutig als solche erkennbar sein sollen. Hierzu soll ein Hinweis wie »künstlich erzeugt« oder »KI-generiert« beigefügt werden.

Allerdings gibt es dabei wichtige Ausnahmen:

- wenn die Inhalte offensichtlich von KI stammen, etwa wenn in einem Video ein Nutzer direkt mit einem KI-Assistenten kommuniziert, oder
- wenn KI-generierte Inhalte menschlich überprüft oder redaktionell kontrolliert wurden und wenn eine natürliche oder juristische Person die redaktionelle Verantwortung übernimmt.

Eine allgemeine Kennzeichnungspflicht würde sich daraus nicht direkt ableiten lassen. Vielmehr richten sich diese Anforderungen vor allem gegen Deep Fakes und anonyme Falschinformationen im Netz. Texte müssten demzufolge grundsätzlich nicht gekennzeichnet werden, solange jemand die redaktionelle Verantwortung dafür trägt und für Falschinformationen im Zweifelsfall geradesteht.

Deep Fakes

Als Deep Fakes bezeichnet man mit Unterstützung von KI generierte Bilder, Videos oder Audioclips, bei denen Gesicht, Körper oder Stimme einer Person in einen ganz anderen Kontext gesetzt wird.

Besonders berüchtigt ist dabei pornografisches Bildmaterial, in das die Gesichter anderer Personen einmontiert werden. Bei Fotos ist das nicht neu und konnte mit etwas Geschick schon seit Langem von Hand gemacht werden. KI ermöglicht aber auch das Hineinmontieren von Gesichtern in Videoclips. Dadurch erhalten die Körper handelnder Personen die Gesichter von Politikern, Schauspielern, Sportlern. Prinzipiell kann das aber jeden treffen, wenn sich beispielsweise jemand am Ex-Partner rächen will.

Aber auch in anderen Kontexten gibt es vermehrt Video- oder Audioclips, in denen beispielsweise Politikern oder anderen Prominenten Aussagen in den Mund gelegt werden, die diese nie gemacht haben. Solches Material wird gern zu politischer Propaganda oder zur Verunglimpfung von Menschen eingesetzt.

Unabhängig von einer gesetzlichen Pflicht zur Kennzeichnung kann es aber auch aus Gründen der Transparenz und Fairness durchaus sinnvoll sein, KI-generierte Inhalte zu kennzeichnen.

Dazu gibt es verschiedene mehr oder weniger aufdringliche Möglichkeiten:

- Unübersehbar und eindeutig ist ein kurzer Hinweistext am Anfang oder Ende eines Textes bzw. in Titel oder Unterschrift eines Bildes/Videos.
- Bei Bildern könnte man auch dezent das Logo des verantwortlichen KI-Systems als Wasserzeichen in einer der Ecken erkennbar machen, ohne den Gesamteindruck nennenswert zu stören.
- Hinweise zur KI-Herkunft von Medien können ebenso im begleitenden Text enthalten sein. Vielleicht mögen Sie ja ganz ausdrücklich Ihre »Tricks« teilen und beispielsweis den Prompt angeben, mit dem Sie ein bestimmtes Bild erzeugt haben.
- Bei Mediendateien bieten außerdem die Metadaten eine gute Möglichkeit, einen Hinweis auf die KI-Entstehung des Werkes zu hinterlassen. Der ist für menschliche Betrachter zwar nur mit etwas Aufwand erkennbar. Dafür kann er von Anwendungen und Plattformen automatisch ausgewertet werden. Einen allgemein anerkannten Standard gibt es dafür bislang aber noch nicht.

- Bei sozialen Medien bieten sich die gängigen Schlagwörter (Hashtags) an, um auf KI-generierte Inhalte hinzuweisen, etwa *#KIgeneriert*, *#AIArt*, *#MadeByChatGPT* usw. Auch hier haben sich noch keine Standards etabliert, sodass man seiner Fantasie freien Lauf lassen kann.

1.5 KI und Datenschutz

Ein wichtiger Aspekt beim Umgang mit KI kann der Datenschutz sein. »Kann« deshalb, weil das sehr davon abhängt, wie Sie KI-Systeme nutzen. Solange es um die Daten geht, die von der KI erzeugt werden, spielt Datenschutz – zumindest was Sie als Anwender angeht – keine Rolle. Sie können davon ausgehen, dass die Daten in den Antworten einer KI prinzipiell öffentlich zugänglich und nicht besonders schützenswert sind.

Anders sieht es mit den Daten aus, die Sie selbst in einem Prompt eingeben oder einem KI-System auf andere Weise zur Analyse zur Verfügung stellen. Diese Daten werden nicht lokal verarbeitet, sondern zum Server hochgeladen, auf dem die KI-Anwendung läuft. Bei einfachen Prompts ohne spezifische Inhalte ist das kein Problem. Anders sieht es aus, wenn Sie persönliche Daten von sich selbst oder anderen Menschen verwenden oder beispielsweise Inhalte hochladen, die nicht für die Öffentlichkeit bestimmt sind.

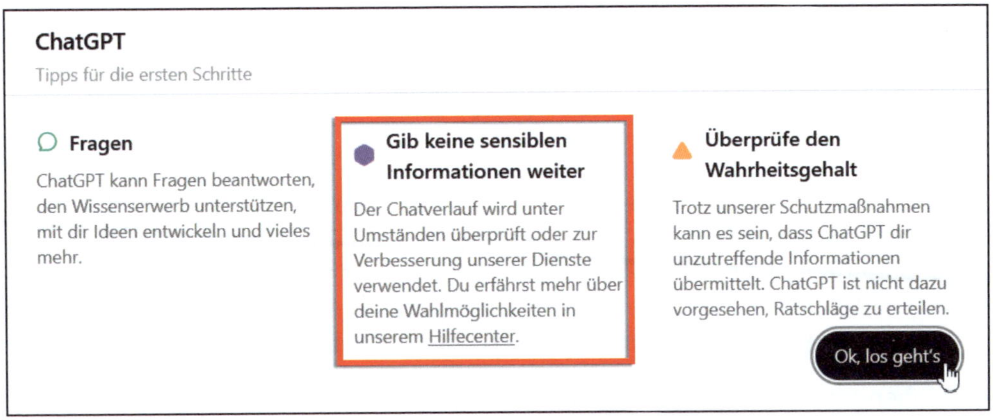

ChatGPT weist bei der Anmeldung dezent darauf hin, dass Eingaben gespeichert und genutzt werden

Nehmen wir mal an, Sie bekommen in Ihrer Firma eine PDF-Datei mit einem Sitzungsprotokoll zugeschickt. Das Protokoll ist recht umfangreich und Sie interessieren sich nur für ganz bestimmte Themen daraus. Sie kommen auf die Idee, sich die für Sie interessanten Informationen von einem KI-Assistenten zusammenfassen zu lassen (was ohne Weiteres möglich ist, siehe Seite 53).

Was passiert mit dem Inhalt?

- Die PDF-Datei wird zum Server des KI-Systems hochgeladen.
- Die KI analysiert den Inhalt und übersetzt ihn in Ihre interne Wissensrepräsentation. Sie »lernt« also, was darin steht, um Fragen dazu beantworten zu können.
- Viele KI-Anbieter behalten sich das Recht vor, Prompts und übermittelte Informationen dauerhaft zu erfassen und das daraus gewonnene Wissen in ihre Wissensdatenbank zu überführen, damit ihr System beständig hinzulernen kann.
- Etwas später benutzt ein Mitbewerber oder ein Journalist dieselbe KI zur Recherche über Ihre Firma.
- Die KI erteilt auf Nachfrage Auskunft über alles, was sie über Ihre Firma weiß. Da der Inhalt des Protokolls zum Teil dieses Wissens geworden ist, können die Antworten der KI Informationen aus diesem Protokoll enthalten, die so der Öffentlichkeit zugänglich werden.

Zugegebenermaßen ein Schreckensszenario, das aber für die Problematik sensibilisieren soll, wenn man schützenswerte Dokumente einer KI zugänglich macht. Denn das Problem ist nicht nur, dass womöglich sensible Daten anderen zugänglich gemacht werden. Es kann ebenso passieren, dass man auf diese Weise gegen Datenschutzbestimmungen und interne Regelungen zum Datenschutz verstößt und sich reichlich Ärger einhandelt.

Verzichten Sie also möglichst darauf bzw. verwenden Sie in solchen Fällen Anbieter, die den Datenschutz nach deutschen bzw. europäischen Normen gewährleisten.

ChatGPT und Co. datenschutzfreundlich einstellen

Leider herrscht im Bereich KI derzeit eine digitale Goldgräberstimmung und Aspekte des Datenschutzes werden von vielen bestenfalls stiefmütterlich behandelt. Viele Anbieter präsentieren Ihnen nur einen Eingabe-Prompt ohne weitere Einstellungsmöglichkeiten. Mit der Nutzung oder mit dem Anlegen eines Benutzerkontos stimmt man zwangsläufig den Nutzungsbedingungen zu, die der Anbieter diktiert.

Eine lobenswerte Ausnahme ist ChatGPT, zumindest wenn man diesen Dienst direkt über die Webseite des Anwenders unter https://chatgpt.com nutzt. Dort haben angemeldete Nutzer die Möglichkeit, der Nutzung ihrer Eingaben zu Trainingszwecken zu widersprechen:

1. Klicken Sie als angemeldeter Nutzer von https://chatgpt.com unten links auf das Symbol für Ihr Konto.

2. Wählen Sie im so geöffneten Menü den Punkt *Einstellungen*.
3. Wechseln Sie in den *Einstellungen* zur Rubrik *Datenkontrollen*.

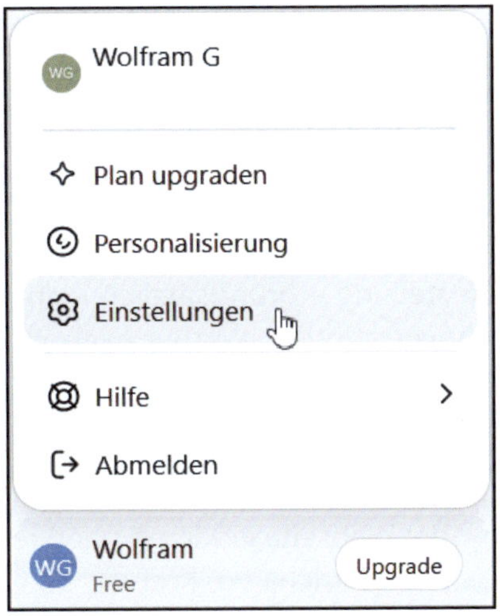

4. Klicken Sie dort rechts auf den Eintrag *Das Modell für alle verbessern*.

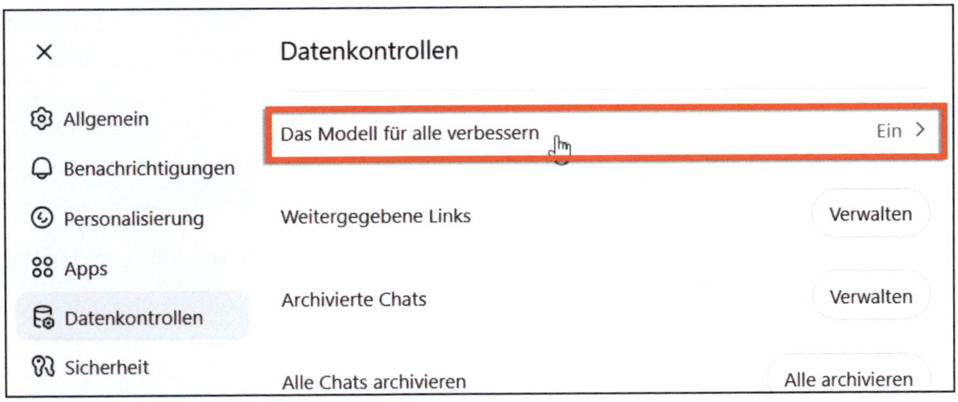

5. Im so geöffneten Dialog *Modellverbesserung* stellen Sie den Schalter oben rechts auf *Aus* und klicken dann auf *Erledigt*.

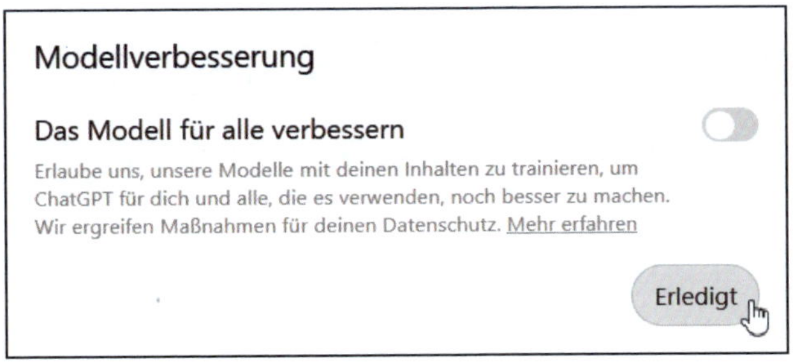

Ab sofort werden Ihre Prompts und Inhalte, die Sie an den ChatGPT-Assistenten übermitteln, nicht mehr zum Training der KI verwendet. Sie werden allerdings weiterhin gespeichert und können im Verlauf abgerufen werden.

Provisorische Chats bei ChatGPT

Eine weitere Möglichkeit zur Datensparsamkeit bei ChatGPT sind provisorische Chats. Diese funktionieren im Prinzip genau wie sonst von diesem Assistenten gewohnt, sind in der Funktionalität also nicht eingeschränkt.

Allerdings werden die Inhalte – unabhängig von der vorangehend beschriebenen Einstellung – grundsätzlich nicht zum Training der KI wiederverwendet. Und solche Konversationen werden nach 30 Tagen automatisch gelöscht. Und auch innerhalb dieser Frist würden sie nur dann betrachtet, wenn ein möglicher Missbrauch des Dienstes im Raum steht.

1. Um einen solchen temporären Chat mit dem Assistenten zu führen, klicken Sie auf der Webseite jederzeit oben rechts neben Ihrem Konto-Symbol auf das Symbol eines gestrichelten Kreises.

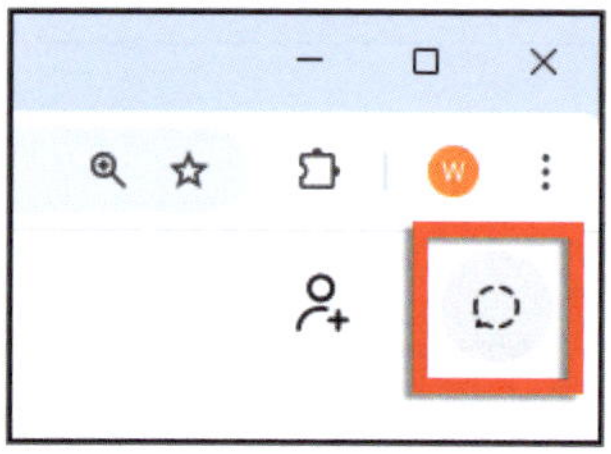

2. Der Eingabe-Prompt wird daraufhin zu Weiß auf Schwarz invertiert, um den Wechsel auch visuell zu verdeutlichen.

3. Sie können nun wie gewohnt mit dem Assistenten kommunizieren. Allerdings werden Ihre Eingaben nicht für Trainingszwecke genutzt und auch nur temporär gespeichert.
4. Möchten Sie wieder zu einem regulären Chat zurückkehren, klicken Sie erneut auf das Symbol oben rechts und schalten Sie den *Provisorischen Chat* aus.

1.6 Die Grenzen der KI

Niemand ist perfekt – auch nicht die künstliche Intelligenz (nach heutigem Stand). Auch wenn das Experimentieren mit den neuen Möglichkeiten viel Spaß macht und beeindruckende Ergebnisse hervorbringen kann, sollte man sich der Grenzen bewusst sein. Eine davon ist die mangelnde Aktualität des Wissens, was eine hausgemachte Unzulänglichkeit heutiger Systeme ist, die wir in Zukunft sicher überwinden werden. Eine andere hingegen liegt in der Funktionsweise der Anwendungen begründet und wird sich womöglich nie ganz beseitigen lassen: KI-Systeme können halluzinieren, also Dinge erfinden bzw. behaupten, die es gar nicht gibt.

Die Aktualität von Wissen bei KI-Systemen

Einen Aspekt sollte man beim Recherchieren mithilfe von KI stets im Blick behalten. Viele KI-Assistenten operieren mit einer Wissensbasis, die zu einem bestimmten Zeitpunkt erstellt und abgeschlossen wurde. Man muss also von einer Art »Redaktionsschluss« (engl. Cutoff) ausgehen. Informationen und Fakten, die erst nach diesem Zeitpunkt entstanden, stehen dem Modell nicht zur Verfügung. Man spricht deshalb auch von statischen Systemen.

Das bedeutet nicht zwangsläufig, dass Sie von KI-Assistenten keine Informationen erhalten können, die sich auf Ereignisse nach diesem Datum beziehen. Googles Gemini etwa ist in der Lage, durch Rückgriff auf die Google-Suche auch aktuelle Daten und Entwicklungen zu berücksichtigen und in seine Antworten einzufügen. Allerdings sind diese eben nicht integraler Bestandteil des Sprachmodells, sondern in Echtzeit hinzugefügte Bestandteile. Ob und in welchem Umfang solche Echtzeit-Ergänzungen stattfinden, entzieht sich der Kontrolle des Anwenders, der auch nicht immer erkennen kann, ob Gemini aktuelle Entwicklungen nach dem »Cutoff« in eine Antwort hat einfließen lassen.

Wie aktuell ist mein KI-Assistent?

Die Frage nach der Aktualität des Wissens ist eine, die Sie Gemini (ebenso wie jedem anderen KI-Assistenten) direkt stellen können:

```
Wie aktuell ist dein Wissen?
```

Der Assistent gibt dazu bereitwillig Auskunft und verweist darauf, Trainingsdaten aus dem Sprachmodell und Echtzeit-Informationen zu kombinieren, sowie laufend aktualisiert zu werden.

Wie aktuell ist dein Wissen?

Mein Wissen ist eine Kombination aus einem umfangreichen Training auf historischen Daten und der Fähigkeit, in Echtzeit auf aktuelle Informationen zuzugreifen.

Hier ist eine kurze Übersicht, wie mein Wissensstand funktioniert:

- **Trainingsdaten:** Mein grundlegendes Modell wurde mit einer riesigen Menge an Texten trainiert. Diese Daten haben einen sogenannten „Knowledge Cutoff", der meist einige Monate in der Vergangenheit liegt.
- **Echtzeit-Zugriff:** Da wir uns im Jahr **2026** befinden, kann ich für aktuelle Ereignisse, Nachrichten oder spezifische Daten (wie das heutige Wetter oder Sportergebnisse) direkt auf die Google-Suche zugreifen.
- **Laufende Aktualisierungen:** Ich werde kontinuierlich verbessert, um Trends und technologische Entwicklungen besser zu verstehen.

Das klingt erst mal gut, aber wenn in der Antwort ausdrücklich der *Knowledge Cutoff* erwähnt wird, kann man ja auch mal konkret danach fragen:

```
Wann war dein Knowledge Cutoff?
```

Hier zeigt sich: Der Redaktionsschluss des Sprachmodells war zum Zeitpunkt dieser Abfrage bereits über ein Jahr her. Alles Wissen über Ereignisse und Erkenntnisse seitdem muss also über den Echtzeitzugriff ergänzt werden.

Wann war dein Knowledge Cutoff?

Mein grundlegender Wissensstand (der sogenannte **Knowledge Cutoff**) reicht bis **Januar 2025**.

Das bedeutet:

- **Statisches Wissen:** Alles, was bis Januar 2025 passiert ist, gehört zu meinem festen Trainingswissen. Ich kenne die Fakten, Technologien und Ereignisse bis zu diesem Zeitpunkt auswendig.
- **Aktuelle Informationen:** Da wir uns heute im **Januar 2026** befinden, liegt dieser Stichtag etwa ein Jahr zurück. Für alles, was im Laufe des Jahres 2025 oder in den ersten Tagen von 2026 passiert ist, nutze ich meine integrierte **Google-Suche**.

Einen solchen Redaktionsschluss gibt es bei allen KI-Systemen mit großen Sprachmodellen, da das Training so aufwendig ist, dass es nicht alle paar Wochen oder gar Tage wiederholt werden kann. Das ist also an sich kein Qualitätskriterium oder schwerwiegendes Problem. Man muss es nur im Hinterkopf behalten, wenn man den Assistenten bei Aufgaben einsetzt, die aktuelles Wissen erfordern. Dann sollte man besondere Maßnahmen ergreifen, um die Aktualität der Antworten sicherzustellen.

Wenn aktuelle Informationen gefragt sind

Da sich der Echtzeitzugriff des Assistenten nicht per Option ein- oder ausschalten lässt, sollten Sie bei Bedarf auf andere Weise dafür sorgen, dass Gemini und Co. aktuelle Antworten liefern. Teilweise ist dies schon in die Aufgabenstellung integriert, etwa wenn Sie nach der zukünftigen Entwicklung des Ölpreises fragen. Hier erkennt der Assistent an der Fragestellung, dass zeitkritische Informationen gefragt sind, und fügt automatisch entsprechend aktuelle Angaben hinzu.

> Wie wird sich der Ölpreis in den kommenden sechs Monaten entwickeln?

Für die kommenden sechs Monate (Januar bis Juni 2026) zeichnet sich am Ölmarkt ein eher **pessimistisches Bild** mit tendenziell sinkenden Preisen ab. Die Mehrheit der Analysten und Institutionen (wie die EIA oder große Investmentbanken) rechnet mit einer Phase des Überangebots.

Hier ist die detaillierte Analyse der erwarteten Entwicklung:

Markterwartung für das 1. Halbjahr 2026

Die Prognosen für die Sorte **Brent** bewegen sich für diesen Zeitraum primär in einer Spanne zwischen **50 USD und 62 USD** pro Barrel.

Zeitraum	Prognostizierte Preisspanne (Brent)	Haupttrend
Q1 2026 (Jan–Mär)	55 – 61 USD	Seitwärts bis leicht fallend

Brandaktuelle Informationen

Schlüsselwörter wie »heute«, »aktuell«, »in den letzten Stunden« oder »brandneu« fungieren als Signal an Gemini, die Echtzeit-Suchfunktion zu priorisieren, anstatt auf das trainierte Wissen des Sprachmodells zurückzugreifen.

Wenn sich die Notwendigkeit aktueller Informationen aus Ihrer Fragestellung nicht unbedingt ergibt, können Sie den Prompt um Anweisungen ergänzen, die Aktualität erzwingen, wie etwa bei den folgenden Beispielen:

- Wie haben sich die Aktienkurse der Top-5-Tech-Unternehmen in den letzten 24 Stunden entwickelt und welche aktuellen Marktanalysen erklären diese Bewegung?
- Zeige mir den aktuellen Live-Kurs von Bitcoin und fasse die drei wichtigsten Nachrichtenmeldungen der letzten 6 Stunden zusammen, die den Preis beeinflussen könnten.
- Was sind die aktuellsten Schlagzeilen zu [Thema, z. B. Klimakonferenz] von heute? Bitte gib nur Quellen an, die nicht älter als 12 Stunden sind.
- Gibt es brandneue Entscheidungen oder Pressemitteilungen der Bundesregierung aus dieser Woche bezüglich der [z. B. Rentenreform]?
- Welche neuen Funktionen wurden im heute veröffentlichten Update von [Software/App] hinzugefügt? Suche nach den offiziellen Release Notes von heute.
- Fasse die neusten wissenschaftlichen Veröffentlichungen zum Thema „Multimodale KI“ zusammen, die innerhalb der letzten sieben Tage auf arXiv oder in Fachmagazinen erschienen sind.
- Gibt es für die nächsten 48 Stunden Unwetterwarnungen für die Region [PLZ/Stadt]? Bitte prüfe die aktuellen Daten des Deutschen Wetterdienstes.
- Was ist der aktuelle Durchschnittspreis für Heizöl in [Bundesland] heute im Vergleich zur Vorwoche? Suche nach aktuellen Vergleichsportalen.

Halluzinationen – auch KI ist nicht perfekt

Wenn ein KI-System eine völlig überzeugende Antwort formuliert, die nach menschlichem Ermessen objektiv falsch ist, bezeichnet man das umgangssprachlich als »KI-Halluzination«. Experten sprechen lieber von Konfabulation, weil der Begriff Halluzination Computer unangemessen vermenschlicht. Beispiele für solche frei erfundenen Fakten gehen immer mal wieder durch die Medien.

Wie etwa der US-amerikanische Anwalt, der sich einen Antrag ans Gericht von einem KI-Assistenten schreiben ließ. Dieser generierte einen formell und inhaltlich perfekten Antrag einschließlich Aktenzeichen von einschlägigen Präzedenzfällen. Der – arglose – Richter fand das Schriftstück zunächst überzeugend, bis er einen Blick auf die im Antrag zitierten Urteile werfen wollte. Nur wurde er unter den eingegebenen Aktenzeichen nicht fündig, weil diese frei erfunden waren. Das KI-System hatte gelernt, dass ein Antrag bei Gericht Verweise auf Präzedenzfälle mit Aktenzeichen enthalten muss. Es hatte aber nicht gelernt, dass ein Aktenzeichen mehr als eine beliebige Folge von Ziffern und Buchstaben ist und dass dazu eben auch passende Schriftstücke existieren müssen. Stattdessen hat es sich einfach welche »ausgedacht«.

Bei Menschen beruhen Halluzinationen in der Regel auf falschen Sinneswahrnehmungen. KI-Systeme haben keine fehlerhaften Sinneswahrnehmungen, und Konfabulationen sind auch nicht auf Fehler in der Software zurückzuführen. Diese arbeitet korrekt, aber die Trainingsdaten können sie auf verschiedene Weise dazu verführen, Schlüsse zu ziehen, die uns Menschen fehlerhaft erscheinen (ich formuliere bewusst vorsichtig).

- Trainingsdaten können unvollständig, unzureichend oder im Extremfall falsch sein. Wenn eine KI etwa anhand vieler Beispiele lernen soll, Kunststile zu unterscheiden, die Beispielbilder aber versehentlich falsch beschriftet sind. Dann lernt das System etwas falsch, was ihm selbst aber völlig korrekt und logisch erscheint.
- Beim Training geht es darum, in großen Datenmengen Muster zu erkennen. Möglicherweise registrieren KI-Systeme gelegentlich real existierende Muster, die für uns Menschen gar nicht als solche erkennbar sind. In diesem Fall wäre die »KI-Halluzination« eine korrekte Aussage, die wir nur nicht als solche erkennen oder akzeptieren.
- Ein wichtiger Aspekt bei der Mustererkennung sind Wahrscheinlichkeiten. KI-Systeme nehmen gar nicht in Anspruch, im Besitz der einen unumstößlichen Wahrheit zu sein. Stattdessen operieren sie mit statistischen Wahrscheinlichkeiten. Wenn Sie einem KI-System eine Frage stellen, liefert es Ihnen nicht die »richtige« Antwort, sondern baut aus seinen Datenmassen Stück für Stück eine Antwort auf. Für den nächsten Schritt wird dabei immer ein Element gewählt, das mit hoher

Wahrscheinlichkeit auf die bisherige Teilkette folgt. In den allermeisten Fällen entsteht so eine sprachlich makellose Antwort, die Menschen als »die richtige« betrachten würden. Es kann durch Seiteneffekte bei den statistischen Auswertungsfunktionen aber in seltenen Fällen auch dazu kommen, dass die KI danebenliegt.

KI-Bildgeneratoren und Hände

Immer häufiger begegnen uns auch in Massenmedien KI-generierte Bilder. Diese sehen auf den ersten Blick oft gut und richtig und teilweise sogar beeindruckend aus. Schaut man genauer hin, fallen aber kleine Ungereimtheiten auf. Ich persönlich achte immer auf die Hände der abgebildeten Menschen. Dabei machen die Bildgeneratoren noch oft Fehler. So haben einzelne Personen nur drei oder vier Finger an einer Hand. Manchmal sind die Hände auch korrekt, aber spiegelverkehrt an den Arm gesetzt, sodass ein echter Mensch sie so gar nicht halten könnte.

Eine Erklärung dafür ist, dass die Systeme mit jeder Menge Bildern von Menschen trainiert wurden. Allerdings sind darauf nicht immer beide Hände und selten alle Finger zu sehen. Denn oft haben Menschen etwas in der Hand oder tun etwas mit ihren Händen. Das verdeckt einzelne Finger. Eine auf Mustererkennung basierende KI erkennt daraus: Menschen haben Hände, daran sind Finger, mit hoher Wahrscheinlichkeit sind es fünf, aber mit geringerer Wahrscheinlichkeit auch weniger. Wenn diese KI nun Bilder von Menschen generiert, wird sie diese Wahrscheinlichkeiten berücksichtigen. Für ein Bild eines einzelnen Menschen wählt sie für dessen Hände ein Muster mit der höchsten Wahrscheinlichkeit. Enthält ein Bild aber mehrere Menschen, wird die KI bei den Hand-Mustern variieren und vereinzelt auch welche mit geringerer Wahrscheinlichkeit einstreuen, um eine gewisse Vielfalt zu generieren (sonst würden KI-generierte Menschen immer gleich aussehen). So kommt es zu Artefakten wie Händen mit drei Fingern. Achten Sie mal darauf!

2. Recherchieren, informieren und inspirieren lassen

Als schnellen Einstieg in das praktische, alltägliche Nutzen von KI-Assistenten stelle ich Ihnen in diesem Kapitel verschiedene Alltagsaufgaben und Szenarien vor. Hierbei kommt – soweit nicht anders angegeben – **ChatX** (chatx.de) zum Einsatz. Dieser Webdienst kann in jedem Browser genutzt werden und basiert auf der Technologie von ChatGPT (siehe Seite 35). Er steht jedem auch ohne Anmeldung in begrenztem Umfang offen. Mit einer kostenfreien Anmeldung erhält man zusätzliches Guthaben für kostenlose Anfragen. Außerdem werden Chats gespeichert und können später wieder abgerufen werden. Wem das noch nicht reicht, der kann außerdem zusätzliche Token käuflich erwerben. Prinzipiell können Sie die Anfragen aber auch an andere KI-Systeme stellen. Die Antworten werden nicht exakt gleich, aber in der Regel recht ähnlich sein.

2.1 KI als clevere Alternative zu Suchmaschinen

Das Verwenden von Suchmaschinen gehört für viele Menschen heute schon zum Alltag. Egal, welche Arten von Informationen man gerade benötigt: Mit einer Suchanfrage bei Google und Co. erhält man unmittelbar Links zu Webseiten, auf denen die gesuchten Angaben mit sehr hoher Wahrscheinlichkeit direkt zu finden sind. Welche Vorteile könnte es also bieten, anstelle der vertrauten Suchmaschinen einen KI-Assistenten zu befragen?

Wenn Sie eine Suchmaschine bemühen, erhalten Sie – abhängig von der Art der gestellten Suchanfrage – eventuell eine kurze Antwort auf eine Frage. Vor allem aber bekommen Sie eine Liste von Webadressen, die Angaben zu den gesuchten Informationen enthalten. Diese Liste ist zwar in der Regel sehr relevant und treffgenau. Aber Sie müssen diese Treffer eben selbst »abarbeiten«, also anklicken, die Webseiten betrachten und die gesuchten Informationen lokalisieren. Eine Suchmaschine unterstützt Sie also »nur« dabei, Antworten zu einer Frage zu finden.

Ein KI-Assistent hingegen bemüht sich stets, Ihnen direkt eine Antwort auf Ihre Frage zu geben. Er nimmt es Ihnen also ab, die Treffer einer Suchmaschine zu sichten, die relevanten Webseiten zu identifizieren und die gesuchte Information daraus zu extrahieren. Hinzukommt, dass Sie ein Problem oder eine Aufgabenstellung ausführlicher schildern können. Während Sie bei einer Suchmaschine nur ein oder wenige Suchbegriffe angeben oder vielleicht einen Fragesatz formulieren, können Sie einem KI-Assistenten beschreiben, wofür Sie eine Information benötigen oder welche speziellen

Aspekte eines Themas Sie genau interessieren. Das Sprachverständnis der KI ermöglicht es, alle diese Kriterien in die Recherche einfließen zu lassen und Ihnen ein Ergebnis zu liefern, das auf Anhieb möglichst konkret und relevant für Ihre Recherche ist.

Gezieltes Recherchieren mit KI-Hilfe

Das folgende Beispiel illustriert, wie verschieden eine Recherche bei einer klassischen Suchmaschine oder bei einem KI-Assistenten ablaufen kann: Nehmen wir als Situation an, dass Sie plötzlich mit Ohrenschmerzen aufwachen. (Wichtiger Hinweis: Bei körperlichen Beschwerden ist es nicht empfehlenswert, sich ausschließlich auf die virtuelle »Ferndiagnose« einer KI zu verlassen. Insbesondere wenn die Beschwerden andauernd oder stärker werden, sollten Sie nicht auf eine persönliche ärztliche Untersuchung und Diagnose verzichten.)

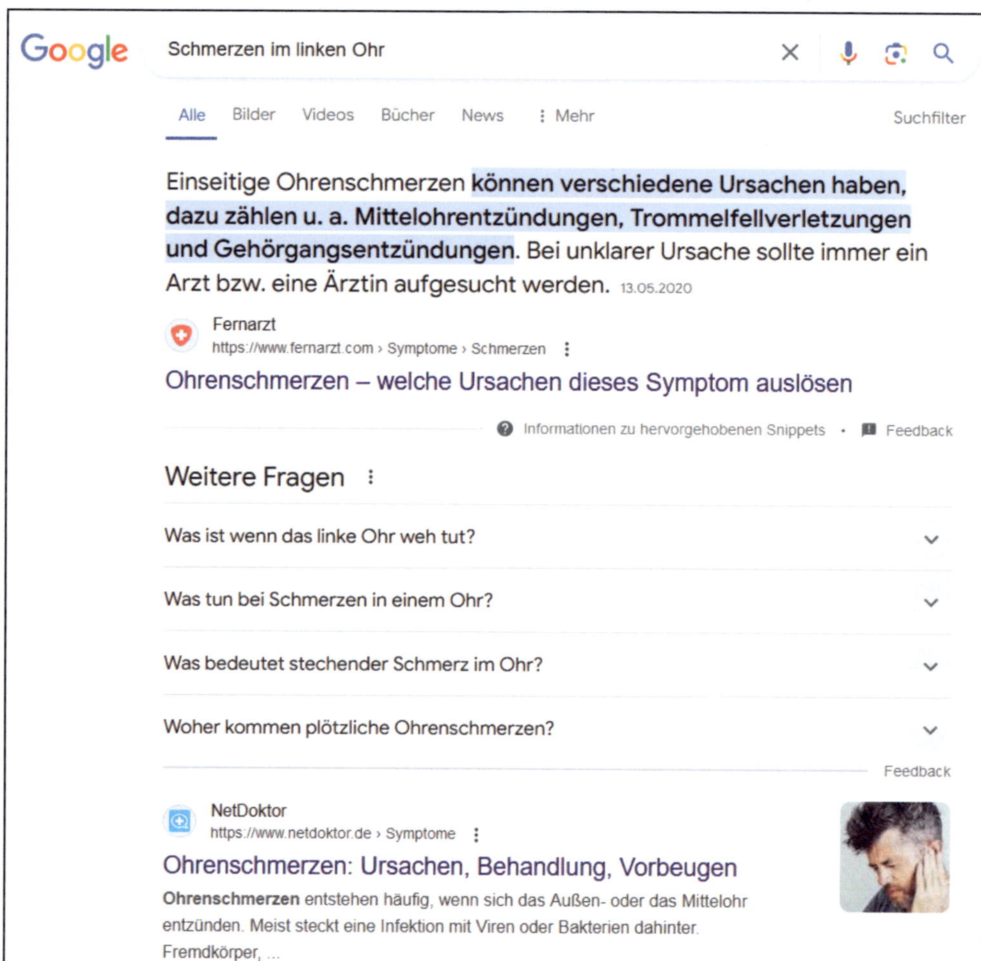

Bei Google würden Sie dazu eine Suchanfrage wie etwa »Schmerzen im linken Ohr« verwenden. Die Antwort darauf ist eine kurze Zusammenfassung, die Google – übrigens auch basierend auf KI-Methoden – aus dem ersten Treffer zu dieser Suche extrahiert. Darunter folgen Vorschläge für vertiefende Fragen mit jeweils einer kurzen Antwort und einem weiterführenden Link. Schließlich kommt eine lange Liste von Suchtreffern bei Wikipedia und anderen einschlägigen Seiten zu diesem Thema. Diese können Sie erkunden und sich die benötigten Informationen zusammenlesen.

Bei einem KI-Assistenten wäre die Herangehensweise etwas anders: Dem können und sollten Sie Ihre Situation schildern, um dem Assistenten eine angemessene Antwort zu ermöglichen.

```
Mein linkes Ohr tut weh!
```

Die Antwort darauf erscheint sofort etwas einfühlsamer als die technokratische Darstellung in den Google-Suchergebnissen. Sie erhalten einen kurzen Überblick zu möglichen Ursachen und vor allem auch konkrete Handlungsempfehlungen – sowohl zum sinnvollen Umgang als auch zur kurzfristigen Linderung der Beschwerden.

> Es tut mir leid zu hören, dass Ihr linkes Ohr weh tut. Es könnte verschiedene Ursachen haben, wie eine Ohrenentzündung, eine Verletzung oder auch eine Reizung durch laute Geräusche. Es ist wichtig, dass Sie einen Arzt aufsuchen, um die genaue Ursache festzustellen und die richtige Behandlung zu erhalten. In der Zwischenzeit können Sie versuchen, das Ohr mit einem warmen Tuch zu bedecken oder Schmerzmittel einzunehmen, um die Beschwerden zu lindern.

Dass es sinnvoll ist, die eigene Situation so konkret wie möglich zu schildern, können Sie leicht testen, indem Sie die ursprüngliche Anfrage leicht verändern:

```
Mein linkes Ohr tut höllisch weh!
```

Der KI-Assistent erkennt die gesteigerte Dringlichkeit und passt seine Antwort entsprechend an. Er hält sich nun nicht mehr mit dem Aufzählen möglicher Ursachen auf, sondern empfiehlt eindringlich, schnellstmöglich einen Arzt aufzusuchen und bis dahin nichts zu unternehmen, was die Probleme verschlimmern könnte.

> Es tut mir leid zu hören, dass Sie solche starken Schmerzen in Ihrem linken Ohr haben. Es ist wichtig, dass Sie so schnell wie möglich einen Arzt aufsuchen, um die Ursache der Schmerzen abklären zu lassen und eine angemessene Behandlung zu erhalten. In der Zwischenzeit können Sie versuchen, das Ohr mit einem warmen Tuch zu bedecken und Schmerzmittel einzunehmen, um die Beschwerden zu lindern. Vermeiden Sie es jedoch, in das schmerzende Ohr zu stechen oder zu kratzen, da dies die Situation verschlimmern könnte. Bitte zögern Sie nicht, ärztliche Hilfe in Anspruch zu nehmen, wenn die Schmerzen anhalten oder sich verschlimmern.

Sie können die Antwort des Assistenten aber auch als Ausgangspunkt für weitere Fragen nehmen, indem Sie sich einen Begriff oder Aspekt herausgreifen und genauer nachfragen:

```
Was sind die Symptome einer Ohrenentzündung?
```

> Die Symptome einer Ohrenentzündung können je nach Art der Entzündung variieren, aber typische Anzeichen sind:
>
> 1. Ohrenschmerzen, die sich verschlimmern können
> 2. Druckgefühl im Ohr
> 3. Schwerhörigkeit oder vermindertes Hörvermögen
> 4. Ohrgeräusche (Tinnitus)
> 5. Ausfluss aus dem Ohr
> 6. Rötung und Schwellung des äußeren Gehörgangs
> 7. Fieber
> 8. Schwindel oder Gleichgewichtsstörungen
>
> Es ist wichtig, dass Sie einen Arzt aufsuchen, wenn Sie eines dieser Symptome haben, um die Ursache abklären zu lassen und eine angemessene Behandlung zu erhalten. Eine unbehandelte Ohrenentzündung kann zu schwerwiegenden Komplikationen führen, daher ist es wichtig, frühzeitig ärztliche Hilfe in Anspruch zu nehmen.

Auch wenn Sie die Empfehlungen der KI mal nicht ernst nehmen, dürfen Sie trotzdem jederzeit nachfragen. Der Assistent wird zwar ggf. darauf hinweisen, wenn bestimmte Dinge nicht empfehlenswert erscheinen. Aber er wird Ihnen trotzdem die gewünschten Informationen liefern:

```
Wie kann ich eine Ohrenentzündung mit Hausmitteln
selbst behandeln?
```

Es ist wichtig zu beachten, dass Hausmittel keine Ersatz für eine ärztliche Behandlung bei einer Ohrenentzündung sind. Wenn Sie jedoch milde Symptome haben und sich selbst etwas Linderung verschaffen möchten, können Sie folgende Hausmittel ausprobieren:

1. Warme Kompressen: Legen Sie ein warmes, feuchtes Tuch auf das schmerzende Ohr, um Schmerzen zu lindern und die Entzündung zu reduzieren.
2. Ohrtropfen: Verwenden Sie spezielle Ohrentropfen, die zur Linderung von Ohrenschmerzen und Entzündungen geeignet sind. Diese sind in Apotheken erhältlich.
3. Knoblauchöl: Einige Menschen schwören auf die entzündungshemmenden Eigenschaften von Knoblauchöl. Ein paar Tropfen in das schmerzende Ohr geben kann helfen, die Beschwerden zu lindern.
4. Ruhe und Entspannung: Vermeiden Sie laute Geräusche und Stress, um die Heilung zu unterstützen.

Wohlgemerkt: Alle diese Informationen hätten Sie auf den Webseiten, die Google Ihnen zu dem Thema anbietet, auch gefunden. Denn genau diese Quellen verwenden auch KI-Systeme wie ChatGPT. Aber hier müssen Sie eben nicht mühsam danach suchen, sondern bekommen sie direkt auf den Bildschirm geliefert. Und durch Schildern der konkreten Situation oder Umstände erhalten Sie – ggf. in einem kurzen Dialog – passgenaue Informationen und Empfehlungen für Ihre individuellen Bedürfnisse.

ChatGPT – die wesentlichen Fakten

ChatGPT ist ein Textgenerator, der natürliche Sprache versteht und erzeugt. Als Allround-KI kann er auf eine breite Wissensbasis zurückgreifen und dadurch auf fast alle Fragen relevante Antworten liefern. ChatGPT kann im Webbrowser oder per Android- bzw. iOS-App genutzt werden. Im Web ist eine kostenlose Nutzung ohne Anmeldung in beschränktem Umfang möglich. Nach der Anmeldung oder in den Apps können immer noch kostenlos mehrere und umfangreichere Anfragen gestellt werden. Allerdings gibt es eine Begrenzung bei der Textlänge und gelegentliche Hänger wegen Überlastung. Wer den Dienst intensiv nutzen möchte, bekommt gegen Gebühr ein neueres Sprachmodell, kürzere Antwortzeiten und zuverlässigere Verfügbarkeit.

https://chatgpt.com, Webdienst, Apps für Android und iOS

2.2 KI fasst längere Webseiten für Sie zusammen

Manchmal möchte man sich über ein Thema nicht gleich in aller Ausführlichkeit informieren, sondern sich erst mal einen schnellen Überblick verschaffen. Dazu kann man so lange suchen, bis man eine Webseite mit einem Artikel oder Blog-Beitrag in der genau richtigen Länge gefunden hat. Oder man sucht sich einen ausführlichen Text aus einer kompetenten Quelle und lässt sich diesen von einem KI-Assistenten auf das Wesentliche zusammenfassen. Das geht beispielsweise sehr gut mit dem Edge-Browser, der den Microsoft Copilot direkt als Seitenleiste integriert hat.

Copilot – die wesentlichen Fakten

Der Bing Copilot ist Microsofts KI-Assistent. Er versteht sich bislang auf Texte und Bilder und greift dafür auf die Technologie von ChatGPT und DALL-E zurück. Er lässt sich nach Anmeldung mit einem kostenlosen Microsoft-Konto (das man für sein Windows vielleicht ohnehin schon hat) weitestgehend uneingeschränkt nutzen. Dadurch bietet er auch eine gute Möglichkeit, ChatGPT und DALL-E ohne separate Anmeldung und Abonnement zu verwenden. Copilot ist über den Webbrowser sowie separate Apps für Windows, Android und iOS nutzbar.

https://copilot.microsoft.com/, Webdienst, Apps für Windows, Android und iOS, in verschiedene Microsoft-Produkte integriert

1. Öffnen Sie im Edge-Browser die Webseite, deren Inhalt Sie zusammengefasst haben möchten.
2. Klicken Sie dann oben rechts auf das Copilot-Symbol, um dessen Seitenleiste am rechten Rand einzublenden.

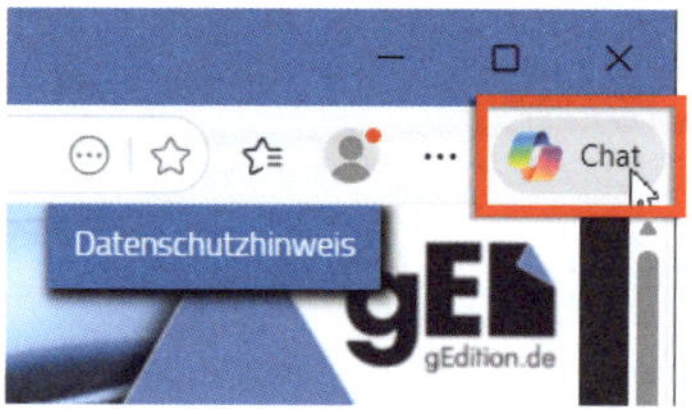

3. Hier wird in der Regel direkt eine Schaltfläche *Zusammenfassung dieser Seite erstellen* angeboten, die Sie nur anzuklicken brauchen.

4. Copilot liefert Ihnen die Zusammenfassung dann als Antwort in diesem Dialog.

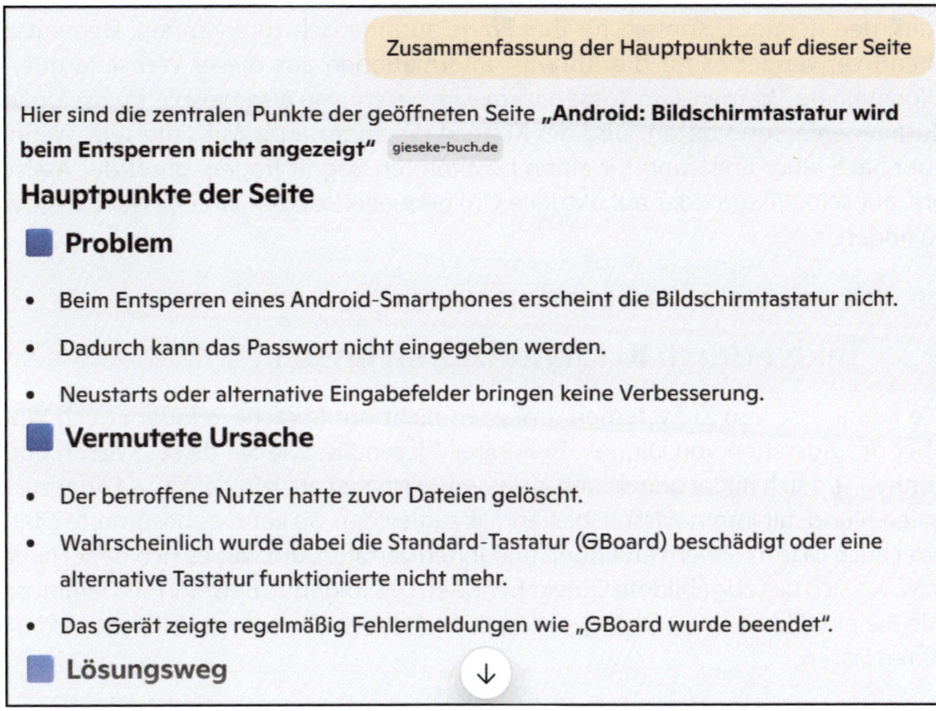

Sollte die Schaltfläche für eine Zusammenfassung fehlen oder wenn Sie andere Fragen zu einer Webseite haben, können Sie diese auch direkt im Eingabe-Prompt unten in der Seitenleiste stellen, etwa:

- `Fasse die angezeigte Webseite zusammen`
- `Fasse die angezeigte Webseite in einem Satz zusammen`
- `Schreibe mir eine Zusammenfassung in einfacher Sprache`

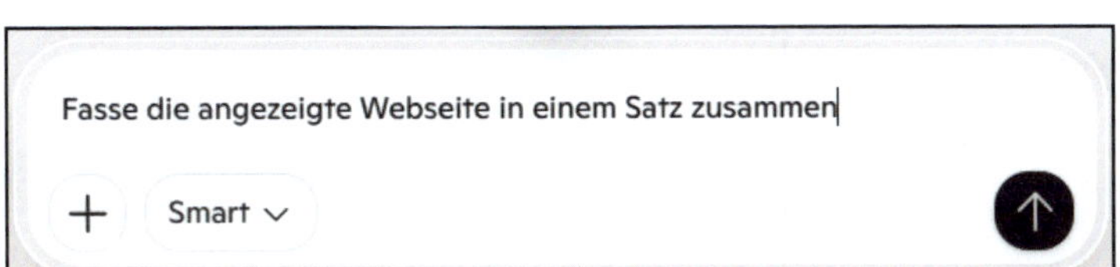

Sie können aber auch beliebige andere Fragen, die sich auf diese Webseite, darin erwähnte Begriffe oder auch irgendetwas anderes beziehen, stellen. Copilot versucht stets, den richtigen Kontext für Ihre Frage automatisch zu erkennen. Dementsprechend verwendet er für die Antwort Informationen aus dieser Webseite oder für allgemeinere Themen sein Wissen insgesamt. Wenn Sie also beispielsweise um eine Zusammenfassung bitten, wird der Kontext die angezeigte Webseite sein. Wenn Sie aber nach einer Erklärung für einen bestimmten Begriff fragen, greift der Assistent ggf. auf sein Wissen oder auf aktuelle Onlinequellen zu, um eine passende Antwort zu finden.

2.3 Bilder durch KI identifizieren lassen

Die Kenntnisse von KI-Systemen umfassen nicht nur Sprache, sondern auch Wissen über das Aussehen von Dingen. In Kapitel 7 lesen Sie, wie Sie dieses Wissen nutzen können, um sich Bilder generieren zu lassen. KI ist aber auch in der Lage, Bilder zu analysieren und mit ihrem Wissensbestand abzugleichen. So kann es bestimmte Objekte oder auch Orte in Bildern erkennen und Ihnen verraten, um was es sich dabei handelt bzw. wo sich das abgebildete Objekt befindet. Das folgende Beispiel mit Gemini zeigt, wie Sie ein Bild in einen Dialog einfügen und dieses dann vom Assistenten identifizieren lassen.

1. Klicken Sie im Eingabefeld unten links auf das Plussymbol, um eine Datei hochzuladen.
2. Klicken Sie im so geöffneten Menü auf *Dateien hochladen*, um eine Datei von Ihrem PC hochzuladen. Anschließend können Sie mit einem Dateiauswahldialog zur gewünschten Datei navigieren. Alternativ können Sie auch ein Dokument direkt aus Ihrem Google Drive oder Ihren Cloud-Fotos auswählen.

Dateien direkt auf den Eingabe-Prompt ziehen

Wenn Ihnen der Umgang mit der Maus gut vertraut ist, können Sie Dateien auch direkt aus einem Ordner auf das Eingabefeld von Gemini ziehen und dort »loslassen«. Auf diese Weise werden Dateien ebenfalls hochgeladen und in den Chat integriert.

3. Wurde die Datei erfolgreich hochgeladen, sehen Sie eine kleine Bildvorschau im Eingabefeld. Tippen Sie hier nun Ihre Anfrage ein, beispielsweise:

4. Klicken Sie zum Absenden auf das Pfeilsymbol unten rechts oder drücken Sie [↵].
5. Der KI-Assistent analysiert dann den Inhalt des Bildes und bemüht sich, Ihre Frage zu beantworten.

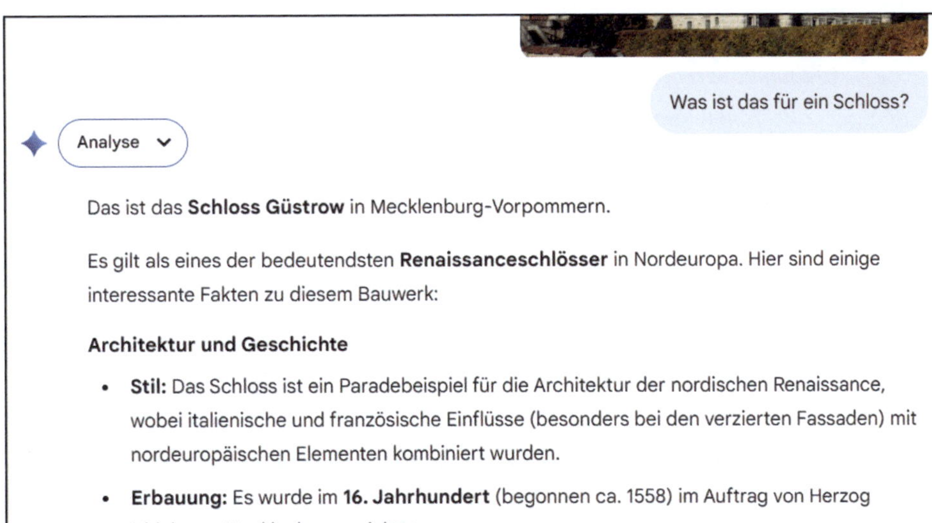

2.4 Rezepte nach Maß für jede Gelegenheit

Wer in der Küche gern Neues ausprobiert und stets auf der Suche nach interessanten Rezepten ist, für den ist das Internet eine große Bereicherung. Hier gibt es große Rezeptsammlungen und Online-Gemeinschaften, die sich ausschließlich diesem Thema widmen.

Diese bieten teilweise auch schon spezielle Sucheigenschaften, etwa zu vorhandenen Zutaten ein möglichst passendes Rezept zu liefern. KI-Systeme haben auf all dieses Wissen ebenfalls Zugriff und stellen Ihnen noch leichtere und flexiblere Möglichkeiten zur Verfügung, für jede Situation das passende Rezept zu finden.

Das Schöne daran ist, dass man keine Webadressen kennen und sich nirgends anmelden muss und sich auch nicht durch komplexe Suchformulare zu klicken braucht.

Stattdessen können Sie dem KI-Assistenten mitteilen, was Sie genau möchten:

```
Ich benötige ein Rezept für einen klassischen
Frankfurter Kranz.
```

So einfache Vorgaben stellen eine KI vor keine Herausforderung und so erhalten Sie umgehend eine ausführliche Zutatenliste gefolgt von der genauen Anleitung.

Zutaten für die Füllung und Dekoration:

- 200g Butter
- 200g Puderzucker
- 2 Päckchen Vanillezucker
- 1 Glas Sauerkirschen
- 200ml Sahne
- gehackte Pistazien oder Mandelblättchen

Zubereitung:

1. Den Backofen auf 180°C vorheizen und eine Kranzform einfetten.
2. Die Butter mit dem Zucker und Vanillezucker schaumig schlagen. Die Eier einzeln

Vielleicht haben Sie aber auch nur eine ganz bestimmte Zutat, die Sie verarbeiten möchten. Dann können Sie sich Vorschläge machen lassen, was man damit anstellen könnte und welche weiteren Zutaten dafür ggf. erforderlich sind.

```
Ich habe eine große Schüssel Erdbeeren gepflückt.
Sonst habe ich keine speziellen Zutaten im Haus.
Was kann ich damit Leckeres machen? Mach mir ein
paar Vorschläge und schreibe jeweils dazu, was ich
außer den Erdbeeren noch benötigen würde.
```

Natürlich! Hier sind ein paar Vorschläge für leckere Erdbeer-Rezepte, die du mit den Erdbeeren machen kannst:

1. Erdbeer-Marmelade:

- Zusätzlich benötigt: Gelierzucker, Zitronensaft
- Einfach die Erdbeeren klein schneiden, mit Gelierzucker und Zitronensaft aufkochen und in Gläser abfüllen.

1. Erdbeer-Tiramisu:

- Zusätzlich benötigt: Löffelbiskuits, Mascarpone, Zucker, Vanillezucker
- Die Erdbeeren klein schneiden und mit einer Mischung aus Mascarpone, Zucker und Vanillezucker schichten.

1. Erdbeer-Salat:

- Zusätzlich benötigt: Frischer Minze, Limettensaft, Honig
- Die Erdbeeren in Scheiben schneiden und mit Minzeblättern, Limettensaft und Honig marinieren.

Wenn Sie sich für eine der Varianten entscheiden, können Sie sich das genaue Rezept dafür selbstverständlich nachliefern lassen:

```
Wie ist das Rezept für Erdbeer-Tiramisu?
```

Ein wichtiges Thema bei Rezepten sind leider auch Allergien, Unverträglichkeiten oder einfach spezielle Vorlieben oder Abneigungen. Alles das kann ein KI-Assistent auf Wunsch berücksichtigen und Ihnen passende Varianten präsentieren:

```
Ich muss einen Salat für eine Grillparty machen.
Mehrere Gäste sind Vegetarier oder Veganer. Eine
Person verträgt kein Gluten. Mach mir bitte ein
paar Vorschläge für leckere Salate.
```

Falls nicht das Richtige dabei ist oder falls Sie mit der Art der Vorschläge nicht zufrieden sind, können Sie jederzeit nachjustieren, etwa mit:

```
Mach mir bitte ein paar klassischere Vorschläge!
```

oder

```
Mach mir bitte ein paar innovativere Vorschläge!
```

Natürlich! Hier sind ein paar klassischere Salat-Ideen, die du für deine Grillparty zubereiten kannst:

1. Kartoffelsalat:

- Gekochte Kartoffeln in Würfel geschnitten
- Gehackte Zwiebeln und Sellerie
- Veganer Mayonnaise oder Joghurt-Dressing
- Gewürze wie Senf, Essig, Salz und Pfeffer

1. Nudelsalat:

- Gekochte Nudeln (z.B. Penne oder Farfalle)
- Gemischtes Gemüse wie Paprika, Gurken und Tomaten
- Italienisches Dressing aus Olivenöl, Essig, Kräutern und Gewürzen
- Optional: Vegane Käsewürfel oder geröstete Nüsse

Sagt Ihnen einer der Vorschläge zu, liefert der Assistent Ihnen auf Wunsch jederzeit ein konkretes Rezept, etwa:

```
Stell mir ein Rezept für den veganen, glutenfreien
Nudelsalat zusammen.
```

oder

```
Gib mir ein Rezept für den Griechischen Salat, aber
lass die Nüsse weg.
```

Manchmal sind aber auch andere Rahmenbedingungen entscheidend, beispielsweise die Zeit, wenn man überraschend auf die Schnelle noch etwas hinbekommen muss:

```
Meine Schwiegermutter hat sich überraschend in zwei
Stunden zum Besuch angemeldet. Was für einen Kuchen
kann ich bis dahin noch backen?
```

Wie wäre es mit einem einfachen und leckeren Zitronenkuchen? Hier ist ein schnelles Rezept, das du in zwei Stunden backen kannst:

Zutaten:

Aber auch auf Fachfragen und zu konkreten Problemen kann die KI jederzeit kompetente Auskunft geben:

- Wie legt man einen Sauerbraten richtig ein?
- Ich möchte eine Lasagne kochen. Wie kann ich für einen Gast mit Laktoseintoleranz die Milch in der Béchamelsauce ersetzen?
- Beim Marmeladekochen gerät mir die Marmelade oft zu flüssig. Was kann ich besser machen?
- Wie heißt noch mal dieses italienische Gericht mit Kalbsfleisch und Thunfisch?

2.5 KI als perfekt informierter Einkaufshelfer

Ein weiteres Gebiet, bei dem viele Menschen sich das Internet zunutze machen, ist das Informieren über Produkte, um das beste Angebot zu finden.

Informationen findet man meist reichlich. Allerdings kann es mühsam werden, sich durch zahlreiche Tests, Vergleiche und Kundenrezensionen zu klicken und letztlich die genauen Produkteigenschaften zu recherchieren.

Da die KI alle diese Informationen in ihrem Datenbestand verarbeitet hat, kann sie schnellere Antworten liefern. Dabei hilft es wieder, die eigenen Vorstellungen und Ansprüche möglichst genau zu schildern.

Aktualität beachten!

Bei Informationen zu Produkten spielt Aktualität eine wichtige Rolle. Beachten Sie deshalb, wie aktuell der Datenbestand Ihres KI-Systems ist (siehe Seite 25).

```
Ich brauche eine neue Waschmaschine. Wir sind zwei
Erwachsene und zwei Kinder. Die Maschine sollte sparsam
und möglichst leise sein. Außerdem lege ich Wert
auf ein Antiknitter-Programm.
```

Für Ihre Anforderungen würde ich Ihnen die Bosch Serie 6 Waschmaschine oder die Miele W1 Classic empfehlen. Beide Modelle sind energieeffizient, leise und verfügen über ein Antiknitter-Programm, das hilft, Knitterfalten zu reduzieren. Die Bosch Serie 6 Waschmaschine kostet etwa 600-800 Euro, während die Miele W1 Classic etwas teurer bei ca. 800-1000 Euro liegt. Beide Marken sind bekannt für ihre Zuverlässigkeit und Qualität in der Haushaltsgerätebranche.

Sollten Ihnen die Vorschläge noch nicht zusagen, bitten Sie den Assistenten um weitere Vorschläge.

```
Hast du noch weitere Vorschläge?
```

oder

```
Gibt es günstigere Alternativen?
```

Ja, es gibt auch günstigere Alternativen, die Ihren Anforderungen entsprechen. Die Beko WML 71433 NP Waschmaschine oder die AEG L6FB50480 Waschmaschine sind gute Optionen für eine sparsame und leise Waschmaschine mit Antiknitter-Programm. Die Beko WML 71433 NP kostet etwa 300-400 Euro, während die AEG L6FB50480 etwas teurer bei ca. 400-500 Euro liegt. Diese Modelle bieten dennoch gute Leistung und Funktionen zu einem erschwinglichen Preis.

Um sich zwischen konkreten Modellen entscheiden zu können, kann Ihnen das KI-System die technischen Daten von infrage kommenden Geräten als Tabelle zum direkten Vergleich aufbereiten:

```
Vergleiche bitte alle technischen Daten der Modelle
von Bosch und AEG in einer Tabelle!
```

Hier ist ein detaillierter Vergleich aller technischen Daten der Bosch Serie 6 Waschmaschine und der AEG L6FB50480 Waschmaschine in Tabellenform:

Kriterium	**Bosch Serie 6 Waschmaschine**	**AEG L6FB50480 Waschmaschine**
Marke	Bosch	AEG
Modell	Serie 6	L6FB50480
Energieeffizienzklasse	A+++	A+++
Fassungsvermögen	Bis zu 8 kg	8 kg
Schleuderdrehzahl	Bis zu 1400 U/min	Bis zu 1400 U/min
Geräuschpegel beim Waschen	49 dB	51 dB
Geräuschpegel beim Schleudern	74 dB	77 dB

Auch bei grundsätzlicheren Fragen können Sie sich von einem KI-Assistenten beraten lassen. Vielleicht haben Sie sich auch schon mal die Gretchenfrage »Android oder iPhone?« gestellt? Machen Sie doch einfach die Probe:

```
Ich möchte ein neues Smartphone kaufen. Bislang
hatte ich ein Samsung Galaxy S20. Damit war ich ganz
zufrieden. Aber viele meiner Freunde und Kollegen haben
ein iPhone. Hilf mir, mich zwischen einem Samsung
und einem iPhone zu entscheiden!
```

Die Entscheidung zwischen einem Samsung Galaxy und einem iPhone hängt von Ihren persönlichen Vorlieben und Bedürfnissen ab. Hier sind einige Punkte, die Sie bei Ihrer Entscheidung berücksichtigen können:

1. Betriebssystem: iPhones laufen auf iOS, während Samsung Galaxy-Geräte mit Android betrieben werden. Wenn Sie bereits mit einem Betriebssystem vertraut sind und zufrieden damit sind, könnte dies Ihre Entscheidung beeinflussen.
2. Ökosystem: iPhones sind gut in das Apple-Ökosystem integriert, was den nahtlosen Austausch von Daten zwischen verschiedenen Apple-Geräten

Wenn ein KI-Assistent anfängt, Listen zu erstellen, sollte man nie davon ausgehen, dass diese umfassend und vollständig sind. KI-Systeme wollen die Benutzer nicht mit Texten und Fakten »erschlagen« und beschränken sich deshalb meist auf das Wesentliche bzw. das, was sie dafür halten.

Es kann sich also durchaus lohnen, nachzufragen, etwa:

- `Kannst du mir die Unterschiede zwischen Samsung Galaxy und iPhone bitte noch etwas ausführlicher darstellen?`
- `Gibt es noch weitere Unterschiede?` (ruhig auch mehrfach nachfragen)
- `Zähle alle Unterschiede zwischen Samsung Galaxy und iPhone auf, die du kennst.`
- `Zähle alle Unterschiede zwischen Samsung Galaxy und iPhone auf, die du kennst. Mache eine ausführliche Gegenüberstellung.`

Sie brauchen dabei keine Bedenken zu haben, dass die KI immer unwichtigere Unterschiede herausarbeitet oder gar hinzuerfindet. ChatGPT etwa macht deutlich, wenn es die wesentlichen Aspekte aufgeführt hat.

Gibt es noch mehr?

Es tut mir leid, aber das sind alle Hauptunterschiede, die ich derzeit zwischen Samsung Galaxy-Geräten und iPhones kenne. Wenn Sie noch spezifische Fragen zu bestimmten Funktionen oder Aspekten haben, stehe ich Ihnen gerne zur Verfügung, um sie zu beantworten. Lassen Sie es mich einfach wissen!

An der Stelle wäre es dann sinnvoller, einzelne Punkte ggf. durch Nachfragen zu vertiefen, wenn Sie Ihnen besonders wichtig oder vielleicht noch unklar sind, beispielsweise:

```
Erkläre mir die Unterschiede bei der Display-
Technologie von Samsung Galaxy S24 und dem aktuellen
iPhone. Setze dabei voraus, dass ich keinerlei
Ahnung von den üblichen Fachbegriffen habe.
```

2.6 Geschenkideen passend zur Person vorschlagen lassen

Immer mal wieder kommt man in die Verlegenheit, ein Geschenk für jemanden zu benötigen, den man nicht so gut kennt, dass man direkt eine perfekte Idee hat. Wenn Sie einen KI-Assistenten mit den wesentlichen Informationen zu einer Person füttern, kann der Ihnen Vorschläge machen, die sowohl zu dem zu Beschenkenden als auch zu Ihrem Geldbeutel passen:

```
Ich suche ein Geschenk für meinen Neffen. Er ist 20
und studiert Architektur. Er ist sportlich und geht
gern joggen und bouldern. Er hört Hip-Hop-Musik und
fährt gern auf Festivals. Er reist gern und erkundet
fremde Länder auf eigene Faust. Mache mir ein paar
Vorschläge für Geschenke bis zu 100 Euro.
```

Hier sind einige Geschenkvorschläge für deinen Neffen:

1. Ein hochwertiges Skizzenbuch oder Architekten-Zeichenmaterial, um seine kreativen Ideen festzuhalten.
2. Ein Gutschein für einen Kletterpark oder eine Boulderhalle in seiner Nähe.
3. Ein Bluetooth-Lautsprecher, damit er seine Lieblings-HipHop-Musik überall genießen kann.
4. Ein Festival Survival Kit mit Essentials wie einem tragbaren Ladegerät, einer Wasserflasche und einem Festivalrucksack.
5. Ein Reiseführer für ein Land oder eine Stadt, die er noch nicht besucht hat, um seine Abenteuerlust zu fördern.
6. Ein personalisiertes Reisetagebuch, damit er seine Erlebnisse und Eindrücke festhalten kann.

Aber auch, wenn Sie über eine zu beschenkende Person nicht so viel wissen, können Sie sich von der KI Tipps für passende Geschenke geben lassen, die dann vielleicht nicht ganz so spezifisch ausfallen, aber trotzdem hilfreiche Anregungen geben können, etwa:

- Unser Abteilungsleiter geht in Rente und wir suchen ein Geschenk, das wir Kollegen ihm gemeinsam schenken können. Hast du ein paar Ideen für uns?
- Ich soll für unseren Betrieb für alle Mitarbeiter Weihnachtsgeschenke besorgen. Es sind ca. 80 Männer und Frauen aus allen Altersklassen. Pro Mitarbeiter kann ich ca. 40 Euro ausgeben. Mache mir ein paar Vorschläge, die auf die verschiedenen Altersbereiche Rücksicht nehmen.
- Wir wollen dieses Jahr vor Weihnachten wieder wichteln. Jeder darf maximal 15 Euro für ein Geschenk ausgeben. Ich möchte gern etwas Ungewöhnliches oder Kreatives verschenken. Mache mir einige Vorschläge mit Preisangabe.

2.7 Texte aus anderen Sprachen übersetzen

Ein Bereich, der dank KI in letzter Zeit große Fortschritte gemacht hat, ist das Übersetzen von Texten in andere Sprachen. Dabei versuchte man schon lange, diese Aufgabe von Computern erledigen zu lassen. Frühere Ansätze führten aber oft zu unbefriedigenden bis belustigenden Ergebnissen. Das lag daran, dass man sich an der Sprache orientierte und versuchte, Sätze Wort für Wort zu übersetzen. Moderne KI-Sprachmodelle ermöglichen hingegen einen ganz anderen Ansatz: Sie erfassen den Inhalt eines Textes dem Sinn nach und überführen ihn in ihre interne Wissensrepräsentation. Von dort kann man den Inhalt wiederum in jede andere Sprache überführen, für die das KI-System ein Modell hat.

Für den Anwender hat das den Vorteil, dass auch bei Informationen in einer ihm fremden oder wenig geläufigen Sprache mehr als brauchbare Übersetzungen jederzeit nur wenige Mausklicks oder Fingertipps entfernt sind.

Fremdsprachige Webseiten übersetzen

Viele aktuelle Webbrowser haben bereits Funktionen zum Übersetzen integriert. Wenn also beispielsweise eine Bedienungsanleitung nur in englischer Sprache zu finden ist, können Sie sich direkt im Browser eine deutsche Übersetzung davon erstellen lassen. Ich zeige das Vorgehen im Folgenden am Beispiel des Firefox-Webbrowsers. Edge und Chrome bieten ganz ähnliche Funktionen, die sich praktisch nur in der Optik unterscheiden. Auch die mobilen Versionen der Browser bieten vergleichbare Funktionen.

1. Der Firefox-Webbrowser erkennt automatisch, wenn Sie eine Webseite anzeigen lassen, die in einer anderen als der von Ihnen voreingestellten Standardsprache verfasst ist.
2. In diesem Fall blendet er in der Adressleiste das Sprachsymbol ein und bietet Ihnen zugleich an, diese Webseite in Ihre Muttersprache zu übersetzen.
3. Stimmen Sie dem mit *Übersetzen* zu und warten Sie anschließend kurz ab, bis der Browser die Inhalte verarbeitet hat und die Webseite in der übersetzten Fassung neu aufbaut.

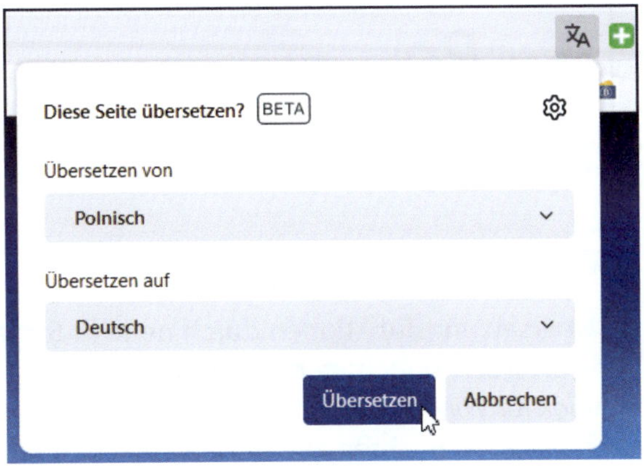

4. Die übersetzte Seite können Sie wie gewohnt nutzen und also auch Links zu Unterseiten anklicken. Firefox erkennt dies automatisch und übersetzt auch deren Inhalte automatisch. Sie werden lediglich jeweils eine kurze Verzögerung feststellen, bis die Seite dann auf Deutsch angezeigt wird.
5. Möchten Sie auf das Übersetzen verzichten, klicken Sie oben in der Adressleiste auf das Sprachsymbol und wählen im so geöffneten Dialog *Original anzeigen*. Oder aber Sie surfen einfach auf einer deutschsprachigen Webseite weiter, denn dann beendet Firefox das Übersetzen automatisch.

Das Übersetzen durch den Webbrowser dauerhaft steuern

Falls Sie regelmäßig Webseiten in anderen Sprachen besuchen, kann die ständige Rückfrage durch den Browser lästig sein. Sie können aber mit einfachen Mitteln feste Regeln für die verschiedenen Sprachen festlegen. Klicken Sie dazu im Sprachdialog des Webbrowsers auf das Einstellungen-Symbol. Im so geöffneten Dialog können Sie festlegen, ob Webseiten in dieser Sprache (die Originalsprache der gerade angezeigten Webseite) immer oder nie übersetzt werden sollen. Alternativ können Sie mit *Diese Website nie übersetzen* eine dauerhafte Aufnahme für bestimmte Webadressen festlegen.

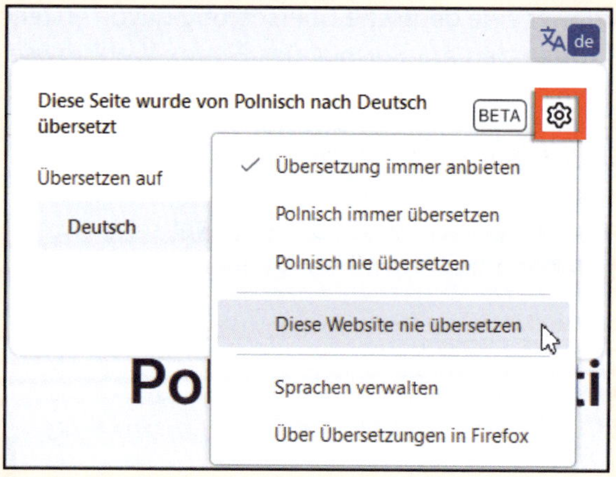

E-Mails aus dem Ausland übersetzen

Da Übersetzungsfunktionen durch neue KI-Systeme so leistungsfähig und integrierbar geworden sind, halten sie in immer mehr Anwendungen Einzug. Die neue App *Outlook für Windows*, die Microsoft als Nachfolger von Windows Mail eingeführt hat, kann etwa Nachrichten in fremden Sprachen schnell für Sie übersetzen.

1. In der Regel erkennt Outlook beim Öffnen einer E-Mail automatisch, ob diese in einer Fremdsprache verfasst ist. Falls nicht, können Sie im ■■■-Menü oben rechts mit dem Menüpunkt *Übersetzen* nachhelfen.
2. Bei entsprechend erkannten Nachrichten blendet Outlook eine Leiste oberhalb des Nachrichteninhalts ein. Hier wird angezeigt, welche Sprache die App erkannt hat.
3. Möchten Sie die Nachricht übersetzt haben, klicken Sie auf die Schaltfläche *Übersetzen nach Deutsch*. Falls Outlook Ihnen beharrlich Übersetzungen in einer Sprache anbietet, die Sie selbst ausreichend gut beherrschen, können Sie dies mit *Nie aus ... übersetzen* dauerhaft unterbinden.

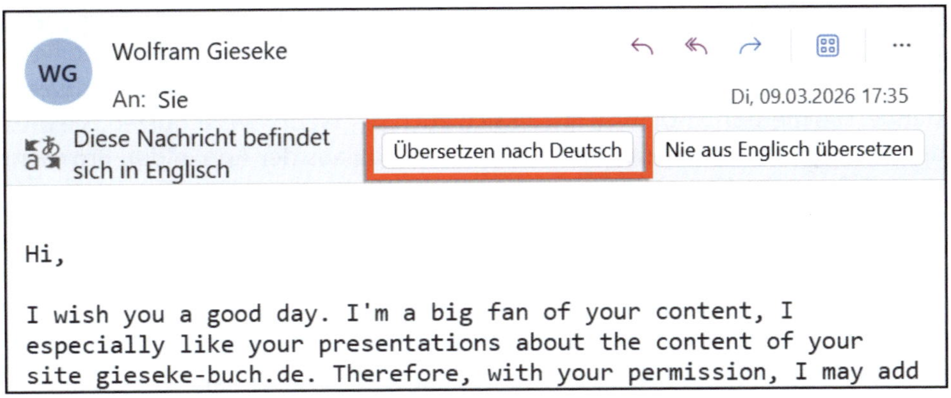

4. Daraufhin wird der Text in der E-Mail mit der übersetzten Sprachfassung ausgetauscht. Outlook »merkt« sich diese Wahl und zeigt die Nachricht auch später immer wieder in der übersetzten Version an. Sie können in der Leiste oberhalb des Inhalts aber jederzeit die *Ursprüngliche Nachricht anzeigen*.

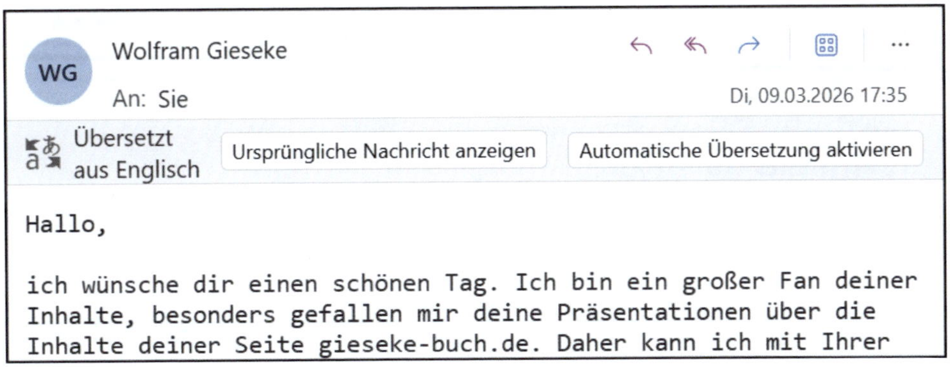

Eine Funktion zum Übersetzen eigener E-Mails in die andere Sprache eines Empfängers bietet die Outlook-App bislang noch nicht an. Hier können Sie sich aber mit einer Alternative wie **DeepL** (siehe Seite 68) selbst behelfen. Wenn Sie dessen Windows-App installieren, können Sie Ihre E-Mail damit auf Deutsch schreiben und den Inhalt abschließend per Tastenkürzel an DeepL übergeben, das seinerseits den übersetzten Text direkt in Outlook einfügt. Es geht aber auch ganz ohne zusätzliche Installation, wie nachfolgend beschrieben wird.

Übersetzen per Webdienst

Nicht jede App bietet ab Werk Übersetzungsfunktionen. Wenn es für eine Anwendung Add-ons (bzw. Plug-ins) gibt, würde ich dort allerdings mal nachschauen. Die Chancen stehen gut, dass mindestens eines darunter ist, das solche KI-Funktionen nachrüstet. Aber es geht auch ganz ohne zusätzliche Installation oder andere Umstände. Die meisten KI-Dienste lassen sich auch per Webbrowser nutzen. Sie müssen dazu lediglich Ihre Texte über die Zwischenablage aus der App in den Browser und anschließend wieder zurück kopieren.

So verschicken Sie beispielsweise eine englische E-Mail, auch wenn Sie gar kein Englisch können:

1. Erstellen Sie zunächst die vollständige E-Mail-Nachricht auf Deutsch.
2. Markieren Sie dann den Textinhalt der Nachricht und klicken Sie mit der rechten Maustaste darauf. Klicken Sie im Kontextmenü auf *Kopieren* – noch schneller geht es mit Strg+C.

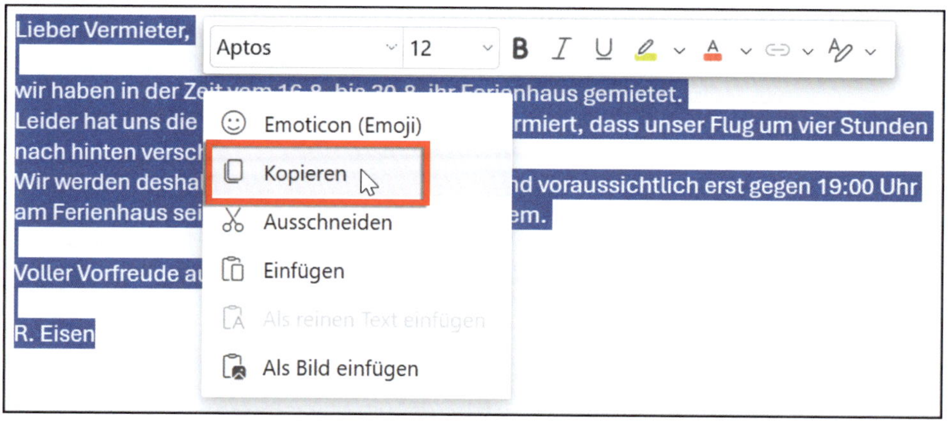

3. Starten Sie dann Ihren Webbrowser und öffnen Sie darin die Webseite https://www.deepl.com/de/translator (siehe auch Seite 68).

4. Klicken Sie auf der so geöffneten Webseite links in das Feld *Text hier eingeben oder einfügen* und drücken Sie dann Strg+C oder nutzen Sie die Option *Einfügen* im Kontextmenü.
5. Der DeepL-Webdienst erkennt automatisch, dass Ihr Text in Deutsch verfasst ist, und übersetzt diesen standardmäßig in Englisch.
6. Wenn Sie auf diesen Spracheintrag klicken, können Sie aber eine der über 30 anderen Zielsprachen auswählen.
7. Die fertige Übersetzung wird Ihnen auf der rechten Seite angeboten. Mit dem Symbol unten kopieren Sie den neuen Text wieder in die Zwischenablage und übernehmen ihn von dort in Ihre E-Mail-App, um den ursprünglichen deutschen Inhalt dadurch zu ersetzen.

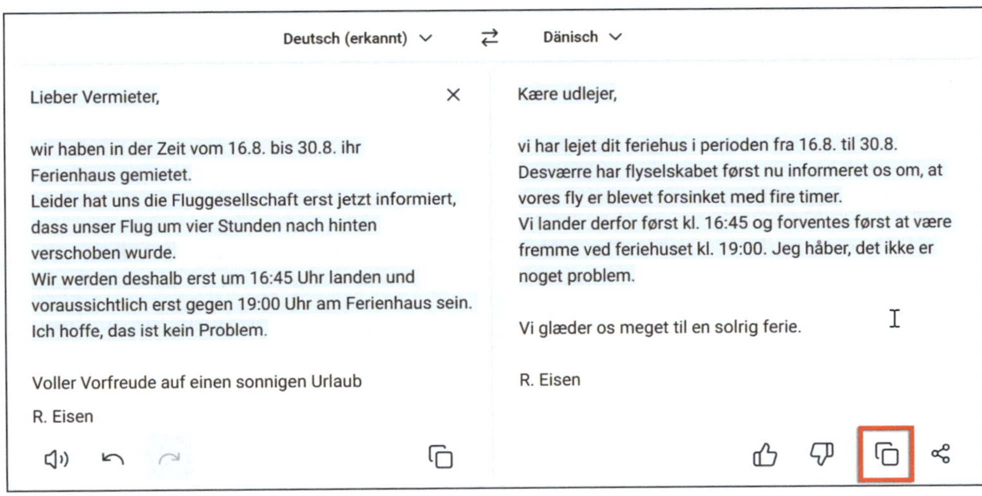

2.8 PDF-Dokumente mit KI-Hilfe analysieren

Elektronische Dokumente im PDF-Format spielen in Zeiten zunehmend digitaler Arbeitsabläufe und mit dem Ziel des papierlosen Büros eine immer wichtigere Rolle. Dementsprechend bekommt man sowohl im Berufsleben als auch privat immer häufiger Informationen in dieser Form zugesendet. Das spart Papier, Versandkosten und erleichtert das digitale Archivieren. Auch sonst bieten PDFs praktische Vorteile wie die Volltextsuche und elektronische Lesezeichen, wenn man sich denn auf diese Art der Lektüre einlassen möchte.

Da PDFs komplett elektronisch erfassbar und durchsuchbar sind, eignen sie sich auch bestens für das Erfassen und Analysieren durch KI-Assistenten. Getreu dem Motto »Warum selbst lesen, wenn man lesen lassen kann?« können Sie sich so die

Zeit sparen, umfangreiche Texte selbst zu studieren. Stattdessen lassen Sie das von einem KI-Assistenten erledigen, der Ihnen anschließend eine Zusammenfassung der wesentlichen Inhalte liefert oder auch gezielte Fragen zu einzelnen Aspekten beantworten kann.

Besonders interessant wird es, wenn dabei noch eine Fremdsprache ins Spiel kommt. Denn die KI kann ohne Weiteres beispielsweise ein englischsprachiges PDF-Dokument analysieren und Ihnen dann eine Zusammenfassung auf Deutsch liefern bzw. Ihre deutschsprachigen Fragen dazu auch auf Deutsch beantworten. So lassen sich etwa in international aufgestellten Unternehmen Sprachbarrieren schnell überwinden.

PDF-Dokumente bei ChatPDF hochladen

ChatPDF ist ein solcher KI-Assistent, der auf das Analysieren von PDF-Dokumenten spezialisiert ist. Diese können Sie direkt über die Weboberfläche hochladen und anschließend Fragen dazu stellen.

ChatPDF – die Fakten

ChatPDF verwendet das Sprachmodell GPT 3.5 von OpenAI. Es analysiert hochgeladene Dokumente und kann dann Fragen dazu beantworten. Dabei können alle gängigen Sprachen verwendet werden. Es kann kostenfrei und ohne Anmeldung genutzt werden, wobei man auf zwei PDFs pro Tag mit jeweils maximal 120 Seiten Umfang beschränkt ist. Meldet man sich an, können hochgeladene Dokumente und die Chats dazu gespeichert werden. Mit einer kostenpflichtigen Vollversion kann man beliebig viele Dokumente mit bis zu 2.000 Seiten Umfang analysieren.
www.chatpdf.com

1. Öffnen Sie www.chatpdf.com in Ihrem Webbrowser.
2. Sie haben nun verschiedene Möglichkeiten, PDF-Dokumente an den Assistenten zu übermitteln:
   - Wenn sich die PDF-Datei auf Ihrem PC befindet, können Sie sie per Drag and Drop mit der Maus direkt auf das mit *Zieh eine Datei hierher* bezeichnete Feld ziehen und die Maustaste dort loslassen.
   - Wenn Sie keine Mausakrobatik mögen, klicken Sie stattdessen in diesem Feld auf *hochladen* und wählen die Datei dann klassisch in einem Dialog aus.
   - Handelt es sich um eine PDF-Datei, die öffentlich zum Download verfügbar ist, fügen Sie die Webadresse im rechten Feld ein.

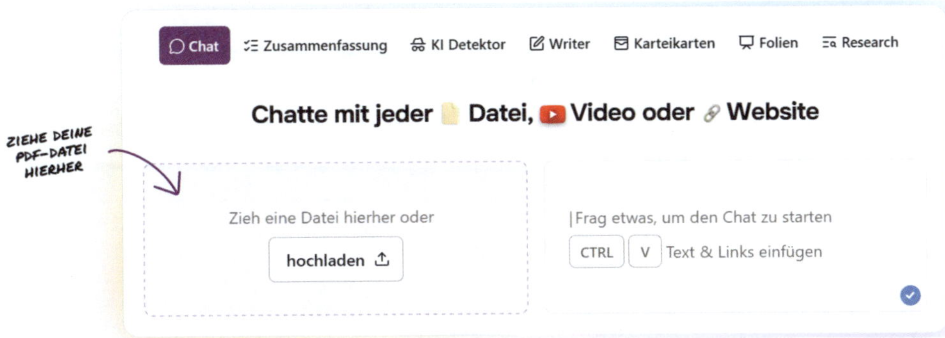

3. Nachdem das Hochladen abgeschlossen wurde, benötigt der Assistent abhängig vom Umfang des Dokuments einige Sekunden für die Analyse.
4. Anschließend sehen Sie links die Seiten des hochgeladenen Dokuments. Rechts begrüßt der Assistent Sie mit einer kurzen Zusammenfassung des Inhalts und Vorschlägen zu möglichen Fragen.

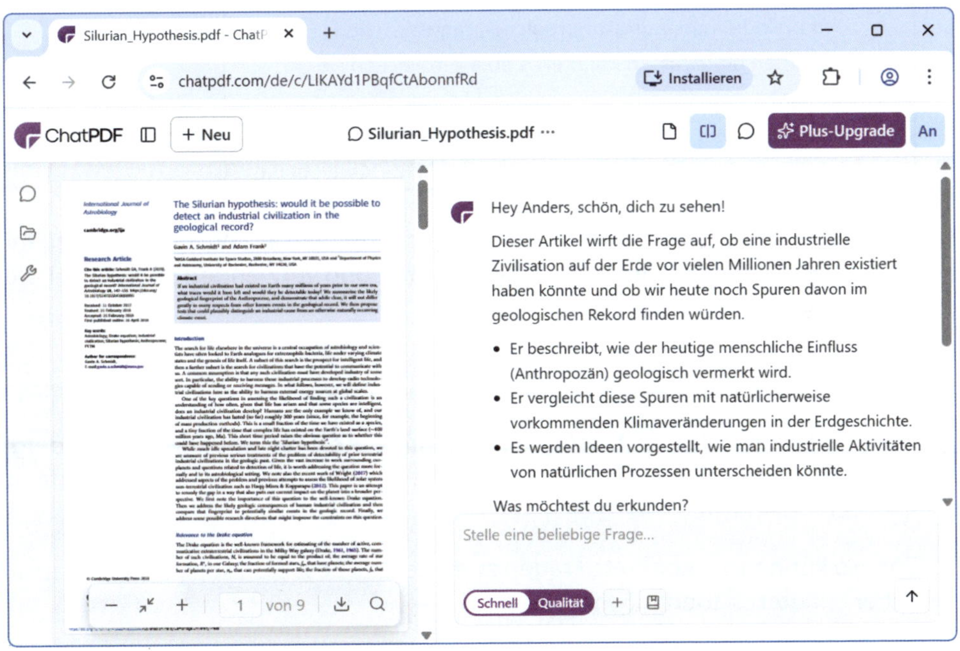

Dabei wird standardmäßig die Sprache verwendet, in der das Ausgangsdokument verfasst ist.

5. Wichtig ist aber: Sie sind an die Sprache, die der Assistent gewählt hat, nicht gebunden. Sie können Ihre Fragen also immer in Ihrer eigenen Sprache stellen, auch wenn die PDF-Datei in einer Fremdsprache verfasst wurde.

   Um eine kompakte Zusammenfassung des Inhalts zu bekommen, können Sie also beispielsweise eingeben:

   `Fasse den Text zusammen!`

   Fasse den Text zusammen!

   Der Text untersucht die hypothetische Möglichkeit, dass auf der Erde vor Millionen von Jahren eine unbekannte, frühe industrielle Zivilisation existiert haben könnte, deren Spuren heute im geologischen Korpus nachweisbar wären. Die Autoren diskutieren, welche geochemischen, mineralogischen und biologischen Indikatoren solche prähistorischen Industrien hinterlassen könnten. Dabei vergleichen sie bekannte globale Ereignisse wie den Anthropozän-Fußabdruck mit natürlichen Klimaschwankungen und großen katastrophalen Ereignissen in der Erdgeschichte. Obwohl die

6. Möchten Sie es genauer wissen, reicht es, Ihre Anweisung entsprechend zu modifizieren. Für eine ausführlichere Zusammenfassung verwenden Sie beispielsweise:

   `Fasse den Text ausführlich zusammen!`

   Damit erhalten Sie in der Regel eine mehrere Absätze umfassende Wiedergabe der wesentlichen Inhalte, die ihrerseits mit einer prägnanten Zusammenfassung abgeschlossen wird.

7. Ebenso können Sie konkrete Fragen zu einzelnen Begriffen stellen, die Sie ausführlicher erläutert haben möchten, etwa:

   `Was genau ist die Silurianische Hypothese?`

8. Auch wenn die Zusammenfassungen bzw. Antworten Begriffe oder Konzepte erwähnen, mit denen Sie nicht direkt etwas anfangen können, fragen Sie direkt nach und lassen sich diese erklären.

```
Welche geologischen Spuren hinterlassen
Zivilisationen?
```

Welche geologischen Spuren hinterlassen Zivilisationen?

Zivilisationen hinterlassen in der geologischen Schichtfolge verschiedene Spuren, die je nach Art, Dauer und Umweltbedingungen variieren können. Zu den wichtigsten geologischen Spuren zählen:

1. **Chemische Marker:** Anomalien in geochemischen Proxies wie Isotopenverhältnissen (z.B. $\delta^{13}C$, $\delta^{15}N$, Uranisotope) und Metallkonzentrationen (z.B. erhöhte Levels an Blei, Kupfer, Nickel), die auf menschliche Aktivität oder industrielle Prozesse zurückzuführen sind.
2. **Synthetische Stoffe:** Persistente chemische Verbindungen wie Kunststoffe (Plastikmicro- und nanomaterialien), synthetische organische Moleküle (z.B. Medikamente, Pestizide), und langlebige Schadstoffe, die sich in

Anstatt ein Dokument von vorne bis hinten durchlesen zu müssen, können Sie sich so – ausgehend von einer detaillierten Zusammenfassung – durch den Inhalt »durchfragen«. So ziehen Sie in einem Bruchteil der Zeit genau die Informationen und in dem Umfang heraus, wie Sie das benötigen.

Weitere Möglichkeiten bei ChatPDF

Art und Umfang der Zusammenfassung lassen sich durch die geschickte Formulierung der Aufforderung steuern:

- Möchten Sie es ganz kompakt haben, versuchen Sie es beispielsweise mit:

```
Fasse den Text in einem Satz zusammen!
```

- Da der KI-Assistent multilingual ist, kann er Ihnen seine Antworten auch in einer beliebigen Sprache liefern:

```
Fasse den Text auf Niederländisch zusammen!
```

- Auch wenn Sie eine Rückmeldung des Assistenten besonders gelungen finden, können Sie sich diese nachträglich in einer anderen Sprache ausgeben lassen:

```
Übersetze die letzte Antwort auf Französisch!
```

- Auch wenn Sie einen Text für andere zusammenfassen wollen, kann der Assistent Ihnen dabei helfen, passend zur Zielgruppe zu formulieren. Damit er beispielsweise möglichst einfach formuliert und auf Fachbegriffe und Fremdwörter verzichtet, verwenden Sie:

```
Fasse den Text in einfacher Sprache zusammen!
```

- Ebenso können Sie den Assistenten in gewollt lockerer, junger Sprache formulieren lassen, wobei man vielleicht überprüfen sollte, dass er nicht über das Ziel hinausschießt:

```
Fasse den Text in lockerer Jugendsprache
zusammen!
```

Fasse den Text in lockerer Jugendsprache zusammen.

Die Silurianische Hypothese checkt ab, ob es vielleicht 'ne frühere coole Zivilisation gab, die schon mega lange her existiert hat. Die Forscher suchen nach Hinweisen in der Natur, die darauf hindeuten könnten, dass damals schon Menschen aktiv waren. Es ist 'ne ziemlich wilde Idee, die uns dazu bringt, über vergangene Zivilisationen zu brainstormen und nach coolen Beweisen in der Natur zu suchen.

Diagramme und Formeln in Texten analysieren

Gerade wissenschaftliche Texte beinhalten oftmals Diagramme, schematische Darstellungen oder Formeln. ChatPDF kann auch solche Abbildungen analysieren, wenn Sie sie im Dokument markieren und dann gezielt untersuchen lassen.

1. Verwenden Sie hierzu zunächst die Bildlaufleiste der linken Seitenleiste, um eine Seite des Dokuments anzuzeigen, die Bildelemente enthält.
2. Wenn Sie den Mauszeiger auf das Dokument bewegen, verwandelt er sich in ein Fadenkreuz, mit dem Sie eine Abbildung oder einen Bereich mit grafischen Inhalten markieren können. Klicken Sie dazu an einer Ecke des Bereichs und ziehen Sie die Maus dann mit gehaltener Maustaste zur gegenüberliegenden Ecke dieses Bereichs.

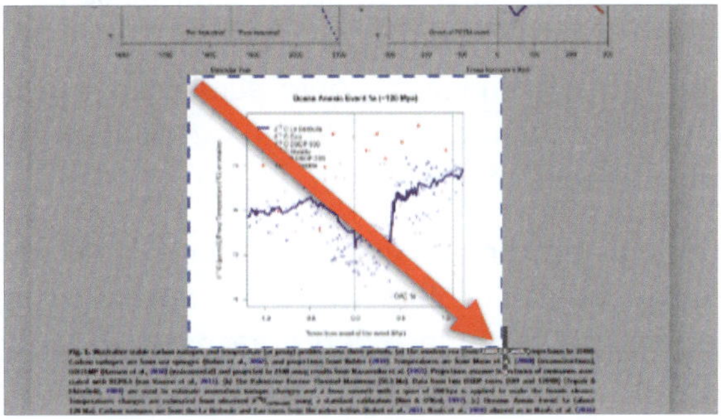

3. Wenn Sie die Maustaste loslassen, öffnet der Assistent einen Dialog, in dem er Ihnen das *Erklären*, *Zusammenfassen* oder *Umschreiben* des ausgewählten Ausschnitts anbietet. Wählen Sie die bevorzugte Variante aus.

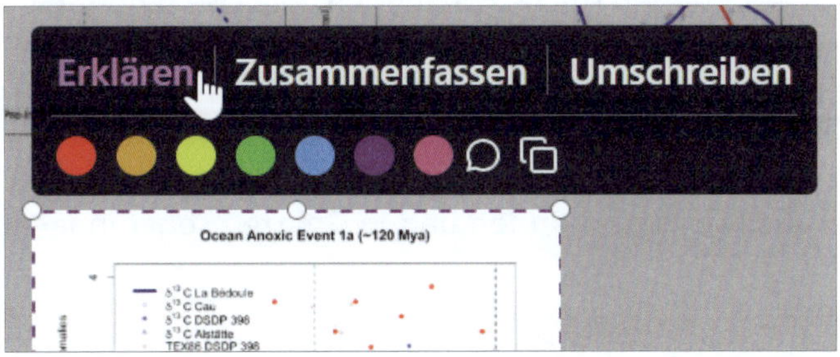

4. ChatPDF beginnt dann mit der Analyse des markierten Bereichs und zeigt Ihnen nach wenigen Sekunden auf der rechten Seite seine Antwort an.

3. Eigene Texte verbessern

Einer der wesentlichen Fortschritte, die zum stetig wachsenden Erfolg von KI beigetragen haben, ist das Sprachverständnis. Heutige KI-Systeme beherrschen menschliche Sprache(n) sowohl formal als auch – weitestgehend – inhaltlich. Sie können sowohl Wissen aus Text extrahieren als auch ihr Wissen in Texte verpacken, die uns in der Regel als völlig natürliche Sprache erscheinen. Dabei beherrschen sie mittlerweile auch Nuancen wie etwa stilistische Mittel und Varianten bei der Formulierung und deren Bedeutung. Texte zu erstellen, ist für KI-Assistenten deshalb eine leichte Übung.

Aber auch wer die Arbeit nicht komplett einer Maschine überlassen, sondern selbst formulieren möchte, kann von den Fähigkeiten moderner KI profitieren. Schreibassistenten können Sie bei dem Prozess begleiten, Fehler korrigieren, alternative Formulierungen vorschlagen und – wenn gewünscht – den Text einer stilistischen Prüfung unterziehen. So entstehen nicht nur formal korrekte, sondern auch besser lesbare Texte. Ebenso können Sie aber auch einen vorhandenen Text umformulieren, damit er besser einer bestimmten Zielgruppe entspricht.

Weitere Aufgaben, die Sie an eine KI delegieren können, sind das schnelle Erstellen von Zusammenfassungen, das Generieren geeigneter Schlüsselwörter für Suchmaschinen und soziale Medien oder das Übersetzen Ihres Textes in andere Sprachen.

3.1 Texte von der KI gegenlesen lassen

Rechtschreib- und Grammatikprüfungen beispielsweise in Office-Anwendungen sind ein alter Hut. Selbst Webbrowser bringen solche Funktionen teilweise schon seit Jahren mit. Insofern tut man sich vielleicht etwas schwer, solche erprobten Funktionen mit der modernen KI in Verbindung zu bringen. Anwendungen wie **LanguageTool** gelingt es aber, die klassische Idee der Textkorrektur auf ein neues Niveau zu heben, indem sie neben der reinen Kontrolle auf Rechtschreibung und Grammatik auch den Sprachstil sowie die Lesbarkeit von Texten prüfen und in Grenzen sogar inhaltliche Fehler aufdecken können.

Wie bei anderen KI-Diensten können Sie auch LanguageTool am bequemsten auf dessen Webseite ausprobieren. Das geht ganz ohne Anmelden, Installieren oder Ähnliches. Im Folgenden stelle ich allerdings beispielhaft das Verwenden von LanguageTool im Webbrowser (in diesem Fall als Chrome-Erweiterung) vor, da ich gerade in dieser Integration in eine Vielzahl von Anwendungen den großen Vorteil bei diesem Werkzeug sehe. Diese Variante unterscheidet sich in Aussehen und Bedienung etwas von der Webversion, bietet aber die gleiche Funktionalität.

LanguageTool – die wesentlichen Fakten

LanguageTool ist ein KI-basierter Schreibassistent, der Ihre Texte schon während der Eingabe laufend analysiert. Dabei kann er auch komplexere Fehler bei Rechtschreibung, Grammatik, Satzstellung und Zeichensetzung erkennen und korrigieren. Gleichzeitig analysiert er den Sprachstil und kann dabei auf Feinheiten wie Umgangssprache, Wiederholungen, Füllwörter, unübliche Ausdrücke oder auch gendergerechte Sprache achten. Inhaltlich kann LanguageTool unpassend verwendete Begriffe, unnötige Fremdwörter, Redundanzen, falsche Anreden oder unübliche Schreibweisen bei Daten oder Maßeinheiten anmerken.

Das Besondere bei LanguageTool ist die breite Verfügbarkeit. Es integriert sich als Erweiterung in alle gängigen Webbrowser ebenso wie in Office-Anwendungen, Editoren oder E-Mail-Programme wie Outlook und Thunderbird. Außerdem kann es per Web oder als eigene App für Windows, Mac und iOS genutzt werden. Für registrierte Benutzer werden Einstellungen und persönliche Wörterbücher zwischen allen Varianten und Geräten synchronisiert. Die kostenlose Basisversion stellt bereits einen großen Teil der Funktionen zur Verfügung, die unbegrenzt genutzt werden können. Einige Premium-Funktionen sind nur zahlenden Abonnenten zugänglich.

https://languagetool.org/de, Apps für die meisten Plattformen, Erweiterungen für zahlreiche Browser und Office-Anwendungen, Webdienst

LanguageTool als Browser-Erweiterung installieren

LanguageTool gibt es als Erweiterung (bzw. Add-on oder Plug-in) für alle gängigen Webbrowser. Der Vorteil dieser Variante liegt darin, dass LanguageTool automatisch aktiv wird, wenn Sie ein Eingabefeld in einem Formular verwenden. Die Funktion steht Ihnen also bei einer Vielzahl von Diensten, Foren, Anbietern usw. zur Verfügung, die Sie über Ihren Webbrowser nutzen.

1. Um LanguageTool in Chrome zu installieren, wählen Sie im ⋮-Menü *Erweiterungen/ Chrome Web Store besuchen*.
2. Tippen Sie dort oben im Suchfeld *LanguageTool* ein. Meist reichen schon die ersten vier bis fünf Buchstaben, damit Ihnen der passende Treffer angezeigt wird.

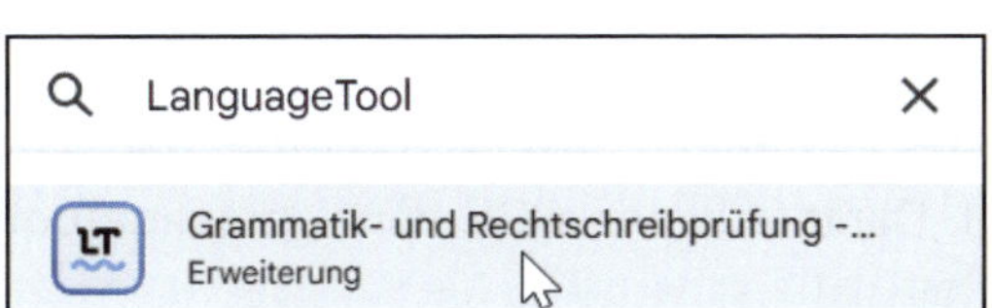

3. Auf der Detailseite der Erweiterung brauchen Sie nur auf die *Hinzufügen*-Schaltfläche zu klicken.

4. Bestätigen Sie die Rückfrage des Chrome-Browsers mit *Erweiterung hinzufügen*. Chrome installiert nun die Erweiterung.

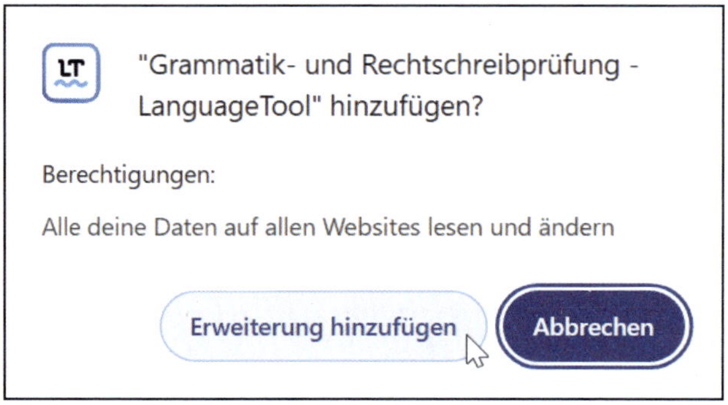

5. Abschließend folgt noch ein wichtiger Schritt in Form einer Webseite, mit einem Hinweis auf die Datenschutzrichtlinien. Bestätigen Sie auch diesen mit einem Klick auf *Okay, verstanden*, damit LanguageTool seine Arbeit aufnehmen kann.

Fehlerhinweise während der Eingabe

Haben Sie die Erweiterung einmal im Browser installiert, können Sie jederzeit nach Bedarf Nutzen daraus ziehen.

Wann immer Sie in einem Webformular ein Eingabefeld bearbeiten (Ausnahmen sind Felder für Kennwörter und sehr kurze bzw. spezielle Inhalte wie Datumsangaben), wird LanguageTool automatisch aktiv.

- Wann immer Sie ein Eingabefeld zum Bearbeiten anklicken, wird in der rechten unteren Ecke ein Symbol angezeigt. Daran erkennen Sie, dass LanguageTool für dieses Feld aktiv ist.

- Idealerweise besteht das Symbol aus einem blauen Kreis mit Häkchen. Das bedeutet, dass der Schreibassistent an Ihrer Eingabe nichts auszusetzen hat. Zwischendurch wird das Symbol mit einer kreisenden Animation versehen, dann überprüft die Erweiterung gerade den neu eingetippten Text.

- Findet LanguageTool Fehler, färbt sich der Kreis rot ein und wird mit der Anzahl der Fehler versehen. Gleichzeitig werden die fraglichen Stellen im Text durch Unterstreichungen hervorgehoben, beispielsweise rot für fehlerhafte Wörter, orange für Grammatikfehler usw.

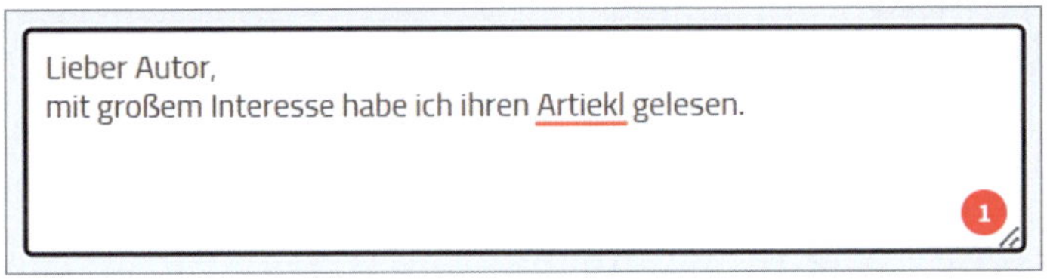

- Sie können nun einfach mit der linken Maustaste auf ein unterstrichenes Wort klicken. LanguageTool zeigt dann an dieser Stelle einen Dialog an, der die Art des Fehlers erläutert und mögliche Korrekturen anbietet. Ist die korrekte Schreibweise dabei, klicken Sie darauf, um den fehlerhaften Begriff direkt durch die richtige Variante zu ersetzen.

- Sollte der Assistent mal falschliegen, können Sie seinen Vorschlag ignorieren. Dieses Wort wird dann nicht länger als fehlerhaft angezeigt. Mit dem Buchsymbol oben rechts im Dialog können Sie einen Begriff aber auch in Ihr persönliches Wörterbuch aufnehmen. Es wird dann auch zukünftig nicht mehr als falsch markiert.
- Neben der markierten Stelle im Text können Sie auch jederzeit auf das Symbol unten rechts im Eingabefeld klicken, um einen übersichtlicheren Dialog zu öffnen. Dieser zeigt alle derzeit erkannten fehlerhaften Stellen im Text an und bietet Korrekturen dafür. Außerdem ist hier mehr Platz für die Erläuterung des erkannten Problems.

- Zusätzlich haben Sie hier die Möglichkeit, grammatische Regeln grundsätzlich zu ignorieren. Sie werden dann auch in Zukunft nicht mehr überprüft und ggf. markiert. Einmal ignorierte Regeln können Sie nur in den Einstellungen der Erweiterung wieder reaktivieren.

Wörterbücher synchronisieren

Wenn Sie LanguageTool hilfreich finden und auf Dauer nutzen möchten, sollten Sie erwägen, sich als Benutzer zu registrieren (was auch ohne kostenpflichtiges Abonnement möglich ist). LanguageTool kann dann Ihr persönliches Wörterbuch in seiner Cloud speichern und zwischen verschiedenen Anwendungen und Geräten synchronisieren. Wenn Sie den Assistenten in verschiedenen Anwendungen oder auf mehreren Geräten nutzen, greifen Sie so auf ein zentrales persönliches Wörterbuch zurück. Was Sie LanguageTool an einer Stelle »beigebracht« haben, weiß es dann automatisch auch bei allen anderen Gelegenheiten.

Alternative Formulierungen per Doppelklick

In den Einstellungen der Erweiterung können Sie weitere Funktionen aktivieren. Dazu gehört unter anderem auch die Möglichkeit, sich bei Bedarf Synonyme für einzelne Wörter vorschlagen zu lassen.

1. Um die Einstellungen zu öffnen, klicken Sie in einem Eingabeformularfeld unten rechts auf das LanguageTool-Symbol.
2. Im so geöffneten Korrekturdialog klicken Sie wiederum unten rechts auf das Zahnrad-Symbol.
3. Damit öffnen Sie die Einstellungen der LanguageTool-Erweiterung in einem separaten Browser-Register. Im Abschnitt *Allgemeine Einstellungen* finden Sie verschiedene Optionen vor:
   - *Akribischer Modus*
     In diesem Modus schaut die Erweiterung noch genauer hin und weist Sie auch auf flapsige Formulierungen oder umgangssprachliche Elemente hin, die zwar in lockerer Kommunikation nicht unüblich sind, auf die man aber bei wichtigen oder formellen Anlässen verzichten sollte. Dieser Modus ist aber eher für Abonnenten sinnvoll, da er speziellere Funktionen umfasst, die nur zahlenden Kunden zur Verfügung stehen.

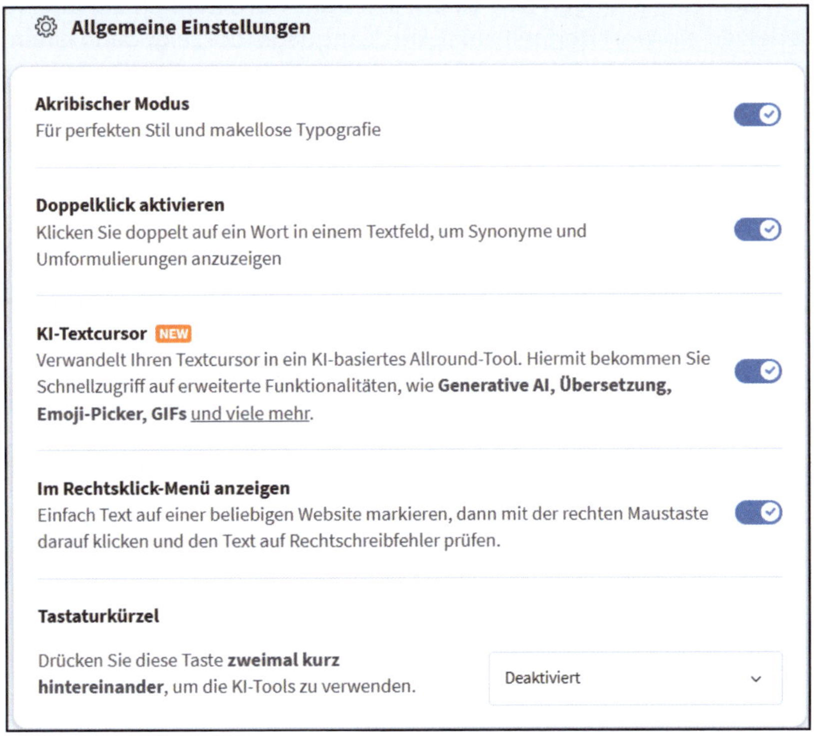

- *Doppelklick aktivieren*
  Dahinter verbirgt sich die Möglichkeit, mit einem Doppelklick auf einen Begriff bei Bedarf jederzeit Alternativen dafür anzeigen zu lassen. Ist diese Funktion deaktiviert, sollten Sie sie einschalten.
- *KI-Textcursor*
  Hiermit verwandeln Sie den Mauszeiger in ein KI-Tool, das Ihnen verschiedene Funktionen des LanguageTool jederzeit schnell zur Verfügung stellt.
- *Im Rechtsklick-Menü anzeigen*
  Hiermit integrieren Sie die wesentlichen Funktionen der Erweiterung auch in das Kontextmenü des Browsers. Wenn Sie Text in einem Eingabefeld markieren und mit der rechten Maustaste anklicken, finden Sie im Kontextmenü dann ein Untermenü *Rechtschreibung und Grammatik prüfen* vor.
- *Tastaturkürzel*
  Diese Option hilft ggf. dabei, die Erweiterung auch ohne ständiges Greifen zur Maus effizient nutzen zu können. Wenn Sie die hier gewählte Taste zweimal kurz hintereinander drücken, während die Texteingabemarkierung auf einem Wort steht, zeigt LanguageTool Ihnen analog zum Doppelklick alternative Begriffe dafür an. Wenn Sie auf diese Funktion verzichten können, belassen Sie die Option auf *Deaktiviert*.

Haben Sie in den Einstellungen den Doppelklick aktiviert, können Sie in einem Eingabefeld jederzeit ein Wort doppelt anklicken. LanguageTool zeigt dann einen Dialog an, in dem es Ihnen alternative Begriffe vorschlägt, durch die Sie dieses Wort ersetzen könnten. Der Dialog enthält zunächst nur ein paar Vorschläge, damit es nicht zu unübersichtlich wird. Sollte Ihnen davon nichts zusagen, können Sie den Dialog mit *Mehr anzeigen* erweitern, um eine größere Auswahl zu sehen.

Sind Sie mit einem der alternativen Vorschläge zufrieden und möchten diesen anstelle des Originalwortes verwenden, klicken Sie ihn einfach an. LanguageTool ersetzt dann den ursprünglichen Begriff direkt im Formular durch die gewählte Variante und Sie können nahtlos weitermachen.

Sätze besser formulieren

LanguageTool kann Ihnen auch Vorschläge für bessere bzw. alternative Formulierungen ganzer Sätze machen. Das kann sich auf das Austauschen einzelner Wörter beschränken oder auch das Umstellen des ganzen Satzbaus umfassen. Auch hier macht die Erweiterung Ihnen aber nur Vorschläge, von denen Sie einen annehmen oder aber auch alle ignorieren können. **Hinweis:** Die Erweiterung beschränkt sich stets auf das Umformulieren einzelner Sätze. Das stilistische Optimieren ganzer Texte, bei denen auch die Satzstruktur insgesamt berücksichtigt und ggf. angepasst wird, beherrscht beispielsweise DeepL (siehe den nachfolgenden Abschnitt).

Wenn Sie den Doppelklick-Modus aktiviert haben, können Sie ein beliebiges Wort in einem Satz anklicken. Neben Vorschlägen für alternative Begriffe finden Sie weiter unten auch die Möglichkeit zum *Umformulieren* des gesamten Satzes. Etwas übersichtlicher ist allerdings die folgende Vorgehensweise:

1. Platzieren Sie die Eingabepositionsmarkierung im Eingabefeld auf einem Satz, den Sie umformulieren möchten. Das können Sie per einfachem Linksklick oder auch mit den Pfeiltasten erledigen.
2. Bewegen Sie dann den Mauszeiger im Eingabefeld auf das LanguageTool-Symbol, bis dieses nach kurzer Zeit ausgeklappt wird.

3. Klicken Sie hier auf das mittlere Symbol und wählen Sie im so geöffneten Menü *Umformulieren*.
4. Die Erweiterung zeigt dann einen Dialog an, in dem nur Vorschläge für alternative Formulierungen des gewählten Satzes zu sehen sind.

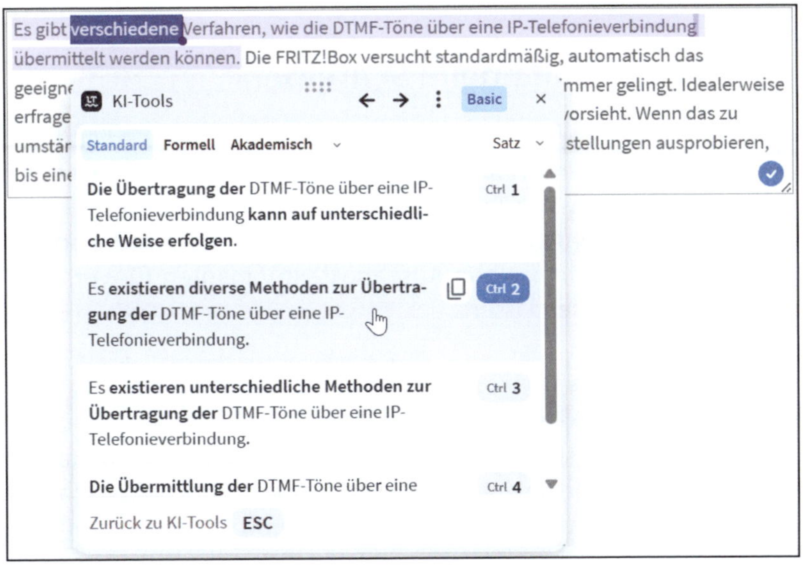

5. Sagt Ihnen eine der Alternativen zu, klicken Sie diese im Dialog an. Sie wird dann sofort anstelle des ursprünglichen Satzes in den Text eingefügt.

Besteht Ihr Text aus mehreren Sätzen, die Sie ggf. umformulieren möchten, können Sie diese Vorgehensweise wiederholen, indem Sie jeweils den fraglichen Satz und dann das LanguageTool-Symbol anklicken. Es empfiehlt sich dabei, für alle Sätze eines Textes denselben Stil zu verwenden.

LanguageTool bei Bedarf deaktivieren

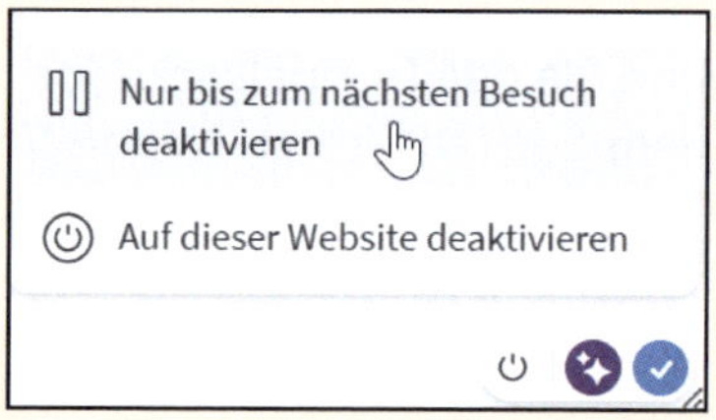

Falls die Hervorhebungen der Erweiterung Sie bei manchen Gelegenheiten eher stören, können Sie die Erweiterung bei Bedarf deaktivieren. Lassen Sie den Mauszeiger dazu kurz auf dem Symbol unten rechts im Eingabefeld verharren, bis weitere Symbole eingeblendet werden. Das ganz linke davon stellt einen Ausschaltknopf dar. Wenn Sie darauf klicken, haben Sie die Auswahl, ob Sie LanguageTool *Nur bis zum nächsten Besuch deaktivieren* oder grundsätzlich *Auf dieser Website deaktivieren* möchten. Entscheiden Sie sich für Letzteres, wird LanguageTool auch bei zukünftigen Besuchen dieser Webseite nicht mehr aktiv. Rückgängig machen können Sie das bei Bedarf in den Einstellungen, wo unter *Prüfung auf bestimmten Websites deaktivieren* alle auf diese Weise blockierten Adressen aufgeführt sind und wieder reaktiviert werden können.

3.2 Konstruktive KI-Hilfe beim Schreiben

Ging es im ersten Teil dieses Kapitels noch eher um eine dezente Begleitung beim Schreiben, die Fehler korrigiert und Tipps für gut lesbare Texte gibt, geht **DeepL** noch ein paar Schritte weiter. Es kann Ihre Texte nicht nur in andere Sprachen übersetzen (siehe Seite 78), sondern auch innerhalb derselben Sprache umwandeln. So können Sie per Mausklick aus ein und demselben Ausgangstext Varianten für verschiedene Zwecke bzw. Zielgruppen erstellen lassen.

DeepL – die wesentlichen Fakten

DeepL ist ein KI-Assistent, der sich auf den Umgang mit Sprache spezialisiert hat. Er wurde ursprünglich als Übersetzungsdienst entwickelt und beherrscht eine Vielzahl von Sprachen, zwischen denen er beliebig hin und her übersetzen kann.

Eingangstexte können sowohl direkt eingetippt als auch in gängigen Textformaten wie PDF- oder Word-Dateien übergeben werden. Darüber hinaus bietet DeepL mittlerweile auch verschiedene Funktionen zum Unterstützen beim Erstellen von Texten. So korrigiert der Assistent nicht nur Fehler, sondern bietet auch alternative Begriffe und Formulierungen an bzw. kann Texte in verschiedenen Stilen umformulieren. In beschränktem Umfang kann der Dienst kostenlos ohne Anmeldung verwendet werden. Für eine weiterreichende Nutzung stehen Abo-Modelle zur Verfügung.

deepl.com/de/, Apps für Android und iOS, Erweiterungen für Browser und Office-Anwendungen

Anstelle spezieller Tools können Sie auch beliebige KI-Assistenten wie ChatGPT, Gemini oder Copilot zum Optimieren Ihrer Texte verwenden. Dazu geben Sie Ihren Entwurf gemeinsam mit einer entsprechenden Anweisung im Prompt ein. Das ist etwas umständlicher, aber für eine gelegentliche Hilfestellung oft ausreichend. Die Vorgehensweise wird im Abschnitt 3.5 ausführlicher beschrieben.

Die Lesbarkeit von Texten optimieren

Wer die Fähigkeiten eines Assistenten wie DeepL ausprobieren möchte, kann dies am besten in der Webversion tun, die in begrenztem Umfang kostenlos und leicht zugänglich zur Verfügung steht.

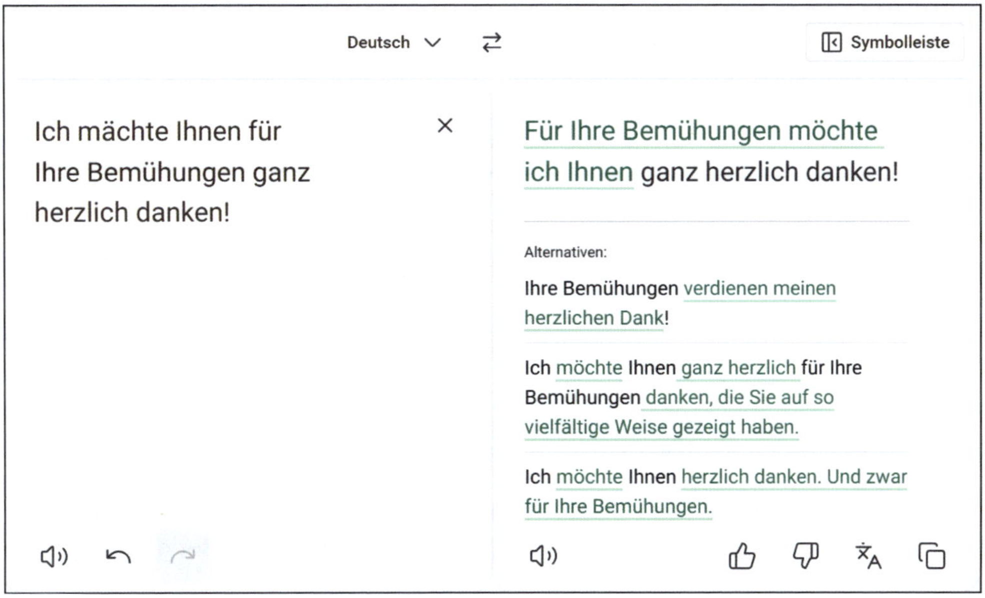

Unter https://www.deepl.com/write finden Sie ein Eingabeformular, in dem Sie links Ihren Text eintippen bzw. einfügen können. Rechts erscheint dann annähernd in Echtzeit die von DeepL analysierte und optimierte Fassung.

Rechtschreib- und Grammatikfehler werden hier quasi nebenbei korrigiert. Entscheidender ist, dass DeepL Ihre Texteingabe auch dem Sinn nach erfasst und versucht, daraus einen möglichst flüssigen, gut lesbaren Text zu machen. Das Ergebnis sehen Sie auf der rechten Seite. Bei kürzeren Texten finden Sie dort unter *Alternativen* außerdem andere Formulierungsmöglichkeiten, mit denen Sie den gleichen Inhalt in einem anderen Ton vermitteln können. Wie Sie solche alternativen Formulierungen auch für längere Texte erhalten, dazu im Folgenden mehr.

Änderungen anzeigen lassen

Die Funktion *Änderungen anzeigen* findet sich entweder direkt in der Symbolleiste oder im ⋮-Menü. Sie ist standardmäßig deaktiviert. Wenn Sie diese Funktion einschalten, macht DeepL die Änderungen deutlich, die an Ihrem Eingangstext vorgenommen wurden. So erkennen Sie auf einen Blick, welche Textteile von der KI ersetzt oder weggelassen wurden. Allerdings kann der Text in diesem Zustand nicht bearbeitet werden, es können also keine alternativen Formulierungen usw. gewählt werden. Dazu müssen Sie die Funktion erst wieder ausschalten. Trotzdem kann dieser Modus gerade beim ersten Kennenlernen und Experimentieren ganz sinnvoll sein.

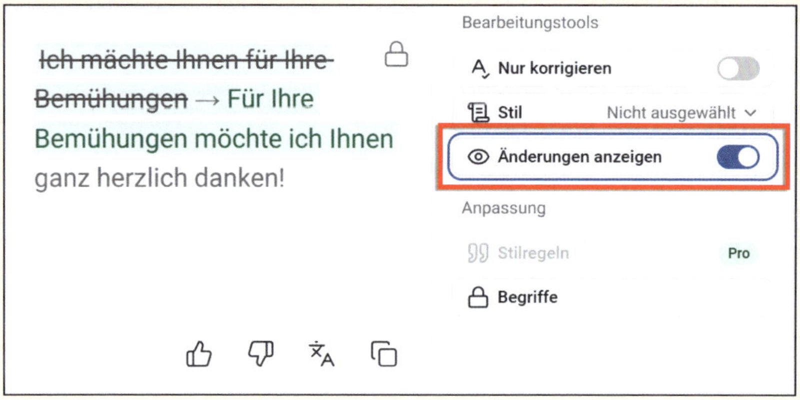

Synonyme, Umschreibungen und alternative Formulierungen finden

In den optimierten Texten von DeepL auf der rechten Seite sind einzelne Wörter oder Formulierungen optisch hervorgehoben. Das bedeutet, dass die KI für diese Textteile alternative Vorschläge anbieten kann.

Diese können Sie selbstverständlich ignorieren. Aber wenn Ihnen eine bestimmte Textstelle vielleicht selbst holprig oder missverständlich erscheint, können Sie sich die Alternativen jederzeit anzeigen lassen und eine davon auswählen.

1. Klicken Sie mit der linken Maustaste einfach auf die hervorgehobene Textstelle.

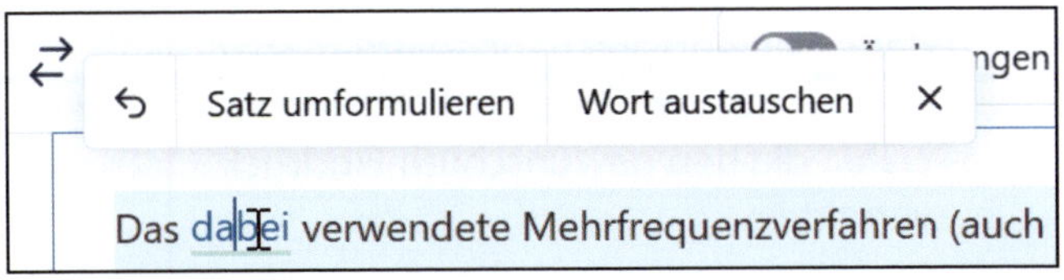

2. Daraufhin wird ein kleines Auswahlmenü angezeigt, in dem Sie entscheiden können, ob Sie den ganzen *Satz umformulieren* oder nur dieses *Wort austauschen* möchten (wobei »Wort« sich auf mehrere markierte Wörter beziehen kann).

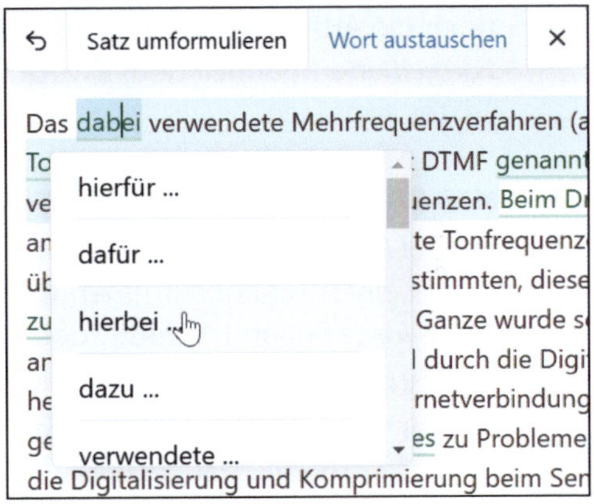

3. Bei beiden Varianten erhalten Sie eine Liste mit Alternativen, von denen Sie eine per Mausklick anwählen können. Dieser Teil des Textes wird dann direkt durch die gewählte Formulierung ersetzt.

Texte automatisch an bestimmte Zielgruppen anpassen

Bei einzelnen Sätzen schlägt DeepL Ihnen automatisch alternative Formulierungen vor. Bei längeren Texten geht das schon aus Platzgründen nicht. Hier wird rechts einfach nur ein optimierter Formulierungsvorschlag angezeigt. Sie können aber jederzeit alternative Formulierungen für Ihren Text abrufen. DeepL kennt verschiedene Stile, mit denen Sie einen Text an eine Zielgruppe anpassen können.

1. Klicken Sie dazu bei den Bearbeitungstools rechts auf die *Stil*-Schaltfläche.
2. Damit blenden Sie das *Stil*-Menü ein. Hier haben Sie mehrere Möglichkeiten.
   - Im Abschnitt *Schreibstil* können Sie einen von verschiedenen Stilen festlegen, in dem Ihr Text verfasst sein soll. Hierbei kann man sich am besten an der beabsichtigten Zielgruppe orientieren. *Einfach* etwa verwendet möglichst direkte Formulierungen, die für ein breites Publikum verständlich sind. *Akademisch* hingegen setzt auf einen Stil, der auch für wissenschaftliche Veröffentlichungen genutzt werden könnte.

- Im Abschnitt *Ton* können Sie alternativ den Ton der verwendeten Sprache vorgeben. Diese kann etwa *Enthusiastisch* oder *Diplomatisch* gewählt werden. Dementsprechend werden bei gleicher Bedeutung andere Wörter gewählt, die den gewünschten Eindruck vermitteln.
- Bei *Anredeform* können Sie zusätzlich noch die Art der Ansprache zwischen *Formell* und *Informell* dem Zweck des Textes anpassen.

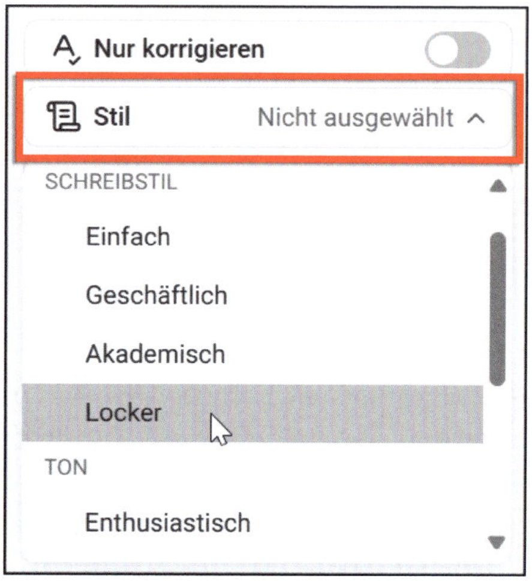

Diese drei Auswahlmöglichkeiten schließen sich gegenseitig aus. Sie können also entweder einen Schreibstil, einen Ton oder eine Anredeform vorgeben, aber nicht beispielsweise Stil und Anrede zugleich.

3. Mit Anklicken einer der Optionen werden entsprechende Änderungen am Text mit kurzer Verzögerung durchgeführt.

Eine Abgrenzung, was genau Schreibstil, Ton oder Anrede bewirken, ist nicht ganz einfach. Auch die Macher von DeepL äußern sich nicht ausführlich dazu. Man darf dabei auch nicht vergessen, dass diese Eigenschaften nicht auf klar formulierten Regeln basieren, sondern auf maschinell antrainierten Mustern. DeepL hat aus einer großen Datenbasis an einfachen, akademischen, enthusiastischen oder diplomatischen Texten »gelernt«, wie solche Arten von Texten formuliert sein sollten. Diese Muster versucht es nun, auf Ihren Eingangstext anzuwenden.

Die Auswirkungen hängen dabei immer sehr vom Ausgangsmaterial ab. Wenn Sie beispielsweise einen Text aus einer akademischen Quelle verwenden, wird der Schreibstil *Akademisch* meist nur zu geringen Veränderungen führen, während mit dem *Einfach*-Stil weitgehende Umformulierungen erfolgen. Umgekehrt würde ein Text aus einem Kinderbuch durch den Schreibstil *Einfach* meist nur wenige Änderungen erfahren. Würden Sie darauf hingegen *Geschäftlich* oder *Diplomatisch* anwenden, dürfte das Ergebnis sich deutlicher vom Ausgangstext unterscheiden.

Insoweit kann man es am besten selbst ausprobieren. Nehmen Sie beispielsweise einen Text aus Ihrer eigenen Feder bzw. einen, den Sie sehr gut kennen, und lassen Sie diesen nach und nach durch die verschiedenen Stile und Tonarten von DeepL optimieren. Die unterschiedlichen Ergebnisse vermitteln meist einen recht guten Eindruck, was welcher Sprachstil oder Ton bewirken kann.

Beispielsweise habe ich DeepL für die folgende Tabelle mit einem bekannten Zitat von Oscar Wilde gefüttert und es in die verschiedenen Stile und Tonarten umwandeln lassen: *»Am Ende wird alles gut sein. Wenn es nicht gut ist, ist es nicht das Ende.«*

Schreibstil/Ton	Von DeepL erzeugte Textvariante
Einfach	Am Ende wird alles gut sein. Wenn es nicht gut ist, ist es nicht das Ende.
Geschäftlich	Ich bin zuversichtlich, dass die Situation sich zum Ende hin positiv entwickeln wird. Sollte es nicht den gewünschten Erfolg bringen, bedeutet dies nicht das Ende der Welt.
Akademisch	Letztlich wird sich die Situation zum Positiven wenden. Sollte die Situation ungünstig verlaufen, bedeutet dies nicht das Ende der Welt.
Locker	Am Ende wird alles gut sein. Wenn es nicht gut ist, ist es nicht das Ende.
Enthusiastisch	Am Ende wird alles gut sein. Es ist nie das Ende, wenn es nicht gut ist!
Freundlich	Am Ende wird alles gut sein. Wenn es nicht gut ist, ist das kein Grund zur Sorge.
Souverän	Am Ende wird alles gut sein. Wenn es nicht gut ist, ist es nicht das Ende.
Diplomatisch	Ich bin zuversichtlich, dass am Ende alles gut sein wird. Sollte es nicht den gewünschten Erfolg bringen, bedeutet dies nicht das Ende der Welt.
Formell	Letztlich wird sich alles zum Guten wenden. Sollte es sich als suboptimal erweisen, bedeutet dies nicht das Ende der Welt.
Informell	Am Ende wird alles gut sein. Wenn es nicht gut ist, ist das auch nicht schlimm.

Dieses Beispiel zeigt auch gut die Grenzen von DeepL beim Umformulieren auf. Einige der Textvarianten sind sehr schön formuliert und erfüllen in dieser Hinsicht ihren Zweck. Sie geben die Bedeutung des Ausgangstextes aber nicht genau wieder bzw. widersprechen ihr teilweise sogar. Man sollte maschinell umformulierte Texte also immer kritisch prüfen, ob die Aussage durch die Umstellungen im Text auch wirklich nicht verfälscht wird.

3.3 Schreibhilfe auf dem Smartphone

Auch und besonders auf dem Smartphone kann man etwas Hilfe beim Schreiben gut gebrauchen, denn die virtuelle Tastatur auf dem kleinen Touchscreen macht das Tippen zu einer Herausforderung. Da kann es nicht schaden, wenn ein Assistent dabei hilft, eingetippte Texte zu prüfen, ggf. zu korrigieren oder auch stilistische Anpassungen vorzunehmen.

Ein solcher Assistent ist die App *TypeAI* für Android und iOS. Sie integriert sich als alternative Tastatur in Ihr Smartphone und stellt ihre Funktionen dadurch genau dort bereit, wo sie benötigt werden. So können Sie Texte wie gewohnt eintippen. Nur wenn Sie sich durch die KI-Funktionen unterstützen lassen möchten, aktivieren Sie die *TypeAI*-Funktionen und können Ihren Text dann jederzeit überprüfen und optimieren lassen.

1. Wenn Sie die *TypeAI*-Tastatur installiert und eingerichtet haben, können Sie grundsätzlich wie gewohnt tippen. Auch *TypeAI* blendet beim Auswählen von Eingabefeldern automatisch eine virtuelle Tastatur auf dem Bildschirm ein, macht ggf. Vorschläge zur schnellen Vervollständigung von Wörtern usw.

2. Der wesentliche Unterschied verbirgt sich in der Vorschlagszeile ganz rechts hinter dem *TypeAI*-Symbol, das Sie bei Bedarf jederzeit antippen können.

3. Damit lassen Sie anstelle der Wortvorschläge das *TypeAI*-Menü mit den KI-Funktionen dieser Tastatur anzeigen. Diese sind zwar leider englisch benannt, aber *TypeAI* beherrscht selbstverständlich auch die deutsche Sprache. Die Funktionen wirken sich immer auf den gesamten Inhalt des gerade gewählten Eingabefeldes aus. Sie müssen also nicht extra einzelne Wörter oder Sätze auswählen.
4. Hinter *Check Grammer* verbirgt sich beispielsweise die Überprüfung von Rechtschreibung und Grammatik. TypeAI überprüft hiermit also den Inhalt des Eingabefeldes auf Fehler. Sollte es keine verbesserungswürdigen Fehler finden, reagiert es mit der Meldung *No corrections needed*.

5. Andernfalls präsentiert es Ihnen unten eine korrigierte Fassung des Textes. Wenn Sie mit diesen Korrekturen einverstanden sind, können Sie mit *Apply* den Ausgangstext im Eingabefeld durch die korrigierte Version ersetzen.

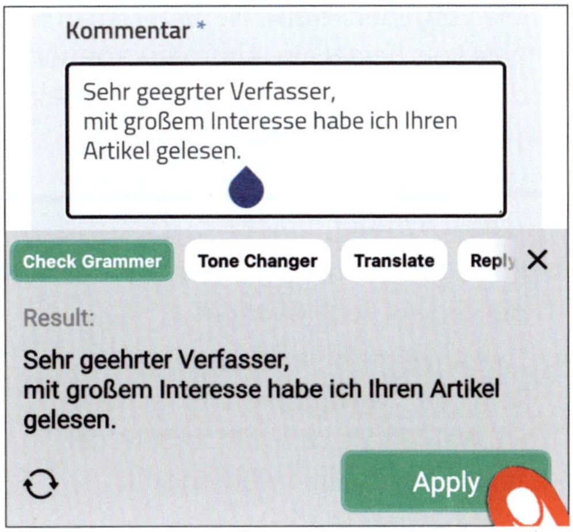

Jederzeit zur bevorzugten Tastatur wechseln

TypeAI ist eine vollwertige virtuelle Tastatur, kommt aber nicht ganz an den vertrauten Komfort mancher ab Werk ausgelieferten Tipphelfer von Apple, Samsung oder Google heran. Es kann deshalb durchaus sinnvoll sein, *TypeAI* nur dann zu aktivieren, wenn Sie dessen KI-Funktionen auch tatsächlich benötigen.

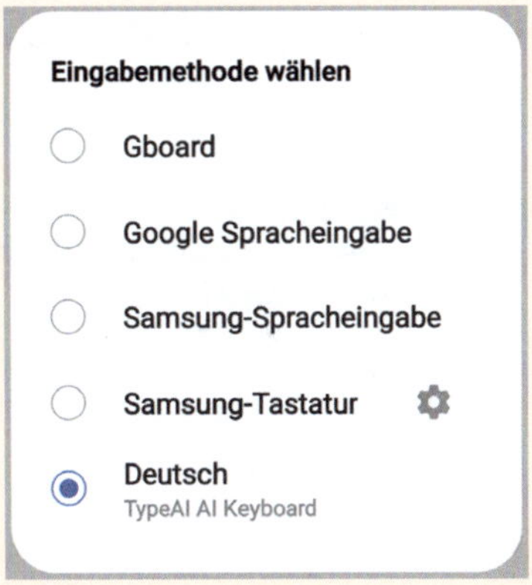

Bei Android etwa geht das recht unkompliziert: Wann immer Sie etwas eintippen, finden Sie oben in der Systemleiste des Smartphones ein Tastatursymbol. Wenn Sie herunterwischen, wird eine Benachrichtigung angezeigt, mit der Sie die *Eingabemethode wählen* können. Diese führt Sie direkt in den entsprechenden Dialog der Systemeinstellungen, wo Sie zu *TypeAI* oder eben auch zu einer der anderen installierten Eingabemethoden wechseln können. Anschließend landen Sie automatisch wieder an der Stelle, wo Sie zuvor getippt hatten.

Den Sprachstil eines Textes anpassen

TypeAI bietet auch die Möglichkeit, einen vorhandenen Text umzuformulieren. Dazu beherrscht die App mehrere Tonarten wie *Freundlich*, *Professionell*, *Glücklich* oder *Romantisch*. Da sollte doch für jeden Anlass etwas dabei sein.

1. Die Vorgehensweise ist dabei wieder ähnlich. Tippen Sie Ihren Text zunächst mithilfe von *TypeAI* ein. Alternativ können Sie auch eine andere Tastatur dafür verwenden und dann erst zu *TypeAI* wechseln.
2. Tippen Sie dann ganz links in der Vorschlagszeile der Tastatur auf das *TypeAI*-Symbol.
3. Im so geöffneten *TypeAI*-Menü tippen Sie auf *Tone Changer*.
4. *TypeAI* zeigt Ihnen dann eine Auswahl der verfügbaren Sprachstile an. Wählen Sie den aus, in dem der Text umformuliert werden soll.

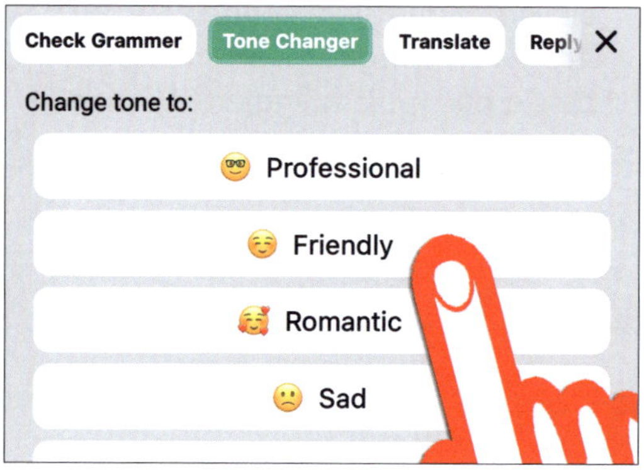

5. Daraufhin generiert die App einen Vorschlag für einen in diesem Ton umformulierten Text.

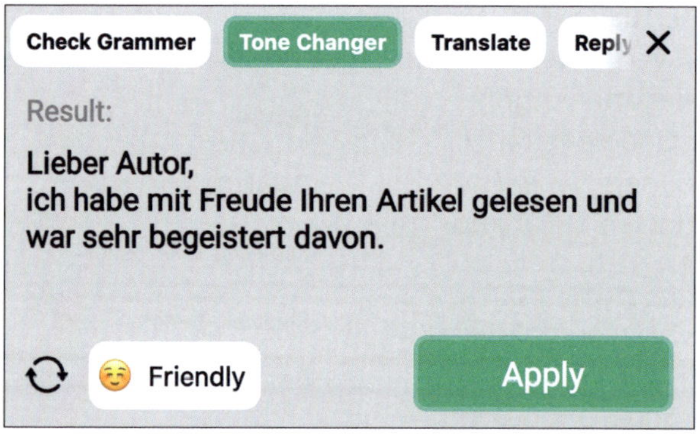

6. Sind Sie mit dem Ergebnis nicht zufrieden, können Sie mit dem Kreissymbol unten links weitere Varianten des Textes in diesem Sprachton erzeugen. Oder Sie tippen rechts daneben auf die Schaltfläche und wechseln damit zu einem anderen Sprachstil.
7. Sagt Ihnen die generierte Variante des Textes zu, tippen Sie unten rechts auf *Apply*, um Ihren Ausgangstext damit zu ersetzen.

Alternativ zum *Tone Changer* können Sie auch die Menüfunktion *Paraphrase* verwenden. Diese versucht nicht, den Sprachstil des Textes zu verändern, sondern formuliert den Text einfach nur um, indem Satzteile umgestellt oder Wörter durch Synonyme ersetzt werden. Auch hier können Sie mit dem Kreissymbol unten links weitere Varianten erzeugen lassen, bis Sie eine finden, die Ihnen zusagt.

Texte weiterschreiben lassen

Sind Sie vielleicht manchmal etwas schreibfaul und beschränken sich gern auf das Allernötigste? Das ist völlig in Ordnung, kommt aber je nach Gelegenheit und Adressat vielleicht nicht so gut an. Ein KI-Schreibassistent kann Ihnen da behilflich sein, indem er Ihren kurz und knapp formulierten Text noch etwas weiterschreibt. Dabei wird das vorhandene Material ergänzt und »ausgeschmückt«, ohne die Kernaussage zu verändern. Auch *TypeAI* beherrscht diese Funktion, die sehr gut zeigt, zu was KI-Systeme heute fähig sind – aber auch, dass man die Zügel immer noch selbst in der Hand behalten sollte, falls der KI mal die Pferde durchgehen.

1. Um diese Funktion zu nutzen, gehen Sie wieder wie beschrieben vor. Sie tippen also zunächst Ihren kurzen Text als Vorgabe und Marschrichtung mit der *TypeAI*-Tastatur ein.
2. Dann tippen Sie in der Vorschlagszeile ganz links auf das *TypeAI*-Symbol, um dessen Menü anzuzeigen.
3. Verwenden Sie dann Ihre Fingerspitze, um mit einer Wischgeste auf der Menüleiste diese nach links zu verschieben, bis rechts der Menüpunkt *Continue Text* sichtbar wird.
4. Tippen Sie diesen an und lassen Sie *TypeAI* etwas Zeit, um Ihre Eingabe zu verarbeiten.
5. Dann präsentiert die App Ihnen unten einen Vorschlag, wie Ihr Text ergänzt und ausführlicher formuliert werden könnte.
6. Wie gewohnt können Sie mit dem Kreissymbol weitere Versionen anfordern. Sind Sie zufrieden, tippen Sie auf *Apply*, um den angezeigten Textvorschlag zu übernehmen.

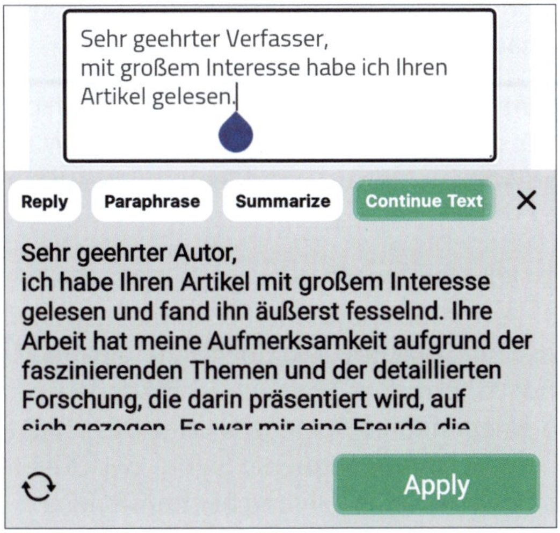

Wenn Sie mit dieser Funktion experimentieren, werden Sie vermutlich feststellen, dass KI-Systeme wirklich hervorragend fabulieren können. Mich erinnern die Ergebnisse jedenfalls sehr an Spam-Mails, die man gelegentlich bekommt, in denen mit vielen Sätzen nichts oder zumindest immer wieder das Gleiche gesagt wird. Ich würde diese Funktion deshalb mit Bedacht einsetzen und den auf diese Weise erzeugten Text immer noch mal gründlich durchsehen und auf einige wirklich gelungene Sätze zusammenkürzen. Denn Sie möchten sicher keine Texte versenden oder veröffentlichen, in denen Sie mit vielen Worten und Satzvarianten im Grunde genommen immer wieder das Gleiche sagen. Sonst kommen die Empfänger noch auf die Idee, dass Sie entweder nicht ganz klar denken können oder den Text eventuell durch eine KI haben generieren lassen.

3.4 Texte in andere Sprachen übersetzen

Eine weitere praktische Funktion von **DeepL** (siehe Seite 68) ist das Übersetzen von Text in andere Sprachen. Das können Sie nutzen, wenn Sie selbst Texte schreiben und diese für Kollegen oder Bekannte in anderen Ländern bereitstellen möchten. Aber Sie können die Funktion ebenso nutzen, wenn Sie selbst auf einen Text in einer fremden Sprache stoßen und diesen gern verstehen möchten.

Moderne KI-Übersetzer haben nicht mehr viel gemein mit der maschinellen Übersetzung aus früheren Jahren, die häufig zu unfreiwillig komischen Ergebnissen etwa bei der Übersetzung von Aufbauanweisungen oder Bedienungsanleitungen führte. Computer haben früher versucht, Texte Wort für Wort von einer Sprache in eine andere zu überführen. Das stößt zwangsläufig an Grenzen, wenn sich ein Wort nicht genau in ein anderes übersetzen lässt bzw. wenn es für ein Wort mehrere Bedeutungen gibt, die zu verschiedenen Übersetzungen führen würden. Dementsprechend holprig und unbefriedigend waren die Ergebnisse häufig.

Moderne KI-Systeme können einen ganz anderen Ansatz verfolgen. Ihre Sprachmodelle erlauben es ihnen, den Sinn von Texten zu erfassen und in ihre interne Wissensdarstellung zu überführen. Umgekehrt können sie aus ihrem internen Wissen Texte generieren.

Etwas vereinfacht gesagt überführt die KI beim Übersetzen also zunächst die Bedeutung eines Textes in einer Sprache A in ihre interne Repräsentation und generiert dann aus dieser Repräsentation einen Text in einer Sprache B. Die Übersetzung hangelt sich also nicht mehr an den Buchstaben und Wörtern eines Textes entlang, sondern erfasst den Sinn eines Textes und gibt ihn in einer anderen Sprache wieder. Das macht die KI-Übersetzer so universell, denn sie können Informationen beliebig zwischen allen Sprachen, für die sie über ein Sprachmodell verfügen, hin und her transferieren.

Texte mit DeepL übersetzen

Unter https://www.deepl.com/translator finden Sie die Übersetzungsfunktion von DeepL.

1. Tippen Sie auf der linken Seite den Text ein, den Sie übersetzen möchten. Sie können auch die Zwischenablage nutzen, um längere Texte von einer Webseite oder aus einem Dokument einzufügen. Beachten Sie dabei ggf. die Längenbegrenzung des Dienstes (wird unten rechts angezeigt).
2. DeepL versucht anhand des eingefügten Textes, automatisch zu erkennen, um welche Sprache es sich handelt. In der Regel klappt das sehr gut. Wenn nicht oder falls DeepL sich irren sollte, können Sie die Sprache oben angeben.

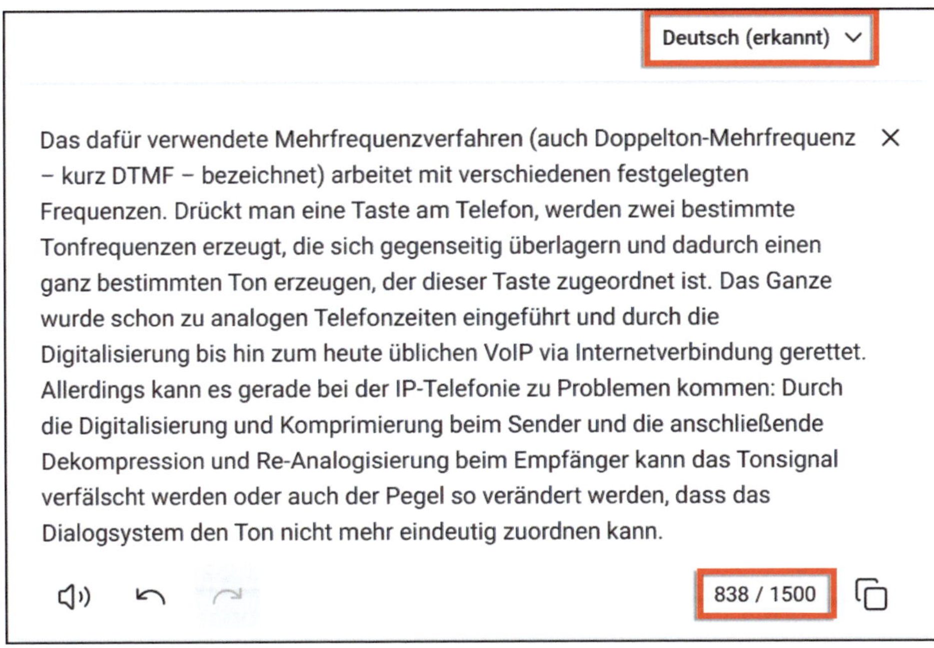

3. Auf der rechten Seite wählen Sie oben zunächst die gewünschte Sprache, in die Ihr Text übersetzt werden soll. Achten Sie dabei ggf. auch auf feine Unterschiede beispielsweise zwischen britischem und amerikanischem Englisch. Ersteres sollten Sie wählen, wenn Sie einen Text speziell für Menschen in Großbritannien erstellen möchten. Für ein allgemein internationales Publikum eignet sich hingegen besser die amerikanische Variante.

4. Im Feld darunter wird die Übersetzung Ihres Textes angezeigt.

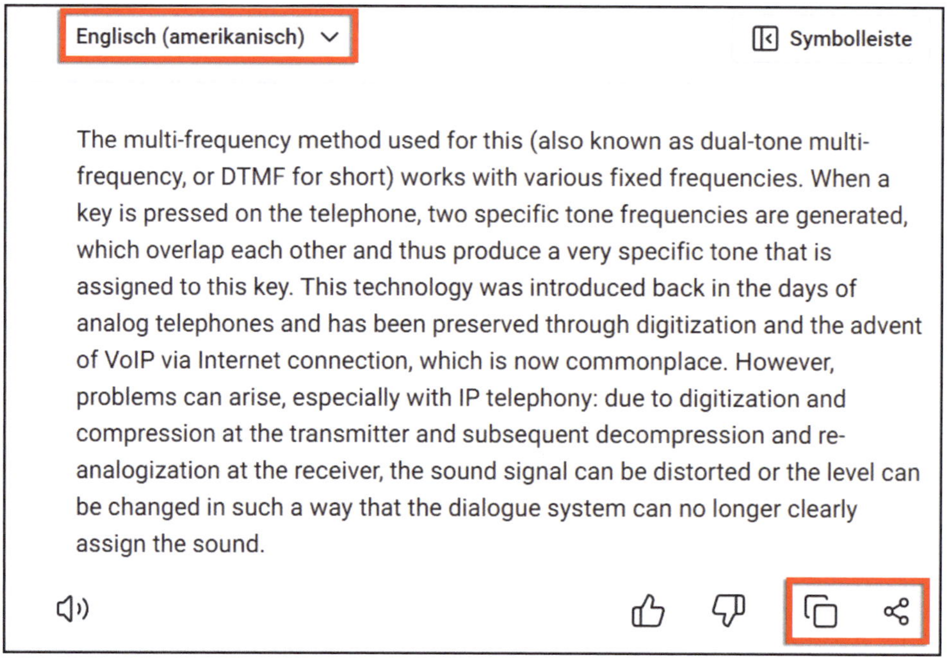

5. Möchten Sie den übersetzten Text in ein Dokument oder eine andere Anwendung übernehmen, geht das am schnellsten mit dem Kopieren- bzw. Teilen-Symbol unten rechts.

DeepL komfortabel im Webbrowser nutzen

Für die gelegentliche Nutzung ist der Webdienst von DeepL meist völlig ausreichend. Wer DeepL aber regelmäßig als Übersetzungshilfe nutzt oder es für berufliche Zwecke einsetzen möchte, dem stehen Apps für alle gängigen Plattformen sowie Browser-Erweiterungen zur Verfügung, die die Funktionen von DeepL direkt in den Webbrowser integrieren. Eine Download-Möglichkeit dafür finden Sie am schnellsten, wenn Sie mit dem fraglichen Browser www.deepl.com besuchen. Hier finden Sie auf jeder Seite ganz unten einen Abschnitt *Downloads* mit Links zu den verschiedenen Plattformen.

In diesem Abschnitt demonstriere ich am Beispiel der Chrome-Erweiterung die Nutzung von DeepL im Webbrowser. Auf die Installation der Erweiterung gehe ich dabei nicht ein. Dieses ist bei jedem Webbrowser geringfügig anders, kann aber in jedem Fall auf die übliche Weise mit wenigen Mausklicks erledigt werden.

Texte von Webseiten übersetzen

Eine der Funktionen von DeepL ist das Übersetzen beliebiger Inhalte, die im Webbrowser angezeigt werden. Ist die Erweiterung installiert und aktiviert, können Sie sich das jederzeit zunutze machen.

1. Markieren Sie dazu einen Textabschnitt auf einer Webseite, den Sie übersetzt haben möchten.

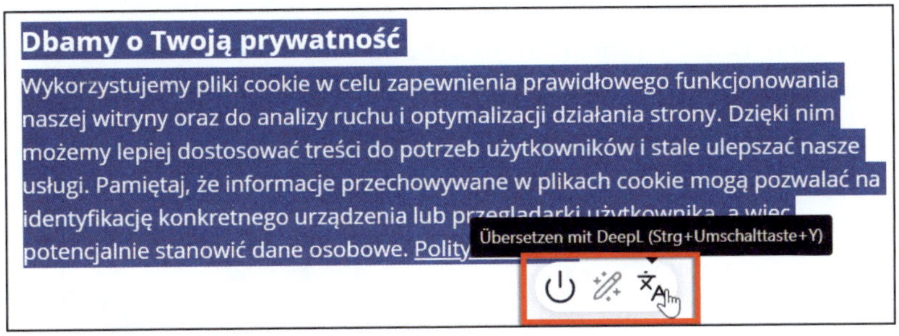

2. Die Erweiterung blendet neben einer solchen Textmarkierung automatisch ihr Symbol ein, das Sie jederzeit anklicken können.
3. Daraufhin zeigt die Erweiterung einen Dialog an, in dem Sie die Übersetzung des Textes vorfinden.

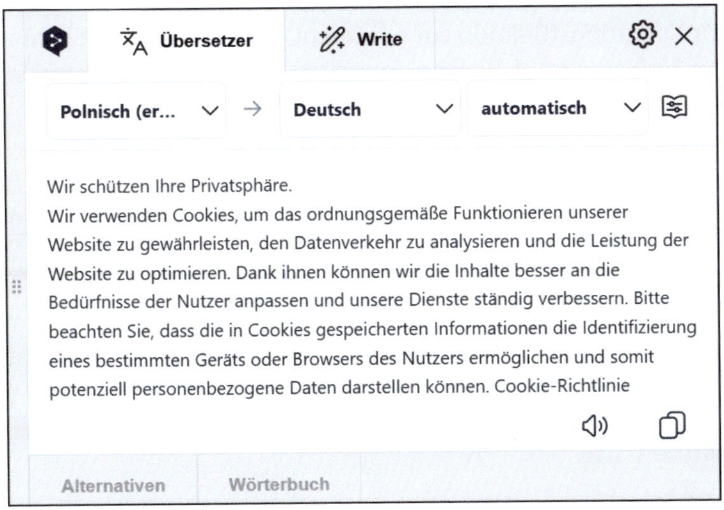

Die Ausgangssprache erkennt DeepL wie gewohnt automatisch. In welche Sprache standardmäßig übersetzt werden soll, können Sie in den Einstellungen der Erweiterung festlegen. Sie können aber auch mit dem Auswahlfeld oben im Dialog jederzeit davon abweichen. Außerdem können Sie den übersetzten Text hier auch in die Zwischenablage kopieren oder vorlesen lassen.

Eigene Texte in Formularen übersetzen

DeepL kann Ihnen auch beim Übersetzen von Texten in die andere Richtung helfen. Also wenn Sie beispielsweise in einer Fremdsprache eine Anfrage stellen oder an einer Onlinediskussion teilnehmen möchten. Hierzu überwacht die Erweiterung Eingabeformulare in Webseiten. Wenn Sie in ein solches Eingabefeld Text eintippen, können Sie diesen bei Bedarf von DeepL übersetzen lassen.

1. Tippen Sie in diesem Fall Ihren Beitrag in Ihrer Muttersprache ein.
2. Sind Sie damit fertig, bewegen Sie den Mauszeiger unten rechts auf das Symbol, das die DeepL-Erweiterung automatisch in diesem Eingabefeld angezeigt hat.

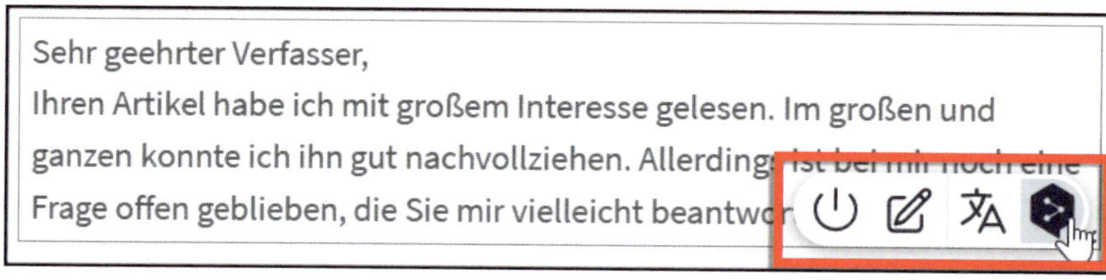

3. Damit öffnen Sie ein kleines Menü, das Ihnen die wesentlichen Funktionen von DeepL zur Verfügung stellt:
   - Mit dem Symbol *Text verbessern* nutzen Sie die Funktionen zum automatischen Optimieren eines Textes durch DeepL. Im Gegensatz zu der auf Seite 69 beschriebenen Optimierungsfunktion auf der DeepL-Webseite haben Sie hier allerdings keinen Einfluss darauf, welcher Sprachstil oder -ton dabei verwendet wird.
   - Das Symbol *Zielsprache auswählen* erlaubt es, von der in den Einstellungen festgelegten Standardsprache für das Übersetzen eigener Texte abzuweichen.
   - Mit dem DeepL-Symbol ganz rechts lassen Sie den Inhalt des Formulars übersetzen.
4. Achtung: Wenn Sie Ihren Text von DeepL optimieren oder übersetzen lassen, wird Ihr Ausgangstext im Formular automatisch durch die von DeepL generierte Fassung ersetzt. Webbrowser wie Chrome bieten Ihnen aber auch in diesem Fall eine Zurück-Funktion (Strg+Z) an, mit der Sie ggf. schnell zur vorherigen Fassung zurückkehren können.

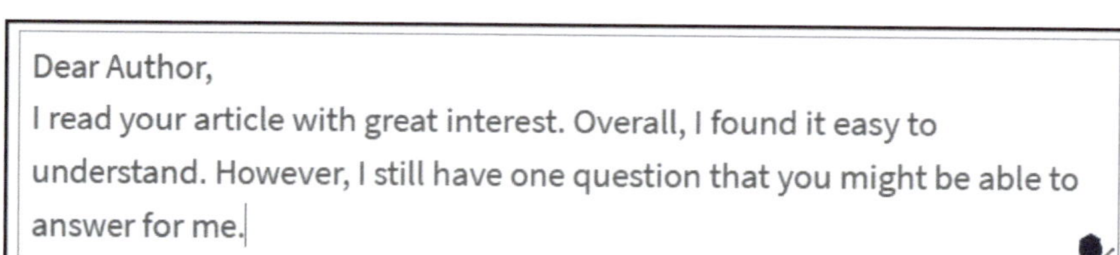

Ganze Webseite übersetzen

DeepL kann nicht nur einzelne Abschnitte, sondern vollständige Webseiten aus anderen Sprachen übersetzen. Diese Funktion steht aber nur zahlenden Kunden zur Verfügung. Falls Sie DeepL viel nutzen und dafür ein Abonnement abgeschlossen haben, sollten Sie in den Einstellungen der Erweiterung Ihre Zugangsdaten eintragen, um diese erweiterten Funktionen auch im Browser nutzen zu können.

DeepL auf dem Smartphone jederzeit dabei

Da DeepL auch als App für Android und iOS verfügbar ist, können Sie es jederzeit dabeihaben, um auch unterwegs Texte übersetzen zu können. Die App kann über den jeweiligen App Store installiert werden und ist kostenlos erhältlich. Allerdings gilt auch hier, dass die Nutzung ohne Abonnement nur in beschränktem Umfang möglich ist.

Einmal installiert, lässt sich die DeepL-App jederzeit öffnen und für Übersetzungen nutzen. Allerdings ist der Nutzen eingeschränkt, da man den Text dafür selbst eintippen oder per Zwischenablage einfügen müsste. Etwas praktischer ist deshalb die folgende Vorgehensweise:

1. Wann immer Sie einen Text in einer fremden Sprache beispielsweise auf einer Webseite übersetzen möchten, markieren Sie diesen. Tippen Sie dazu länger auf ein beliebiges Wort innerhalb des Textes. Es wird dann als Auswahl hervorgehoben.

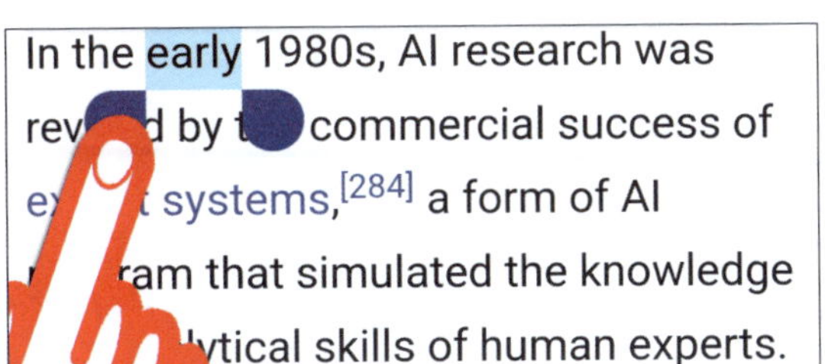

2. Verwenden Sie nun die Steuerelemente links und rechts neben dem Wort dafür, die Auswahl nach beiden Seiten zu vergrößern. Tippen Sie dazu beispielsweise das linke Symbol an und halten Sie die Fingerspitze gedrückt. Ziehen Sie das Symbol nun zum Beginn des Satzes oder Abschnitts, sodass die Auswahl dorthin erweitert wird. Auf die gleiche Weise ziehen Sie das rechte Symbol zum Ende des auszuwählenden Textes.

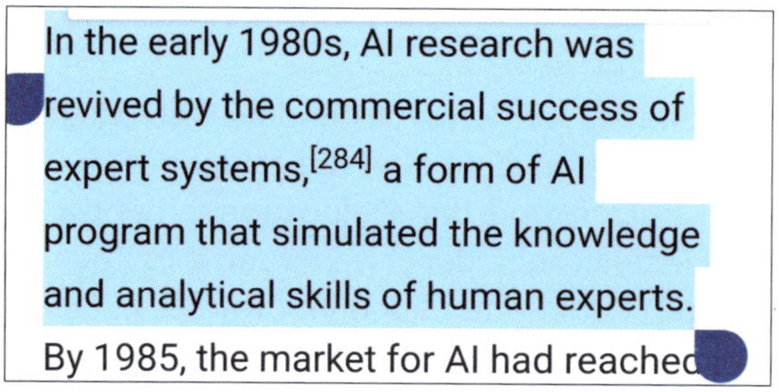

3. Für den so ausgewählten Text wird Ihnen nun ein Kontextmenü angezeigt, in dem Sie unter anderem die Funktion *Übersetzen* auswählen können.

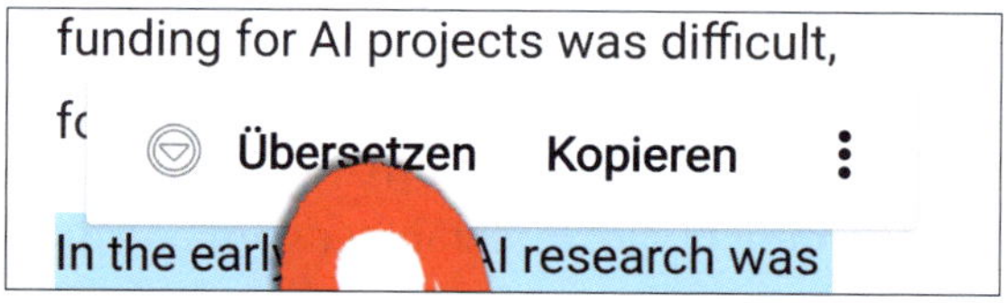

4. Insbesondere wenn Sie die Funktion zum ersten Mal wählen und neben DeepL weitere Übersetzungsdienste installiert sind, können Sie wählen, welcher davon den Text übersetzen soll. Tippen Sie also auf *DeepL*.
5. Soll das System sich diese Auswahl merken und beim nächsten Mal ohne Rückfrage direkt DeepL als Übersetzer nutzen, tippen Sie darunter auf *Immer*. Wählen Sie stattdessen *Nur diesmal*, werden Sie beim nächsten Mal erneut gefragt und können neu entscheiden.

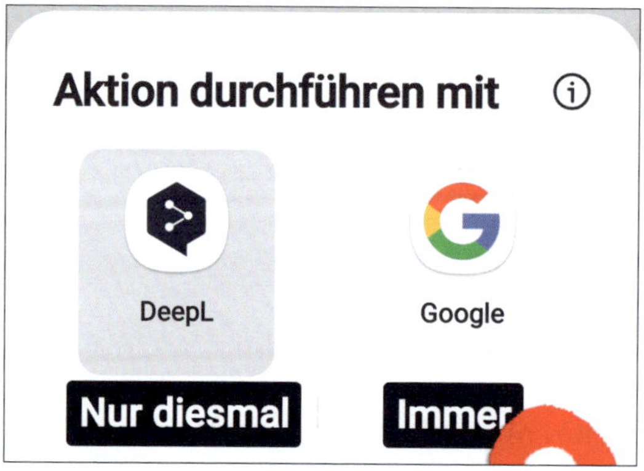

6. Bei beiden Varianten wird anschließend die DeepL-App geöffnet. Sie zeigt Ihnen den zuvor ausgewählten Text und darunter die Übersetzung dazu an. Die Ausgangssprache wird automatisch zugeordnet und in die als Standard vorgegebene Zielsprache übersetzt. Beides können Sie aber ggf. mit den Auswahlfeldern oben anpassen.

7. Mit den Lautsprecher-Symbolen können Sie sich sowohl den Ausgangstext als auch die übersetzte Fassung vorlesen lassen. Mit dem Kopieren-Symbol übernehmen Sie den übersetzten Text in die Zwischenablage, um ihn von dort in weitere Apps einfügen zu können.

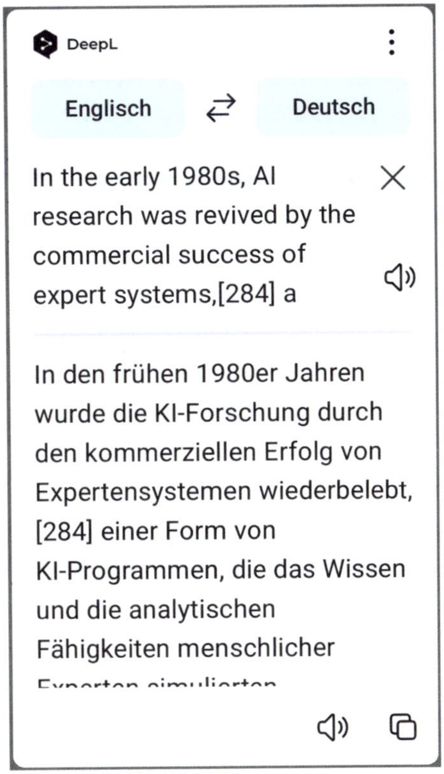

3.5 Texte mit KI-Prompts optimieren

In den bisherigen Abschnitten dieses Kapitels habe ich verschiedene Werkzeuge vorgestellt, mit denen Sie KI-basiert eigene Texte korrigieren und optimieren können. Diese Helfer integrieren sich beispielsweise als Add-on in Ihren Webbrowser und sind so jederzeit komfortabel zugänglich, was insbesondere für Vielnutzer praktisch ist.

Wer nur gelegentlich KI-Hilfe beim Formulieren in Anspruch nehmen möchte, kann dafür auch die Webformulare beliebiger KI-Anbieter nutzen. Das ist ein wenig umständlicher, erlaubt aber beispielsweise den Einsatz von Assistenten, die Sie bevorzugen oder eventuell sogar abonniert haben.

Die folgenden Beispiele basieren auf dem Google-KI-Assistenten Gemini (siehe Seite 101), können in gleicher Weise aber auch mit anderen Assistenten wie ChatGPT oder Copilot umgesetzt werden.

Ganze Texte mit einem KI-Prompt austauschen

Die Webformulare von KI-Assistenten mit ihren überschaubaren Eingabefeldern eignen sich nicht gerade als Editor zur Textbearbeitung. Das ist aber auch nicht nötig, denn Sie können jederzeit in einer beliebigen Anwendung erstellten Text an den Assistenten übertragen. Das ist über die Zwischenablage mit den richtigen Tastenkürzeln schnell erledigt.

1. Markieren Sie in der Anwendung den fraglichen Text. Handelt es sich um das gesamte Dokument, geht es mit Strg+A am schnellsten. Alternativ bieten viele Anwendungen zur Textbearbeitung im Kontextmenü der rechten Maustaste einen Befehl wie *Alles auswählen* bzw. *Alles markieren*.
2. Übertragen Sie den so markierten Text mit Strg+C in die Zwischenablage. Wenn Sie die Maus bevorzugen, finden Sie im Kontextmenü für den markierten Inhalt in der Regel auch den Befehl *Kopieren*, der das Gleiche bewirkt.

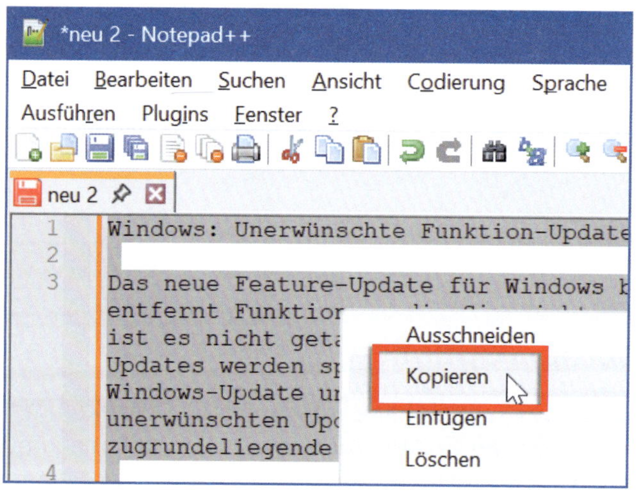

3. Wechseln Sie dann zur Weboberfläche bzw. in die App des KI-Assistenten.
4. Fügen Sie den Inhalt der Zwischenablage dort mit Strg+V ein. Mausfreunde können auch hier die rechte Taste bemühen und im Kontextmenü den Befehl *Einfügen* wählen.
5. Nun befindet sich der kopierte Text in der Eingabeaufforderung des KI-Assistenten. Soll der ihn erst mal nur zur Kenntnis nehmen, senden Sie ihn als Prompt ab. Der Inhalt wird damit Teil dieser Konversation, und Sie können sich im Folgenden immer wieder darauf beziehen.
6. Ebenso können Sie am Ende des Textes direkt eine Anweisung anfügen, etwa: »Wie bewertest du Verständlichkeit und Lesbarkeit dieses Textes?«

Haben Sie Text durch einen Assistenten optimieren oder umwandeln lassen, können Sie wiederum die Zwischenablage nutzen, um diesen Text oder auch nur Teile davon zurück in Ihre Anwendung zu übertragen.

- Hierzu finden Sie unterhalb jeder Antwort ein Kopieren-Symbol.

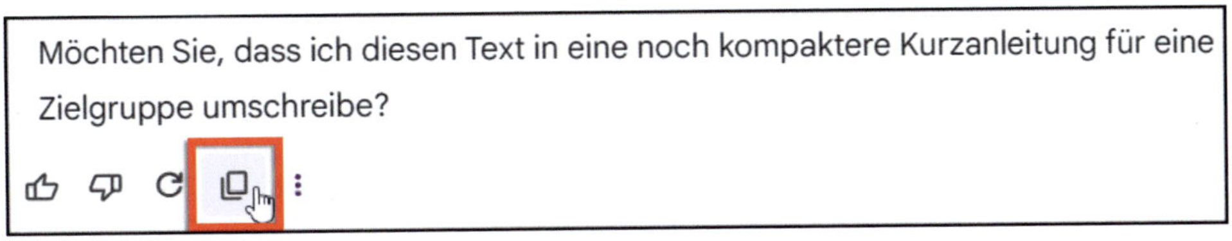

- Einzelne Bestandteile wie etwa Code-Listings sind teilweise oben rechts mit einem eigenen Kopieren-Symbol versehen, mit dem Sie nur diesen Teil der Antwort in die Zwischenablage übernehmen.

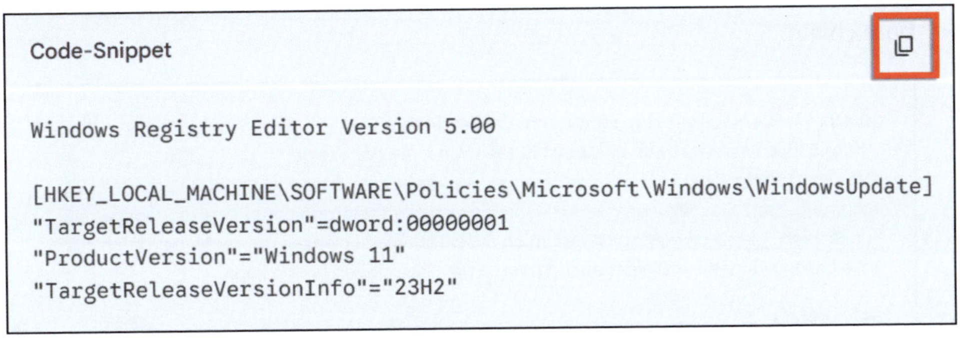

- Alternativ können Sie einen beliebigen Teil einer Antwort markieren. Wenn Sie dann mit der rechten Maustaste auf die Auswahl klicken, öffnen Sie ein Kontextmenü mit einem *Kopieren*-Befehl. Dieser überträgt nur den markierten Inhalt in die Zwischenablage.

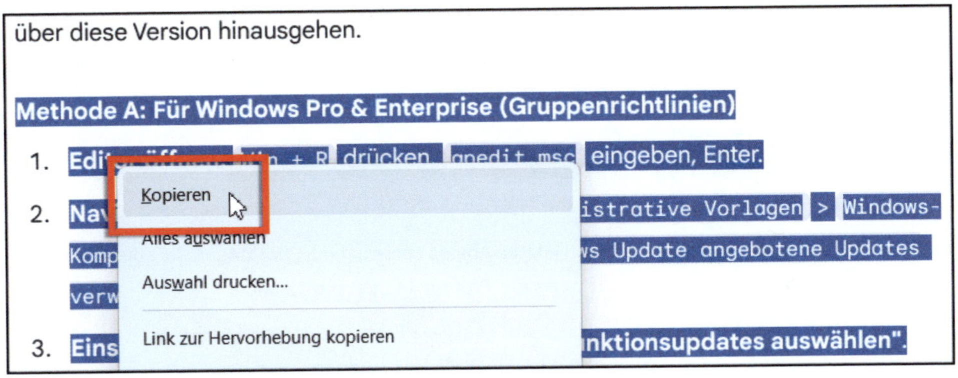

Rechtschreibung und Grammatik korrigieren

KI-Assistenten basieren auf einem umfassenden Sprachmodell, das die Regeln nahezu jeder Sprache annähernd perfekt beherrscht. In der Regel kann man davon ausgehen, dass von KI-Assistenten erzeugte Texte sprachlich einwandfrei sind (ich habe bislang nur extrem wenige Ausnahmen erlebt). Das können Sie sich zunutze machen, um Texte zu überprüfen und Fehler darin zu finden oder auch automatisch korrigieren zu lassen.

1. Um Ihren Text von einem Assistenten korrigieren zu lassen, geben Sie einen Prompt ein wie beispielsweise:

```
Überprüfe Rechtschreibung und Grammatik bei diesem Text:
```

2. Fügen Sie im Anschluss daran wie zuvor beschrieben Ihren Text in den Eingabebereich ein.

> Überprüfe Rechtschreibung und Grammatik bei diesem Text:
> Android: Bildschirmtastatur wird beim Entsperren nicht angezeigt
> Das Smartphone lässt sich nicht entsperren, weil es bei der Passworteingabe keine Zeichen mehr annimmt? Das kann passieren, wenn die virtuelle Tastatur nicht mehr ordnungsgemäß funktioniert. Ein solches Problem hat mich ordentlich ins Schwitzen gebracht, bevor ich auf eine Lösung kam, die vielleicht auch anderen bei Gelegenheit helfen kann.
>
> + TOOLS FAST

3. Senden Sie diese Aufforderung an den Assistenten ab.
4. Nach kurzer Wartezeit erhalten Sie eine Auflistung der Textstellen, an denen der Assistent Fehler erkannt hat, mit Hinweisen zur Berichtigung.

> Dein Text ist inhaltlich klar strukturiert und gut verständlich. Hier sind die wenigen notwendigen Korrekturen sowie ein Vorschlag zur Optimierung:
>
> **Korrekturen**
>
> - **Rechtschreibung:** Im Satz „Da ist ein kleiner Zwischenstecker…“ muss es **„Das ist ein kleiner Zwischenstecker…“** heißen.
> - **Grammatik/Zeitform:** Im letzten Absatz schreibst du: „Zwischen zwei solchen Meldungen **gelange** es mir…“. Hier muss das Präteritum **„gelang“** stehen.
> - **Zeichensetzung:** Bei „…GBoard neu-installieren“ ist der Bindestrich optional, im Standard-Deutschen wird **„neu installieren“** (getrennt und ohne Bindestrich) jedoch bevorzugt.

5. Sie können die Korrekturen manuell im Ausgangstext vornehmen. Gemini etwa bietet Ihnen aber auch an, eine korrigierte Fassung des vollständigen Textes zu generieren, die Sie dann kopieren und übernehmen können. Antworten Sie dazu mit ***Ja*** bzw. ***Generiere mir eine korrigierte Fassung***.

Fremdsprachige Texte korrigieren

Da KI-Assistenten zahlreiche Sprachen beherrschen, können Sie die Rechtschreib- und Grammatikprüfung auch für Texte in einer anderen Sprache verwenden. Der KI-Assistent erkennt automatisch, welche Sprache ein bereitgestellter Text verwendet, und korrigiert ihn auch in dieser Sprache. Wer in einer Sprache (noch) nicht ganz sicher ist, kann auf diese Weise etwa eine E-Mail vor dem Versenden korrigieren lassen. So können Sie sicherstellen, dass der verschickte Text sprachlich einwandfrei und gut lesbar ist. Zur Sicherheit können Sie sich auch gleich noch eine deutschsprachige Übersetzung geben lassen, um sich zu überzeugen, dass der Inhalt wirklich genau passt.

KI-Assistenten als Thesaurus

Da KI-Assistenten sich richtig gut mit Sprache auskennen, kann man sie auch zu semantischen Themen befragen. Eine »echte« Textverarbeitungsanwendung wie Word etwa hat einen Thesaurus integriert, der Ihnen bei Bedarf alternative Formulierungen oder Umschreibungen liefert, um unschöne Wiederholungen zu vermeiden oder genau den passenden Ausdruck zu finden. Das können KI-Assistenten auch, wenn Sie Prompts verwenden wie etwa:

- `Nenne mir andere Ausdrücke für „gezwungen sein“`
- `Ich suche ein anderes Wort für Spaß`

Nenne mir andere Ausdrücke für „gezwungen sein"

Hier sind prägnante Alternativen für den Ausdruck „gezwungen sein", unterteilt nach ihrer Nuance:

- **Formell/Amtlich:** verpflichtet sein, sich genötigt sehen, der Notwendigkeit unterliegen.
- **Direkt/Bestimmend:** keine andere Wahl haben, alternativlos sein, feststecken, müssen.
- **Bildhaft:** mit dem Rücken zur Wand stehen, in der Klemme stecken, in Zugzwang sein.
- **Passiv:** fremdbestimmt handeln, unter Druck stehen, einer Weisung folgen.

Alternative Formulierungen finden

Eine andere Möglichkeit, wie Sie sich KI-Sprachmodelle zunutze machen können, ist das Vorschlagen alternativer Formulierungen. Wenn Sie mit einem Satz oder auch einem ganzen Abschnitt nicht zufrieden sind, kann ein Vorschlag vom digitalen Helfer die Lösung oder vielleicht zumindest den entscheidenden Denkanstoß liefern.

Fügen Sie den fraglichen Abschnitt dazu in den KI-Chat ein. Ergänzen Sie dann beispielsweise die Aufforderung:

```
Schlage mir eine alternative Formulierung vor.
```

Daraufhin wird der Assistent mit einer umformulierten Version des Textes antworten. Je nach Vorgabe wird es sich dabei um eine eher moderate Variation handeln, die die grundlegende Satzstruktur beibehält und eher nur einzelne Wörter oder Phrasen austauscht.

> Das Smartphone lässt sich nicht entsperren, weil es bei der Passworteingabe keine Zeichen mehr annimmt? Das kann passieren, wenn die virtuelle Tastatur nicht mehr ordnungsgemäß funktioniert. Ein solches Problem hat mich ordentlich ins Schwitzen gebracht, bevor ich...
>
> Hier ist eine kompakte Alternative, die direkt auf den Punkt kommt:
>
> „Wenn das Smartphone bei der Passworteingabe keine Zeichen mehr annimmt, liegt das oft an einer fehlerhaften virtuellen Tastatur. Da mich dieses Problem selbst vor eine Herausforderung gestellt hat, möchte ich hier eine Lösung teilen, die in einer solchen Situation hilft."

Wenn Sie mehr Auswahl oder Inspiration haben möchten, können Sie das erreichen, indem Sie anstelle eines alternativen Vorschlags gleich mehrere anfordern. Die KI wird sich bemühen, Alternativen zu präsentieren, die sich auch tatsächlich spürbar voneinander unterscheiden. Dadurch entsteht bei den Vorschlägen automatisch eine gewisse Bandbreite, beispielsweise:

```
Mache mir drei Vorschläge für alternative
Formulierungen.
```

Hier sind drei kompakte Alternativen für verschiedene Tonalitäten:

- **Sachlich & Direkt:** „Reagiert das Smartphone bei der Passworteingabe nicht mehr, ist oft die virtuelle Tastatur abgestürzt. Da mich dieses Problem selbst Nerven gekostet hat, teile ich hier eine Lösung, die Abhilfe schafft."
- **Hilfsbereit & Persönlich:** „Keine Zeichenannahme beim Entsperren? Meist steckt ein Softwarefehler der Tastatur dahinter. Nach meiner eigenen mühsamen Suche habe ich eine Lösung gefunden, die ich euch nicht vorenthalten möchte."
- **Kurz & Prägnant:** „Wenn die Tastatur beim Entsperren streikt, liegt meist ein Systemfehler vor. Hier ist ein unkomplizierter Lösungsweg für alle, die vor demselben Problem stehen wie ich vor Kurzem."

Sie können ebenso Vorgaben für alternative Formulierungen machen, etwa dass der Abschnitt in einem speziellen Stil oder für eine bestimmte Zielgruppe umformuliert werden soll (siehe auch den nachfolgenden Abschnitt), etwa so:

```
■ Formuliere den Text in einfache Sprache um.
■ Formuliere den Text in formellere Sprache um.
■ Formuliere den Text für ein akademisches Publikum um.
■ Formuliere den Text für Laien verständlich um.
```

Texte analysieren und bewerten lassen

Wenn Sie einen Text an Ihren KI-Assistenten übermittelt haben, kennt der den Inhalt und kann sich innerhalb dieses Chats darauf beziehen. Das gilt ebenso für Sie, sodass Sie beliebige Fragen und Aufforderungen mit Bezug zu diesem Text formulieren können. Nutzen Sie den digitalen Helfer dabei genauso wie einen menschlichen Freund, Kollegen oder Mitarbeiter (nur unermüdlich und mit endloser Geduld) und fragen Sie beispielsweise ganz grundsätzlich:

```
Wie gefällt dir der Text?
```

Die Antwort darauf kann abhängig von Art und Inhalt des Textes sehr unterschiedlich ausfallen. Generell lässt sich aber sagen, dass KI-Assistenten Texte sehr sachlich, konstruktiv und grundsätzlich wohlwollend bewerten. Mit einem »Verriss« brauchen Sie also nie zu rechnen, und Kritik versteckt sich eher dezent in Verbesserungsvorschlägen. Wenn Ihnen eine allgemeine Einschätzung noch nicht weiterhilft, können Sie jederzeit genauer nachfragen.

Etwa so:

- Was gefällt dir besonders gut?
- Was gefällt dir daran nicht?
- Wie könnte ich den Text verbessern?

Was gefällt dir daran nicht?

Wenn ich den Text kritisch hinterfrage, fallen mir drei kleine Punkte auf, die man optimieren könnte:

- **Fehlender Hinweis auf Backups:** Bei Eingriffen in die Registry oder dem Blockieren von Updates ist ein kurzer Hinweis auf eine vorherige Systemsicherung (Backup) eigentlich Pflicht, falls etwas schiefgeht.
- **Vage Zeitangabe beim Rollback:** Der Text erwähnt, man müsse „schnell handeln", nennt aber nicht die konkrete Frist. Windows löscht die Wiederherstellungsdaten standardmäßig bereits nach **10 Tagen**. Diese Information wäre für betroffene Nutzer entscheidend.
- **Fehlende "Rückwärts-Logik":** Es wird nicht explizit erwähnt, dass man diese Einstellungen aktiv wieder entfernen muss, wenn Microsoft die Probleme (z. B. Treiber-Bugs) Monate später behoben hat und man dann doch sicher auf 24H2 wechseln möchte.

Ebenso können Sie gezielt Fragen nach ganz bestimmten Aspekten oder Eigenschaften des Textes stellen:

- Gibt es Absätze oder Sätze, die verwirrend oder unklar sind?
- Gibt es Wiederholungen im Text? Wie könnten diese vermieden werden?
- Gibt es Widersprüche oder logische Fehler im Text?
- Gibt es unnötige Fachbegriffe oder Jargon, die den Text schwer verständlich machen?
- Welche Fragen bleiben nach dem Lesen des Textes offen?
- Welche Informationen fehlen oder könnten ergänzt werden, um den Text zu verbessern?

Den Stil von Texten anpassen

KI-Assistenten können den Stil Ihrer Texte mühelos anpassen. Hierbei kommt das Sprachmodell zum Tragen, das einen vorgegebenen Inhalt nicht nur wortwörtlich, sondern auch dem Sinn nach erfasst. Dementsprechend kann der Assistent den Inhalt eines vorgegebenen Textes in eigenen Worten wiedergeben.

Wie er diese Worte wählt, können Sie beeinflussen und so Varianten eines Textes in einem bestimmten Stil oder für eine spezielle Zielgruppe anfordern. Fügen Sie dazu den vollständigen Text in den Eingabebereich ein. Längere Texte können ggf. auch als Textdateien oder PDFs in den Chat eingefügt werden.

Ergänzen Sie dann einen Prompt, beispielsweise:

- `Formuliere diesen Text/das Dokument in einem poetischen Stil um.`
- `Formuliere den Text/das Dokument so, dass er einladend und motivierend klingt.`
- `Lass diesen Text/dieses Dokument formeller klingen.`

Das sind nur Beispiele für Stilarten, die Sie beliebig ersetzen können. Es gibt keine »Liste«, sondern Sie legen den Stil durch Ihre Beschreibung fest. Verwenden Sie etwa Eigenschaften wie formell, höflich, professionell, informell, locker, kreativ, technisch, präzise, sachlich, humorvoll, witzig, unterhaltsam, überzeugend, klar, beschreibend, detailreich, anschaulich oder lebendig.

"Am Ende wird alles gut sein. Wenn es nicht gut ist, ist es nicht das Ende."

Formuliere diesen Satz in einem poetischen Stil um.

Das Gute harrt noch am Horizont; solange das Dunkel überwiegt, ist die Reise nicht vollendet.

Soll ich diese poetische Fassung für eine Grußkarte oder ein Gedicht noch weiter ausschmücken?

Stile von Personen kopieren

KI-Sprachmodelle können auch den Stil bekannter Persönlichkeiten imitieren. Dazu greifen sie auf die zahlreichen Texte, Zitate und Berichte zu diesen Personen zurück, die sich in ihrer gewaltigen Wissensbasis befinden. Daraus können sie ableiten, auf welche Art und Weise dieser Mensch etwas wohl formulieren würde. Diese Charakterisierung kann die KI dann auf einen Text anwenden und so Wortwahl, Satzbau und Ton anpassen. Das Ergebnis fällt häufig so aus, dass es von Lesern oder Zuhörern erfahrungsgemäß als authentisches Zitat dieser Person wahrgenommen würde.

Das klingt vielleicht relativ kompliziert, aber die dahinterstehende Arbeit übernehmen die KI-Assistenten komplett für Sie. Formulieren Sie nur einen entsprechenden Prompt.

```
Formuliere das um im Stil eines Zitats von Angela Merkel.
```

"Am Ende wird alles gut sein. Und wenn es nicht gut ist, dann ist es nicht das Ende."
Formuliere das um im Stil eines Zitats von Angela Merkel.

„Wir müssen hier schlicht und ergreifend sehen, dass die Dinge sich entwickeln, und ich sage das in aller Offenheit: Am Ende wird eine Lösung stehen, die für die Menschen gut ist. Und wenn wir feststellen, dass es noch nicht gut ist, dann sind wir eben schlichtweg noch nicht am Ende des Prozesses angelangt, sondern müssen weiter hart an der Sache arbeiten. Das ist alternativlos."

Für bestimmte Zielgruppen formulieren

Auch das Formulieren für bestimmte Zielgruppen ist für KI-Assistenten ein Klacks. Dank ihrer umfassenden Sprachmodelle haben sie eine recht genaue Vorstellung davon, welche Vorkenntnisse man bei bestimmten Gruppen erwarten und welche Sprache oder Fachbegriffe man ihnen zumuten kann.

```
Formuliere diesen Text für Kinder zwischen neun und elf Jahren um.
```

> Handle nur nach derjenigen Maxime, durch die du zugleich wollen kannst, dass sie ein allgemeines Gesetz werde.
>
> Formuliere diesen Text für Kinder zwischen neun und...
>
> Stell dir vor, du hättest eine Zauberregel für alles, was du tust: Bevor du handelst, fragst du dich kurz: **„Wäre es für alle Menschen auf der Welt in Ordnung, wenn sie sich immer genau so verhalten würden wie ich?“** Wenn die Antwort „Ja“ ist – zum Beispiel beim Helfen oder Ehrlichsein –, dann ist es eine gute Tat. Wenn die Welt aber im Chaos versinken würde, weil plötzlich jeder schummeln oder klauen würde, dann lass es lieber sein.

Das Beispiel in der Abbildung zeigt recht eindrucksvoll, wie die KI in der Lage ist, für ein eher abstrakt formuliertes philosophisches Prinzip eine Interpretation und Sprache zu finden, die für Kinder durchaus zugänglich sein kann. Was bei diesem – zugegebenermaßen schon etwas anspruchsvollen – Beispiel funktioniert, das klappt bei weniger komplexen Konstellationen erst recht.

Gendergerecht formulieren

Gendergerechte Sprache – kurz auch als gendern bezeichnet – ist ein heiß diskutiertes Thema. Manche halten es für unerlässlich für eine gerechtere Gesellschaft, andere verteufeln es geradezu. Egal, wie man dazu steht: Texte genderneutral zu formulieren, braucht etwas Übung. Zu leicht übersieht man sonst Stellen, an denen »-er« doch wieder reingerutscht ist.

KI-Assistenten machen Ihnen das Gendern leicht, indem Sie Texte einfach so schreiben, wie Sie möchten. Wenn ein Text dann genderneutral gestaltet werden soll, überlassen Sie diese Aufgabe getrost Ihrem digitalen Helfer, der zuverlässig alle problematischen Stellen finden und entschärfen kann.

Um die Genderneutralität eines Textes zu überprüfen, übertragen Sie diesen in einen KI-Chat und fragen dann beispielsweise:

```
Ist der Text genderneutral formuliert?
```

Der Assistent überprüft den Text nun hinsichtlich dieses Kriteriums und gibt Ihnen eine Rückmeldung mit Hinweisen auf möglicherweise problematische Textstellen.

Nein, der Text ist **nicht konsequent genderneutral**. Er verwendet das **generische Maskulinum** (z. B. „Anwender"), was zwar leserlich ist, aber nicht der geschlechtsneutralen Form entspricht.

Hier sind konkrete Verbesserungsvorschläge für die betroffenen Stellen:

1. Personenbezeichnungen neutralisieren

- **Textstelle:** „...wenn die Anzahl der betroffenen **Anwender** klein genug ist..."
  - **Vorschlag:** „...wenn die Anzahl der betroffenen **Personen** klein genug ist..." oder „...wenn die Anzahl der **Betroffenen** klein genug ist..."
- **Textstelle:** „...für den **Anwender**..." (implizit in der Tonalität)
  - **Vorschlag:** Nutzen Sie weiterhin die direkte Ansprache (**„für Sie"**), da diese bereits perfekt neutral ist.

Auf Wunsch fügt der Assistent seiner Antwort auch gleich eine korrigierte Fassung Ihres Textes bei, in der alle monierten Stellen bereits angepasst sind. Wenn Sie sich auf diese Expertise verlassen wollen, können Sie auch direkt einen entsprechend optimierten Text anfordern, ohne sich lange mit den Einzelheiten aufzuhalten.

```
Erstelle mir eine genderneutrale Fassung meines
Textes!
```

Hier ist die gender-neutrale Fassung Ihres Textes. Ich habe das generische Maskulinum durch neutrale Formulierungen (z. B. „Betroffene", „Nutzende") ersetzt und die ohnehin starke direkte Ansprache beibehalten.

Windows: Unerwünschte Funktions-Updates zuverlässig unterbinden

Das neue Feature-Update für Windows bringt Probleme mit sich oder entfernt Funktionen, die Sie nicht missen möchten? Mit Ignorieren ist es nicht getan, denn die anfangs optionalen, freiwilligen Updates werden später obligatorisch und dem PC dann ungefragt per Windows-Update untergejubelt. Aber es gibt einen Weg, unerwünschten Updates zuverlässig Einhalt zu gebieten, bis das zugrundeliegende Problem gelöst ist.

4. Texte mit KI-Hilfe generieren

Im vorangegangenen Kapitel haben Sie erfahren, wie Sie sich beim Erstellen von Texten durch KI-Schreibassistenten unterstützen lassen können. Warum aber auf halber Strecke Halt machen? Wenn KI-Systeme praktisch alles wissen und sprachlich perfekt und zielgenau formulieren können, warum lässt man sie dann nicht gleich den ganzen Text schreiben?

Wie Sie KI für sich schreiben lassen und mit KI-Unterstützung auch umfangreichere Texte bis hin zu ganzen Büchern erstellen können, zeige ich Ihnen in diesem Kapitel. Dabei geht es auch um die – derzeitigen – Grenzen der Möglichkeiten und um wichtige Aspekte wie das Urheberrecht.

4.1 Individuelle Kurzgeschichten nach eigenen Vorgaben

Wenn Sie die Fähigkeiten zum kreativen Erzählen testen möchten, lassen Sie sich am besten mal eine Kurzgeschichte von einer KI generieren. ChatGPT (siehe Seite 35) etwa kommt dieser einfachen Aufforderung jederzeit nach:

```
Erzähl mir eine Kurzgeschichte!
```

> Es war einmal ein kleiner Junge namens Tim, der sich immer einsam fühlte, da er keine Geschwister hatte und seine Eltern viel arbeiten mussten. Eines Tages entdeckte er in seinem Garten eine geheimnisvolle Tür, die er noch nie zuvor gesehen hatte. Neugierig öffnete er die Tür und trat hindurch.
>
> Hinter der Tür befand sich ein wunderschöner Garten voller bunter Blumen und singender Vögel. Tim konnte sein Glück kaum fassen und begann, den Garten zu erkunden. Plötzlich hörte er leises Lachen und sah eine kleine Elfe vor ihm stehen.
>
> Die Elfe stellte sich als Luna vor und erklärte Tim, dass er den Garten nur betreten könne, wenn er ein reines Herz habe. Tim war überglücklich, endlich jemanden

Diese Anweisung können Sie beliebig wiederholen, und es wird jedes Mal eine andere Geschichte erzählt werden. Allerdings stellen Sie beim Lesen möglicherweise schnell fest, dass diese Geschichten zwar jeweils andere Handlungen haben, aber doch einer erkennbaren Formel folgen, die sie auf Dauer etwas eintönig machen können.

Das liegt daran, dass die KI bei dieser einfachen Aufforderung vielleicht schon etwas zu viel Freiraum hat und deshalb immer wieder auf ein bewährtes Muster zurückgreift. Es ist daher durchaus sinnvoll, genauer anzugeben, wie die Geschichte gestaltet sein soll bzw. welche Elemente enthalten sein sollen oder für wen sie gedacht ist, beispielsweise so:

```
Ich benötige eine Gute-Nacht-Geschichte für meine
Enkelin Sarah. Sie ist fünf Jahre alt und mag Tiere
und vor allem Pferde. Sie hört gern Geschichten über
Feen und Hexen, aber sie dürfen nicht zu gruselig sein.
Das Vorlesen sollte ungefähr zehn Minuten dauern,
da sie dann meist schon einschläft.
```

Natürlich, hier ist eine Gute-Nacht-Geschichte für deine Enkelin Sarah:

Die Abenteuer der kleinen Pferde-Fee

Es war einmal in einem fernen Land, in dem die Tiere sprechen konnten und Feen und Hexen friedlich zusammenlebten. In einem zauberhaften Wald lebte eine kleine Pferde-Fee namens Luna. Luna hatte ein magisches Gespür für Pferde und liebte es, ihnen zu helfen und sie zu beschützen.

Eines Tages hörte Luna ein trauriges Wiehern aus der Ferne. Sie folgte dem Klang

Textlänge bei kostenfreien Basisversionen

Wenn Sie längere Texte generieren möchten, sollten Sie bedenken, dass die kostenlosen Basisversionen von Diensten wie ChatGPT in der Regel im Umfang begrenzt sind. Die KI-Assistenten weigern sich dann zwar nicht direkt, Ihre Anweisungen auszuführen. Aber Vorgaben zur Länge des zu generierenden Textes werden ggf. einfach ignoriert und es wird ein Text erstellt, der den Nutzungsbedingungen für nicht zahlende Anwender entspricht.

Bestimmte Elemente in einer Geschichte verankern

Der Chat mit einem KI-Assistenten ermöglicht es, dieser Sitzung bestimmte Informationen hinzuzufügen, die der Assistent im weiteren Verlauf berücksichtigt. So können Sie Vorgaben machen und eine Geschichte formen.

Sollen beispielsweise bestimmte Charaktere in einer Erzählung eine Rolle spielen, so beschreiben Sie diese zunächst (hier am Beispiel von Copilot (siehe Seite 36):

```
Tobias ist ein neunjähriger Junge, der zur Schule geht
und bei der Jugendfeuerwehr mitmacht. Wenn jemand in
Not ist, verwandelt er sich in den Superhelden Tobi-
Ass, der fliegen kann und Superkräfte hat, mit denen
er zu Hilfe eilen kann.
```

Copilot

Das ist eine wunderbare Geschichte über Tobias, den jungen Superhelden! Es ist beeindruckend, wie er sich in Tobi-Ass verwandelt, um Menschen in Not zu helfen. Fliegen und Superkräfte – das klingt nach einem aufregenden Abenteuer! 🚀💪

Wenn du noch mehr über Tobi-Ass erfahren möchtest oder eine Fortsetzung der Geschichte wünschst, lass es mich wissen! Ich bin gespannt, was als Nächstes passiert. 😊

Nachdem die handelnden Personen etabliert sind, können Sie den Assistenten veranlassen, eine Geschichte zu erzählen, in der diese vorkommen:

```
Erzähle mir eine Geschichte über die Abenteuer von
Tobias bzw. Tobi-Ass!
```

Copilot

✓ Antworten für Sie werden generiert…

Natürlich! Hier ist eine Geschichte über die Abenteuer von Tobias, dem jungen Superhelden Tobi-Ass:

Tobi-Ass: Der Flug über die Stadt

Tobias war ein ganz normaler Junge, der zur Schule ging und bei der Jugendfeuerwehr mitmachte. Doch eines Tages änderte sich sein Leben für immer. Als er in der Schule saß und über seine Mathehausaufgaben grübelte, spürte er plötzlich ein Kribbeln in den Fingerspitzen. Seine Hände begannen zu glühen, und bevor er es realisieren konnte, schoss er wie eine Rakete durch das Klassenzimmerfenster.

Der Copilot eignet sich für das kreative Erstellen von Geschichten besonders gut. Unterhalb seiner Antworten können Sie mit Daumen hoch oder runter jeweils bewerten, ob Ihnen ein Text gut gefallen hat oder nicht so gelungen war. Außerdem macht der Copilot zum Abschluss Vorschläge, wie es weitergehen könnte oder welche Aspekte aus dem generierten Text man weiterverfolgen könnte.

Geschichten weitererzählen

KI-Assistenten merken sich die vom Benutzer bereitgestellten Informationen immer nur innerhalb einer Sitzung. Allerdings bietet die Oberfläche von ChatGPT (siehe Seite 35), Copilot oder Gemini die Möglichkeit, Sitzungen und deren Inhalte in einem Verlauf zu vermerken – wenn Sie sich mit einem Benutzerkonto anmelden.

In der Weboberfläche von Copilot etwa finden Sie am linken Rand einen Navigationsbereich, wo im Abschnitt *Unterhaltungen* Ihre zurückliegenden Chats aufgelistet sind, sodass Sie jederzeit zurückkehren können. Wenn Sie beispielsweise für Gute-Nacht-Geschichten wiederkehrende Charaktere oder Orte verwenden möchten, können Sie deren Beschreibung auch auf Ihrem PC speichern und jeweils wieder in einen neuen Prompt einfügen. Dann erzählt der Assistent jedes Mal neue Geschichten mit den vertrauten Helden.

4.2 Pfiffige Social-Media-Beiträge formulieren

Wer in sozialen Netzwerken wie X (vormals Twitter), Facebook oder Instagram eigene Inhalte teilt (also neudeutsch als Content Creator unterwegs ist), der muss seine Anhänger bei Laune halten und möglichst regelmäßig veröffentlichen. Nun hat man aber nicht immer die Zeit oder die Kreativität, kurz vor dem Feierabend noch eben schnell einen pfiffigen Beitrag rauszuhauen. Hier kann KI durch schnelles und zielgruppengerechtes Formulieren helfen.

Im Folgenden zeige ich die Vorgehensweise anhand von Google Gemini. Sie können aber ebenso andere KI-Assistenten wie ChatGPT oder Copilot in gleicher Weise dafür einsetzen.

Gemini – die wesentlichen Fakten

Gemini ist ein KI-Assistent von Google. Er beherrscht Sprachen, Bilder und Videos. Wer sich mit einem kostenlosen Google-Konto anmeldet, kann Texte und Bilder generieren lassen, wobei es Limits bei der Anzahl und der Reaktionsgeschwindigkeit gibt. Wer mehr will, kann ein Google-AI-Abo abschließen, mit dem Videos möglich sind und Gemini in Google Docs und Gmail verfügbar ist. Gemini ist über den Webbrowser sowie separate Apps für Android und iOS nutzbar.

https://gemini.google.com, Webdienst, Apps für Android und iOS, in verschiedene Google-Dienste integriert.

Einen attraktiven Titel generieren

Der Titel eines Artikels oder Blog-Beitrags ist sehr wichtig. Er sollte nicht nur eine klare Vorstellung vom Inhalt eines Beitrags vermitteln, sondern er sollte Besucher zum Lesen eines Beitrags animieren. Manche machen deshalb eine kleine Wissenschaft daraus, für jede Veröffentlichung eine attraktive, neugierig machende Überschrift zu finden. Wer sich darüber keine Gedanken machen und sich stattdessen lieber ganz auf Inhalte konzentrieren möchte, kann die lästige Titelsuche Gemini überlassen.

1. Erstellen Sie dazu am besten zunächst den eigentlichen Inhalt etwa des Blog-Beitrags. Dieser dient der KI als Ausgangsmaterial, das analysiert werden kann. Je vollständiger der Inhalt, desto passender die generierte Überschrift.
2. Laden Sie den Inhalt dann hoch oder kopieren Sie ihn in den Eingabebereich, sodass er Teil des Dialogs wird.
3. Nun können Sie Gemini auffordern, einen attraktiven Titel für diesen Beitrag zu erstellen. Wichtig dabei ist, dass der Assistent erfährt, für welchen Zweck der Text bzw. die Überschrift vorgesehen ist.

```
Ich möchte diesen Text als Blog-Beitrag
veröffentlichen. Erstelle mir dafür eine
Überschrift, die Leser neugierig macht und zum
Lesen animiert.
```

Hier sind drei Vorschläge für deine Überschrift, je nachdem, welchen Ton dein Blog hat:

- **Der lösungsorientierte Klickmagnet:** „Android-Tastatur verschwunden? Mit diesem einfachen Hardware-Trick rettest du dein Smartphone"
- **Die Story-Variante:** „Wenn das Passwort-Feld leer bleibt: Wie mich ein kleiner Adapter vor dem Werksreset bewahrte"
- **Kurz & Knackig:** „Tastatur-Blackout bei Android: Der ultimative Rettungsweg ohne Datenverlust"

4. Sollte noch nicht das Passende dabei sein, verlangen Sie einen Nachschlag oder lenken Sie den Assistenten ggf. in die gewünschte Richtung.

- Kannst du mir weitere Überschriften für den Text vorschlagen?
- Schlage mir noch knackigere/kürzere/griffigere Varianten vor.
- Formuliere ein paar seriösere Varianten.
- Erstelle Überschriften für eine ältere/jüngere/erfahrenere Zielgruppe.
- Ich suche eine absolut unwiderstehliche Überschrift.

Ich suche eine absolut unwiderstehliche Überschrift.

Hier ist eine Überschrift, die Neugier, ein konkretes Problem und eine überraschende Lösung kombiniert:

„Tastatur-Blackout beim Entsperren: Warum ein kleiner Stecker die letzte Rettung für dein Android-Handy ist"

Überschriften für Suchmaschinen optimieren

Bei Onlinetexten sollten sich nicht nur potenzielle Leser angesprochen fühlen, sondern auch Suchmaschinen. Denn diese können dafür sorgen, dass Ihre Beiträge von Nutzern gefunden werden, wenn sie etwa bei Google oder anderen Suchdiensten recherchieren. Damit man bei der Unmenge an Seiten gefunden und möglichst weit oben in den Trefferlisten auftaucht, gibt es einige Dinge, die man beachten sollte. Denn einige Regeln zur Suchmaschinenoptimierung (**S**earch **E**ngine **O**ptimization,

SEO) können bewirken, dass Beiträge von den Suchalgorithmen als besonders relevant eingestuft werden.

- **Relevante Keywords einfügen**
  Überschriften sollten Schlüsselwörter enthalten, die Nutzer tatsächlich in Suchmaschinen eingeben. Dabei sollte das Haupt-Kennwort idealerweise am Anfang der Überschrift platziert sein.
- **Ansprechende Sprache**
  Die Überschrift sollte Neugier wecken oder ein Problem lösen. Generische Formulierungen sollten vermieden und stattdessen eine kreative Sprache verwendet werden, die Emotionen oder Interesse auslöst.
- **Kurze, prägnante Formulierungen**
  Überschriften sollten in der Regel unter 60 Zeichen lang sein, damit sie vollständig in den Suchergebnissen angezeigt werden.
- **Struktur und Lesbarkeit**
  Es empfehlen sich Zahlen, Fragen oder starke Verben, um die Struktur klar und ansprechend zu gestalten (z. B. »5 Tipps, die dein Leben verändern«).
- **Suchintention berücksichtigen**
  Die Überschrift sollte die Absicht des Nutzers vorwegnehmen. Ist der Nutzer auf der Suche nach Informationen, Ratschlägen, Produkten oder Inspiration?

Das klingt vielleicht auf den ersten Blick alles etwas komplex und ambitioniert. Aber Gemini kennt diese Regeln und hat eine genaue Vorstellung davon, was es heißt, Texte für Suchmaschinen zu optimieren. Sie brauchen Ihren Prompt dazu nur um ein Schlüsselwort wie »SEO-optimiert« zu ergänzen:

```
Erstelle eine Liste von prägnanten, kreativen
Überschriften zu diesem Text, die SEO-optimiert sind.
```

Hier sind prägnante und SEO-optimierte Überschriften, die durch das „Problem-Lösung-Schema" eine hohe Klickrate (CTR) erzeugen:

- **Android-Tastatur erscheint nicht? Der ultimative Trick zum Entsperren**
- **Handy-Passwort ohne Tastatur eingeben: USB-OTG als Rettung**
- **Gboard abgestürzt? So entsperrst du dein Smartphone trotzdem**
- **Android-Tastatur weg? Warum eine PC-Tastatur dein Handy rettet**
- **Display-Tastatur weg: So umgehst du die Sperre ohne Datenverlust**

Teaser für soziale Medien generieren

Für längere Veröffentlichungen kann es sinnvoll sein, aussagekräftige Zusammenfassungen eines Textes zu erstellen. Kurze Ankündigungen – sogenannte Teaser – in sozialen Medien wie Facebook, Instagram oder X (ehemals Twitter) folgen aber noch mal anderen Gesetzmäßigkeiten, wenn man auf diese Weise zusätzliche Aufmerksamkeit generieren möchte. Der KI-Assistent kennt diese Regeln, was etwa Stil, Wortwahl und Umfang angeht, und kann Ihnen diese zusätzliche Mühe abnehmen.

```
Erstelle zu diesem Text einen Teaser für soziale
Medien.
```

Oder eben gleich mehrere für etwas Auswahl:

```
Schlage mir ein paar mitreißende Einzeiler vor, mit
denen ich meinen Text in sozialen Medien bewerben
kann.
```

Hier sind prägnante Einzeiler, die das Problem direkt auf den Punkt bringen und die Neugier wecken:

- **Der Problemlöser:** „Tastatur weg und Handy gesperrt? Dieser simple Adapter-Trick rettet deine Daten!"
- **Der Neugier-Faktor:** „Warum eine alte PC-Tastatur die letzte Rettung für dein Android-Smartphone sein kann."
- **Der Sicherheits-Check:** „Gboard abgestürzt? So entsperrst du dein Handy, wenn die virtuelle Tastatur streikt."
- **Kurz & Knackig:** „Smartphone-Lockout ohne Tastatur: Mein Geheimtipp gegen den totalen Datenverlust."
- **Der Aha-Moment:** „Passwort-Eingabe unmöglich? Wie du mit USB-OTG jedes

Damit erhalten Sie allerdings eher allgemeine Teaser-Texte, die nicht speziell auf die besonderen Anforderungen bestimmter sozialer Netzwerke eingehen.

Das ist aber auch möglich, wenn Sie Gemini wissen lassen, für welche Plattform Sie einen Teaser benötigen:

- Erstelle mir zum Text einen Teaser für Instagram.
- Erstelle mir zum Text einen Teaser für Facebook.
- Erstelle mir zum Text einen Teaser für X.
- Erstelle mir zum Text einen Teaser für LinkedIn.
- Erstelle mir zum Text einen Teaser für TikTok.
- Erstelle mir zum Text einen Teaser für YouTube.
- Erstelle mir zum Text einen Teaser für Pinterest.

Da TikTok visuell und schnell ist, funktioniert ein Teaser dort am besten über ein spannendes Szenario (Hook) und eine schnelle Auflösung. Hier sind drei Varianten:

Option 1: Der „Shock-Hook" (Fokus auf das Problem)

„Dein Android-Handy ist gesperrt und die Tastatur taucht einfach nicht auf? 😱 Bevor du dein Handy löschst: Ich zeige dir den ultimativen Lifehack, wie du es mit einer ganz normalen PC-Tastatur rettest! ⌨️📲 #AndroidHacks #TechTipp #HandyHilfe"

Option 2: Der „Geheimtipp" (Fokus auf das Gadget)

„Diesen kleinen Adapter muss jeder Android-Nutzer kennen! ✨ Wenn dein Gboard abstürzt und du dein Passwort nicht mehr eintippen kannst, ist das hier

Wie immer können Sie sich auch gleich mehrere Vorschläge zur Auswahl generieren lassen. Wenn Sie auf mehreren Plattformen aktiv sind, können Sie sich aber auch auf einen Schlag gleiche Teaser für diese alle erstellen lassen:

Erstelle mir einen Teaser zu meinem Beitrag jeweils für Instagram, TikTok, X und Facebook.

Texte vor dem Veröffentlichen bewerten lassen

In diesem Kapitel bin ich bereits darauf eingegangen, inwieweit Gemini Ihnen dabei helfen kann, beispielsweise die Verständlichkeit und Lesbarkeit Ihrer Texte zu analysieren und ggf. zu verbessern. Das gilt auch für Texte in sozialen Medien, wobei allerdings nochmals andere speziellere Regeln gelten. So müssen Inhalte hier oftmals noch komprimierter auf den Punkt gebracht werden, um die Aufmerksamkeitsspanne der typischen Konsumenten nicht zu strapazieren.

> Dein Text ist inhaltlich hervorragend, da er ein **reales Problem** beschreibt und eine **überraschende Lösung** bietet – das funktioniert auf Instagram (besonders als Reel oder Carousel) sehr gut.
> Hier ist eine kurze Analyse basierend auf deiner Vorliebe für kompakte Antworten:
>
> **Stärken**
>
> - **Nutzerwert:** Das Problem „Tastatur weg" erzeugt sofortige Empathie.
> - **Lerneffekt:** Der USB-OTG-Hack ist ein klassischer „Aha-Moment".
> - **Storytelling:** Die Erzählweise (Hilferuf vom Bekannten) wirkt authentisch.
>
> **Schwächen für Instagram**
>
> - **Länge:** Der Fließtext ist zu lang für eine Caption. Instagram-Nutzer scannen eher.

Gemini kennt diese Regeln und kann Sie bei der Analyse Ihrer Texte berücksichtigen, wenn Sie danach fragen:

- `Wie gut ist mein Text für Instagram geeignet?`
- `Kann ich diesen Beitrag zum Veröffentlichen auf Facebook noch verbessern?`
- `Was würdest du an diesem Text ändern, damit er perfekt für X ist?`

Die besten Schlagwörter für einen Beitrag

Wer mit Inhalten im Web oder in sozialen Medien möglichst viele Menschen erreichen möchte, sollte besonders auf Schlüsselwörter oder neudeutsch »Hashtags« achten. Das sind griffige Schlagwörter, die Inhalte thematisch verorten und so für Interessierte schnell und gezielt auffindbar machen. Mit geschickt gewählten Schlüsselwörtern können Sie die Reichweite Ihrer Inhalte leicht erhöhen. Aber was sind die richtigen Begriffe? Auch bei dieser Auswahl kann Ihre freundliche KI von nebenan helfen. Sie kann zum einen Ihren Text analysieren und die wesentlichen Begriffe herausfiltern. Zum anderen »weiß« sie, was für Schlagwörter typischerweise verwendet werden, und kann entsprechend sinnvolle vorschlagen:

1. Fügen Sie zunächst den gesamten Text Ihres Beitrags in den Prompt von Gemini ein und senden Sie ihn ab (falls nicht ohnehin schon geschehen).
2. Der Assistent wird diesen zur Kenntnis nehmen und zunächst nur allgemein kommentieren. Das bedeutet aber, dass er den Inhalt des Beitrags nun für diese Sitzung »kennt« und ihn bei seinen Antworten berücksichtigen kann.

3. Nun können Sie Gemini bitten, Ihnen passende Schlagwörter für diesen Text zu generieren, etwa mit einem solchen Prompt:

```
Ich möchte diesen Text auf verschiedenen Social-
Media-Kanälen veröffentlichen. Welche Hashtags sollte
ich verwenden, damit sie möglichst viel Beachtung
finden?
```

Um eine maximale Reichweite in der Tech- und Android-Nische zu erzielen, solltest du eine Mischung aus breiten Trend-Hashtags und spezifischen Nischen-Tags verwenden.

Die wichtigsten Hashtags nach Kategorien:

- **Allgemeiner Tech-Support:** `#AndroidTips` `#SmartphoneHacks` `#TechHilfe` `#AndroidHelp` `#TechTricks`
- **Problembezogen:** `#Gboard` `#AndroidProblem` `#HandyGesperrt` `#TastaturDefekt` `#SmartphoneReparatur`
- **Lösungsbezogen:** `#USBOTG` `#Lifehacks` `#QuickFix` `#AndroidHack`
- **Deutschsprachige Community:** `#HandyTipps` `#DigitalerAlltag` `#TechnikNews` `#AndroidDeutschland`

Für Instagram (Mischung aus Reichweite & Relevanz):

`#AndroidTips #SmartphoneHacks #Gboard #TechHilfe #HandyTipps #USBOTG #AndroidProblem #Lifehacks2026 #SmartphoneRepair #TechTricks`

4.3 Artikel, Reden und längere Texte generieren

Sie können mit KI-Hilfe auch längere Texte erstellen. Allerdings machen die Systeme das nicht wie bei einfachen Briefen oder E-Mails auf Zuruf. »Schreibe mir einen komplexen Roman, der ein Bestseller wird« ist deshalb leider kein vielversprechender Prompt. Bei solchen Projekten geht es eher darum, die KI als Unterstützer zu nutzen, der Ihnen bei vielen Schritten auf dem Weg von der Idee zum fertigen Werk zur Hand gehen kann.

Die folgenden Beispiele zeigen, wie Sie in Interaktion mit Copilot (siehe Seite 36) dabei vorgehen können, lassen sich aber in gleicher Weise mit Gemini, ChatGPT oder anderen KI-Assistenten umsetzen.

Ideen und Themen für einen Text sammeln

Wenn Sie zu einem ganz neuen Thema schreiben möchten, von dem Sie selbst vielleicht noch gar keine klaren Vorstellungen haben, kann Copilot Sie mit einer Themenliste unterstützen. Da der Assistent über ziemlich viele Dinge ziemlich gut Bescheid weiß, kann er diese Informationen gut und übersichtlich zusammentragen. So erhalten Sie schnell eine erste Themenliste, die Sie als Basis nutzen und weiter verfeinern können.

```
Ich bin zum Hygienebeauftragten unserer Einrichtung
ernannt worden. Nun soll ich bei einer Versammlung
meine Aufgaben und Zuständigkeiten vorstellen.
Erstelle mir dafür eine Themensammlung.
```

Herzlichen Glückwunsch zu deiner neuen Rolle, Wolfram! Hier ist eine Themensammlung für deine Präsentation:

1. **Einführung und Bedeutung der Hygiene**
   - Bedeutung der Hygiene im Gesundheitswesen
   - Gesetzliche Vorschriften und Richtlinien
2. **Deine Aufgaben und Zuständigkeiten**
   - Überwachung und Einhaltung der Hygienerichtlinien
   - Durchführung von Hygieneinspektionen
   - Schulung und Weiterbildung des Personals
   - Erstellung und Aktualisierung von Hygienekonzepten
3. **Hygienemaßnahmen und -protokolle**
   - Standardhygienemaßnahmen (z.B. Händehygiene, Desinfektion)
   - Spezifische Maßnahmen für verschiedene Abteilungen
   - Protokolle für den Umgang mit Infektionskrankheiten

Gliederungen für komplexe Themen erstellen

Wenn Sie vor der Aufgabe stehen, einen umfangreicheren Text schreiben zu müssen, kann das Erstellen einer Gliederung ein sinnvoller erster Schritt sein. Diese strukturiert das Thema von vornherein, stellt Vollständigkeit sowie innere Logik sicher und kann beim weiteren Vorgehen als Leitplanke dienen, an der entlang Sie den eigentlichen Text dann Schritt für Schritt in Abschnitten erstellen. Copilot kann Ihnen beim Erstellen einer solchen Gliederung helfen. Dabei macht er sich zunutze, dass das dahinterstehende KI-System zu den meisten Themen ausreichendes Wissen hat, um alle relevanten Aspekte zu kennen. Gleichzeitig weiß der Assistent, wie man dieses Wissen in eine sinnvolle Struktur überführen kann.

```
Ich möchte ein Buch über Dampflokomotiven schreiben.
Schlage mir eine sinnvolle Gliederung dafür vor!
```

Das klingt nach einem faszinierenden Projekt, Wolfram! Hier ist ein Vorschlag für die Gliederung deines Buches über Dampflokomotiven:

Einleitung

1. **Vorwort**
   - Persönliche Einleitung und Begeisterung für Dampflokomotiven
2. **Geschichte und Entwicklung der Dampflokomotive**
   - Die Anfänge der Dampfkraft
   - Erste Dampflokomotiven und ihre Erfinder
   - Technologische Entwicklungen und Meilensteine

Kapitel 1: Die Technik hinter der Dampflokomotive

1. **Grundlagen der Dampfkraft**
   - Prinzipien der Dampfkraft
   - Aufbau und Funktionsweise einer Dampflokomotive
2. **Wichtige Komponenten**
   - Kessel und Feuerbüchse

Mit dem Kopieren-Symbol unterhalb der Antwort können Sie den Gliederungsvorschlag in die Zwischenablage übernehmen und von dort in die Anwendung einfügen, mit der Sie Ihr Projekt bearbeiten wollen.

Eine grobe Gliederung verfeinern

Eine grobe thematische Unterteilung in Kapitel ist für ein umfangreiches Werk sicherlich nur der erste Schritt. Anstatt direkt loszuschreiben, könnte man nun darangehen, die einzelnen Abschnitte der Gliederung weiter zu unterteilen und zu verfeinern. Solange Sie sich noch in dem Dialog mit Copilot befinden, in dem dieser den Gliederungsentwurf generiert hat, können Sie sich direkt darauf beziehen:

```
Erstelle eine detaillierte Binnengliederung für
Kapitel 4.
```

Natürlich, hier ist eine detaillierte Binnengliederung für das vierte Kapitel deines Buches über Dampflokomotiven:

Kapitel 4: Betrieb und Wartung

4.1 Betrieb von Dampflokomotiven

1. **Alltag eines Lokführers**
   - **Tägliche Aufgaben und Pflichten**
     - Vorbereitung der Lokomotive
     - Überprüfung der Systeme und Sicherheitsvorrichtungen
   - **Arbeitsschichten und Einsatzorte**
     - Typische Arbeitsschichten
     - Unterschiedliche Einsätze und Routen
2. **Routen und Strecken**
   - **Historische Hauptstrecken**
     - Bedeutende Eisenbahnstrecken der Dampflokära
     - Beispiele berühmter Routen

Wenn Sie den Entwurf für den gesamten Titel bereits in eine Anwendung übertragen haben, können Sie die Feingliederung auch zu einem späteren Zeitpunkt ohne den passenden Kontext bei Copilot vornehmen:

1. Kopieren Sie dazu jeweils die einzelnen Kapitel aus dem Gliederungsentwurf und fügen Sie diese in den Eingabebereich von Copilot ein.
2. Ergänzen Sie diese Vorgabe mit einer Aufforderung wie:

```
Erstelle eine detaillierte Binnengliederung für dieses Kapitel.
```

```
### Kapitel 1: Die Technik hinter der Dampflokomotive
1. **Grundlagen der Dampfkraft**
  - Prinzipien der Dampfkraft
  - Aufbau und Funktionsweise einer Dampflokomotive
2. **Wichtige Komponenten**
  - Kessel und Feuerbüchse
  - Triebwerk und Laufwerk
  - Steuerung und Bremsen
+ Erstelle eine detaillierte Binnengliederung für dieses Kapitel   Think Deeper
```

3. Nach etwas Überlegung präsentiert Copilot Ihnen einen entsprechenden Entwurf für eine Binnengliederung des Kapitels.
4. Kopieren Sie den Entwurf mit dem Symbol darunter in die Zwischenablage. Wechseln Sie dann in Ihre Textverarbeitung und fügen Sie dort den Inhalt der Zwischenablage anstelle des bisher nur groben Gliederungsentwurfs für dieses Kapitel ein.

Diesen Vorgang können Sie für jedes Kapitel der ursprünglichen groben Gliederung wiederholen und so die Gliederung nach und nach immer detaillierter und feiner gestalten. Sie können sich auch einzelne Gliederungspunkte herausgreifen und sich von Copilot dafür nochmals eine detailliertere Unterteilung erstellen lassen. So erhalten Sie schließlich ein Gerüst, das Sie »nur noch« mit Inhalt zu füllen brauchen, um Ihr Projekt zu verwirklichen.

Einen ersten Entwurf generieren

Neben Copilots Wissen für Themensammlungen und Gliederungen können Sie sich auch die Fähigkeit zum Generieren von ausformulierten Texten zunutze machen. So kann der Assistent nach Ihren Vorgaben für einzelne Abschnitte einen ersten Textentwurf generieren, den Sie als Ausgangsbasis nehmen, überarbeiten und ergänzen können, um so schnell zu Ihrem eigenen, persönlichen Werk zu gelangen. Verwenden Sie als Ausgangsbasis dabei jeweils die untersten Ebenen der entworfenen Gliederung. Kopieren Sie die Überschrift eines solchen Abschnitts und fügen Sie ihn in den Eingabebereich von Copilot ein. Ergänzen Sie dann eine Aufforderung etwa so:

```
Schlage mir einen Textentwurf für diesen Abschnitt
meines Buchs über Dampflokomotiven vor.
```

Der richtige Kontext für gute Ergebnisse

Achten Sie darauf, ggf. den erforderlichen Kontext zu geben. Eine Überschrift wie »Typische Arbeitsschichten« etwa ist für sich genommen zu allgemein formuliert und würde ohne Kontext zu einem Text führen, der vermutlich gar nichts mit Dampflokomotiven aus unserem Beispiel zu tun hätte. Im Zweifelsfall können Sie dem KI-Assistenten zu Beginn jeder neuen Sitzung noch mal die gesamte Gliederung des Textes übergeben, um den notwendigen Kontext für nachfolgende Texte herzustellen.

Wenn Sie mit dem ersten Entwurf noch nicht zufrieden sind, lassen Sie Copilot nachbessern. Sie können den Assistenten eine detaillierte oder kompaktere Fassung erstellen lassen oder um einen anderen sprachlichen Stil bitten.

Hier nur einige Anregungen:

- Schreibe den Text in einer formelleren Sprache.
- Kürze den Text auf die Hälfte seiner Länge.
- Füge Anekdoten oder Geschichten von Dampflokführern hinzu.
- Erkläre die Aufgaben der Heizer und Lokführer detaillierter.
- Verwende eine lebendigere und bildlichere Sprache.
- Ergänze historische Hintergrundinformationen zur Entwicklung der Arbeitsschichten.
- Schreibe den Text aus der Perspektive eines Lokführers.
- Füge technische Details zur Dampflokomotive und ihren Mechanismen hinzu.
- Beschreibe die Arbeitsschichten im Winter und die besonderen Herausforderungen.
- Schreibe den Text in einem erzählerischen Stil.
- Verwandle den Text in einen Dialog zwischen einem Heizer und einem Lokführer.
- Betone die körperlichen und mentalen Anforderungen der Arbeit.
- Füge Zitate oder Aussagen von Historikern oder Eisenbahnexperten hinzu.
- Vergleiche die Arbeitsschichten von Dampflokomotiven mit modernen Lokomotiven.
- Verwende eine humorvolle oder ironische Tonalität.
- Beschreibe die Arbeitsschichten in verschiedenen Ländern und ihre Unterschiede.
- Ergänze den Text mit Statistiken oder Zahlen zu den Arbeitsschichten.
- Schreibe den Text aus der Perspektive eines Kindes, das die Arbeit beobachtet.

```
■ Füge Informationen zu den sozialen Aspekten und dem
  Gemeinschaftsleben der Eisenbahner hinzu.
■ Verwandle den Text in einen poetischen oder
  lyrischen Stil.
```

4.4 Texte gemeinsam mit der KI erarbeiten

Googles Gemini-Assistent (siehe Seite 101) bietet mit dem Canvas-Werkzeug eine besonders interaktive Methode, Texte (oder auch Programmcode) im Zusammenspiel mit dem KI-Assistenten zu erarbeiten. Dabei öffnet sich neben dem Chat ein Arbeitsblatt mit einem ersten Entwurf. Sie können Änderungen direkt darin vornehmen. Ebenso können Sie Gemini per Prompt veranlassen, bestimmte Dinge zu verändern oder weitere Aspekte zu ergänzen. Dadurch bewirkte Änderungen im Arbeitsblatt werden optisch hervorgehoben, sodass Sie die Auswirkungen jederzeit im Blick behalten.

Auf diese Weise können Sie sich gemeinsam mit dem digitalen Helfer Schritt für Schritt an das gewünschte Ergebnis herantasten.

1. Um *Canvas* zu nutzen, klicken Sie im Eingabefeld von Gemini auf *Tools* und wählen im so geöffneten Menü den gleichnamigen Punkt.

2. Beschreiben Sie nun im Prompt, was für einen Text Sie erstellen möchten.

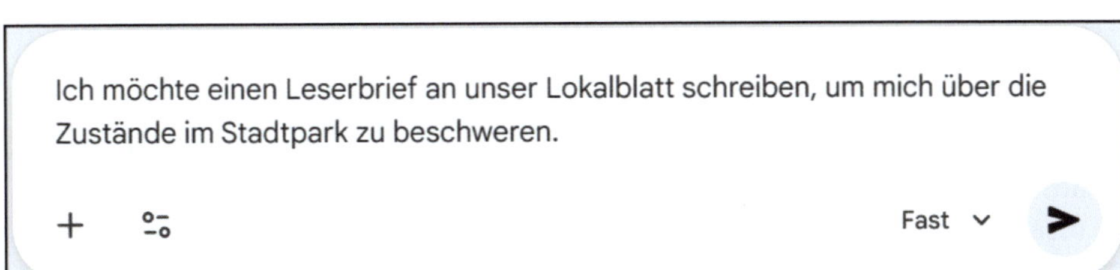

3. Wenn Sie die Aufforderung absenden, öffnet Gemini rechts ein Arbeitsblatt und generiert darin einen ersten Entwurf basierend auf Ihren Eingaben.

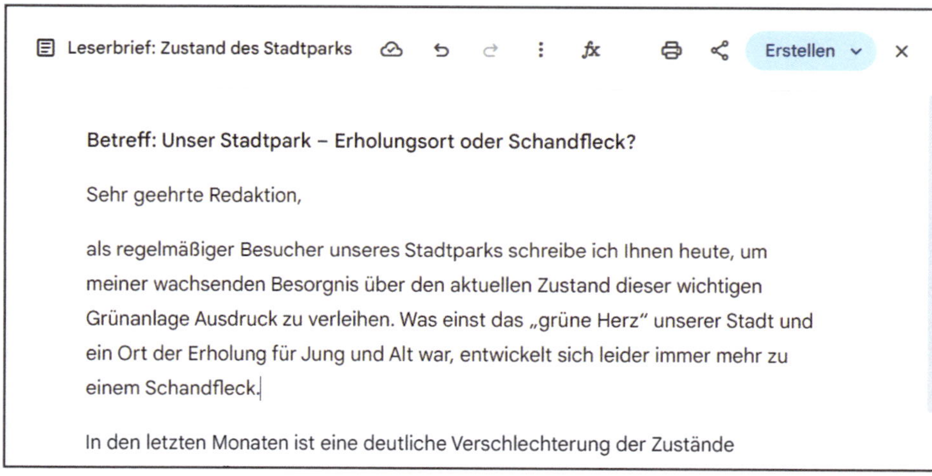

4. Für die weitere Verfeinerung stehen Ihnen nun drei verschiedene Möglichkeiten zur Verfügung, die Sie beliebig nutzen und kombinieren können:
   - Sie können selbst Bearbeitungen direkt im Arbeitsblatt vornehmen. Das ist ein einfacher Editor, in dem Sie überall Text löschen, verändern und ergänzen können.
   - Sie können im Eingabe-Prompt Anweisungen an Gemini formulieren, damit der Assistent bestimmte Inhalte ergänzt oder etwa den Sprachstil verändert.
   - Mit der Symbolleiste unten rechts im Arbeitsblatt können Sie grundlegende Eigenschaften des Entwurfs per Mausklick anpassen (mehr dazu im Folgenden).
5. Soll Gemini beispielsweise einen bestimmten Aspekt für Sie ergänzen, formulieren Sie das wie gewohnt als Prompt links im Eingabebereich.

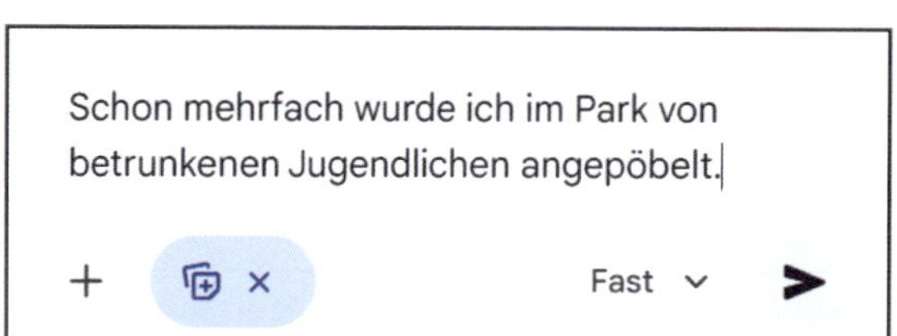

6. Der KI-Assistent analysiert Ihre Eingabe und nimmt entsprechende Änderungen am Entwurf vor. Ergänzte Textstellen werden optisch hervorgehoben, sodass Sie frisch generierte Inhalte schnell erkennen und nachverfolgen können.

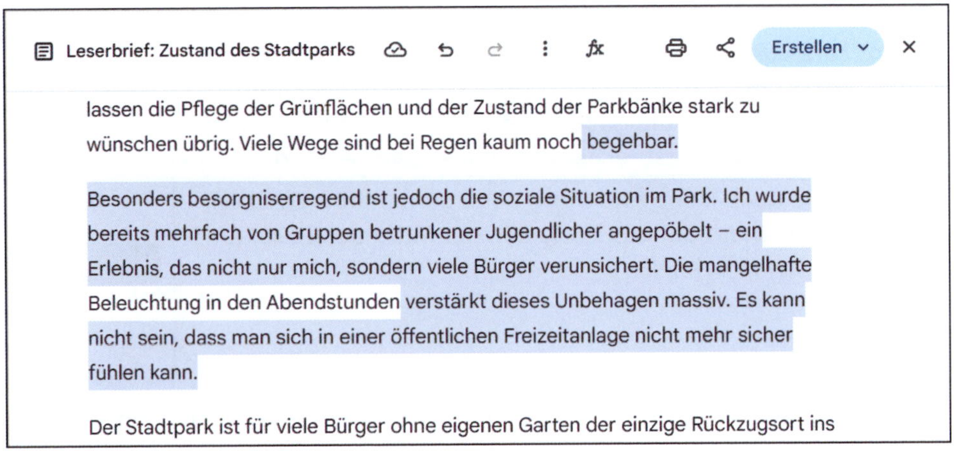

7. Auch wenn Sie mit dem Tonfall des Textes nicht zufrieden sind, geben Sie Gemini einen Hinweis, was für eine Sprache Sie sich wünschen.

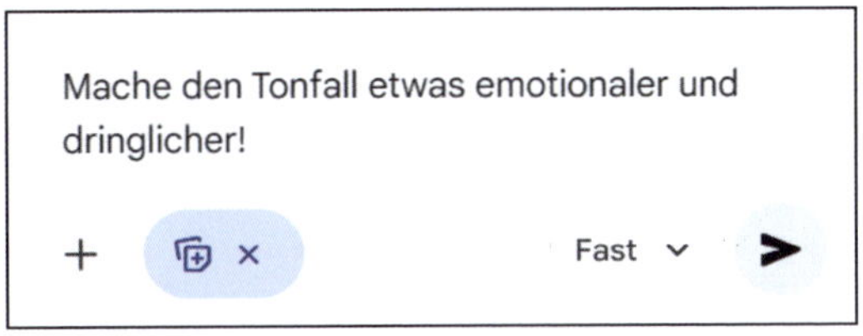

8. Sind Sie mit dem Entwurf zufrieden, finden Sie oben in der Symbolleiste des Arbeitsblatts ein *Drucker*- und ein *Teilen*-Symbol. Letzteres öffnet ein Menü, in dem Sie den Inhalt teilen, als Dokument in Google Docs speichern oder in die Zwischenablage kopieren können.

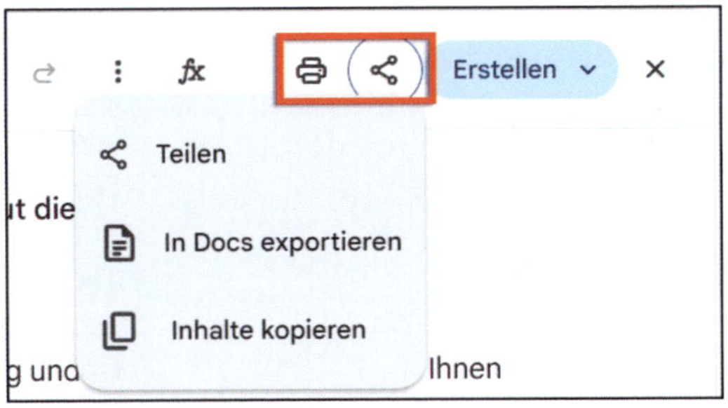

Den Entwurf per Mausklick anpassen

Die Symbolleiste unten rechts im Arbeitsblatt ermöglicht es Ihnen, grundlegende Änderungen am generierten Text per Mausklick vorzunehmen. Dazu können Sie mit den drei Symbolen

- die Länge ändern,
- den Tonfall ändern oder
- Änderungen vorschlagen lassen.

1. Für die ersten beiden Eigenschaften klicken Sie mit der Maustaste auf das Symbol.
2. So zeigen Sie anstelle der Symbolleiste eine Skala an, mit der Sie die jeweilige Eigenschaft in mehreren Stufen anpassen können.

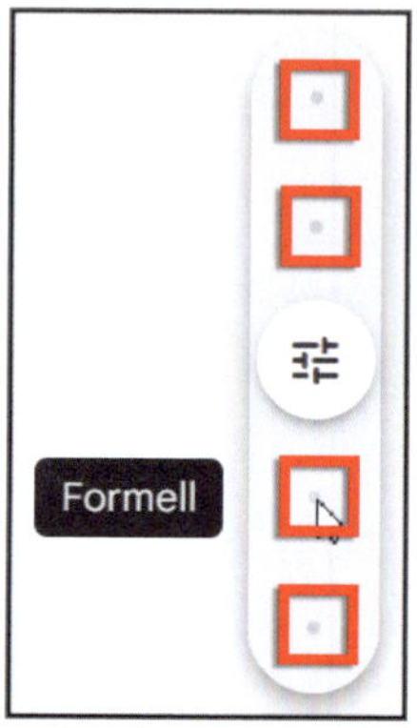

3. Die Länge des zuletzt generierten Textes lässt sich in *Sehr kurz*, *Kurz*, *Lang* oder *Sehr lang* ändern. Der Tonfall reicht von *Sehr locker* über *Informell* und *Formell* bis hin zu *Sehr formell*. Mit einem Klick auf die gewünschte Stufe generiert Gemini automatisch eine entsprechend überarbeitete Fassung.
4. Sollten Sie doch keine Änderung der Eigenschaft wünschen, klicken Sie erneut auf das Symbol in der Mitte der Skala, um diese wieder zu schließen.

Mit dem dritten Symbol in der Leiste ganz unten lassen Sie Gemini den selbst generierten Text analysieren und nach möglichen Verbesserungen suchen. Solche Stellen werden optisch hervorgehoben, und gleichzeitig finden Sie rechts daneben eine kurze Erläuterung, was der Assistent an dieser Stelle ändern würde und warum.

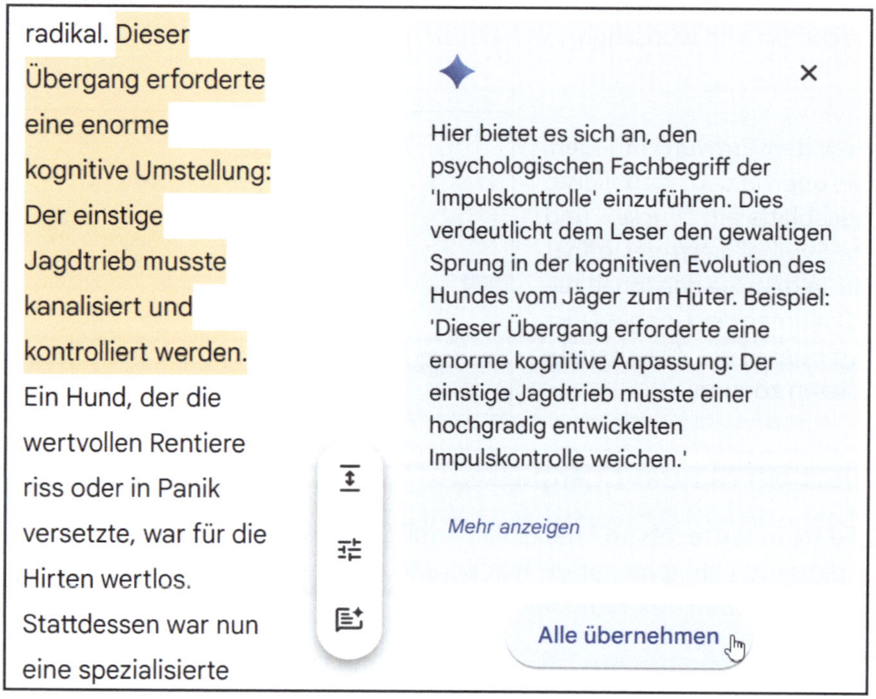

Mit dem X-Symbol können Sie einzelne Änderungsvorschläge ablehnen. Sind Sie einverstanden, klicken Sie auf die Schaltfläche *Alle übernehmen* unten rechts und warten kurz, bis Gemini die vorgeschlagenen Modifikationen vorgenommen hat.

Mit Canvas an größeren Projekten arbeiten

Canvas eignet sich nicht nur für einfache Schriftstücke oder Briefe. Auch wenn Sie umfangreichere, komplexer strukturierte Texte erstellen möchten, können Sie das damit erledigen. Hierbei können Sie sich zunutze machen, dass Canvas wichtige Zwischenschritte wie etwa Entwürfe für eine Gliederung oder eine erste Textfassung automatisch speichert, sodass Sie sie auch später immer wieder abrufen und die Arbeit darauf basierend fortsetzen können. Zur Demonstration greife ich noch mal das Beispiel aus dem vorhergehenden Abschnitt auf, nur diesmal unter Verwendung der Canvas-Funktion.

1. Aktivieren Sie hierzu wiederum wie zuvor beschrieben die *Canvas*-Funktion über das *Tools*-Menü im Eingabefeld von Gemini.
2. Tippen Sie dann einen Prompt in das Eingabefeld ein, der Ihr Vorhaben beschreibt.

```
Ich möchte ein Buch über den finnischen Lapphund
schreiben.
```

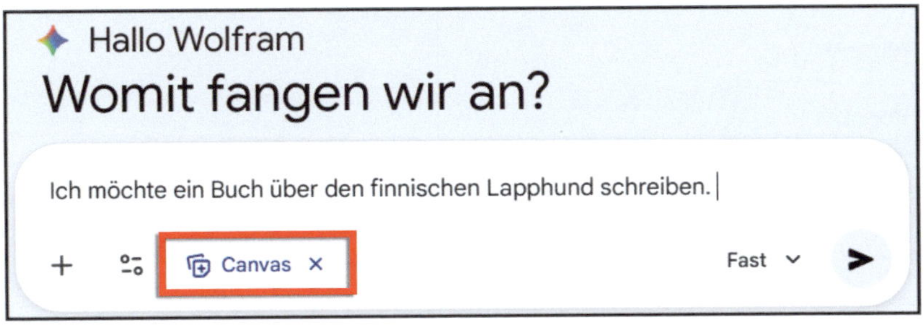

3. Nach kurzer Zeit präsentiert Ihnen Gemini rechts im Arbeitsblatt seinen Entwurf. Beachten Sie dabei aber auch die linke Spalte, in der der Assistent ebenfalls auf Ihre Anfrage reagiert. Wichtig ist hier vor allem der eingefügte Zwischenstand. Er ist mit Datum und Uhrzeit versehen und wie eine Schaltfläche gestaltet.

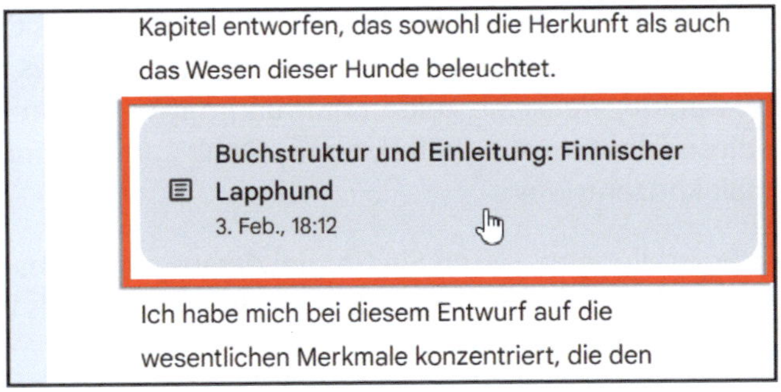

4. Auch wenn Sie die Arbeit an dem Projekt fortsetzen und den Inhalt des Arbeitsblatts ergänzen oder auch ganz verändern, können Sie über diese Schaltfläche immer wieder zu diesem Zwischenstand zurückkehren.

Weitergehende Inhalte erstellen

Aus dem gemeinsam mit Gemini entwickelten Text können Sie den Assistenten auch jederzeit andere Inhaltsformen generieren lassen. Dazu dient die Schaltfläche *Erstellen* in der oberen Symbolleiste des Arbeitsblatts. Mit einem Klick darauf öffnen Sie ein Menü, das Ihnen verschiedene Möglichkeiten bietet, jeweils basierend auf dem Inhalt des Arbeitsblatts, Webseiten, Infografiken, Lernkarten oder eine Audio-Zusammenfassung zu erstellen.

Audio-Zusammenfassungen benötigen einiges an Rechenzeit, sodass man sie am besten im Hintergrund erstellen lässt und später zum Chat zurückkehrt, um sich das Ergebnis anzuhören.

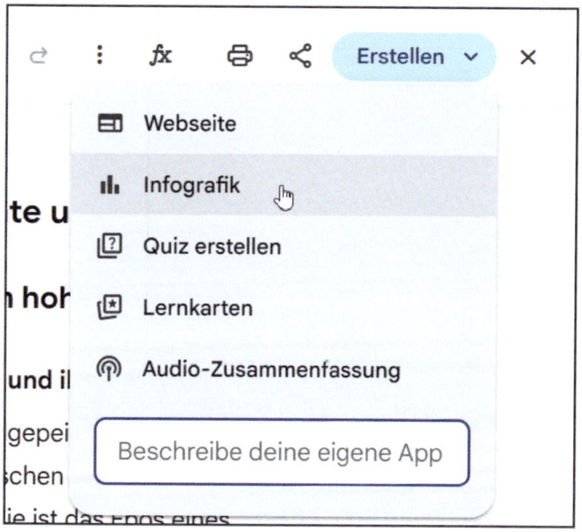

Webseiten sind eine spannende Funktion, die eindrucksvoll demonstriert, dass Canvas nicht nur Text, sondern auch Programmcode erzeugen kann (denn daraus besteht eine Webseite letztlich). Gerade, wenn Sie keine Erfahrung mit dem Erstellen von Webseiten haben, kann diese Funktion sehr hilfreich sein. Dank Canvas können Sie sich dabei voll auf den Inhalt konzentrieren.

Entspricht dieser genau Ihren Vorstellungen, lassen Sie Gemini daraus eine Webseite erstellen. So erhalten Sie den passend codierten Inhalt, den Sie als Code oder als Vorschau der Webbrowser-Darstellung betrachten können.

Über das Teilen-Symbol können Sie den Code in die Zwischenablage kopieren oder als Link an andere senden.

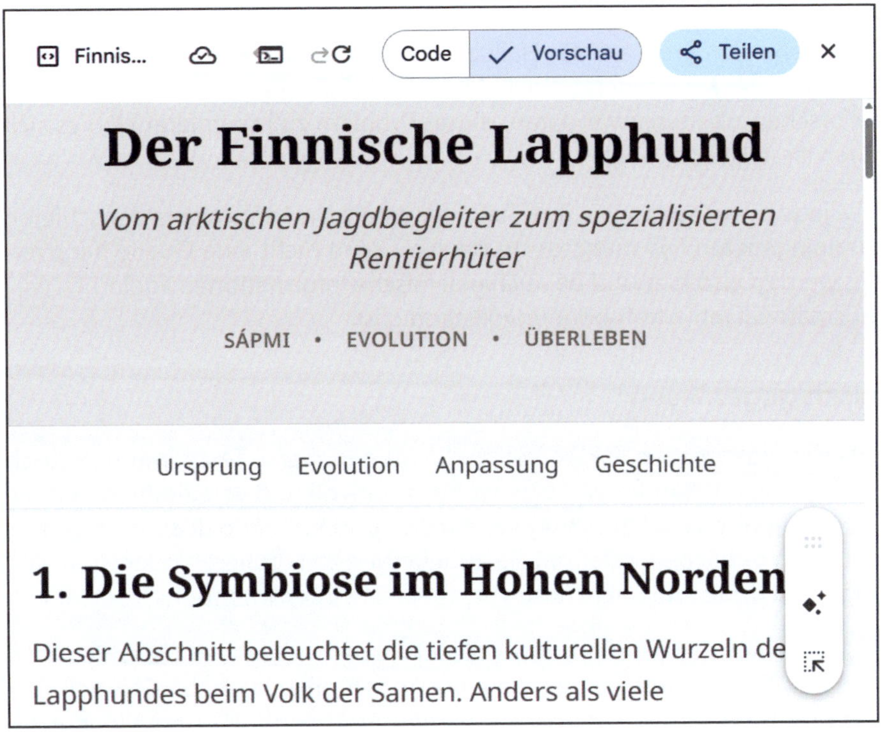

4.5 Wichtige Grundregeln für das Verwenden von KI-Texten

Sie haben Ihren Text erfolgreich mit KI-Hilfe erstellt? Also können Sie ihn ja direkt teilen, versenden, veröffentlichen usw.? Nicht ganz so schnell. Ich würde solche Texte grundsätzlich einer Prüfung unterziehen. Je wichtiger oder für je mehr Adressaten ein Text vorgesehen ist, desto gründlicher sollte diese Prüfung ausfallen. Insbesondere wenn es um eine kommerzielle Nutzung geht oder wenn Sie für mögliche Fehler im Text haftbar sein könnten, sollten Sie unliebsame Überraschungen ausschließen.

Fakten in KI-Texten prüfen

Verlassen Sie sich nicht darauf, dass KI-Texte immer die Wahrheit sagen! Für Fehler oder Unwahrheiten kann es verschiedene Ursachen geben. Was man vorläufig immer im Blick behalten muss, ist die Aktualität der Trainingsdaten (siehe Seite 25).

Wenn man von einem KI-Assistenten Informationen erfragt, die erst nach Trainingsabschluss entstanden sind, wird er bestenfalls darauf hinweisen, schlimmstenfalls veraltete Daten verwenden oder welche erfinden.

Apropos »erfinden«. Das Problem der Halluzination bei KI-Systemen ist auf Seite 29 beschrieben. Auch dies kann jederzeit zu Fehlern oder (teilweise) unsinnigen Antworten führen. Forscher arbeiten zwar daran, dieses Problem zu minimieren. Ob es sich völlig beheben lässt, ist aber unklar.

Schließlich ist jede KI nur so gut wie ihre Trainingsdaten. Und angesichts der schieren Menge an Trainingsdaten (»je mehr, desto besser«) kann nicht jede Quelle handverlesen sein. Es werden also hier und da auch mal falsche Informationen »gelernt«, weil das Ausgangsmaterial fehlerhaft oder unvollständig ist.

Texte kritisch gegenlesen

Auch jenseits der eigentlichen Fakten sollten Sie KI-generierte Texte immer kritisch gegenlesen. Sind die entstandenen Sätze wirklich sinnvoll und verständlich. Hat die KI die gestellte Aufgabe wirklich richtig verstanden und korrekt gelöst. Ist sie dabei beim Wesentlichen geblieben, oder hat sie angefangen zu fabulieren oder ist in eine Richtung abgebogen, die zwar nicht falsch ist, aber nicht Ihren Intentionen entspricht.

Überhaupt sollten Sie sicherstellen, dass die KI insbesondere bei vielschichtigen oder kontroversen Themen auch tatsächlich Ihre Ansichten wiedergibt. Generell sind KI-Systeme darauf trainiert, bei streitbaren Themen Argumente für und wider anzugeben. Wenn ein Assistent das Publikum von einem bestimmten Argument überzeugen soll, müssen Sie ihm entsprechende Vorgaben machen.

Rechtschreibung, Grammatik und Zeichensetzung beherrschen KI-Systeme meist recht ordentlich. Trotzdem kann es nicht schaden, die generierten Texte auch in dieser Hinsicht zu überprüfen.

5. KI und natürliche Sprache

Moderne KI-Systeme beherrschen die menschliche Sprache annähernd perfekt. Das gilt nicht nur für das geschriebene Wort. KI-Methoden können auch für das Erkennen von gesprochenem Text eingesetzt werden und erreichen dabei mittlerweile beeindruckende Erfolgsquoten. Aber auch der umgekehrte Weg funktioniert sehr gut: das Umwandeln von geschriebenem Text in Sprache, die für das menschliche Ohr nicht mehr unangenehm technisch und künstlich klingt. Dies ermöglicht es, mit KI-Systemen beinahe wie mit einem Menschen per Sprache zu kommunizieren. In diesem Kapitel zeige ich Ihnen verschiedene Möglichkeiten, wie Sie sich die Fähigkeiten praktisch zunutze machen können.

5.1 Sprechen statt tippen: Texte per Spracheingabe diktieren

Das Erkennen von menschlicher Sprache ist ein Kunststück, an dem Softwareentwickler schon seit Jahrzehnten arbeiten. So lange gibt es auch bereits Spracherkennungsprogramme, mit denen man Computer steuern und Texte diktieren kann. Allerdings hat diese Disziplin durch die modernen generativen KI-Systeme noch mal einen gewaltigen Schub erfahren. Denn diese nutzen ihre umfassenden Sprachmodelle, um die gesprochenen Laute nicht einfach nur in passende Worte zu übersetzen. Sie analysieren den erkannten Text auch inhaltlich und suchen nach der Version, die logisch den meisten Sinn ergibt. Dadurch erreichen sie im Vergleich zu früheren Versionen der Spracherkennung eine beeindruckende Erfolgsquote. Dadurch sind die Ergebnisse so gut und zuverlässig, dass kaum noch Korrekturbedarf entsteht und man auf diese Weise oftmals schneller Texte eingeben kann als per Hand.

Spracherkennung auf dem Smartphone

Gerade auf dem kleinen Smartphone-Bildschirm ist das Eintippen von Texten auf der winzigen virtuellen Tastatur etwas mühsam. Selbst wer gute Augen und schmale Finger hat, wünscht sich spätestens bei längeren Texten schnell eine komfortable Alternative.

Und tatsächlich bringen praktisch alle aktuellen Smartphones diese schon ab Werk mit. Sie ist nur so unauffällig integriert, dass man sie leicht übersehen kann.

1. Um beispielsweise eine Webseite zu öffnen oder eine Google-Suche durchzuführen, öffnen Sie wie gewohnt Ihren mobilen Webbrowser.
2. Tippen Sie auf das Adressfeld, um die virtuelle Tastatur auf den Bildschirm zu holen.

3. Geben Sie nun aber nicht Ihre Suchanfrage ein, sondern tippen Sie stattdessen kurz auf das Mikrofon-Symbol. Je nach Hersteller findet es sich an einer anderen Stelle. Teilweise wird es direkt im Eingabefeld angezeigt oder befindet sich oben rechts über der virtuellen Tastatur.
4. Wenn Sie dies zum ersten Mal in einer App tun, werden Sie eventuell um eine Genehmigung für den Zugriff auf das Mikrofon gebeten. Diese sollten Sie erteilen, da Spracherkennung ohne Mikrofon nun mal nicht möglich ist.
5. Jetzt können Sie das, was Sie sonst eintippen würden, sagen:
   - Suchanfragen sprechen Sie genauso aus, wie Sie den Text sonst eintippen würden, also beispielsweise *was läuft heute Abend im Kino*.
   - Bei Webadressen können Sie es dem Sprachassistenten etwas leichter machen, indem Sie die »schwierigen« Teile buchstabieren. www.gieseke-buch.de würde ich etwa so aussprechen: *w-w-w-Punkt-gieseke-minus-buch-Punkt-d-e*. Damit kommt die Spracherkennung erfahrungsgemäß gut zurecht.
6. Der gesprochene Text wird am Bildschirm angezeigt, als wenn Sie ihn eingetippt hätten. Sie können also direkt kontrollieren, ob der Assistent alles wie gesagt erkannt hat.
7. Beim Abschluss kann es wieder leichte Unterschiede geben. Einige Systeme schicken den Text automatisch ab, wenn Sie etwas länger schweigen und damit signalisieren, dass Sie mit Ihrer Eingabe fertig sind. Andere schreiben den erkannten Text nur ins Eingabefeld, ggf. ergänzt mit ähnlichen Anfragen. Wählen Sie das Passende aus und senden Sie es mit einem einfachen Tipp ab.

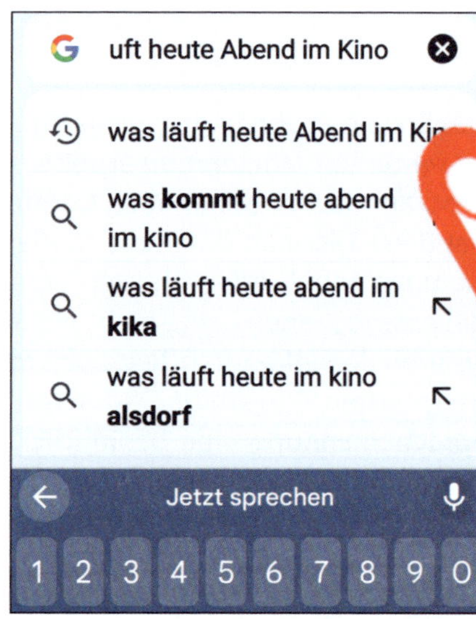

Diese Form der Spracheingabe eignet sich nicht nur für kurze Suchanfragen. Da sie in die virtuelle Tastatur integriert ist, können Sie sie überall einsetzen, wo Sie sonst Texte eintippen würden. Auch eine E-Mail könnte man so also beispielsweise diktieren statt mühsam zu tippen. Auch in Apps für Kommunikation oder soziale Netze können Sie Ihre Beiträge auf diesem Weg bequem einsprechen.

Die in Windows integrierte Spracherkennung

Auch das Betriebssystem Windows bringt von Haus aus eine integrierte Spracherkennung mit. Im Gegensatz zu früheren Versionen muss diese nicht mehr aufwendig trainiert und an einen bestimmten Sprecher angepasst werden. Auch dank KI lässt sie sich jederzeit und flexibel in fast allen Anwendungen nutzen.

Windows 11: Spracheingabe vs. Sprachzugriff

Bei der aktuellen Windows-Version begegnen Ihnen verschiedene Funktionen zur Spracherkennung. Beide haben ähnliche Optionen. Allerdings gibt es wichtige Unterschiede:

Die **Spracheingabe** nutzt die Cloud-Server von Microsoft. Ihre Sprachdaten werden also dorthin transferiert, dort analysiert und dann zurück an Ihren PC gesendet. Der **Sprachzugriff** hingegen arbeitet rein lokal. Die Daten verlassen Ihren PC also nie. Beides hat Vor- und Nachteile. Die Cloud-Spracherkennung ist auf eine Internetverbindung angewiesen, um zu funktionieren. Falls Sie Ihren PC offline betreiben oder mit einem Notebook unterwegs ohne Onlineverbindung sind, kommt nur der Sprachzugriff infrage. Auch unter Datenschutzaspekten ist die Spracheingabe problematisch, da alle Ihre Eingaben mitsamt der enthaltenen Information von Microsoft-Servern ausgewertet werden.

Da der Sprachzugriff rein lokal auf Ihrem PC arbeitet, ist der aus Datenschutzsicht zu bevorzugen. Auf einem zeitgemäßen PC arbeitet er in der Regel auch schnell genug, um der Spracherkennung ebenbürtig zu sein. Bei älteren PCs kann es allerdings zu Verzögerungen bei der Erkennung kommen, sodass – eine flotte Internetverbindung vorausgesetzt – die Spracherkennung der schnellere Weg ist.

Im Folgenden konzentriere ich mich insbesondere wegen des besseren Datenschutzes auf den lokalen Sprachzugriff und verweise nur gelegentlich auf Unterschiede zur Spracheingabe.

Sprachzugriff einrichten

Vor der ersten Nutzung muss die Spracherkennung einmalig eingerichtet werden.

1. Lokalisieren Sie im Windows-Startmenü den Eintrag *Sprachzugriff* (über die Suche oder im Unterordner *Barrierefreiheit*) und öffnen Sie die dazugehörende App.
2. Dadurch wird eine Symbolleiste am oberen Bildschirmrand angezeigt. Klicken Sie hier zunächst auf *Ich stimme zu*, um der Verarbeitung Ihrer Sprachdaten zuzustimmen. Diese erfolgt laut Microsoft lokal auf Ihrem PC und nicht in der Cloud.

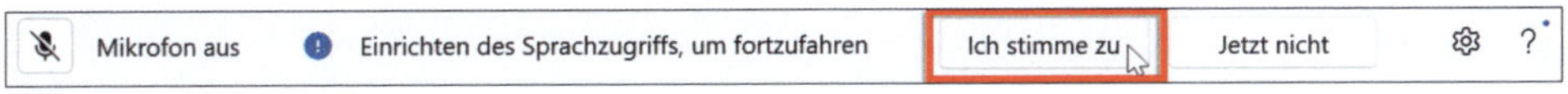

3. Sollte Ihr PC über mehr als ein Mikrofon verfügen, wählen Sie im anschließenden Assistenten dasjenige aus, das für die Spracherkennung verwendet werden soll.

Spracherkennung bei Windows 10

Bei Windows 10 ist noch die klassische Spracherkennung an Bord, die allerdings relativ aufwendig trainiert und an den Sprecher angepasst werden muss. Hat man das einmal erledigt, kann man damit relativ gut diktieren und Befehle zur Steuerung erteilen. Diese Spracherkennung arbeitet rein lokal. Alternativ steht auch bei Windows 10 eine cloudbasierte Spracherkennung zur Verfügung, die man jederzeit mit [Win]+[H] ein- und ausschalten kann. Sie kann in beliebigen Apps und Eingabefeldern genutzt werden, benötigt aber eine Internetverbindung und übermittelt alle Daten an Microsofts Cloud-Server.

Sprachzugriff an die Taskleiste anheften

Wenn Sie den Sprachzugriff regelmäßig nutzen, ist das Öffnen über das Startmenü auf Dauer recht umständlich. Dann empfiehlt es sich, die App an die Taskleiste anzuheften, um sie von dort jederzeit schnell ausführen zu können.

1. Öffnen Sie das Windows-Startmenü (beispielsweise mit [Win]).
2. Klicken Sie darin zunächst auf die Schaltfläche *Alle >*, um das vollständige Startmenü auszuklappen, und öffnen Sie darin das Untermenü *Barrierefreiheit*. Alternativ tippen Sie im Suchfeld des Startmenüs »spra« ein, damit Ihnen der Sprachzugriff als erster Treffer angeboten wird.
3. Klicken Sie darin mit der rechten Maustaste auf den Eintrag *Sprachzugriff*.
4. Wählen Sie im so geöffneten Kontextmenü *Mehr/An Taskleiste anheften*.

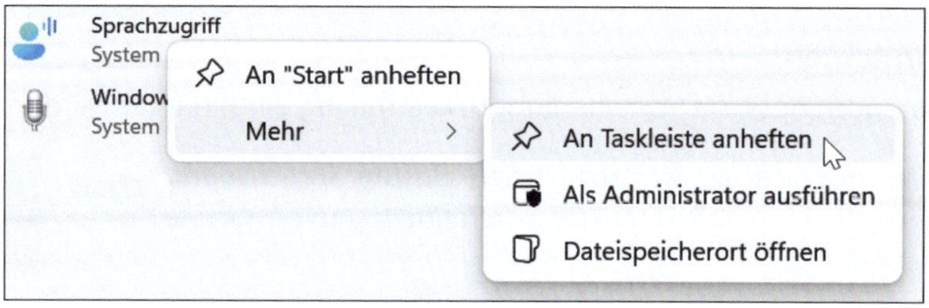

5. Anschließend finden Sie in der Taskleiste ein neues Symbol vor, mit dem Sie den Sprachzugriff bei Bedarf jederzeit aktivieren können.

Spracheingabe per Tastenkürzel öffnen und schließen

Einer der Vorzüge der cloudbasierten Spracheingabe gegenüber dem rein lokal arbeitenden Sprachzugriff ist das komfortablere Öffnen und Beenden nach Bedarf. Die Spracheingabe lässt sich jederzeit mit dem Tastenkürzel ⊞+H öffnen und mit derselben Kombination auch jederzeit wieder schließen.

In beliebigen Anwendungen diktieren

Ist der Sprachzugriff einmal eingerichtet, können Sie ihn jederzeit verwenden, um flexibel in nahezu beliebigen Apps und Eingabefeldern beispielsweise auch auf Webseiten im Browser Texte per Sprache einzugeben.

1. Öffnen Sie den Sprachzugriff über das Startmenü oder – sofern dort angeheftet – über die Taskleiste.
2. Platzieren Sie nun die Eingabemarkierung in der App bzw. dem Eingabefeld, in dem Sie Text einfügen möchten.

3. Wenn Sie mit dem Sprechen beginnen möchten, klicken Sie oben links auf das Mikrofon-Symbol.
4. Nun können Sie einfach drauflosreden. Der Sprachzugriff zeigt den aktuell erkannten Text jeweils in der Symbolleiste an. Das dient aber nur der Visualisierung der Aktivität. Entscheidend ist, dass der fertig erkannte Text anschließend automatisch in die gewählte App bzw. das Eingabefeld eingefügt wird, so, als ob Sie ihn dort eingetippt hätten.

Solange die Steuerleiste für den Sprachzugriff angezeigt wird, kennt sie drei Zustände:

- *Mikrofon aus*
  Das Mikrofon ist deaktiviert und Windows hört absolut nichts. Wenn Sie auf die Mikrofon-Schaltfläche klicken, wird das Mikrofon aktiviert und die Funktion wechselt in den Zuhörmodus. Sie können den Zustand jederzeit wiederherstellen, indem Sie mit der linken Maustaste länger auf das Symbol klicken.
- *Ich höre zu*
  In diesem Modus ist der Sprachzugriff aktiv und nimmt Ihre Ansagen entgegen. Mit einem kurzen Klick auf das Mikrofon-Symbol wechseln Sie in den Schlafmodus, wenn Sie mit dem Diktieren vorerst fertig sind.
- *Schlafmodus*
  Im Schlafmodus registriert der Sprachzugriff Ihre Sprache, reagiert aber nur auf bestimmte Schlüsselwörter wie *Sprachzugriff reaktivieren*. Das ermöglicht es, rein per Sprache wieder in den Zuhörmodus zu wechseln.

Alle Modi lassen sich auch per Sprache erreichen. Im *Ich höre zu*-Modus können Sie jederzeit »Schlafmodus« oder »Mikrofon aus« sagen, um zum jeweiligen Modus zu wechseln. Im Schlafmodus sagen Sie »Mikrofon aus« oder »Sprachzugriff reaktivieren«. Nur wenn das Mikrofon bereits ausgeschaltet ist, können Sie zu den anderen Modi nur per Mausklick wechseln.

5.2 Live-Untertitel bei Video und Podcasts

Live-Untertitel machen sich die Funktionen zur Spracherkennung in Windows zunutze. Sie überwachen das vom PC erzeugte Audiosignal auf menschliche Sprache. Diese wird analysiert und verschriftlicht und dann live (bzw. mit minimaler Verzögerung) auf dem Bildschirm ausgegeben. Diese Technologie funktioniert universal und ist nicht an bestimmte Apps gebunden. Es spielt also keine Rolle, ob Sie beispielsweise im Webbrowser YouTube-Videos abspielen, eine Mediathek besuchen, eine App für Podcasts nutzen oder ein Hörbuch abspielen lassen.

Live-Untertitel einrichten

Die Live-Untertitel benötigen spezielle Sprachdateien für die zu erkennende Sprache. Diese müssen einmalig heruntergeladen und installiert werden. Bislang liegen nur englische Sprachdateien vor, was sich aber hoffentlich in absehbarer Zeit ändert.

1. Um die Live-Untertitel einzurichten, öffnen Sie in den Windows-Einstellungen den Bereich *Barrierefreiheit* und dort im Abschnitt *Hörvermögen* die *Untertitel*.
2. Klicken Sie in der Zeile *Liveuntertitel* ganz rechts auf den Schalter, um die Funktion zu aktivieren.

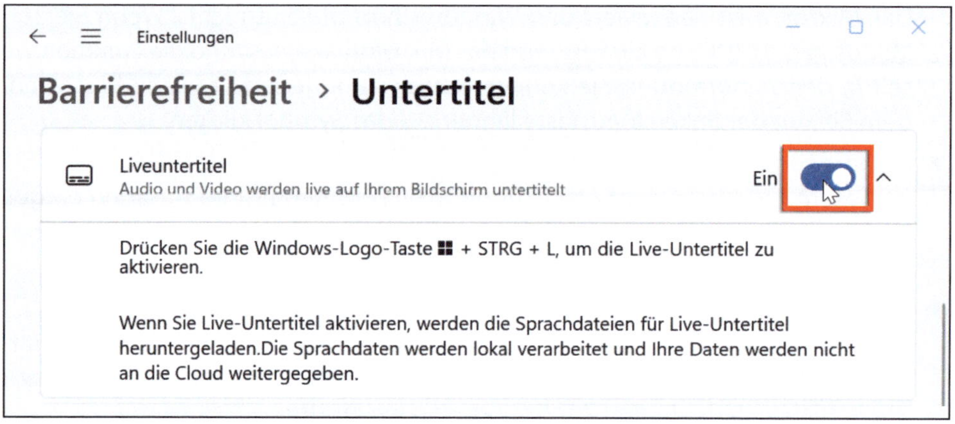

3. Wenn Sie dies zum ersten Mal tun, müssen die dafür benötigten Sprachdateien ggf. noch heruntergeladen werden. Dazu wird automatisch ein Dialog angezeigt, in dem Sie nur auf *Herunterladen* zu klicken brauchen. Warten Sie anschließend ab, bis das Herunterladen und Installieren erledigt ist.

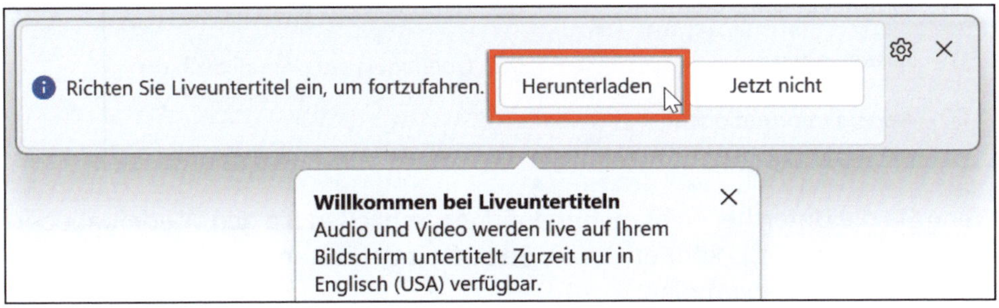

4. Darunter bei *Untertitelstil* können Sie das Erscheinungsbild der Live-Untertitel beeinflussen. Wählen Sie eines der vordefinierten Farbschemata im Auswahlfeld oder legen Sie mit *Bearbeiten* ein eigenes fest.

Untertitel bei Bedarf anzeigen

Einmal installiert und eingerichtet, können Sie den Wiedergabebereich für Live-Untertitel jederzeit mit der Tastenkombination Strg+Win+L anzeigen lassen. Mehr ist nicht erforderlich. Windows »lauscht« dann automatisch auf die Audioausgabe des PCs. Wenn es darin menschliche Sprache erkennt, analysiert es diese und gibt den erkannten Text im Wiedergabebereich aus.

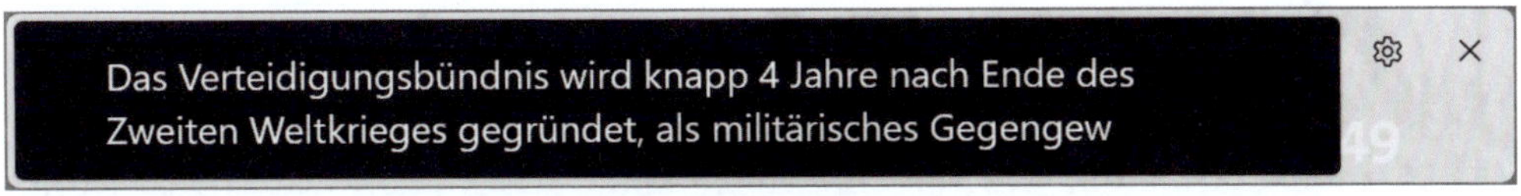

Die Qualität der Erkennung ist im Allgemeinen sehr ordentlich, hängt aber von der Sprachqualität ab. Typische Podcasts, Hörbücher oder Sprecher bei Videos werden erfahrungsgemäß gut erkannt und allenfalls mit gelegentlichen kleineren Fehlern wiedergegeben. Je »lebhafter« und spontaner die Sprache ist, desto eher kommt es zu Fehlern und Missverständnissen.

Mit dem Zahnrad-Symbol im Wiedergabebereich können Sie ein paar grundsätzliche Einstellungen vornehmen. So lässt sich die Position des Bereichs verändern. Wenn Sie ihn *Über dem Bildschirm* anheften, wird der verfügbare Bildschirm für andere Anwendungen entsprechend verringert, sodass der Bereich immer sichtbar ist, selbst wenn Sie beispielsweise den Webbrowser maximieren.

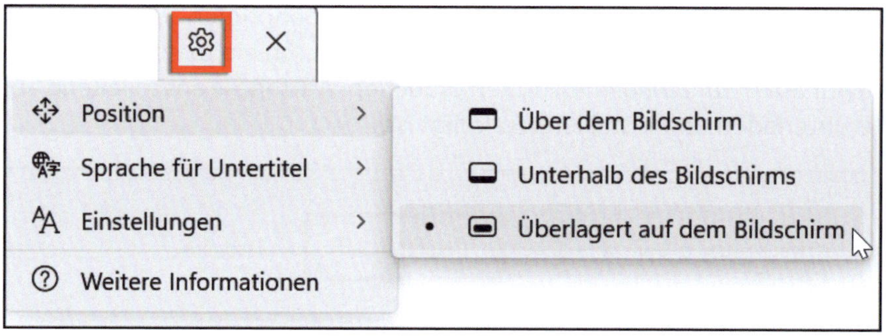

Wenn Sie die Untertitel nicht mehr benötigen, schließen Sie den Wiedergabebereich mit dem *X*-Symbol. Sie können ihn bei Bedarf mit der Tastenkombination Strg+⊞+L jederzeit wieder hervorholen.

5.3 Sprachaufnahmen automatisch in Text umwandeln

Nicht immer geht es bei der Spracherkennung darum, dem Computer direkt zu diktieren oder Anweisungen zu erteilen. Manchmal hat man eine Audioaufnahme beispielsweise von einem Vortrag, einem Gespräch oder einer Sitzung vorliegen und benötigt davon eine Abschrift oder ein Protokoll. Für eine gelegentliche Anwendung kann man sich dabei mit vorhandenen Bordmitteln oder KI-Assistenten behelfen. Wer umfangreicheres Material verschriftlichen möchte oder solche Funktionen beispielsweise beruflich regelmäßig benötigt, findet auch für diesen Bereich spezialisierte KI-Dienste.

ChatGPT-Spracherkennung auf dem Smartphone

Wie vorangehend bereits beschrieben, verstehen KI-Assistenten wie ChatGPT prinzipiell auch gesprochene Sprache und lassen sich auf diese Weise bequem mit gesprochenen Anweisungen befragen. Sie können diese Funktion aber auch nutzen, um längere Texte zu diktieren bzw. vorhandene Sprachaufnahmen zu verschriftlichen. Wichtig ist dabei allerdings, dass die Sprachaufnahme auf einem anderen Gerät wie etwa einem PC vorliegt und über dessen Lautsprecher wiedergegeben werden kann. Eine Aufnahme auf dem Smartphone wiederzugeben und gleichzeitig auf demselben Gerät eine Spracherkennung durchzuführen, ist nicht empfehlenswert und in der Regel technisch auch nicht möglich.

1. Starten Sie auf Ihrem Smartphone die ChatGPT-App.
2. Tippen Sie in der Eingabezeile auf das Mikrofon-Symbol.

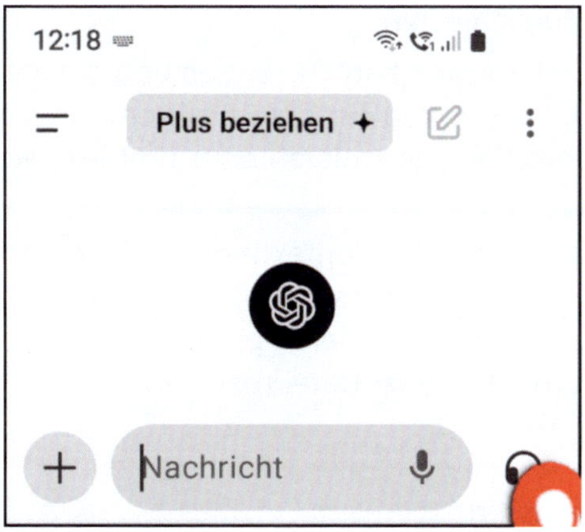

3. Damit startet der Zuhören-Modus von ChatGPT. Die App lauscht nun über das Mikrofon des Smartphones auf menschliche Sprache und erfasst diese.

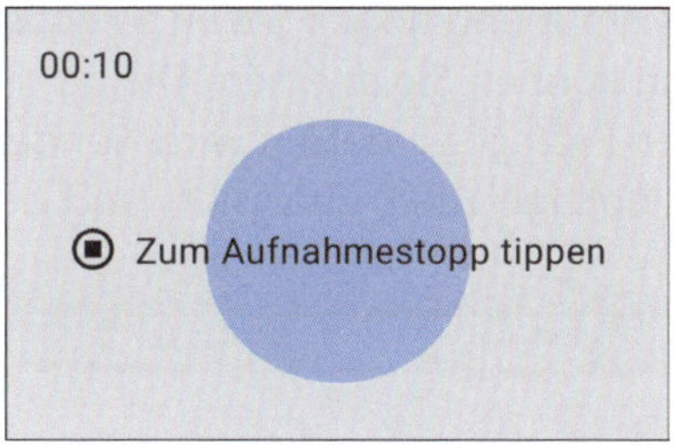

4. Starten Sie nun die Wiedergabe Ihrer Audiodatei. Die Lautstärke sollte so gewählt sein, dass Sie selbst das Gesagte gut verstehen können. Das Smartphone sollte sich in Ihrer Nähe befinden. Platzieren Sie es nicht zu nahe an den Lautsprechern, da das die Spracherkennung eher erschweren könnte.
5. Lassen Sie die Aufnahme bis zum Ende ablaufen und tippen Sie dann auf den Aufnahmebereich.

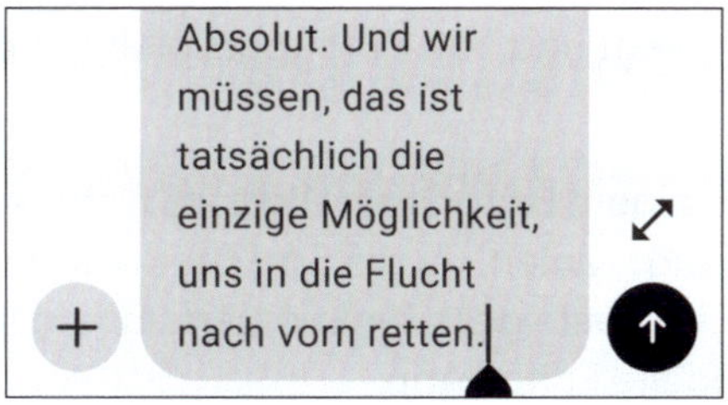

6. ChatGPT übermittelt die Audio-Aufzeichnung nun an seinen Server und lässt sie dort analysieren. Von dort erhält die App den erkannten Text zurück und fügt ihn in den Eingabe-Prompt ein.

Ab hier haben Sie dann verschiedene Möglichkeiten:

- Sie können den erkannten Text als Eingabe an ChatGPT senden und den Inhalt so zum Kontext des Chats machen. So könnten Sie dem Assistenten Fragen zum Chat stellen oder den Text überprüfen, optimieren oder umformulieren lassen.
- Sie können mit langem Antippen des Textes das Kontextmenü öffnen und so den gesamten Text auswählen und dann in die Zwischenablage kopieren. Auf diese Weise können Sie ihn unverändert in eine andere App übernehmen und dort weiterbearbeiten oder als Dokument in einer Datei speichern.

Audiodateien von ChatGPT analysieren lassen

Die ChatGPT-App kann prinzipiell auch Audioaufnahmen in verschiedenen Formaten analysieren und den Text daraus extrahieren. Da diese Funktion recht aufwendig ist, steht sie allerdings nur zahlenden Kunden zur Verfügung. Tippen Sie dazu auf das Plussymbol neben dem Eingabe-Prompt und tippen Sie im so geöffneten Auswahlmenü auf das Dateisymbol. Dann können Sie in einem Dialog die Audiodatei auswählen, die nun als Symbol in den Prompt eingefügt wird. Senden Sie diesen Prompt an ChatGPT, wird die Datei hochgeladen, analysiert und der Inhalt als Text zurückgeliefert.

Windows-Spracherkennung für längere Aufnahmen nutzen

Auch die in Windows integrierte Spracherkennung lässt sich für das Transkribieren von Audioaufnahmen nutzen. Direkt geht das bislang allerdings nur für zahlende Nutzer von Microsoft 365.

Alle anderen Windows-Anwender können sich aber ebenfalls mit dem Trick behelfen, die Spracherkennungsfunktion von Windows mit einer externen Quelle zu »füttern«. Auch hierfür ist es komfortabler, wenn die Aufnahme auf einem anderen Gerät wie einem Smartphone oder einem zweiten PC vorliegt und von dort abgespielt werden kann.

1. Legen Sie hierzu zunächst ein Dokument in einem Editor Ihrer Wahl an. Dafür können Sie prinzipiell jede beliebige Anwendung wählen, da die Spracherkennungsfunktion von Windows in praktisch allen Eingabefeldern funktioniert. Eine naheliegende Möglichkeit wäre die Windows-eigene Editor-App.
2. Starten Sie dann die App *Sprachzugriff* von Windows. Alternativ drücken Sie die Tastenkombination [Win]+[H], um die cloudbasierte Spracheingabe zu aktivieren (mehr zu beiden Varianten siehe Seite 123).

3. Klicken Sie ggf. auf das Mikrofon-Symbol, um die Spracherkennung in den Zuhören-Modus zu versetzen.

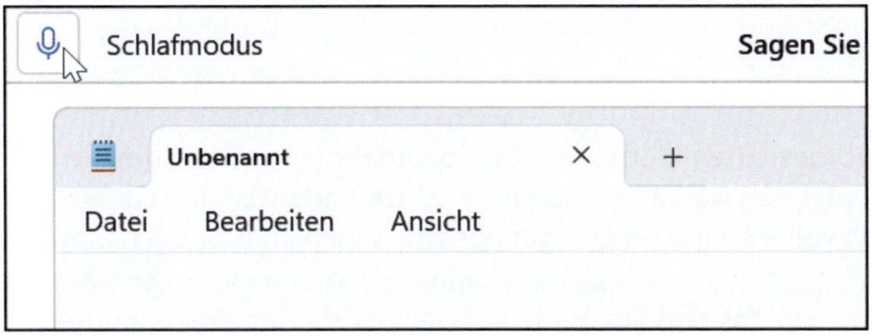

4. Damit die Funktion genau weiß, wo der erkannte Text eingefügt werden soll, klicken Sie jetzt noch mal in die gewünschte App und platzieren die Einfügemarke an der entsprechenden Stelle, als ob Sie selbst etwas tippen wollten.

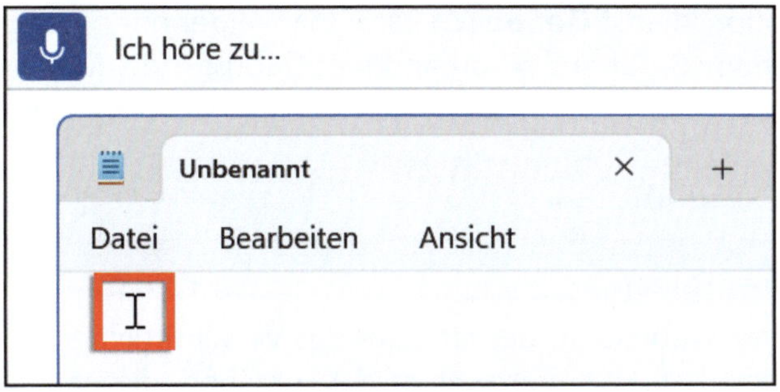

5. Starten Sie nun die Wiedergabe der Audiodatei mit der Sprachaufzeichnung.
6. Während die Aufnahme läuft, können Sie in der Steuerleiste erkennen, ob die Texterkennung erfolgreich ist. Auch in der gewählten App (also beispielsweise dem Editor) baut sich der Text – nach und nach und mit einer gewissen Verzögerung – auf.

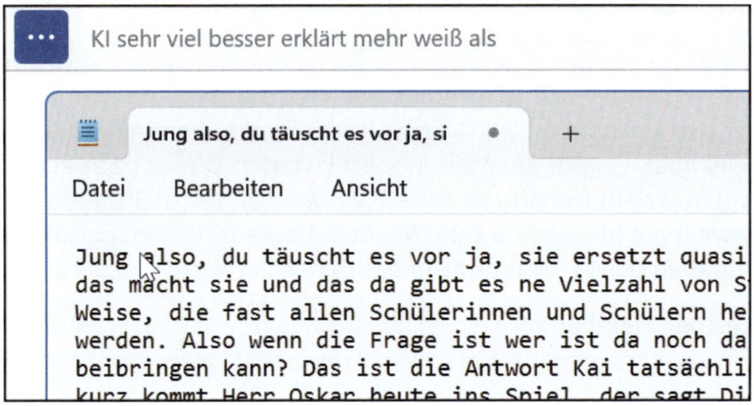

7. Am Ende der Aufnahme oder auch jederzeit zwischendurch können Sie die Spracherkennung jederzeit durch einen erneuten Klick auf das Mikrofon-Symbol unterbrechen.

KI-basierte Sprache-zu-Text-Dienste

Die vorangehend vorgestellten Methoden, Audioaufnahmen in Texte umzuwandeln, haben den entscheidenden Nachteil, dass sie in Echtzeit arbeiten. Man muss also die Aufnahme immer in voller Länge und Originalgeschwindigkeit abspielen, um sie von der Spracherkennung erfassen zu lassen. Für eine gelegentliche Anwendung oder kürzere Aufnahmen mag das praktikabel sein. Aber wer das regelmäßig oder in größerem Umfang machen möchte, für den empfehlen sich bessere Lösungen, wie etwa KI-Dienste, die auf das Transkribieren von Audioaufnahmen spezialisiert sind.

Audioaufnahmen mit GoSpeech verschriftlichen

Den kommerziellen Transkriptionsdienst **GoSpeech** kann man leider nur nach einer Anmeldung nutzen. Dafür können Sie aber ein vorhandenes Google- oder Microsoft-Konto bzw. Ihren Apple Account nutzen. Dann können Sie den Dienst im Free-Modus kostenlos testen.

GoSpeech – die wesentlichen Fakten

GoSpeech ist ein KI-basierter Webdienst, der sich auf das Verschriftlichen von Audioaufnahmen spezialisiert hat. Er beherrscht ca. 20 Sprachen, die er in einer Vielzahl von Audio- und Videoformaten erkennt. Bei Aufnahmen mehrerer Sprecher werden diese automatisch erkannt und ihren Texten zugeordnet. Auch Mehrkanalaufnahmen (beispielsweise bei Interviews mit mehreren Mikrofonen) können erkannt werden. Der erkannte Text kann in einem webbasierten Editor überprüft und ggf. korrigiert werden. Dies kann auch in Arbeitsgruppen gemeinsam erfolgen. Das Ergebnis kann man in gängige Textformate exportieren. Außerdem beherrscht der Dienst einige Spezialformate wie etwa Untertitelspuren für Videos.

GoSpeech richtet sich an kommerzielle Nutzer, für die es ein Abonnement- sowie ein Prepaid-Modell gibt. Es gibt aber die Möglichkeit, den Dienst nach kostenfreier Anmeldung in vollem Umfang zu testen, wobei man auf drei Dateien pro Monat und da jeweils auf (die ersten) zehn Minuten begrenzt ist. GoSpeech wird nach eigenen Angaben DSGVO-konform auf deutschen Servern betrieben.

https://gospeech.com, Webdienst

Nach der Anmeldung finden Sie zwei Beispielaufnahmen vor, anhand derer Sie sich mit den Funktionen vertraut machen können. Spannender ist es aber, eigene Aufnahmen hochzuladen und verarbeiten zu lassen. Diese sind im kostenlosen Test auf zehn Minuten Länge begrenzt. Sie können aber ohne Weiteres längere Aufnahmen hochladen. Die Verarbeitung bricht dann nach den ersten zehn Minuten automatisch ab. Zahlende Kunden können bis zu fünf Stunden lange Aufnahmen hochladen. Als Formate stehen AAC, DSS, DS2, Flac, MP3, MP4, M4A, M4V, OGG und WAV zur Auswahl.

1. Klicken Sie in der *Aufnahmen*-Übersicht oben rechts auf die *Upload*-Schaltfläche.

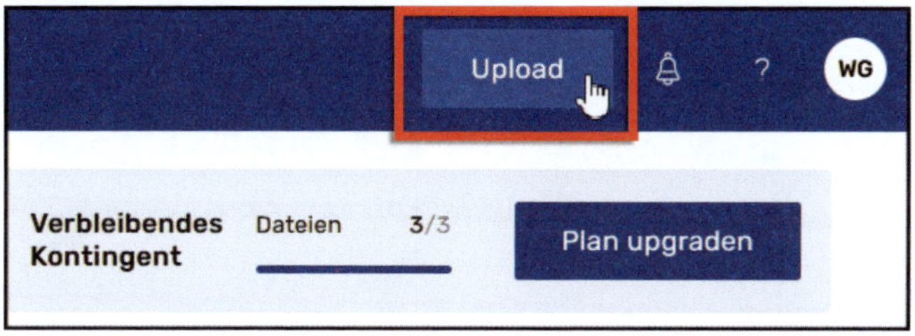

2. Auf den so geöffneten Dialog können Sie Ihre Audiodatei direkt per Drag and Drop ziehen. Alternativ öffnen Sie hier einen klassischen *Durchsuchen*-Dialog und navigieren damit zu der gewünschten Datei.
3. Im nächsten Schritt legen Sie die Eigenschaften der Aufnahme fest. *Name* und *Titel* werden automatisch von der Datei übernommen. Sie können sie aber beliebig anpassen. Auch die anderen Angaben auf der linken Seite können Sie beliebig wählen.
4. Auf der rechten Seite hingegen sollten Sie die Einstellungen passend zur Aufnahme wählen. Wichtig ist hier insbesondere die *Sprache*. Das *Vokabular* kann sinnvoll sein, wenn Sie bereits eigene Wörterbücher angelegt haben.

Vokabeln und Wörterbücher

Unter Vokabeln versteht GoSpeech feste Vorgaben, wie bestimmte Begriffe zu schreiben sind. Besonders bei Fachvokabular, Eigennamen und Wörtern mit verschiedenen Schreibweisen ist das sinnvoll, weil es die Erkennungsleistung erhöht und für einheitliche Schreibweisen sorgt. Vokabeln können in Wörterbüchern zusammengefasst werden. Da Sie mehrere Wörterbücher anlegen können, lassen sich unterschiedliche Vokabelsammlungen für verschiedene Themen, Zwecke oder Kunden anlegen (in der GoSpeech-Navigationsleiste am linken Rand unter *Wortschatz*).

5. *Mehrere Sprecher* sowie *Mehrkanalaufnahme* sollten Sie aktivieren, wenn dies in der Datei gegeben ist.

6. Klicken Sie dann unten auf *Datei hochladen*.

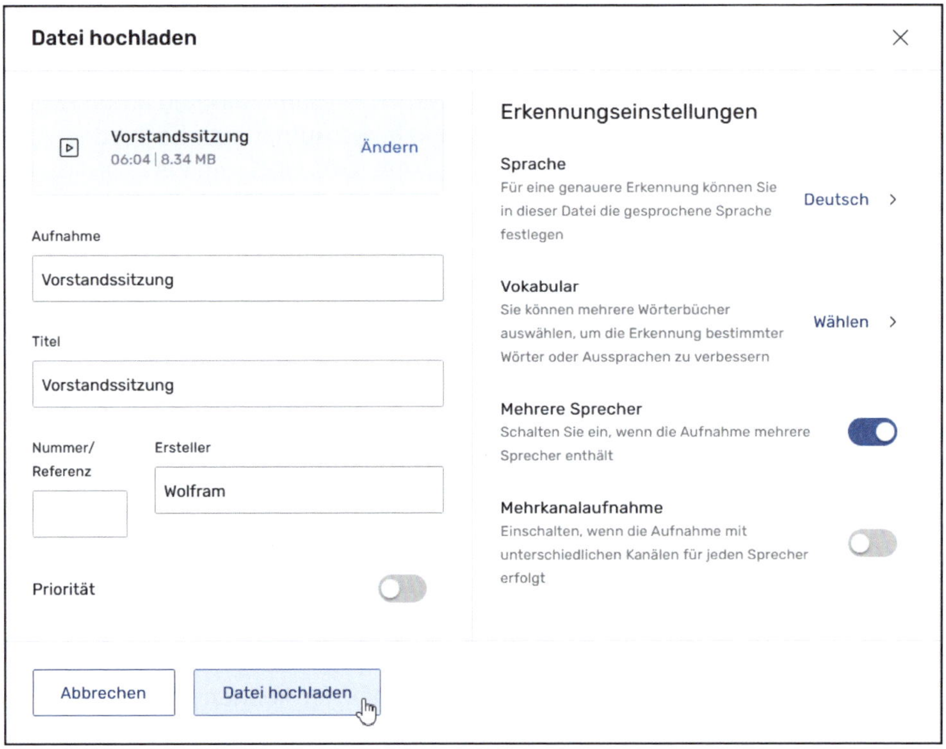

7. Zurück in der *Aufnahmen*-Übersicht finden Sie nun einen neuen Eintrag für diese Aufnahme. In der Spalte *Status* können Sie verfolgen, wie die Datei hochgeladen und verarbeitet wird.

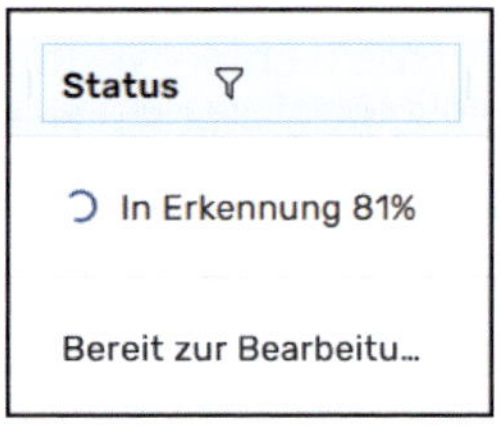

8. Steht bei *Status* die Meldung *Bereit zur Bearbeitung*, ist die Transkription abgeschlossen und Sie können das Ergebnis betrachten und nachbearbeiten. Sie erhalten aber auch eine E-Mail-Benachrichtigung, wenn es so weit ist.

Transkripte kontrollieren und nachbearbeiten

Die analysierten *Aufnahmen* finden Sie in der gleichnamigen Rubrik, die Sie über die Navigationsleiste am linken Rand öffnen können. Um eine Aufnahme zu bearbeiten, klicken Sie auf ihren Titel. Im Editor-Fenster finden Sie links einen virtuellen Notizblock vor. Darin können Sie Anmerkungen (für sich selbst oder beim gemeinsamen Bearbeiten auch für andere) machen. Sehr einfach kann man auch Text auf der rechten Seite auswählen und dann mit der Maus nach links herüberziehen. Er wird dann mitsamt Zeitstempel und Sprecherangabe in die Notizen eingefügt. Auf der rechten Seite wird die Transkription der Aufnahme angezeigt.

Hier stehen Ihnen verschiedene Möglichkeiten zur Verfügung, um die Textfassung zu bearbeiten:

- Den transkribierten Text können Sie jederzeit beliebig verändern.
- Wann immer Sie ein Wort oder eine Passage mit der Maus markieren, können Sie dazu mit dem Plussymbol ein Kontextmenü öffnen. Dieses erlaubt es Ihnen, Begriffe als Vokabeln zu speichern, Schreibweisen zu verändern oder Suchen-und-Ersetzen-Operationen im gesamten Text durchzuführen.

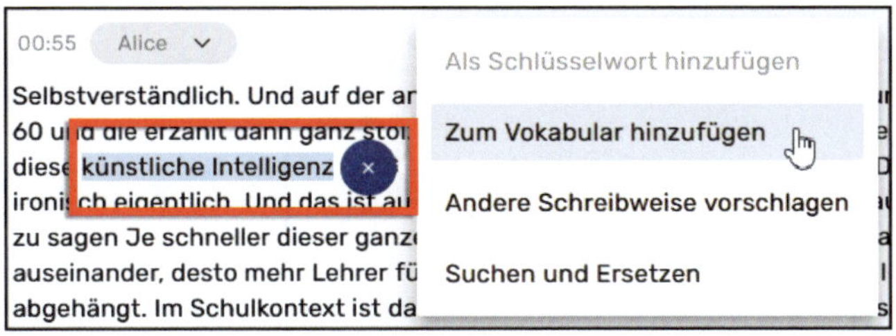

- Mit der Wiedergabeleiste unten können Sie die hochgeladene Aufnahme abhören. Dabei wird rechts jeweils automatisch die Textstelle hervorgehoben, die der gerade abgespielten Stelle in der Aufnahme entspricht. So lassen sich fragliche Passagen schnell kontrollieren.

- In der Symbolleiste am oberen Rand finden Sie Elemente zum Gestalten von Schrift und Layout. Diese können Sie sowohl im erkannten Text rechts als auch in Ihren Notizen links verwenden.

Sprecher zuordnen

Gerade bei Aufzeichnungen von Interviews oder Sitzungen kann es wichtig sein, die verschiedenen beteiligten Personen zu unterscheiden. GoSpeech kann verschiedene Sprecher automatisch erkennen und zuordnen. Deshalb ist jedem Textblock neben dem Zeitstempel eine Sprecherangabe vorangestellt. Diese bekommt generische Bezeichnungen (*Speaker 1*, *Speaker 2* usw.), was Sie aber individuell anpassen können.

1. Mit dem Häkchen rechts neben einer Sprecherangabe öffnen Sie ein Kontextmenü. Sollte ein Block dem falschen Sprecher zugeordnet sein, können Sie dies hier schnell ändern.
2. Da Sie zu Beginn aber noch gar keine Sprecher definiert haben, klicken Sie oben in das Feld *Sprecher suchen oder neuen hinzufügen*.
3. Tippen Sie hier den Namen des Sprechers ein. Handelt es sich um einen Namen, der bislang noch nicht definiert ist, bietet der Dialog Ihnen automatisch an, einen entsprechenden Eintrag zu *Erstellen*.

4. Zusätzlich können Sie dann wählen, ob Sie mit *Alles ändern* sämtliche Blöcke dieses Textes, die GoSpeech demselben Sprecher zugeordnet hat, ebenfalls diesem neuen Sprecher zuordnen möchten.

Texte exportieren

Um transkribierte Texte an anderen Stellen weiter zu nutzen, können Sie sie jederzeit ganz oder teilweise auswählen und dann in die Zwischenablage kopieren. Außerdem bietet GoSpeech eine flexibel einstellbare Exportfunktion, die sich insbesondere für umfangreichere Aufnahmen eignet oder wenn Sie das Transkript mit eigenen Notizen versehen haben.

1. Um einen Aufnahmetext zu speichern, klicken Sie oben rechts auf das *Export*-Symbol.
2. Im so geöffneten Dialog können Sie wählen, ob Sie das *Transkript* oder das *Notepad* mit Ihren Notizen dazu sichern möchten.
3. Als Dateiname schlägt GoSpeech automatisch den Titel der Aufnahme vor. Das können Sie aber beliebig anpassen.
4. Abhängig vom gewählten Exporttyp können Sie dann den genauen Umfang festlegen. Beim Transkript etwa können Sie neben dem eigentlichen Text auch die Zeitstempel und/oder die Sprecherangaben mit einbeziehen.
5. Legen Sie schließlich das gewünschte *Dateiformat* fest. Beachten Sie dabei, dass Textformatierung und Layout nur im DOCX- oder PDF-Format erhalten bleiben. Beim TXT-Export erhalten Sie wirklich nur den reinen Text, was für bestimmte Arten der Weiterverarbeitung vorteilhaft sein kann. Außerdem steht es Ihnen selbstverständlich frei, ein Projekt in verschiedene Formate zu exportieren.

6. Klicken Sie schließlich auf die *Export*-Schaltfläche, um das Speichern durchzuführen. GoSpeech generiert dann eine entsprechende Datei und übergibt diese an Ihren Webbrowser. Der lädt sie gemäß seinen Einstellungen herunter. Je nachdem werden Sie nach einem Speicherort gefragt oder Sie finden ihn anschließend im Standardordner vor.

Transkribierte Texte sinnvoll weiternutzen

Aus einem vollständigen Transkript eines Gesprächs kann man wiederum KI-basiert eine Zusammenfassung generieren, die die wesentlichen Inhalte mehr oder weniger kompakt zusammenfasst. Das vorangehend vorgestellte GoSpeech (siehe Seite 132) bietet diese Funktionalität nicht direkt an.

Aber Sie können den transkribierten Inhalt in den Prompt eines KI-Assistenten wie ChatGPT (siehe Seite 35) einfügen und dann um eine Zusammenfassung bitten:

```
Erstelle mir eine Zusammenfassung des Textes mit
den wesentlichen Punkten!
```

Wenn es ein Gespräch mit mehreren Sprechern ist und diese Informationen im Transkript enthalten sind, können Sie sich auch die Aussagen der verschiedenen Teilnehmer zusammenfassen lassen:

```
Fasse die Aussagen der verschiedenen Sprecher
jeweils separat zusammen!
```

Da der transkribierte Text zum Kontext des KI-Chats gehört, können Sie auch Fragen dazu stellen, etwa:

```
Was ist Bobs Meinung zu KI?
```

Gerade bei umfangreichen Texten kann das eine sinnvolle Hilfe sein, anstatt mühsam nach entsprechenden Stellen suchen und diese nachlesen zu müssen.

> Bobs Meinung zu Künstlicher Intelligenz ist besorgt und skeptisch. Er äußert Bedenken hinsichtlich der enormen Herausforderungen, die mit dem technologischen Wandel einhergehen. Bob betont die Schwierigkeiten bei der Anpassung an diese neue Realität und stellt die Frage nach den erforderlichen Veränderungen in Bezug auf Wissensvermittlung und Kompetenzen. Es scheint, dass er der Meinung ist, dass die Entwicklung von KI potenziell negative Auswirkungen haben könnte, wenn wir nicht angemessen darauf reagieren.

Sitzungen mit SpeechMind protokollieren

Insbesondere bei Sitzungen von Abteilungen, Arbeitsgruppen, Vereinen, öffentlichen Einrichtungen usw. ist es üblich, anschließend von einem Schriftführer ein Protokoll erstellen zu lassen, das die wesentlichen Erkenntnisse und Beschlüsse verbindlich festhält. Ein vollständiges Transkript der Sitzung ist eine gute Basis, um daraus manuell oder KI-unterstützt ein solches Protokoll anzufertigen. Alternativ gibt es Dienste wie **SpeechMind**, die diese Aufgabe professionell mit KI-Unterstützung erledigen.

SpeechMind – die wesentlichen Fakten

SpeechMind ist ein Spezialist für die Protokollerstellung. Dazu verschriftlicht er Audio- oder Videoaufnahmen von Sitzungen in deutscher (einschließlich österreichischem Deutsch und Schwytzerdütsch) oder englischer Sprache. Die Teilnehmer eines Treffens werden automatisch unterschieden. Neben dem vollständigen Transkript erstellt SpeechMind auch ein Protokoll der Sitzung. Wurde diese nach einer Tagesordnung durchgeführt, kann der Dienst dies berücksichtigen und das Protokoll darauf basierend anfertigen. Die Aufnahmen von Onlinesitzungen bei Zoom, Teams oder Google Meet können zum Teil automatisch verarbeitet werden. Die erstellten Transkripte und Protokolle können geteilt sowie per KI-Chat ausgewertet werden.

GoSpeech ist ein kommerzielles Angebot, das man abonnieren oder mit einem Prepaid-Guthaben nutzen kann. Nach der Anmeldung ist ein kostenloser Test aller Funktionen mit zwei Aufnahmen möglich. SpeechMind wird nach eigenen Angaben DSGVO-konform auf europäischen Servern betrieben.

https://www.speechmind.com, Webdienst

Nach der Anmeldung finden Sie auf Ihrer SpeechMind-Startseite ein Beispiel-Meeting vor, durch das Sie sich mit der Oberfläche schnell vertraut machen können. Sie können aber auch direkt eine eigene Aufnahmedatei hochladen.

1. Klicken Sie auf der Startseite von SpeechMind rechts unterhalb der Protokollliste auf *Datei hochladen*.

2. Wählen Sie einen Ordner aus oder legen Sie ggf. einen *Neuen Ordner* an, in dem diese Daten gespeichert werden sollen. Klicken Sie dann erneut auf *Datei hochladen*.

3. Klicken Sie im ersten Schritt des Assistenten auf *Aufnahme deines Gesprächs*. Damit öffnen Sie einen Dateiauswahldialog, mit dem Sie zu der gewünschten Datei navigieren können. SpeechMind unterstützt die Formate WAV, MP3, MP4, MOV, WEBM, M4A, AAC, OGG und OPUS.
4. Die Einträge bei *Benenne Dein Meeting* und *Wann fand das Gespräch statt?* werden basierend auf der gewählten Datei automatisch ausgefüllt. Sie können diese Angaben aber beliebig anpassen. Setzen Sie den Assistenten dann mit *Nächster Schritt* fort.

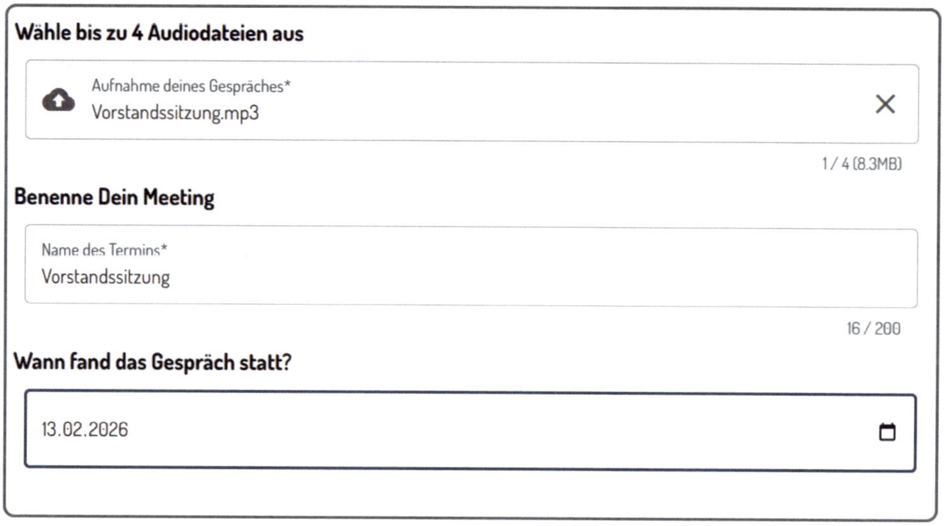

5. Im zweiten Schritt wählen Sie die in der Aufnahme gesprochene Sprache aus. Sollten verschiedene Sprachen vorkommen, wählen Sie die meistgesprochene aus.

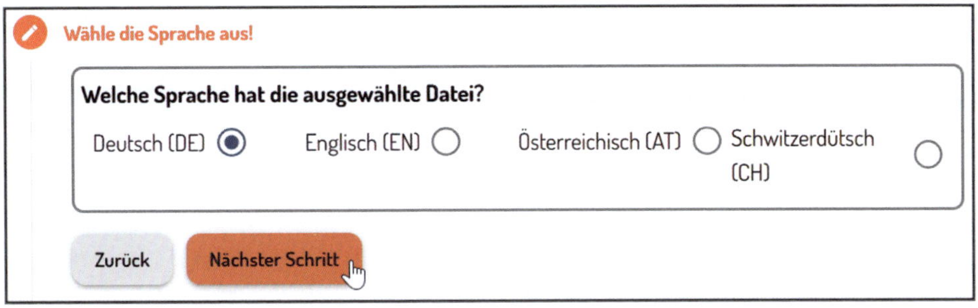

6. Klicken Sie schließlich unten rechts auf *Protokoll jetzt erstellen*, um die Analyse der Aufnahme in Auftrag zu geben.

Nun heißt es warten, bis die Bearbeitung durch SpeechMind abgeschlossen ist. Wie lange das genau dauert, hängt von der Länge der Aufnahme und der Auslastung der Server ab. Es kann aber auch bei kürzeren Sitzungen durchaus 20–30 Minuten dauern. Auf Ihrer SpeechMind-Startseite können Sie den Fortschritt mitverfolgen. Sie erhalten nach Abschluss eine Benachrichtigung an Ihre registrierte E-Mail-Adresse. Diese enthält das generierte Protokoll als PDF-Datei im Anhang.

Automatische Protokolle auswerten

Wenn Sie mit dem per E-Mail erhaltenen Protokoll von SpeechMind noch nicht zufrieden sind, können Sie es in der Weboberfläche bearbeiten und beispielsweise Sprecher zuordnen. Hier bestehen zudem weitere Möglichkeiten zum Exportieren und Teilen eines Protokolls. Und Sie können umfangreiche Aufnahmen mithilfe eines KI-Assistenten untersuchen und Fragen dazu stellen.

1. Fertige Aufnahmen finden Sie auf Ihrer SpeechMind-Startseite. Wählen Sie dort rechts das gewünschte Protokoll aus.

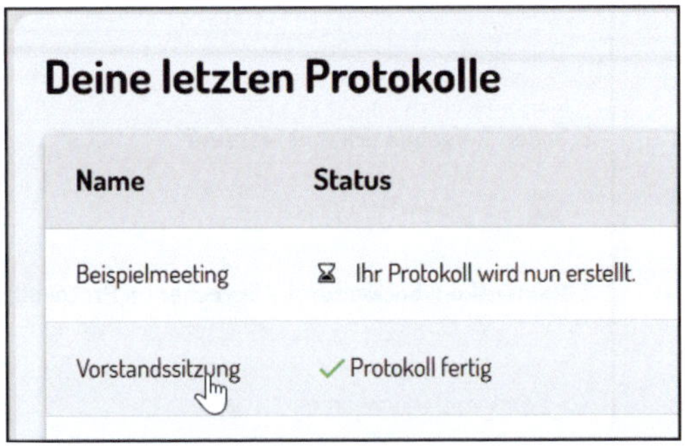

2. Nun wählen Sie zunächst den Dokumentationstyp aus: Ein »richtiges« *Sitzungsprotokoll* ist etwas aufwendiger und bedarf noch zusätzlicher Rechenzeit. Wenn Sie sich hingegen mit *Meeting Notizen* zufriedengeben, können Sie diese sofort erhalten.

   Entscheiden Sie sich für die gewünschte Variante und klicken Sie unten rechts auf *Weiter*.

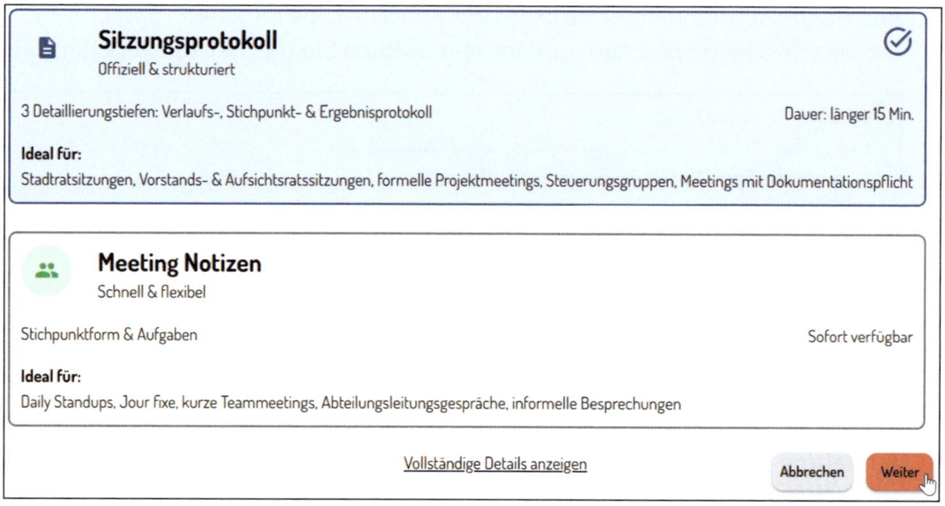

3. Anschließend wählen Sie den *Detailgrad* für das Protokoll nach Ihren Anforderungen. In der Regel sollte ein *Verlaufsprotokoll* ausreichend sein.
4. Falls während der Sitzung Aufgaben verteilt wurden, kann der Dienst dies erkennen und automatisch eine Aufgabenliste erstellen. Schalten Sie dazu die Option *Aufgaben/Pendenzen* ein.
5. Wählen Sie schließlich die Namenskonvention für die Sprecher. Standardmäßig werden diese mit Vor- und Nachnamen angegeben. Mit dem Stift-Symbol rechts daneben öffnen Sie ein Menü mit den Optionen für die Namensdarstellung. Soll beispielsweise nur der Vorname vermerkt werden, deaktivieren Sie die Option *Nachname* – oder umgekehrt. Klicken Sie dann unten rechts auf *Nächster Schritt*.

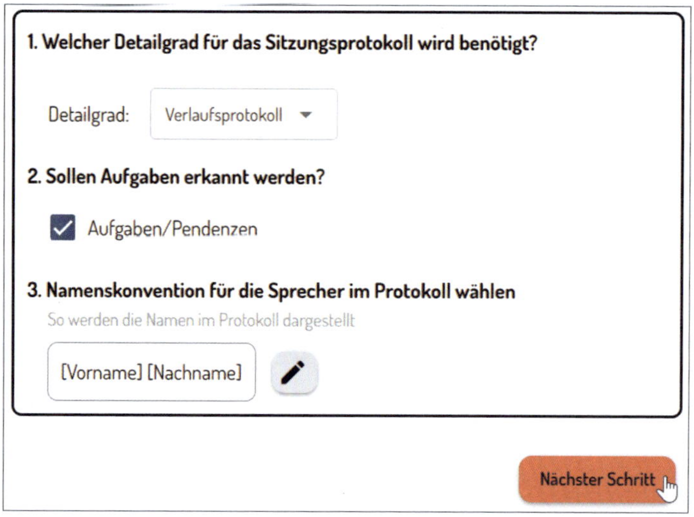

6. Sofern dies noch nicht geschehen ist, bietet SpeechMind Ihnen nun an, den Sprechenden in der Aufnahme Namen zuzuordnen. Das kann anhand einer Kurzzusammenfassung ihrer Beiträge oder auch mittels Stimmproben erfolgen. Geben Sie den Namen der Person im Feld oben ein und setzen Sie den Vorgang dann unten rechts mit *Nächster Sprecher* fort.

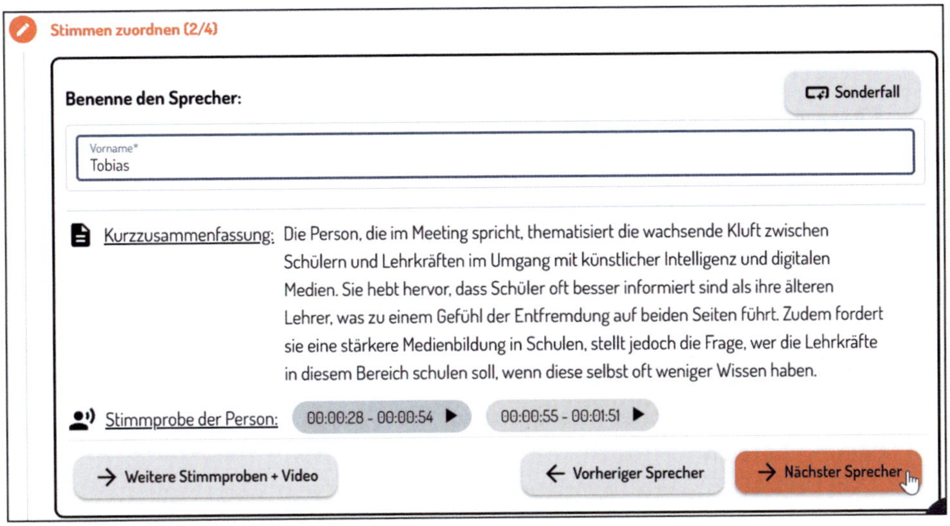

7. Sollte es noch weitere Teilnehmer geben, die in der Aufnahme nicht zu hören sind, können Sie diese abschließend gesondert hinzufügen.
8. Anschließend präsentiert Ihnen SpeechMind die automatisch erkannte Gliederung der Sitzung. Wenn es beispielsweise eine Tagesordnung gab, wäre dies die Gelegenheit, die entsprechenden Punkte an den passenden Stellen einzufügen. So passt sich das Protokoll später besser der vorgesehenen Sitzungsstruktur an. Aber auch ohne solche Vorgaben können Sie hier schon mal eine grobe Struktur festlegen oder aber dem Assistenten diese Mühe überlassen.

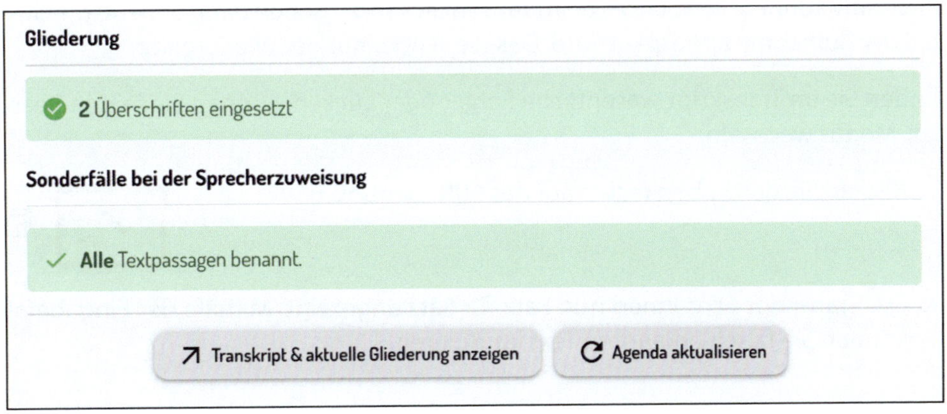

9. Nun wird das Verlaufsprotokoll basierend auf diesen Vorgaben erstellt. Anschließend finden Sie das erstellte *Protokoll* und alle anderen Informationen zu dieser Aufnahme vor.

Das Original-Transkript bearbeiten

In der Rubrik *Transkript* können Sie die vollständige Verschriftlichung der Aufnahme einsehen. Mit der Wiedergabeleiste unten können Sie dabei auch die Aufnahme abspielen. Dabei wird im Text oben jeweils die aktuell wiedergegebene Passage hervorgehoben.

Alternativ können Sie auch Sätze im Text anklicken, zu denen dann der entsprechende Teil der Aufnahme abgespielt wird. Das dient aber nur der Wiedergabe.

Finden Sie im Transkript wesentliche Fehler oder Lücken, können Sie in den Bearbeiten-Modus wechseln.

1. Klicken Sie ganz oben rechts auf das Stift-Symbol.

2. Das Transkript wird Ihnen nun Satz für Satz angezeigt. Mithilfe der Eingabefelder können Sie falsch erkannten Text korrigieren.

Entfernen Sie hier fehlerhafte Begriffe bzw. ersetzen Sie diese durch die richtige Schreibweise.

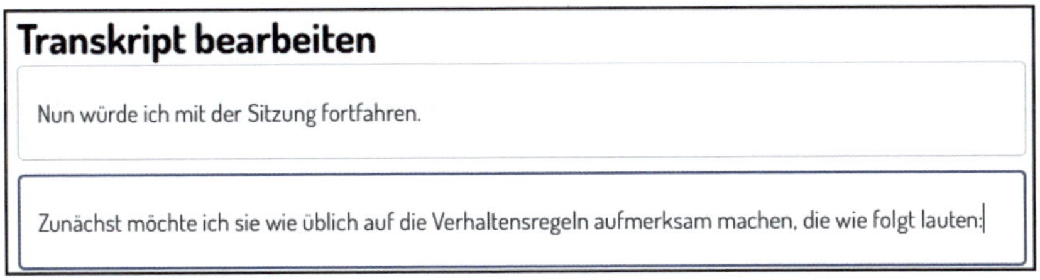

3. Haben Sie alle nötigen Änderungen vorgenommen, klicken Sie ganz oben oder ganz unten auf die *Speichern*-Schaltfläche.

Das Protokoll bearbeiten

Auch das von SpeechMind erstellte Protokoll können Sie nachträglich umfangreich bearbeiten. Das beginnt bereits bei der grundlegenden Struktur, die Sie mit dem Stift-Symbol rechts neben einem Eintrag verändern können.

Mit *Nach oben* bzw. *Nach unten* rückt dieser Abschnitt im Protokoll nach vorne oder nach hinten. So können Sie das Protokoll anstelle des chronologischen Verlaufs einer Sitzung anhand der wichtigen inhaltlichen Punkte sortieren. Sollten Sie einen der Protokoll-Abschnitte für gänzlich verzichtbar halten, klicken Sie im Menü auf *TOP löschen*.

Neben der grundlegenden Struktur des Protokolls können Sie jeden einzelnen Abschnitt auch inhaltlich bearbeiten. Klicken Sie auch dazu auf das Stift-Symbol rechts neben dem jeweiligen Titel.

Im so geöffneten Dialog können Sie:

- das *Transkript* zu diesem Tagesordnungspunkt einsehen,
- manuell den *TOP bearbeiten* oder
- die KI den *TOP umformulieren* lassen. Hierzu finden Sie in einem Dialog verschiedene vorgefertigte Optionen wie Kürzen oder Umformulieren. Sie können im Eingabefeld aber auch eine eigene Aufforderung formulieren.

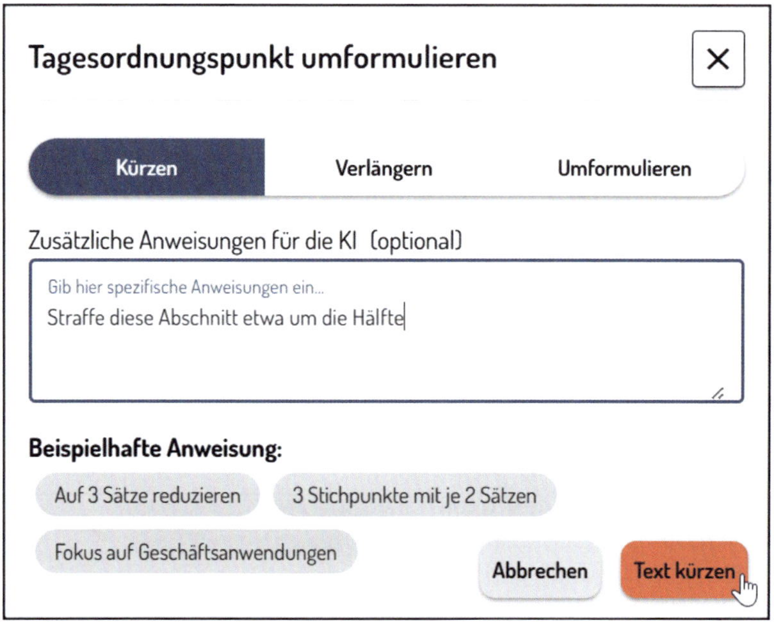

Den Assistenten zur Sitzung befragen

Als weitere hilfreiche Funktion von SpeechMind steht Ihnen zu jeder Sitzung eine *Digitale Assistenz* zur Verfügung. Das ist ein KI-Assistent, der den gesamten transkribierten Wortlaut der Sitzung kennt. Auch weitere Informationen wie etwa die Namen der Sprecher – soweit zugeordnet – sind ihm geläufig.

Mit diesem Assistenten können Sie sich im Chat-Fenster über die Sitzung unterhalten und beispielsweise Fragen stellen. Gerade bei langen Sitzungen oder Interviews kann das sehr hilfreich sein, um bestimmte Aussagen wiederzufinden oder sich die Ansichten einer bestimmten Person zusammenfassen zu lassen.

Tippen Sie dazu Ihre Fragen oder Wünsche ins Prompt-Eingabefeld ein, etwa:

- `Worum ging es bei dem Treffen?`
- `Stelle mir die Inhalte als Liste von Stichpunkten zusammen!`
- `Stelle mir alle Aussagen zum Thema XYZ zusammen!`
- `Was ist Person As Meinung zu Thema X?`
- `Erstelle mir ein Lastenheft zum Thema Y!`
- `Stelle mir Aufgaben und Anforderungen zum Thema Z zusammen.`
- `Stelle mir zu jedem Agenda-Punkt die Inhalte als Stichpunkte zusammen. Die Agenda lautet wie folgt: Punkt 1, Punkt 2, Punkt 3, Punkt 4.`

5.4 Bildschirmtexte von KI vorlesen lassen

Zu den mittlerweile eher schon traditionellen Aufgabenbereichen von Computern in Bezug auf Sprache gehört das Umwandeln von Text in möglichst natürlich klingende Sprache.

Klassischerweise gehört eine solche Sprachsynthese streng genommen nicht unbedingt in den Bereich der KI. Allerdings hat die Integration von Methoden moderner generativer KI auch diese Technologie beflügelt und zu leistungsfähigeren Methoden und menschlicher klingenden Ergebnissen geführt.

Texte im Webbrowser vorlesen lassen

Eine naheliegende und praktische Möglichkeit der Sprachsynthese ist es, sich Artikel, Blog-Beiträge oder ähnliche Texte vom Webbrowser vorlesen zu lassen, anstatt sie selbst zu lesen. Manche Webseiten wie etwa Nachrichtenportale veröffentlichen dazu Audioversionen ihrer Beiträge, die Sie durch Anklicken abspielen können.

Das ist aber nur die Spitze des Eisbergs, denn moderne Webbrowser sind auf solche Vorarbeiten nicht angewiesen, sondern können praktisch jeden Text, den sie anzeigen können, auch zu Gehör bringen. Entsprechende Vorlesefunktionen sind in die Browser integriert.

Text von Edge vorlesen lassen

Edge kann Ihnen die Inhalte von Webseiten oder auch von einzelnen Abschnitten vorlesen:

1. Klicken Sie dazu auf das Vorlesen-Symbol im Eingabefeld.
2. Edge beginnt dann direkt mit der Wiedergabe. Gleichzeitig wird oben eine schmale Steuerleiste eingeblendet. Hier können Sie die Wiedergabe anhalten und fortsetzen sowie zum nächsten oder vorherigen Textabschnitt springen.
3. Mit *Optionen für „Laut vorlesen"* öffnen Sie einen kleinen Einstellungsdialog, in dem Sie die Sprechgeschwindigkeit individuell anpassen sowie verschiedene Stimmen auswählen können.
4. Mit dem *X*-Symbol ganz rechts beenden Sie das Vorlesen jederzeit.

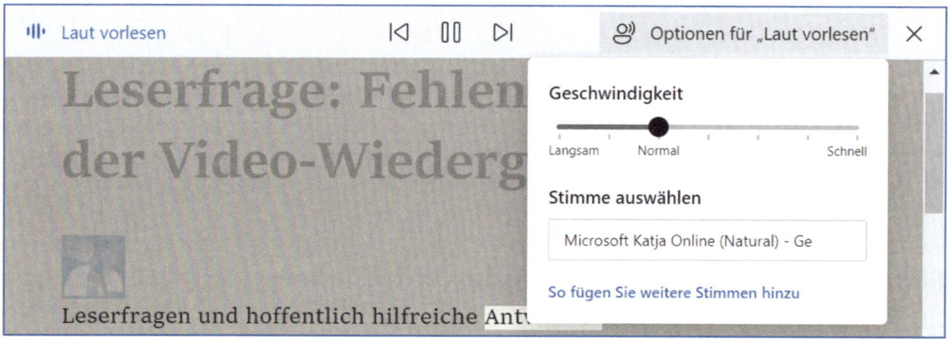

Markierte Abschnitte vorlesen

Sie können auch einen bestimmten Textabschnitt markieren und sich diesen vorlesen lassen. Klicken Sie dazu mit der rechten Maustaste auf die Auswahl und wählen Sie im Kontextmenü *Auswahl laut vorlesen*.

Firefox liest Webseiten vor

Auch der Firefox-Webbrowser kann Ihnen die Inhalte von Webseiten vorlesen. Dazu müssen Sie allerdings zunächst in den Lesemodus wechseln:

1. Wenn die zu lesende Webseite im Firefox-Browser angezeigt wird, klicken Sie im Adressfeld rechts auf das Symbol für die Leseansicht.

2. Die Seite wird nun im übersichtlichen Lesemodus angezeigt, wo der Inhalt der Webseite im Mittelpunkt steht und ablenkende Elemente ausgeblendet werden.
3. In dieser Leseansicht finden Sie stets oben links neben dem Text eine kleine Symbolleiste mit den wesentlichen Funktionen. Das Kopfhörer-Symbol startet die Vorlesefunktion.

4. Damit blenden Sie das Vorlesen-Menü ein. Darin starten Sie die Wiedergabe und können dann mit den Pfeilsymbolen zum nächsten oder vorhergehenden Abschnitt springen.

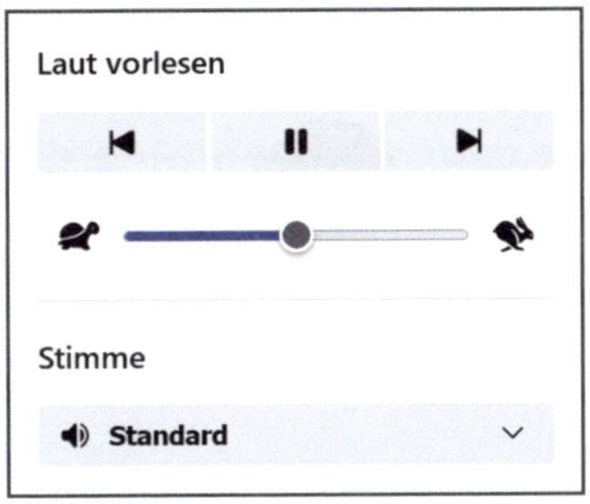

5. Der Schieberegler steuert nicht die Lautstärke, sondern die Wiedergabegeschwindigkeit. Wenn Sie zu den Ungeduldigen gehören, können Sie längere Texte so etwa schnell »weghören«.
6. Mit dem Auswahlfeld ganz unten können Sie zwischen den vorhandenen Stimmen wählen.
7. Wenn Sie mit dem Hören fertig sind, klicken Sie erneut oben im Adressfeld auf das Leseansicht-Symbol, um wieder zur üblichen Darstellung der Webseite zurückzukehren.

Webseiten auf dem Smartphone vorlesen

Auch auf Ihrem Smartphone können Sie sich Webseiten vorlesen lassen. Gerade angesichts der kleinen Bildschirme ist das eine praktische Alternative. Und auch auf Reisen kann es ein schöner Zeitvertreib sein, sich den einen oder anderen längeren Artikel über Kopfhörer vorlesen zu lassen. Bei Android genügt es dafür, den Google Assistant aktiviert zu haben. Dieser lässt sich dann bei den meisten Android-Smartphones jederzeit mithilfe einer Taste oder mit dem Sprachbefehl »Hey Google« ansprechen (installieren Sie ggf. die Google-Assistant-App aus dem Play Store).

1. Öffnen Sie die Webseite in einem Webbrowser auf dem Smartphone. Das kann Googles eigener Chrome-Browser sein. Aber auch bei anderen Browser-Apps wie beispielsweise Firefox klappt es genauso.

2. Aktivieren Sie dann den Google Assistant, beispielsweise indem Sie »Hey Google« sagen (wenn die Sprachaktivierung auf Ihrem Gerät eingeschaltet ist).
3. Warten Sie kurz, bis der Assistent sich auf dem Bildschirm zeigt und für Ihre Anweisungen bereit ist.
4. Sagen Sie dann »Lies mir die Webseite vor«.
5. Der Assistent beginnt dann automatisch, Ihnen die geöffnete Webseite vorzulesen. Gleichzeitig wird auf dem Bildschirm ein Steuerelement angezeigt, mit dem Sie die Wiedergabe beeinflussen können. So können Sie pausieren, fortsetzen oder mit der Leiste an eine bestimmte Stelle springen. Außerdem können Sie die Lesegeschwindigkeit anpassen, wenn Ihnen das Sprechtempo etwa zu gemächlich ist.

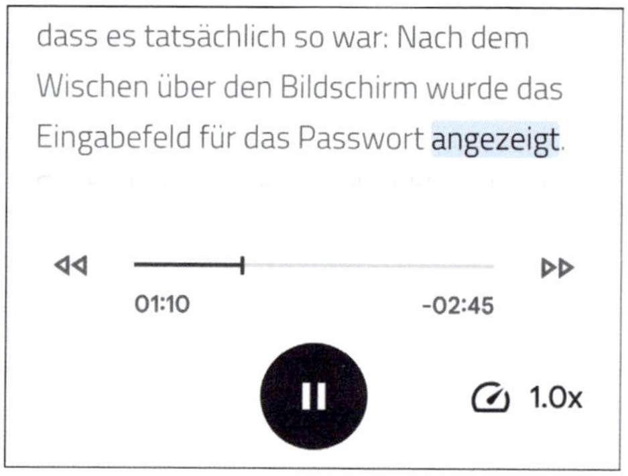

6. Während des Vorlesens zeigt der Assistent gleichzeitig den Text an und markiert jeweils das gerade vorgelesene Wort.

Auch als Benutzer eines iPhones oder iPads können Sie sich Inhalte von der Apple-Assistentin Siri vorlesen lassen. Voraussetzung dafür ist, dass die Funktion *Gesprochene Inhalte* aktiviert ist:

1. Öffnen Sie die Einstellungen-App auf Ihrem iOS-Gerät.
2. Wechseln Sie hier in den Bereich *Bedienungshilfen*.
3. Lokalisieren Sie dort den Abschnitt *Sehen* und öffnen Sie darin das Untermenü *Gesprochene Inhalte*.
4. Aktivieren Sie in diesem Menü die Einstellung *Auswahl sprechen*.
5. Soll beim Vorlesen gleichzeitig der Text angezeigt und die aktuelle Stelle hervorgehoben werden, schalten Sie außerdem die Option *Inhalte hervorheben* ein.

Sobald Sie nun einen Text wie etwa eine Webseite markieren, wird automatisch *Sprechen* als Option im Aktionsmenü angeboten. Wählen Sie diese Funktion aus, liest Siri Ihnen den markierten Text vor.

PDF-Dokumente vorlesen lassen

Auch umfangreiche PDF-Dokumente könnte man sich gut vorlesen lassen, anstatt sie selbst zu lesen. Allerdings bieten noch längst nicht alle PDF-Betrachter eine entsprechende Funktion. Das macht aber nichts, da aktuelle Webbrowser auch PDF-Dokumente anzeigen und vorlesen können. Es genügt also, ein PDF-Dokument ggf. im Webbrowser anstelle des standardmäßig genutzten PDF-Betrachters zu öffnen.

1. Klicken Sie die PDF-Datei nicht wie sonst üblich doppelt an, sondern klicken Sie die Datei stattdessen mit der rechten Maustaste an.
2. Wählen Sie im so geöffneten Kontextmenü *Öffnen mit* und dann im Untermenü Ihren Webbrowser.

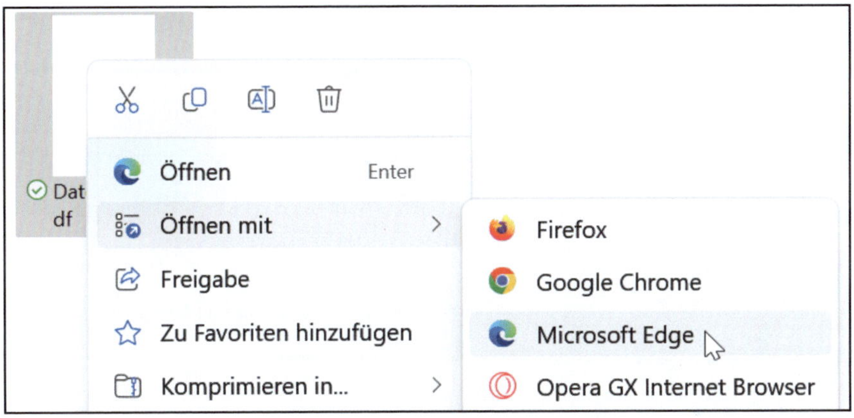

3. Das Dokument wird daraufhin im Webbrowser angezeigt. Hier können Sie nun die Vorlesefunktion des Browsers nutzen, um den Inhalt wiederzugeben. Beim Edge-Browser etwa geht das über das ▪▪▪-Menü (in der Adressleiste) und darin *Weitere Tools/Laut vorlesen* (oder [Strg]+[⇧]+[U]).

In Windows nahezu beliebige Texte vorlesen lassen

Das Windows-Betriebssystem bringt eine Text-zu-Sprache-Funktion mit, die praktisch beliebige Texte, die Sie auf dem Bildschirm sehen, vorlesen kann. Sie gehört zu den Funktionen für Barrierefreiheit und ist insbesondere für Menschen mit Sehbeeinträchtigungen vorgesehen. Allerdings ist die Bedienung gewöhnungsbedürftig und für den regelmäßigen Einsatz nicht unbedingt empfehlenswert.

Es gibt allerdings mit der Bildschirmlupe ein Hilfsprogramm, das ebenfalls über eine wenig bekannte Vorlesefunktion verfügt, die sich recht komfortabel nutzen lässt. Sie kann Ihnen Texte aus beliebigen Anwendungen vorlesen, sofern diese sich markieren lassen.

1. Öffnen Sie den Text, den Sie vorgelesen haben möchten, in der dazugehörenden Anwendung.
2. Drücken Sie dann die Tastenkombination [Win]+[+], um die Windows-Bildschirmlupe zu starten.
3. Diese stellt den Bildschirm standardmäßig in zweifacher Vergrößerung dar, sodass sich die Anzeige erst mal erheblich verändert. Drücken Sie in diesem Fall [Win]+[-], bis Ihr Bildschirm wieder »normal« aussieht.
4. Markieren Sie nun den Text, den Sie vorlesen lassen möchten.
5. Klicken Sie dann in dem auf dem Bildschirm angezeigten Dialog der Bildschirmlupe auf das Wiedergabe-Symbol in der Mitte der Schaltflächen.

6. Alternativ können Sie auch die Schaltfläche *Ab hier lesen* anklicken. Damit wechseln Sie zu einem Modus, in dem Sie beliebige Textpassagen auf dem Bildschirm anklicken können, die Ihnen dann vorgelesen werden.
7. Haben Sie genug gehört, können Sie die Bildschirmlupe jederzeit mit dem *X*-Symbol schließen.

Texte per Webdienst vorlesen lassen

Die meisten generativen KI-Assistenten können auch sprechen. Allerdings bieten nicht alle die Möglichkeit, beliebige eingefügte Texte »vorzulesen«. Eine Ausnahme ist der Sprachübersetzer DeepL (siehe Seite 68). Er kann sowohl den Ausgangs- als auch einen übersetzten Text jederzeit per Mausklick vorlesen. So können Sie sich sowohl deutsche Texte vorlesen als auch fremdsprachige Texte übersetzen und die Übersetzung vorlesen lassen.

1. Kopieren Sie den gewünschten Text in die Zwischenablage.
2. Öffnen Sie die Webseite https://www.deepl.com.
3. Fügen Sie den Text auf der linken Seite des zweigeteilten Dialogs ein, wo *Text hier eingeben oder einfügen* steht. Sie können auch PDF-, Word- oder PowerPoint-Dateien auf diesen Bereich ziehen, um den Inhalt zu DeepL hochzuladen.
4. Klicken Sie dann unten links auf das Lautsprecher-Symbol, um sich diesen Text vorlesen zu lassen.

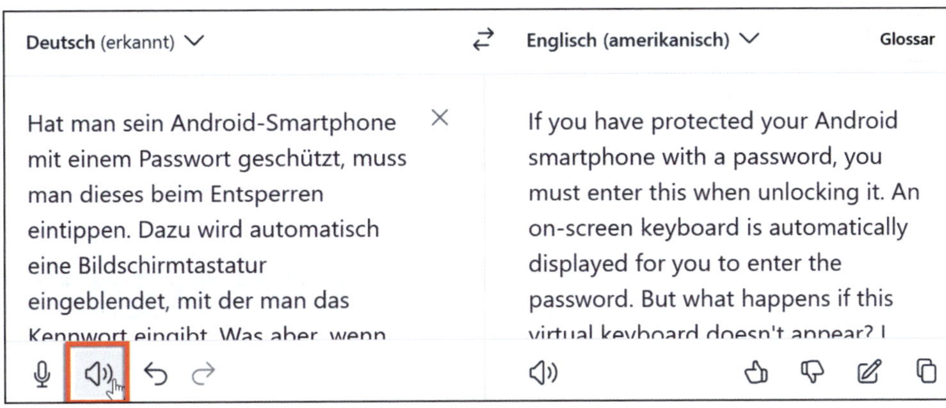

5. Sollte es sich um einen Text in einer fremden Sprache handeln, wählen Sie stattdessen in der rechten Hälfte oben zunächst *Deutsch* (oder eben Ihre bevorzugte Sprache) aus und warten kurz, bis DeepL darunter die Übersetzung anzeigt.
6. Klicken Sie dann unterhalb des übersetzten Textes links auf das Lautsprecher-Symbol, um sich die übersetzte Fassung des Textes vorlesen zu lassen.

5.5 Kompetenter Dolmetscher auf Reisen

Die Fähigkeit, gesprochene Sprache in Text zu wandeln und umgekehrt, lässt sich mit der Textanalyse und dem KI-gestützten Übersetzen von Texten zu einem ebenso mächtigen wie praktischen Werkzeug kombinieren. Dieses können Sie in Form einer App auf Ihrem Smartphone dabeihaben und so auf Reisen in fremden Ländern stets die Dienste eines kompetenten Dolmetschers in Anspruch nehmen.

Die Grundidee ist dabei die folgende:

1. Sie sprechen einen Satz oder mehrere Sätze, die Sie sagen möchten, in Ihrer Sprache ins Smartphone.
2. Dieses analysiert die Sprache und wandelt sie in einen lesbaren Text um.

3. Dieser Text wird dann in die Sprache übersetzt, in der Sie kommunizieren möchten.
4. Diesen übersetzen Text wiederum lassen Sie in Sprache umwandeln und von Ihrem Smartphone wiedergeben, sodass Ihr Kommunikationspartner es hören kann.

Das klingt auf den ersten Blick möglicherweise etwas komplex und umständlich. Aber es gibt Apps, die Ihnen die Arbeit mehr oder weniger abnehmen.

DeepL beispielsweise ist ein solcher Sprachspezialist, der Texte von einer Sprache in die andere übersetzen kann. Auf Seite 78 ist beschrieben, wie Sie diese Funktion per Weboberfläche nutzen können. Es gibt DeepL aber auch als App für iOS und Android. Und DeepL nimmt Eingaben auch per Sprache entgegen und kann Texte vorlesen. Damit sind alle Voraussetzungen für den Einsatz als Dolmetscher auf Reisen gegeben.

1. Öffnen Sie die DeepL-App auf Ihrem Smartphone.
2. Wechseln Sie auf der Startseite der App ggf. vom *Write-* in den *Translator-*Modus, sofern dieser noch nicht gewählt sein sollte.

DeepL

3. Stellen Sie dann unten links zunächst Ihre eigene Sprache ein, also etwa *Deutsch*. Rechts daneben wählen Sie die Sprache aus, in der Sie mit den Einheimischen kommunizieren möchten.
4. Sie können nun jederzeit in der App Text eintippen, um diesen übersetzen zu lassen. Praktischer ist aber die Spracherkennungsfunktion. Tippen Sie dazu auf das Mikrofon-Symbol unten rechts. Wenn Sie das zum allerersten Mal machen, müssen Sie ggf. eine Sicherheitsrückfrage bestätigen, um der App den Zugriff auf das Mikrofon zu gestatten.

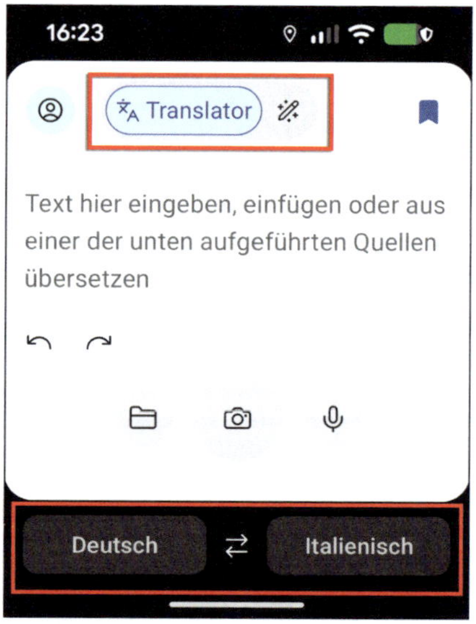

5. Sprechen Sie nun den gewünschten Text in Ihr Smartphone. Am Ende bleiben Sie einfach für ein paar Sekunden stumm. Die App erkennt dann automatisch, dass Sie fertig sind, und beendet die Aufnahmen.
6. Nach nur kurzer Wartezeit (abhängig von der Dauer der Aufnahme) zeigt die App Ihnen im oberen Bereich den erkannten Text an. Noch wichtiger aber: Im Feld darunter sehen Sie direkt die Übersetzung des Textes in die Zielsprache. Kontrollieren Sie, ob Ihre Spracheingabe korrekt erkannt wurde. Gegebenenfalls können

Sie Korrekturen oder Ergänzungen vornehmen. Ihre Änderungen werden automatisch immer auch in der Übersetzung unten angepasst.

7. Damit Ihr Gegenüber nun auch hören kann, was Sie möchten, tippen Sie unten links unterhalb des übersetzten Textes auf das Lautsprecher-Symbol. DeepL wandelt daraufhin den übersetzten Text in Sprache um und gibt diesen über die Lautsprecher des Smartphones aus (wofür die Lautstärke ggf. erhöht werden muss).

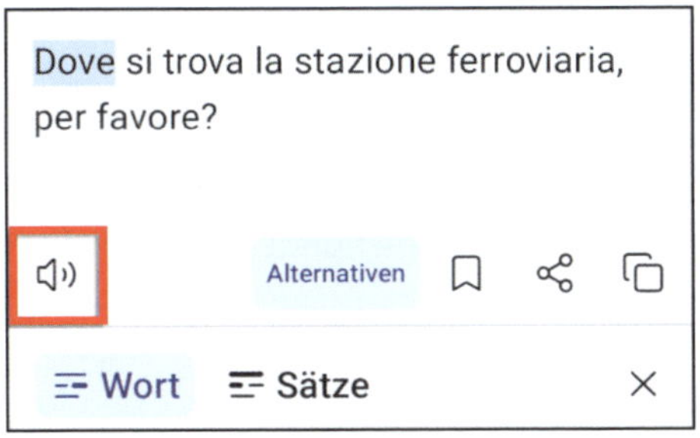

Die Antworten der Gesprächspartner übersetzen

Dem anderen verständlich zu machen, was man von ihm wissen möchte, ist allerdings nur die halbe Miete. Sie wollen ja im Zweifelsfall auch Antworten auf Ihre Fragen haben. Hierzu können Sie ebenso die Sprache eines anderen in dessen Sprache erfassen und sich die Übersetzung anzeigen lassen. Dazu bedarf es in DeepL nur einer kleinen Änderung.

1. Tippen Sie zwischen den beiden Sprachen-Schaltflächen auf das Symbol mit den zwei entgegengesetzten Pfeilen.

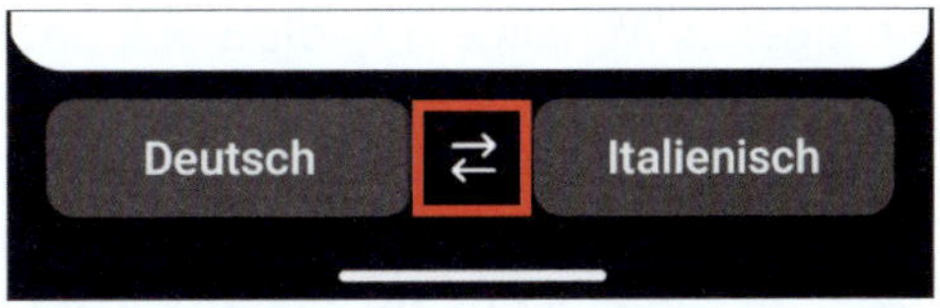

2. Damit tauschen Sie die beiden gewählten Sprachen gegeneinander aus. Es wird also nun die Fremdsprache erkannt und ins Deutsche übersetzt. Gleichzeitig werden auch die Texte im oberen und unteren Bereich gegeneinander ausgewechselt.
3. Tippen Sie nun unterhalb des oberen, jetzt fremdsprachigen Textes auf das Mikrofon-Symbol und halten Sie Ihr Smartphone Ihrem Gesprächspartner entgegen.
4. Nun wird das, was dieser sagt, aufgezeichnet und in Text (in seiner Sprache) umgewandelt. Gleichzeitig wird dieser Text unten in Ihre Sprache übersetzt.
5. Wenn die andere Person fertig ist, können Sie also auf den Bildschirm Ihres Smartphones schauen und sehen dort ggf. mit geringer Verzögerung die Übersetzung der Antwort.

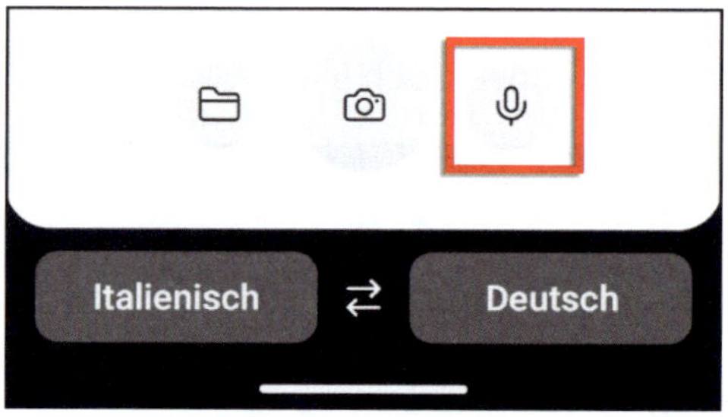

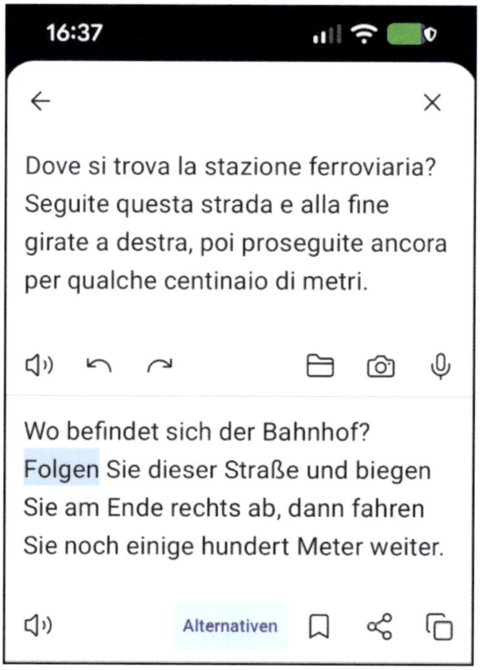

5.6 Perfekte KI-Sprecher für eigene Texte

Die Sprachsynthese-Fähigkeiten moderner KI-Stimmen ist so weit fortgeschritten, dass man sie nicht nur nutzen kann, um sich selbst Texte vorlesen zu lassen. Die künstlichen Sprecher sind teilweise so gut, dass man sie dazu verwenden kann, eigene Texte in perfekter Qualität zu Gehör zu bringen.

Ob man nun einen Podcast produzieren möchte, für ein Video einen Erzähler braucht, ein eigenes Werk in ein Audio-Book oder Hörspiel umwandeln oder einfach nur eine kurze Botschaft für soziale Medien oder Bekannte erstellen möchte – wenn Ihnen dafür die nötige Ausrüstung fehlt, Sie Ihre Stimme für ungeeignet halten oder eben keine Lust haben, längere Texte selbst einzulesen, können Sie sich von einem KI-System wie dem von **ElevenLabs** die Arbeit abnehmen lassen.

ElevenLabs – das Wesentliche

ElevenLabs hat sich auf Sprachsynthese spezialisiert, also das Umwandeln von geschriebenem Text in menschliche Sprache. Es bietet eine Vielzahl von vorgefertigten Stimmen in vielen Sprachen, die allesamt sehr natürlich klingen. Darüber hinaus kann man auch selbst Stimmprofile gestalten oder die eigene Stimme synthetisieren, um dann Texte damit vorlesen lassen zu können.

Da ElevenLabs auch Spracherkennung beherrscht, kann man sogar Text einsprechen und diesen dann von einer anderen Stimme wiedergeben lassen. Diese Kerntechnologien kann der Webdienst auch zu komplexen Abläufen kombinieren, wie etwa das Einfügen einer Erzählstimme in ein Video oder das Lokalisieren von Filmen, wobei alle gesprochenen Texte automatisch übersetzt und von passenden Stimmen in der anderen Sprache eingesprochen werden. So können Sie von einem Video, das Sie in Ihrer Muttersprache produziert haben, im Handumdrehen Fassungen in anderen Sprachen erstellen.

ElevenLabs ist ein kostenpflichtiger Webdienst. Nach der Anmeldung kann man einen kostenlosen Basistarif nutzen, mit dem man pro Monat 10.000 Zeichen verarbeiten kann, was etwa zehn Minuten Audio entspricht. Damit kann man sich einen guten Eindruck von den Fähigkeiten verschaffen. Wer mehr will, kann unter mehreren Abonnements auswählen, bei denen vom Hobby-Künstler bis zum großen Unternehmen für jeden etwas dabei ist.

https://elevenlabs.io, Webdienst (leider nur teilweise deutschsprachig, aber ggf. mit der Übersetzungsfunktion des Webbrowsers gut nutzbar – siehe Seite 49).

Eigene Texte lesen lassen

Die Text-zu-Sprache-Funktion von ElevenLabs können Sie auch ganz ohne Anmeldung auf der Startseite des Anbieters ausprobieren.

1. Wählen Sie auf der Startseite links einen der angebotenen Sprecher aus.
2. Tippen oder fügen Sie dazu einen beliebigen Text (bis zu 500 Zeichen) in das zentrale Eingabefeld ein.
3. Klicken Sie dann unten auf die *Abspielen*-Schaltfläche.
4. Warten Sie nun einige Sekunden, während die Sprachausgabe erzeugt wird. Anschließend wird das Ergebnis direkt auf Ihren Lautsprechern abgespielt.

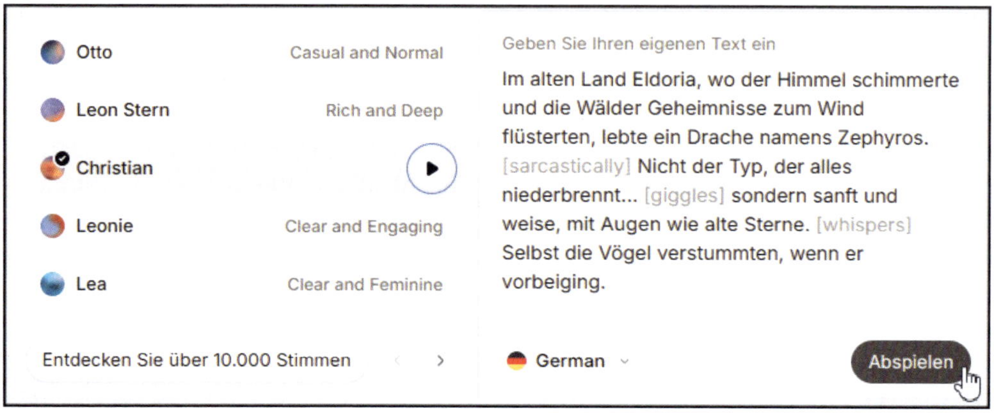

Diese einfache Variante ist allerdings nur als technische Demonstration gedacht und es fehlt die wesentliche Möglichkeit, das Ergebnis als Audiodatei herunterzuladen. Deshalb empfehle ich Ihnen für die folgenden Abschnitte das Anmelden für den kostenlosen Basistarif, der Ihnen das Speichern und noch vieles mehr ermöglicht.

1. Sind Sie angemeldet, finden Sie die Text-zu-Sprache-Funktion im Navigationsbereich am linken Rand unter *Spielwiese/Text zu Sprache*.
2. Auch hier können Sie Text im zentralen Eingabefeld eintippen oder aus der Zwischenablage einfügen Strg+V.
3. Mit dem Auswahlfeld unten rechts können Sie eine der zahlreichen Stimmen auswählen (mehr dazu im nachfolgenden Abschnitt).
4. Um Ihren Text vom gewählten Sprecher lesen zu lassen, klicken Sie unten rechts auf *Sprache erstellen*.

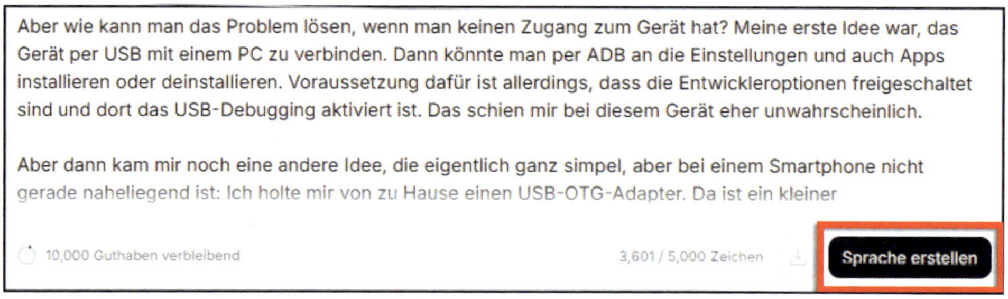

5. Warten Sie, bis der Synthesevorgang abgeschlossen ist. Währenddessen wird die Schaltfläche mit einer Animation versehen. Anschließend wird die Aufnahme direkt abgespielt.
6. Gleichzeitig wird am unteren Rand eine Wiedergabeleiste eingeblendet. Hiermit können Sie die Audioaufnahme erneut abspielen und bei längeren Texten auch direkt zu einer bestimmten Stelle springen.

7. Rechts finden Sie schließlich das Download-Symbol, mit dem Sie die Aufnahmen mithilfe der Herunterladen-Funktion Ihres Webbrowsers speichern können. ElevenLabs nutzt dafür das gängige MP3-Format mit 128 kBit/s Speicherrate. Zahlenden Kunden stehen abhängig vom gewählten Abonnement auch Aufnahmen mit höherer Bandbreite zur Verfügung.

Dateien hochladen

Bei längeren Texten ist es wünschenswert, diesen nicht über die Zwischenablage einfügen, sondern direkt als Datei hochladen zu können. Diese Möglichkeit steht bei ElevenLabs zahlenden Kunden ab einem mittleren Abonnement zur Verfügung. Dann kann man Projekte anlegen und in diese auch Dateien im PDF-, EPUB- oder TXT-Format hochladen, die dann verarbeitet werden.

Texte von KI-Stimmen nachsprechen lassen

Wenn es nicht um fertige Texte, sondern um spontane Äußerungen geht, die Sie von einer KI-Stimme sauber formuliert haben möchten, können Sie von der Spracheingabe Gebrauch machen.

ElevenLabs kombiniert hierfür eine KI-basierte Spracherkennung mit Sprachsynthese, indem zunächst Ihre Sprache in Text umgewandelt wird, der dann seinerseits von der gewählten Stimme ausgesprochen wird. Hierfür können Sie eine vorliegende Aufnahme Ihrer Stimme verwenden oder mit einem Mikrofon direkt in den Webbrowser sprechen.

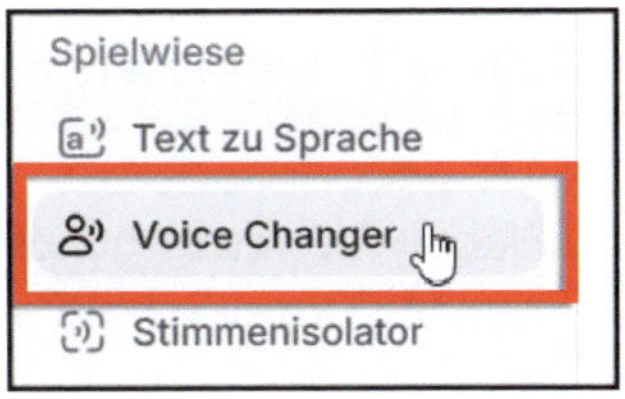

1. Wählen Sie auch hierfür im Navigationsbereich *Spielwiese/Voice Changer*.
2. Nun können Sie im Bereich *Zum Hochladen klicken oder ziehen und ablegen* einen Dateiauswahldialog öffnen, in dem Sie zur gewünschten Audiodatei navigieren. Der Webdienst unterstützt eine breite Auswahl an Audioformaten, sodass das passende dabei sein sollte. Die Datei sollte weniger als 50 MB groß sein und die Aufnahme maximal fünf Minuten dauern.

3. Alternativ können Sie auch direkt einen Text ins Mikrofon sprechen. Wählen Sie dazu *Audio aufnehmen*.

4. Sie sehen dann zentral ein Mikrofon-Symbol, das Sie anklicken, um die Aufnahme zu beginnen. Beim ersten Mal müssen Sie das Mikrofon ggf. erst noch aktivieren (siehe Infobox). Sprechen Sie nun Ihren Text ganz normal ins Mikrofon.

Berechtigung für den Mikrofon-Zugriff

Der Zugriff des Webbrowsers auf das Mikrofon ist eher unüblich. Abhängig vom verwendeten Browser und dessen Einstellungen kann es daher sein, dass Sie dazu eine Sicherheitsrückfrage erhalten. Sollte Ihr PC über mehr als ein Mikrofon verfügen, überprüfen Sie zunächst, ob das richtige gewählt wurde. Dann können Sie den Zugriff *Dieses Mal erlauben*. Wenn Sie zukünftig keine weiteren Rückfragen für diese Webseite wünschen, wählen Sie stattdessen *Beim Besuch der Website erlauben*. (Dieser Dialog hängt vom Webbrowser ab und sieht deshalb bei Ihnen vielleicht anders aus.)

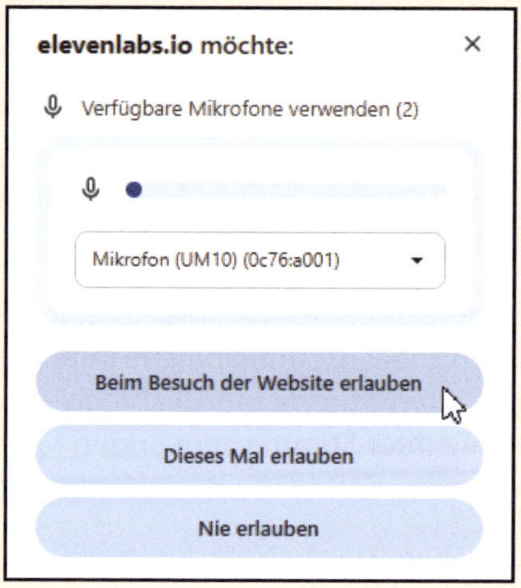

5. Haben Sie fertig gesprochen, klicken Sie erneut auf das Symbol, das nun als Stopp-Schaltfläche dargestellt wird.

6. Ihnen wird nun die fertige Aufnahme angezeigt. Mit dem Wiedergabe-Symbol rechts können Sie sie abhören. Achten Sie darauf, ob alles in Ihrem Sinn aufgenommen wurde und ob möglicherweise Geräusche im Hintergrund zu hören sind, die die Erkennungsgenauigkeit beeinträchtigen könnten. Sollte Ihnen die Aufnahme ungeeignet erscheinen, löschen Sie sie mit dem Papierkorb-Symbol.

7. Sie haben hier auch die Möglichkeit, in der Leiste rechts Sprecher und Sprache zu wählen sowie mit *Settings* Einfluss auf die Sprachsynthese zu nehmen (mehr dazu im nachfolgenden Abschnitt). Klicken Sie dann unten auf *Sprache erstellen*, um die Sprachsynthese durchzuführen.

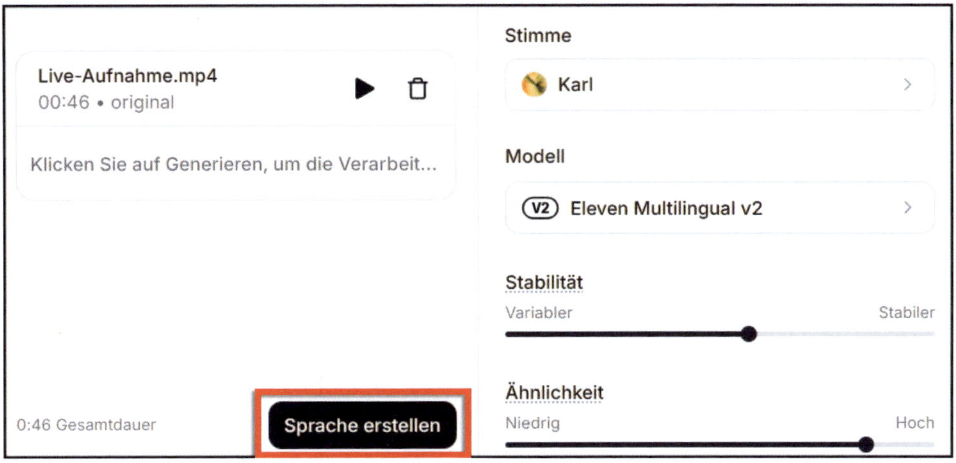

8. Nach etwas längerer Wartezeit (bei dieser Variante wird ja nacheinander Sprache in Text und dann Text in Sprache umgewandelt) bekommen Sie das Ergebnis vorgelesen. Wie gehabt können Sie die Wiedergabe mit der Steuerleiste unten bestimmen und dort auch die Audiodatei mit der Aufnahme herunterladen.

Die Sprache-zu-Sprache-Funktion mag auf den ersten Blick wie eine nette Spielerei wirken. Aber wenn man ein wenig damit herumprobiert, fällt schnell auf, dass die synthetische Stimme sich sehr viel Mühe gibt, die Eigenheiten der ursprünglichen Aufnahme beizubehalten. Sie betont dieselben Wörter, hebt und senkt die Stimme an denselben Stellen usw. Man kann also durch die Art, wie man einen Text einspricht, beeinflussen, wie die synthetische Stimme ihn vorliest. So lässt sich der synthetischen Stimme in gewissem Maß auch Emotionalität verleihen. Das eignet sich beispielsweise für wichtige Passagen eines Hörspiels oder Audiobuchs. Hier kann man mit einer eigenen Sprachaufnahme der synthetischen Stimme mitgeben, wie der Text genau gesprochen werden soll.

Stimmen auswählen und anpassen

ElevenLabs bietet zahlreiche verschiedenartige Stimmen an. Nicht nur hat der Betreiber selbst einige Stimmprofile erstellt. Es gibt auch eine Benutzergemeinschaft, die selbst Stimmen erschafft und diese anderen zur Verfügung stellt. So ist eine umfangreiche Sammlung entstanden, in der Sie für jeden Zweck fündig werden können.

Welche Stimme Sie für eine bestimmte Aufgabe nutzen möchten, können Sie jeweils mit dem *Stimme*-Auswahlfeld am rechten Rand festlegen. Dieses klappt ein Auswahlmenü aus, das alle vorgefertigten Stimmen umfasst. In der Rubrik *Meine Stimmen* finden Sie dabei diejenigen, die Sie zuletzt verwendet haben. Diese Liste zeigt aber nur einen Teil der verfügbaren Stimmen (mehr dazu im Folgenden). Mit den überschaubaren *Standard*-Stimmen können Sie wenig falsch machen. In der Rubrik *Entdecken* finden Sie hingegen eine riesige Auswahl und können auch nach verschiedenen Kriterien wie etwa Sprache filtern.

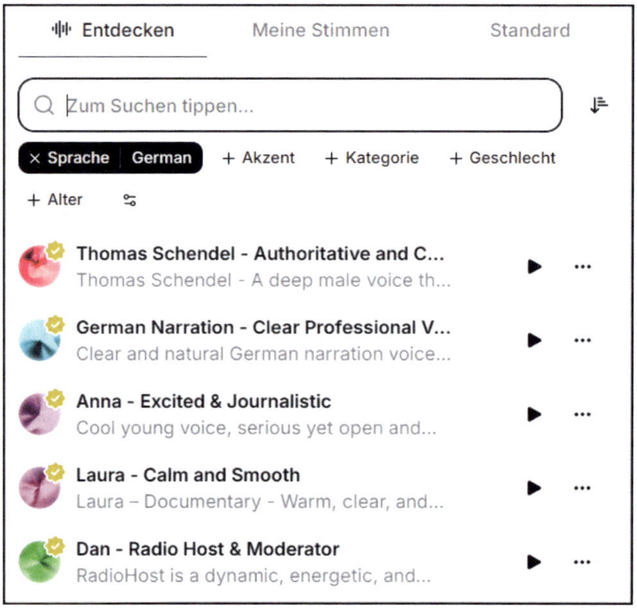

Unabhängig von der gewählten Stimme können Sie außerdem mit *Settings* die Art der Sprachsynthese beeinflussen. Dazu wird am rechten Rand ein Konfigurationsbereich angezeigt, in dem Sie verschiedene Einstellungen vornehmen können:

- *Modell*
  ElevenLabs verfügt über verschiedene Sprachmodelle. In der Regel werden Sie bei deutschsprachigen Texten mit *Eleven Multilingual v2* gute Ergebnisse erzielen. Für englische Texte kann es sinnvoll sein, *Eleven English v1* oder für besonders schnelle Ergebnisse *Eleven Turbo v2* zu verwenden.
- *Stabilität*
  Die Stabilität einer Stimme beschreibt ihre Lebhaftigkeit. Je weiter links der Schieber steht, desto mehr Spielraum bekommt der Zufall bei der Synthese. Dadurch kann eine Stimme lebendiger und emotionaler wirken. Verschieben Sie den Regler nach rechts, wird die Stimme ruhiger und ebenmäßiger. Das kann allerdings auch in Monotonie ausarten, die sich für menschliche Ohren zu künstlich anhört.

- *Ähnlichkeit*
  Der Schieberegler für die *Ähnlichkeit* gibt an, wie genau sich die KI an die Originalstimme halten soll, wenn sie versucht, diese zu imitieren. Dabei gilt: Ist das Original-Audio von schlechter Qualität und der Ähnlichkeitsregler zu hoch eingestellt, kann die KI beim Versuch, die Stimme zu imitieren, Artefakte oder Hintergrundgeräusche wiedergeben, die in der Originalaufnahme vorhanden waren. Falls Ihnen solche Effekte auffallen, sollten Sie den Regler also nach links bewegen.
- *Stilübertreibung*
  Diese Einstellung zielt bei einigen der Modelle darauf ab, den Stil des ursprünglichen Sprechers zu verstärken und diesen so zu betonen und zu imitieren. Sie verbraucht höhere Ressourcen und macht das Modell etwas instabiler. ElevenLabs selbst empfiehlt, diese Einstellung auf 0 zu belassen.
- *Sprecherverstärkung*
  Diese Einstellung erhöht die Ähnlichkeit mit dem Originalsprecher. Sie erfordert eine höhere Rechenleistung und verlangsamt damit die Verarbeitung. Die Unterschiede sind eher subtil, aber dennoch hörbar.

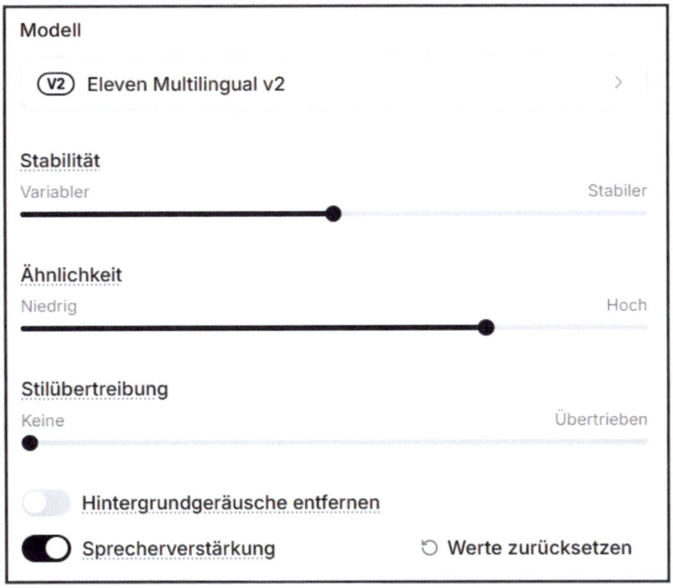

Die richtige Stimme in der Sprachbibliothek finden

Eine umfassende Auswahl an Stimmen finden Sie bei ElevenLabs in der Stimmbibliothek. Hier sind neben den vom Betreiber angebotenen Stimmen auch solche zu finden, die von anderen Anwendern generiert und bereitgestellt wurden. Und Sie können hier eigene Stimmen nach Bedarf erzeugen.

1. Um die Stimmensammlung zu öffnen, wählen Sie im Navigationsbereich am linken Rand *Stimmen*.
2. Um nur Stimmen zu sehen, die beispielsweise für die deutsche Sprache besonders geeignet sind, wählen Sie diese bei *Sprache* aus.
3. Um die immer noch recht stattliche Auswahl auf eine überschaubare Anzahl zu bringen, sollten Sie außerdem oben rechts auf das *Filter*-Symbol klicken.

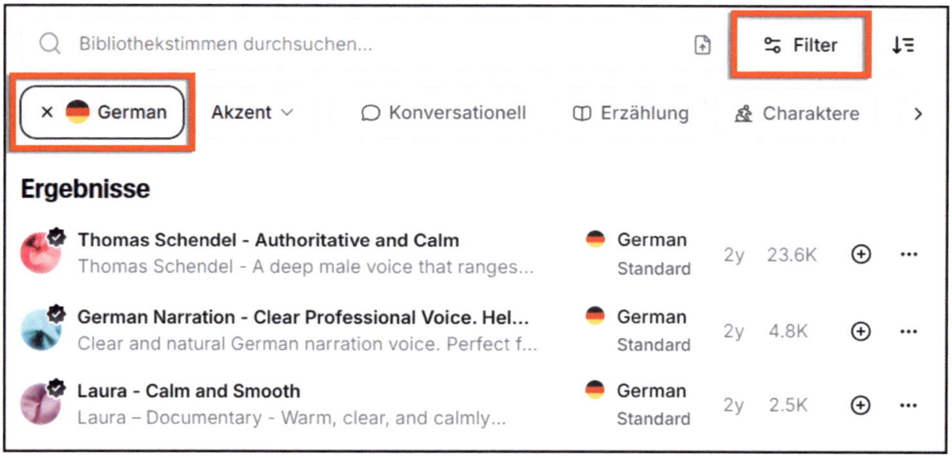

4. Mit den Filtern können Sie das unüberschaubare Angebot sinnvoll herunterbrechen. Zu den wichtigsten Eigenschaften gehören wohl *Geschlecht* und *Alter*. Die weiteren Filter sind eher technischer Natur, haben aber auch mit den möglichen Kosten zu tun, wie etwa *Benutzerdefinierte Tarife*.

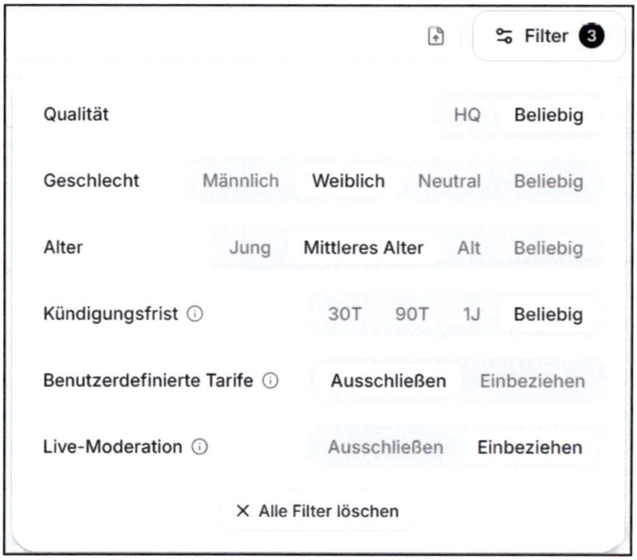

5. Zu jeder Stimme sehen Sie neben dem Namen eine kurze Beschreibung (lassen Sie den Mauszeiger darüber verharren, um den vollständigen Text zu lesen).
6. Mit der Wiedergabe-Schaltfläche unten können Sie sich jederzeit eine kurze Kostprobe einer ausgewählten Stimme anhören.
7. Sagt Ihnen eine Stimme zu, können Sie sie mit der +-Schaltfläche in Ihre persönliche Sammlung aufnehmen, um sie später schnell wiederzufinden.

Ihre persönliche Sammlung finden Sie in der Rubrik *Meine Stimmen*. Hier werden alle Stimmen angezeigt, die Sie aus der Bibliothek hinzugefügt haben. Ebenso Stimmen, die Sie selbst erstellt haben (siehe im Nachfolgenden). Außerdem werden die hier gesammelten Profile auch im Stimmauswahldialog angezeigt, mit dem Sie bei den Text-zu-Sprache-Funktionen jeweils die gewünschte Stimme auswählen können. Der Wermutstropfen dabei: Als angemeldeter Benutzer ohne Abo können Sie maximal drei Stimmen in Ihre Sammlung aufnehmen. Für zahlende Kunden ist die Grenze deutlich höher.

KI-Stimmen nach eigenen Vorgaben

Neben den fertigen Profilen können Sie bei ElevenLabs auch eigene Stimmen generieren. Das klingt möglicherweise kompliziert, ist aber ein einfacher Vorgang mit wenigen Einstellungen. Allerdings spielt bei der Generierung eine gehörige Portion Zufall eine große Rolle. So entsteht laut des Anbieters trotz weniger Vorgaben jedes Mal eine einzigartige, individuelle Stimme. Das so generierte Profil können Sie in Ihrer Sammlung speichern und so bei Projekten immer wieder dieselbe Stimme sprechen lassen.

1. Öffnen Sie Ihre Sprachsammlung mit *Stimmen* in der Navigationsleiste links.
2. Klicken Sie oben rechts auf *Stimme erstellen*.
3. Wählen Sie anschließend ganz oben die Option *Stimmendesign*, um ein Stimmprofil nach Ihren Vorgaben zu erstellen.

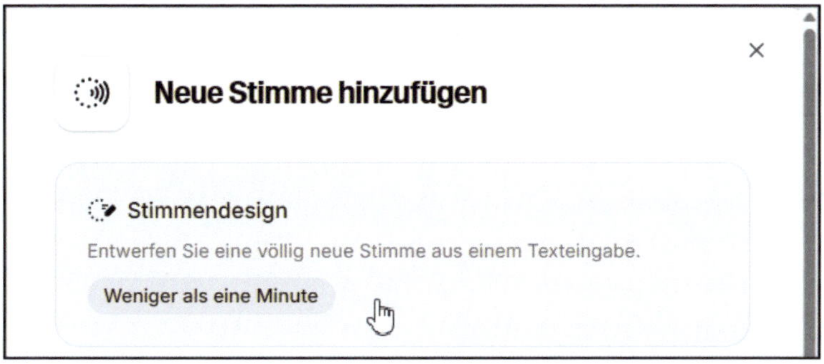

4. Im so geöffneten Dialog finden Sie eine Eingabeaufforderung vor, in der Sie in Ihren eigenen Worten einen Prompt formulieren können, der die gewünschte Stimme beschreibt. Was Sie hier eintippen, bleibt ganz Ihrer Fantasie überlassen.

   Für gute Ergebnisse sollten Sie aber die folgenden Eigenschaften berücksichtigen, die eine Stimme typischerweise ausmachen:

   - Geschlecht,
   - Alter,
   - Tonlage der Stimme,
   - Akzent sowie ggf., wie ausgeprägt dieser ist, und
   - Sprechgeschwindigkeit.

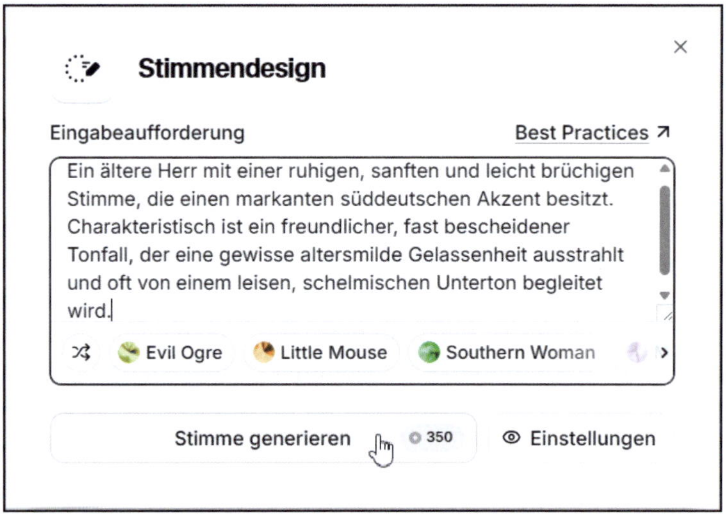

5. Haben Sie die Vorgaben nach Ihren Wünschen festgelegt, klicken Sie unten auf *Stimme generieren*.
6. Warten Sie kurz, während das Stimmprofil generiert wird. Anschließend finden Sie unten drei Vorschläge vor, von denen *Stimme 1* automatisch mit einem Beispieltext wiedergegeben wird.
7. Um einen der anderen Vorschläge zu hören, klicken Sie darauf. Sie können sich die drei Stimmen beliebig oft anhören.

8. Wenn Sie mit einer der erzeugten Stimmen zufrieden sind, klicken Sie ganz unten auf *Stimme auswählen*, um diese in Ihrer Stimmsammlung zu speichern.

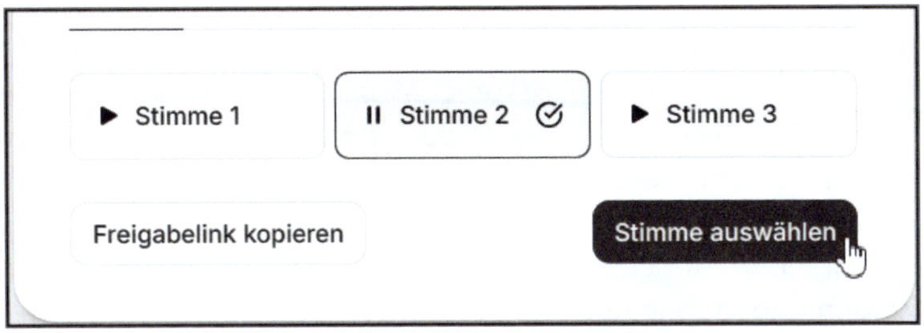

9. Geben Sie der Stimme im anschließenden Dialog einen Namen und versehen Sie sie ggf. mit einer aussagekräftigen Kurzbeschreibung. Auch Eigenschaftswörter können Sie ergänzen oder entfernen. Klicken Sie dann auf *Stimme speichern*, um das Stimmprofil zu sichern.

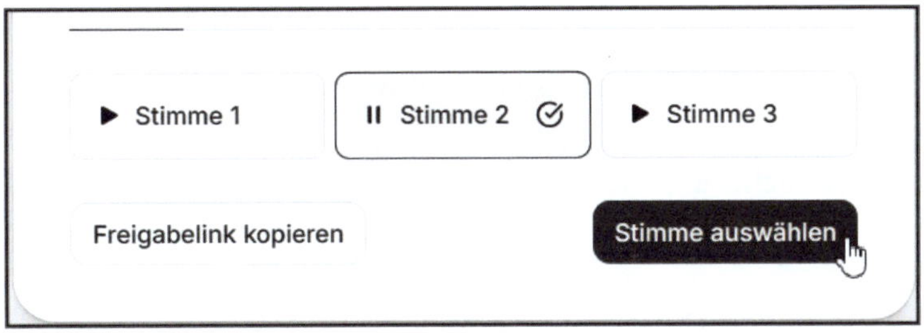

In der kostenlosen Basisversion können Sie auf diese Weise bis zu drei Stimmprofile Ihrer persönlichen Sammlung hinzufügen. Für zahlende Abonnenten wird diese Begrenzung aufgehoben.

Die eigene Stimme für die Sprachsynthese klonen

ElevenLabs bietet auch die Möglichkeit, Ihre eigene Stimme zu »klonen«. Dabei werden die wesentlichen Eigenschaften Ihrer Stimme anhand einer Sprachaufnahme analysiert und daraus wird eine synthetische Stimme erstellt. Diese können Sie dann jederzeit nutzen, um etwa längere Texte vorlesen zu lassen. So ersparen Sie sich die Mühe von aufwendigen Sprachaufnahmen bzw. können Ihre Stimme auch anderen zur Verfügung stellen, damit diese entsprechende Audioaufnahmen für Sie erstellen können. Allerdings ist die Funktion auf zahlende Kunden beschränkt und steht Nutzern der kostenlosen Basisversion nicht zur Verfügung. Auf Seite 170 stelle ich Ihnen eine andere Möglichkeit vor, Ihre eigene Stimme zu klonen und für die Sprachsynthese zu nutzen.

5.7 Eigene Texte mit prominenten Stimmen wiedergeben lassen

Ein beliebter Spaß bei der Umwandlung von Text in Sprache ist es, eigene Texte nicht von irgendwelchen synthetischen Stimmen sprechen zu lassen, sondern mit den Stimmprofilen bekannter Politiker, Schauspieler oder anderweitig Prominenter zu vertonen. So könnte man einem Freund beispielsweise ganz persönliche Geburtstagswünsche vom Lieblingskünstler zukommen lassen oder den eigenen Anrufbeantworter vom Bundespräsidenten »höchstpersönlich« besprechen lassen. Es gibt verschiedene Anwendungen und mobile Apps, die das ermöglichen. Für einen schnellen Spaß zwischendurch kann man aber auch auf Webdienste zurückgreifen, die sich ohne Installation und Anmeldung nutzen lassen. **FakeYou** ist ein solcher Anbieter mit deutschsprachiger Bedienoberfläche und einer soliden Auswahl (auch) deutscher Stimmen.

1. Öffnen Sie im Webbrowser die Adresse https://fakeyou.com/tts.
2. Zunächst wählen Sie eine Stimme aus. Da einige Tausend verfügbar sind, klicken Sie dazu am besten zunächst rechts auf *Stimme auswählen*, um weitere Optionen einzublenden.
3. Wählen Sie dann oben rechts bei *All Languages* zunächst die gewünschte Sprache aus, beispielsweise *German*. Dann wird die Liste der Stimmen oben entsprechend eingeschränkt.
4. Haben Sie eine(n) passende(n) Sprecher(in) gefunden, tippen Sie unten bei *Geben Sie Text ein* die Botschaft ein, die diese Stimme zu Gehör bringen soll.

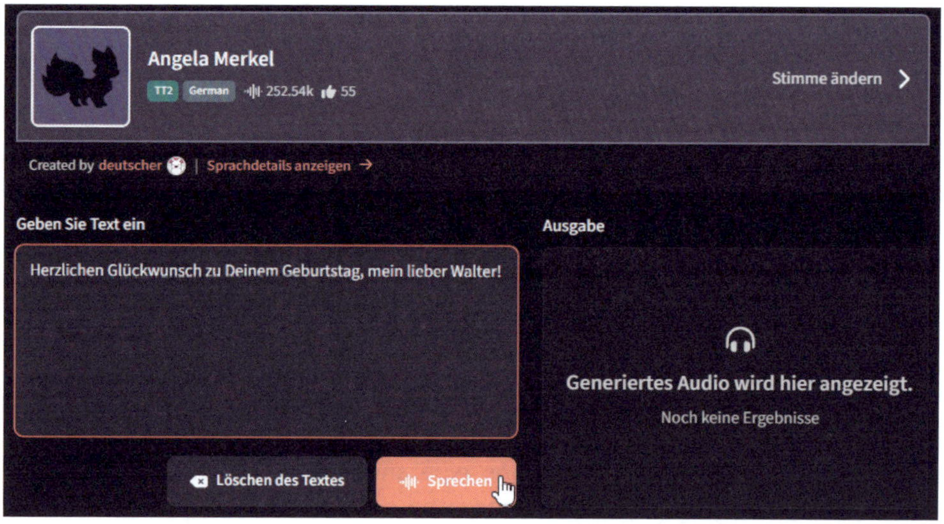

5. Klicken Sie darunter auf die *Sprechen*-Schaltfläche.
6. Nun heißt es ggf. kurz warten, bis Ihr Text-zu-Sprache-Auftrag abgearbeitet wurde. Anschließend finden Sie das Ergebnis rechts bei *Ausgabe*.

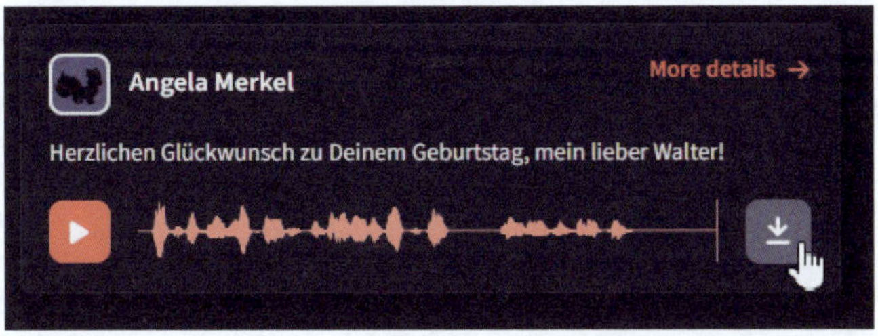

7. Mit der Wiedergabe-Schaltfläche können Sie sich die generierte Sprachaufnahme direkt anhören. Sind Sie damit zufrieden, können Sie sie mit dem Herunterladen-Symbol weiterverarbeiten.
8. Im anschließenden Dialog können Sie die Sprachnachricht direkt mit verschiedenen sozialen Netzwerken teilen.

Sie werden möglicherweise feststellen, dass die synthetischen Sprecher etwas emotionslos sind und Ihre Botschaft vielleicht nicht ganz so wie gewünscht rüberbringen. Dem können Sie abhelfen, indem Sie den Text nicht eintippen, sondern vorsprechen. Dabei übernimmt die Sprachsynthese Sprechtempo und Betonung Ihrer Aufnahme. Sie benötigen dafür lediglich ein Mikrofon am PC.

1. Wählen Sie für diese Variante die Funktion *Stimme zu Stimme* auf der Webseite https://fakeyou.com/voice-conversion.
2. Legen Sie hier wiederum zunächst die gewünschte Zielstimme fest.
3. Wählen Sie dann die Variante *Audioeingang*. Alternativ können Sie auch eine zuvor erstellte Audioaufnahme im MP3-, WAV-, FLAC- oder OGG-Format hochladen.
4. Klicken Sie auf die Schaltfläche *Nehmen Sie Ihre eigene Stimme auf*. Gegebenenfalls müssen Sie anschließend eine Rückfrage Ihres Webbrowsers bestätigen, damit dieser der Webseite den Zugriff auf das Mikrofon erlaubt.
5. Sprechen Sie dann den Text so ein, wie Sie ihn zu Gehör bringen möchten.
6. Sind Sie damit fertig, klicken Sie auf die nun sichtbare Schaltfläche *Stoppen Sie die Aufnahme*.
7. Wollen Sie es erneut versuchen, klicken Sie auf *Nehmen Sie Ihre Stimme neu auf*. Andernfalls geht es mit *Audio hochladen* weiter.
8. Ist das Hochladen abgeschlossen, klicken Sie unten auf *Konvertieren*. Anschließend heißt es wieder etwas warten, bis Sie rechts das Ergebnis der Sprachsynthese ausprobieren können.

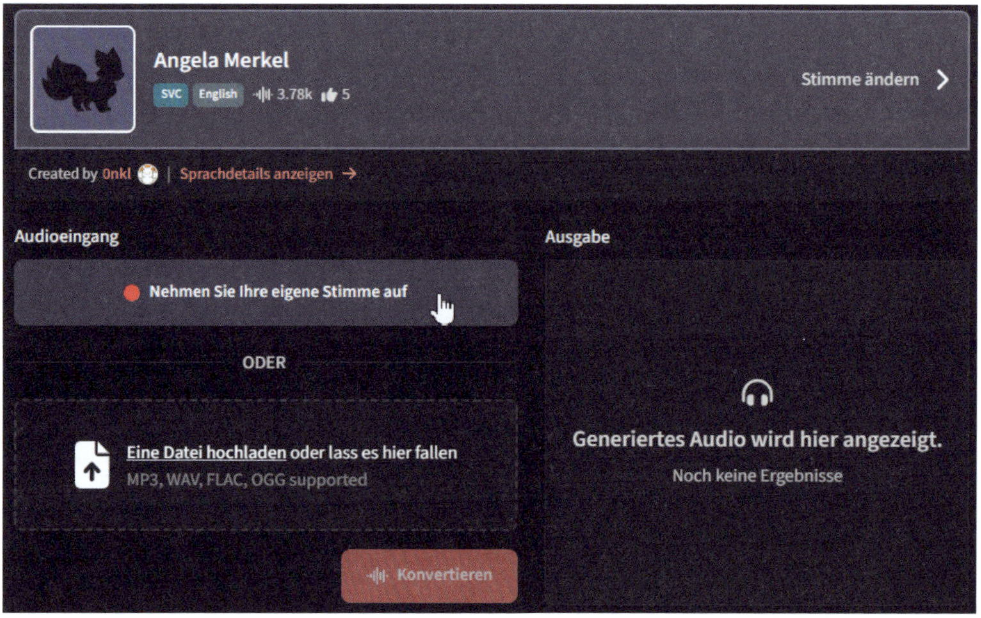

5.8 Klonen Sie Ihre eigene Stimme für Sprachaufnahmen

Neben vorgefertigten Sprachprofilen bietet die KI-Sprachsynthese auch die Möglichkeit, aus der Aufnahme einer menschlichen Stimme ein dazu passendes Stimmprofil zu erstellen, mit dem man dann beliebige Texte vorlesen lassen kann. Sie können also sozusagen Ihre eigene Stimme digitalisieren und dann dafür nutzen, ganz ohne Ihr Zutun Texte vorzulesen.

Leider habe ich keinen Anbieter gefunden, bei dem man im Rahmen eines kostenlosen Tests die eigene Stimme in guter Qualität synthetisieren und auch dauerhaft speichern kann. Beispielsweise ElevenLabs (siehe Seite 157) bietet diese Funktion für Kunden mit einem kostenpflichtigen Abonnement an.

Es gibt einige Anbieter, bei denen man seine Stimme erfassen und dann einen beliebigen Text damit synthetisieren lassen kann. Das Stimmprofil wird dabei nicht gespeichert, sodass man die Stimme jedes Mal neu aufnehmen muss. Aber zumindest kann man die Vorgehensweise damit ausprobieren. Die Ergebnisse sind akzeptabel.

Ich würde allerdings erwarten, dass sie bei einem spezialisierten Anbieter wie ElevenLabs noch mal besser ausfallen.

1. Prinzipiell testen und für schnelle Späße nutzen können Sie das Verfahren beispielsweise beim Webdienst **Vidnoz** (siehe Seite 311) unter https://de.vidnoz.com/stimme-klonen.html.
2. Klicken Sie hier auf *KI Stimme klonen*. Legen Sie darunter fest, ob Sie *Ihr Audio aufnehmen* oder *Ein Audio hochladen* möchten. Hochladen können Sie eine Datei im Format WAV, MP3, AAC, OGG oder MP4 mit bis zu 100 MB. Im weiteren Verlauf zeige ich aber, wie Sie Ihre Stimme direkt mit einem Mikrofon aufnehmen.

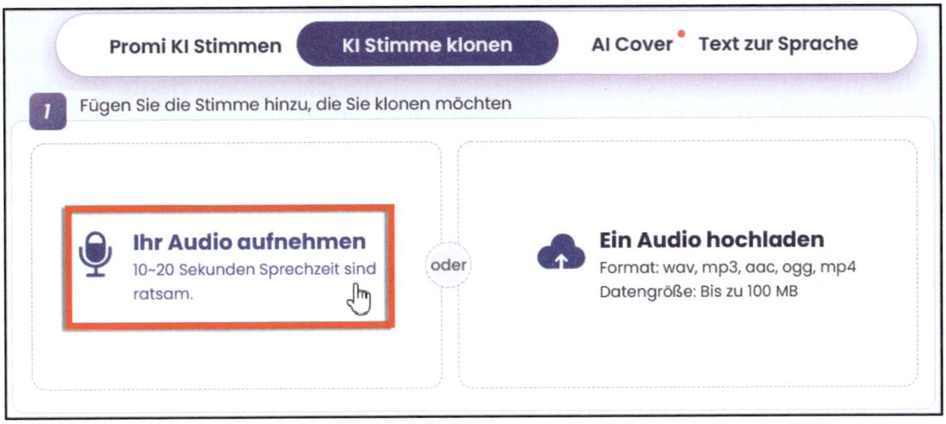

3. Klicken Sie auf *Ihr Audio aufnehmen* und bestätigen Sie die eventuelle Rückfrage des Webbrowsers zum Freigeben des Mikrofons für diese Webseite.
4. Sprechen Sie nun einen beliebigen Text in Ihr Mikrofon. Nutzen Sie dabei die maximale Zeit von 20 Sekunden voll aus und reden Sie, bis die Aufnahme von allein endet.
5. Tippen Sie in Abschnitt 2 den Text ein, den Sie mit Ihrer Stimme aussprechen lassen möchten.
6. Klicken Sie dann ganz unten auf *KI Stimme generieren*.
7. Nach kurzer Wartezeit finden Sie hier das Ergebnis vor und können es mit dem Wiedergabe-Symbol abspielen. Um die Datei herunterzuladen, müssen Sie sich dann allerdings spätestens anmelden.

6. Bilder mit KI optimieren

Das Nachbearbeiten und Optimieren von Bildern und Digitalfotos ist schon lange ein wichtiger Anwendungsbereich, in dem auch KI-Methoden nach und nach Einzug gehalten haben. Insbesondere die Mustererkennung ermöglicht es, Objekte in Bildern zu erkennen und vom Hintergrund zu unterscheiden.

So kann man Motive nachträglich freistellen, den Hintergrund ersetzen oder einzelne Objekte bzw. Personen in einem Bild durch andere austauschen. Alles das war früher auch schon möglich, benötigte aber oft viel Handarbeit. Heute schickt man mit wenigen Mausklicks KI-Funktionen ans Werk, die in wenigen Sekunden Ergebnisse erzielen, ohne für das menschliche Auge erkennbare Spuren ihrer Arbeit zu hinterlassen.

Bildbearbeitung mit KI: Apps vs. Webdienste

Es gibt für alle Plattformen eine große Auswahl an Bildbearbeitungsprogrammen bzw. -Apps und immer mehr von ihnen werben mit KI-basierten Funktionen. Allerdings sind diese meist den kostenpflichtigen Versionen der Anwendungen vorbehalten bzw. können nur zeitlich begrenzt getestet werden.

In diesem Kapitel konzentriere ich mich deshalb auf Webdienste und Apps, die etwa zum Lieferumfang von Windows gehören und somit von den meisten Anwendern ohne besondere Hürden genutzt werden können. Auf diese Weise können Sie sich mit den Möglichkeiten und Technologien vertraut machen. Möchten Sie bestimmte Funktionen regelmäßig nutzen, empfiehlt es sich, nach einer Anwendung für Ihr Betriebssystem Ausschau zu halten, die das bietet und die idealerweise einen ausführlichen kostenlosen Test vor dem Kauf erlaubt.

6.1 Copilot-KI in der Windows-Fotoanzeige

Der Microsoft Designer ist im aktuellen Windows in die Windows-Fotoanzeige integriert, den standardmäßig mit dem aktuellen Windows ausgelieferten Bildverwalter und -betrachter. Hier können Sie für einzelne Bilder jederzeit Designer-Funktionen verwenden, die dank KI Möglichkeiten für schnelle Bildoptimierungen und -korrekturen bieten.

Den Designer in der Fotoanzeige öffnen

Um den Designer zu nutzen, muss der Bildbetrachter-Modus der Windows-Fotoanzeige verwendet werden, in dem ein Bild flächenfüllend angezeigt wird:

1. Öffnen Sie ein Bild, das Sie bearbeiten möchten, im Windows-Explorer. Sollte dadurch nicht standardmäßig die Windows-Fotoanzeige verwendet werden, klicken Sie mit der rechten Maustaste auf das Bild und wählen im Kontextmenü *Öffnen mit/Windows-Fotoanzeige*.

2. Klicken Sie dann oben in der Titelleiste des Fensters auf das zweite (von links) der vier farbigen Symbole.

3. Damit schaltet die Windows-Fotoanzeige um in den Designer-Modus. Das dauert einen kurzen Moment und anschließend sehen Sie in der Symbolleiste links den Designer-Schriftzug.

Das Bild ist auch hier zunächst unverändert zu sehen.

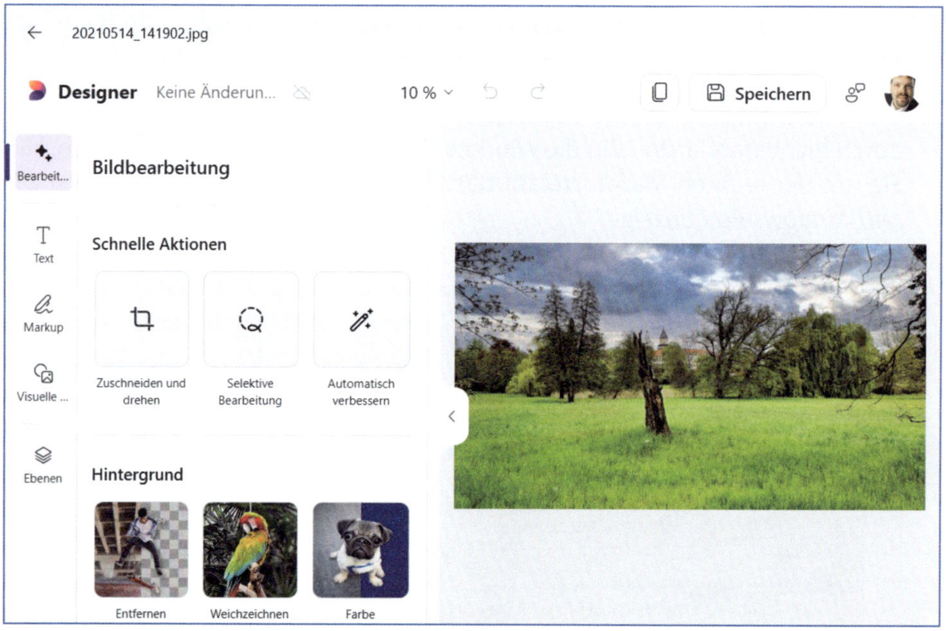

Designer arbeitet grundsätzlich nicht-destruktiv

Der Microsoft Designer nimmt ein Originalbild als Ausgangsbasis, ohne daran etwas zu verändern. Das, was Sie mit dem Bild machen, passiert erst mal nur in der Anwendung selbst. Wenn Sie mit dem Ergebnis zufrieden sind, können Sie diese Version als Kopie speichern oder in die Zwischenablage übernehmen. Die Datei des Originalbildes bleibt dabei stets unverändert. Es gibt dabei eine kleine Falle: Mit dem Pfeil ganz oben links können Sie den Designer jederzeit verlassen und zur Windows-Fotoanzeige zurückkehren. Dabei gehen allerdings eventuelle Änderungen am Bild unwiederbringlich verloren. Der Designer fragt oder warnt auch nicht davor, wenn es ggf. noch ungespeicherte Veränderungen gibt.

Bilder automatisch verbessern

Obwohl moderne Smartphones und Digitalkameras ab Werk schon verschiedene Funktionen mitbringen, um Fotos ohne besonderes Zutun des Nutzers möglichst gut aussehen zu lassen, klappt das nicht immer. Manchmal sind die Bilder später am Monitor doch irgendwie flau und geben nicht das Erlebnis und die Stimmung wieder, die man damit festhalten wollte.

Sofern es wirklich nur an fehlenden oder falschen Farben liegt, können KI-basierte Funktionen Abhilfe schaffen, die den Bildfarben dezent auf die Beine helfen und einem Foto so wieder mehr Leben einhauchen können. Eine solche KI-basierte Funktion zur Bildoptimierung bietet auch der Designer.

1. Um zu sehen, was der Designer mit seiner Optimierungsfunktion noch aus Ihrem Bild herausholen kann, wählen Sie in der Navigationsleiste ganz links den obersten Punkt *Bearbeiten*.
2. Dadurch wird in der Bearbeitungsleiste rechts daneben der Bereich *Bildbearbeitung* angezeigt.
3. Hier finden Sie ganz oben den Abschnitt *Schnelle Aktionen*. Klicken Sie darin ganz rechts auf *Automatisch verbessern*.

4. Behalten Sie das Bild im Auge und warten Sie einige Sekunden auf das Ergebnis. Je nach Ausgangsmaterial kann die Veränderung subtil sein, insbesondere wenn das Bild vorher schon nicht völlig missraten war.
5. Falls Sie unsicher sein sollten, ist die Rückgängig-Schaltfläche oben in der Symbolleiste ein guter Indikator. Diese wird erst angezeigt, wenn der Designer eine Änderung an Ihrem Bild vorgenommen hat.

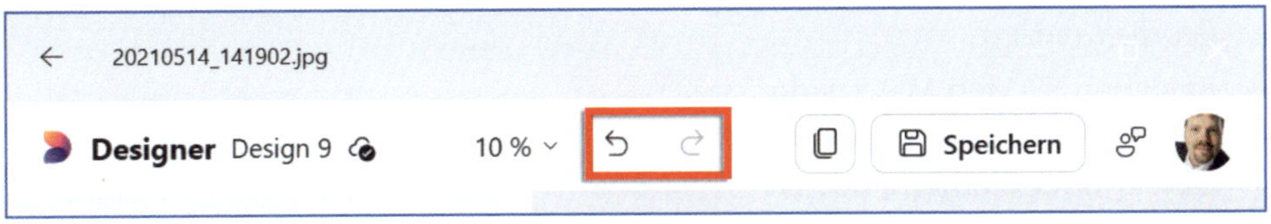

Änderungen rückgängig machen

Wann immer Sie Änderungen an Bildern vornehmen oder durch die KI vornehmen lassen, können Sie diese rückgängig machen. Hierzu dienen die beiden Pfeilsymbole oben in der Mitte der Symbolleiste. Der Designer vermerkt automatisch alle Bearbeitungsschritte, bis Sie ein Bild speichern und/oder schließen.

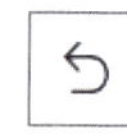

Mit dem Pfeil nach links können Sie jeweils den zurückliegenden Schritt rückgängig machen. Klicken Sie mehrfach darauf, nehmen Sie jeweils eine Veränderung davor zurück. Das geht so lange, bis das Bild wieder in dem unveränderten Zustand sichtbar ist, in dem Sie es ursprünglich geändert hatten.

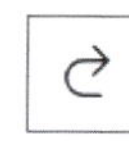

Haben Sie einen oder mehrere Schritte zurückgenommen, wird rechts daneben der Pfeil nach rechts aktiv. Hiermit können Sie jeweils die gerade rückgängig gemachte Bearbeitung erneut anwenden. Hatten Sie zuvor mehrere Schritte zurückgenommen, können Sie auch mehrere wiederholen.

Es gibt noch einen ganz praktischen Nebeneffekt: Die beiden Schaltflächen in Kombination ermöglichen Ihnen jederzeit einen Vorher-Nachher-Vergleich, indem Sie eine Bearbeitung zurücknehmen und dann erneut anwenden, wieder zurücknehmen und erneut anwenden usw.

Bildelemente mit KI bearbeiten

Eine der spannendsten Möglichkeiten des Designers ist die *Selektive Bearbeitung* von Bildern. Sie ermöglicht es, mithilfe der KI bestimmte Objekte oder Elemente in einem Bild zu erkennen und für die Bearbeitung auszuwählen. So können anschließend bestimmte Änderungen nur auf diese Objekte beschränkt werden oder umgekehrt der Rest des Bildes mit Ausnahme dieses Elementes verändert werden. Oder Objekte können auf diese Weise sogar aus Bildern entfernt werden, ohne dass anschließend Spuren der Retusche zu erkennen sind.

1. Für das Auswählen per KI nutzen Sie in der Navigationsleiste links *Bearbeiten*.
2. Klicken Sie dann in der *Bildbearbeitung*-Leiste im Abschnitt *Schnelle Aktionen* auf *Selektive Bearbeitung*.
3. Bewegen Sie den Mauszeiger auf das Bild und dort über das Objekt oder Element, das Sie auswählen möchten.

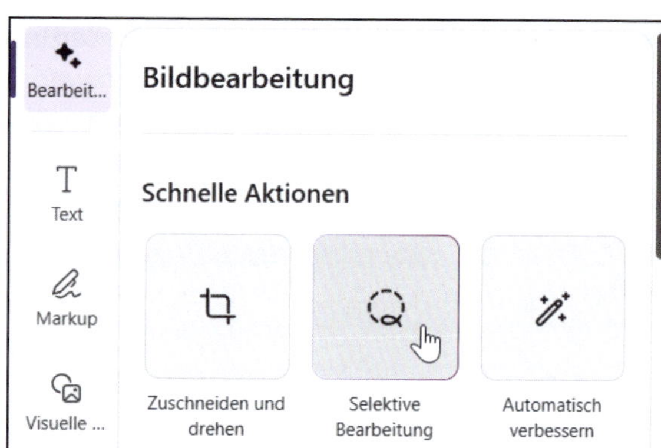

4. Wichtig hierbei ist eine ruhige Hand, und etwas Geduld ist angesagt. Lassen Sie den Mauszeiger jeweils ein paar Sekunden verharren, damit der Designer die Bildfläche rund um den Mauszeiger analysieren und dort Muster bzw. Strukturen erkennen kann.
5. Nach etwas Wartezeit markiert der Designer die erkannte Struktur und versieht sie mit einer Umrandung.

6. Entspricht diese Auswahl schon Ihren Erwartungen, klicken Sie einmal links, um das markierte Element so auszuwählen.
7. Andernfalls bewegen Sie den Mauszeiger leicht in die eine oder andere Richtung. Der Designer wird jeweils einen neuen Analyseversuch starten, der dann vielleicht noch besser passt.

Weitere Bereiche auswählen

Sie können eine KI-Selektion erweitern, indem Sie den beschriebenen Vorgang wiederholen. Halten Sie dabei Strg gedrückt, damit weitere Flächen der bisherigen Auswahl hinzugefügt werden und diese nicht ersetzen.

Elemente aus dem Bild löschen

Haben Sie mit der vorangehend beschriebenen selektiven Auswahl ein oder auch mehrere Objekte im Bild markiert, stehen Ihnen verschiedene Möglichkeiten offen. Eine sehr praktische Hilfe kann das Entfernen unerwünschter Bildelemente sein. Wenn man etwa einen traumhaften Strand fotografiert hat, aber gerade jemand mitten durchs Bild läuft oder ein Hinweisschild den Eindruck ungestörter Natur vermiest, möchte man das störende Element gern loswerden. Muster erkennende KI-Funktionen sind in der Lage, solche Objekte zu isolieren, aus dem Bild zu entfernen und die so entstehende Lücke mit Inhalten zu füllen, die geschickt aus dem umliegenden Hintergrund reproduziert werden. Mit etwas Glück entsteht so ein Bild ohne störende Elemente, bei dem kein Betrachter auf die Idee kommen würde, dass es jemals anders ausgesehen haben könnte.

1. Wählen Sie, wie zuvor bereits beschrieben, einen Bereich im Bild aus, den Sie entfernen möchten.
2. In der Bearbeitungsleiste links neben dem Bild werden daraufhin verschiedene *Schnelle Aktionen* angezeigt. Klicken Sie hier auf *Löschen*.

3. Geben Sie dem Designer nun ein wenig Zeit, um die notwendigen Berechnungen anzustellen. Er entfernt den markierten Bereich aus dem Bild und analysiert den Bildbereich rund um die Markierung, um ihn intelligent so zu erweitern, dass er die entstehende Lücke unauffällig und mit dem Rest des Bildes stimmig schließt.
4. Im Idealfall erhalten Sie nach kurzer Wartezeit ein Ergebnis wie in der Abbildung. Das ausgewählte Objekt wurde komplett entfernt. Wer das Bild so zum ersten Mal sieht, würde nicht auf die Idee kommen, dass sich an der Stelle zuvor etwas anderes befunden hat.

Den Rest aus dem Bild entfernen

Je nach Ausgangslage können Sie auch den umgekehrten Weg wählen: Nicht ein ausgewähltes Objekt löschen, sondern alles außer dem gewählten Bereich entfernen.

Das Beispielbild etwa enthält einen wolkenverhangenen, aber trotzdem sehr dynamischen Himmel. Wenn man alles außer diesem entfernt, erhält man einen perfekten Wolkenhintergrund, der vielleicht auch anderen Bildern die richtige dramatische Note verleihen könnte.

1. Bestimmen Sie mit der schon beschriebenen Methode *Selektive Bearbeitung* den gewünschten Teil des Bildes.
2. Bei einem so heterogenen Muster wie einem Himmel voller Wolken kann es sein, dass die KI nicht auf Anhieb den gesamten beabsichtigten Teil des Bildes erfasst. Ebenso kann die Mustererkennung über das Ziel hinausschießen, weil etwa bei Bildern vom Meer der Horizont als Grenze zwischen Himmel und Wasser nur schwer auszumachen ist.
3. In solchen Fällen können Sie die Auswahl nachträglich erweitern oder reduzieren.
   - Klicken Sie dazu oberhalb des Bildes auf *Mehr auswählen*, um zusätzliche Bereiche des Bildes der Auswahl hinzuzufügen.
   - Umgekehrt klicken Sie auf *Weniger auswählen*, um Bereiche der bestehenden Auswahl zu reduzieren.

4. Haben Sie den gewünschten Modus *Mehr auswählen* oder *Weniger auswählen* aktiviert, können Sie, wie vorangehend beschrieben, den Mauszeiger über das Bild wandern lassen, damit die KI darin Bereiche erkennen und der Auswahl hinzufügen

oder entnehmen kann. Wiederholen Sie diese Schritte, bis die Auswahl Ihren Vorstellungen entspricht.

Mit dem Pinsel nachhelfen

Bei sehr komplexen, ungleichmäßigen Strukturen kann es herausfordernd sein, eine größere einheitliche Auswahl zu erreichen, weil immer noch kleine Inseln oder Linien außen vor bleiben. In solchen Fällen geht es oftmals schneller, oberhalb des Bildes von der Schnellauswahl zur Pinselauswahl zu wechseln. Damit können Sie gezielt solche Stellen anklicken, um sie der Auswahl hinzuzufügen oder sie eben daraus zu entfernen.

5. Haben Sie mit den beschriebenen Mitteln den Bereich des Bildes ausgewählt, den Sie beibehalten möchten, klicken Sie links bei *Schnelle Aktionen* auf *Ausschnitt*.

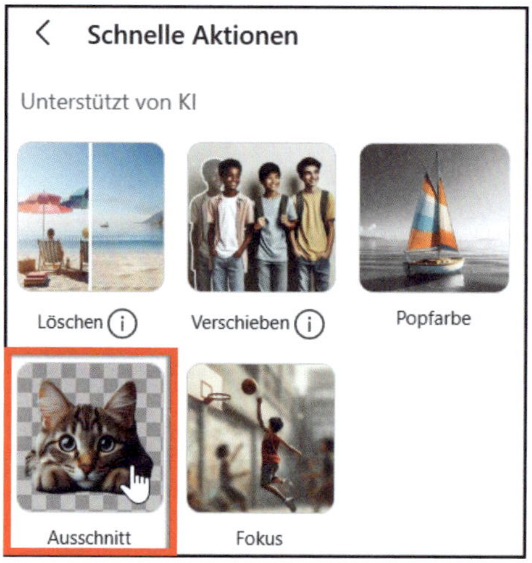

6. Der Designer entfernt daraufhin den Rest des Bildes von der Leinwand. Mit *Speichern* und dann *Als Kopie speichern* können Sie eine Kopie des Bildes erstellen, die nur den ausgewählten Bereich enthält.

Objekte im Bild verschieben

Eine weitere Funktion des Designers ermöglicht das Verschieben von Objekten innerhalb eines Bildes.

Dabei handelt es sich im Grunde genommen um eine Variation des Entfernens, nur dass dabei ein ausgewähltes Element entfernt, die dadurch entstehende Lücke intelligent gefüllt und das Element stattdessen an einer anderen Stelle wieder ins Bild eingefügt wird.

1. Wählen Sie auch hierzu zunächst wieder mit *Selektive Bearbeitung* das Objekt oder Element im Bild aus, das Sie verschieben möchten.
2. Hat der Designer den passenden Bildausschnitt selektiert, klicken Sie links daneben bei *Schnelle Aktionen* auf *Verschieben*.

3. Warten Sie nun, bis der Designer seine Berechnung abschließt. Das dauert ein wenig, weil das Programm an dieser Stelle schon (für Sie unsichtbar) die Lücke im Bild füllt, die anschließend durch das Verschieben des ausgewählten Bereichs entstehen wird.
4. Hat der Designer das erledigt, verändert sich am Bild selbst zunächst nichts. Allerdings ist der zuvor ausgewählte Bereich nun mit einem rechteckigen Rahmen versehen.

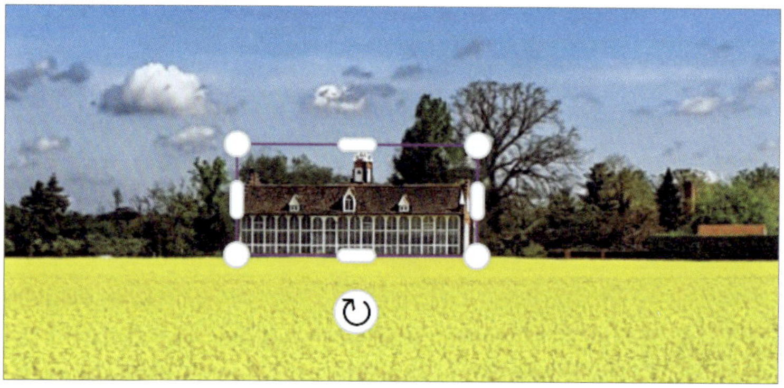

5. Dieses Objekt können Sie nun mit der Maus beliebig im Bild verschieben. Die dadurch entstehende Lücke im Bild an der alten Stelle ist im Hintergrund bereits gefüllt worden.
6. Ebenso können Sie die Größe des Objekts mit den runden Flächen an den vier Ecken verändern. Die Größenänderung erfolgt dabei stets proportional in beiden Dimensionen.
7. Mit den länglichen Elementen an den vier Seiten verändern Sie die Form des Bildausschnitts. Der Inhalt wird dabei nach Bedarf angepasst, sodass der Ausschnitt immer gefüllt ist.

8. Sind Sie mit der veränderten Platzierung des Objekts zufrieden, klicken Sie irgendwo außerhalb der Markierung in das Bild.

9. Die Markierung rund um das Objekt wird nun ausgeblendet und das Bild in der neuen Version angezeigt. Sie können das Objekt jederzeit erneut anklicken, falls Sie doch noch Änderungen vornehmen möchten. Es liegt auf einer eigenen Ebene oberhalb des eigentlichen Bildes. Erst wenn Sie das Bild kopieren oder speichern, werden die Ebenen unwiederbringlich zu einer Ebene zusammengefügt.

Effekte nur für den ausgewählten Bereich

Sie können sich das selektive Bearbeiten auch zunutze machen, wenn Sie Effekte nur auf einen ganz bestimmten Bereich eines Bildes anwenden möchten, um eine optimale Wirkung zu erzielen. Der Designer bietet gleich zwei solcher Effekte an: *Popfarbe* und *Fokus*.

1. Um ein Objekt farbig hervorstechen zu lassen, wählen Sie es mit *Selektive Bearbeitung* aus. Auch hier können Sie wieder exakt einen Bereich auswählen oder über *Mehr auswählen* mehrere Objekte markieren.
2. Klicken Sie dann in der Leiste links neben dem Bild bei *Schnelle Aktionen* auf *Popfarbe*.

3. Der Designer reduziert daraufhin im gesamten Bild außerhalb der markierten Teile die Sättigung der Farben, sodass diese Bereiche in Graustufen angezeigt werden. Dadurch fallen die markierten farbigen Bereiche optisch umso mehr auf (daher der Name *Popfarbe*).

Den Fokus auf Objekte lenken

Ein ähnlicher Effekt, den Sie ebenfalls in Verbindung mit der *Selektiven Bearbeitung* einsetzen können, ist ein *Fokus*, der durch Tiefenunschärfe entsteht. Dabei wird das gesamte Bild außer den ausgewählten Bereichen weichgezeichnet, sodass der Fokus automatisch auf den Objekten in normaler Schärfe liegt. Diese sogenannte Tiefenunschärfe ist ein beliebtes Stilmittel von Fotografen, das man schon bei der Aufnahme durch geschickte Wahl des Abstands zum Motiv, Blende und Brennweite steuern kann. Hat man diesen Moment verpasst, kann man ihn im Designer zumindest imitieren. Der Effekt ähnelt dem auf Seite 187 gezeigten weichgezeichneten Hintergrund, nur dass Sie hier mehr Kontrolle darüber haben, welche Bereiche des Bildes scharf und welche unscharf sind.

1. Wählen Sie mit *Selektive Bearbeitung* wie beschrieben den Teil des Bildes aus, der den Fokus erhalten soll. Typischerweise wird er in der Bildmitte liegen. Aber dass er auch woanders liegen oder aus mehreren Bereichen bestehen kann, erlaubt es, mit dieser Funktion auch ungewohnte Wirkungen zu erzielen.

2. Wählen Sie dann in der Bearbeiten-Leiste links daneben im Abschnitt *Schnelle Aktionen* die Funktion *Fokus*.

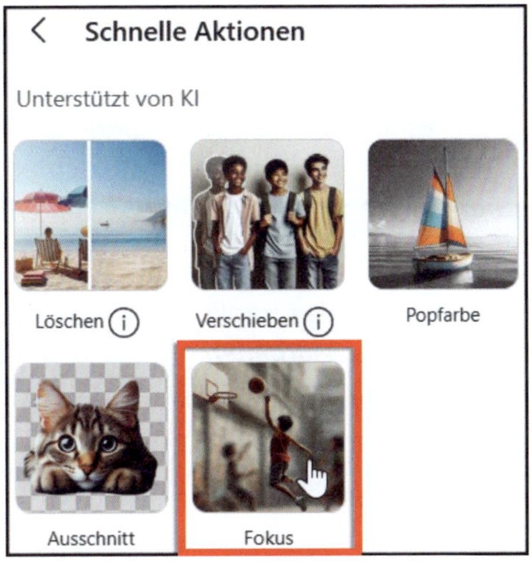

3. Der Designer wendet nun auf die nicht markierten Bereiche des Bildes einen Weichzeichnen-Filter an, während der selektive Bereich gestochen scharf bleibt. Der starke visuelle Kontrast zwischen dem scharfen Fokusbereich und dem unscharfen Hintergrund betont das gewählte Motiv und hebt es subtil hervor.

4. Je nach Bildmaterial kann der Weichzeichnen-Effekt etwas schwach ausfallen und noch nicht für genügend Kontrast zwischen Hintergrund und Fokusbereich sorgen. In dem Fall können Sie den Vorgang wiederholen, also das Motiv erneut auswählen und die Fokus-Funktion nochmals ausführen. Spätestens dann sollte der Kontrast bei der Schärfung augenfällig sein.

Den Hintergrund erkennen und entfernen

Für Produktbilder, aber auch bei Porträts möchte man gelegentlich einen unpassenden Hintergrund entfernen oder durch etwas Passenderes ersetzen. KI-Funktionen können dabei helfen, den Unterschied zwischen Vorder- und Hintergrund zielsicher zu erkennen und das Bildmotiv mit einem neu eingefügten Hintergrund unauffällig zu verschmelzen, als wenn es nie anders gewesen wäre.

1. Öffnen Sie das fragliche Bild im Designer und wählen Sie in der Navigationsleiste ganz links *Bearbeiten*.
2. Klicken Sie in der *Bildbearbeitung*-Leiste im Abschnitt *Hintergrund* auf *Entfernen*.

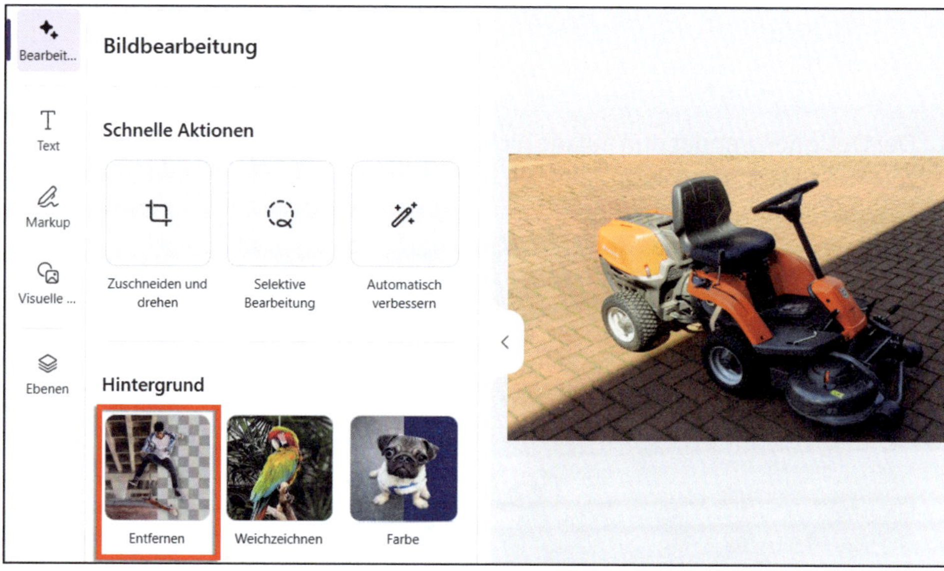

3. Weitere Vorgaben sind nicht erforderlich oder möglich. Der Designer erkennt mit seiner intelligenten Mustererkennung in der Regel von selbst, was zum Hintergrund und was zum Vordergrund gehört. Das kann allerdings ein wenig dauern.
4. Nach Abschluss der Berechnung sehen Sie anstelle des Originalbildes das freigestellte Motiv. Dieses können Sie mit der *Speichern*-Schaltfläche oben rechts in der Symbolleiste in die Zwischenablage kopieren oder als Kopie in einer eigenen Datei speichern.

Hintergrund durch Farbe ersetzen

Anstatt den Hintergrund zu entfernen, können Sie ihn mit der gleichnamigen Schaltfläche auch *Weichzeichnen*. Das lenkt den Fokus auf das Hauptmotiv und macht störende Elemente oder Strukturen im Hintergrund weniger sichtbar (siehe hierzu auch die Fokus-Funktion auf Seite 184).

Für Produktfotos oder Gesichter bietet es sich alternativ an, den Hintergrund durch eine dezente Farbe zu ersetzen, die zum abgebildeten Objekt passt oder einen angenehmen Kontrast schafft.

1. Gehen Sie dazu wie vorangehend beschrieben vor, aber wählen Sie anstelle von *Entfernen* diesmal die Option *Farbe*.

2. Der Designer nutzt dann die gleiche Analysefunktion wie bei *Entfernen*, um Vorder- und Hintergrund zu erkennen und voneinander zu trennen.
3. Anschließend zeigt das Programm links neben dem Bild automatisch eine Farbauswahl-Seitenleiste an. Klicken Sie auf einen der angebotenen Töne, um den Hintergrund damit einzufärben. Dies können Sie beliebig oft tun, um die optimale Farbkombination zu finden.

4. Sind Sie mit den vorgeschlagenen Farbtönen nicht zufrieden, klicken Sie auf das Plussymbol.

5. Damit öffnen Sie einen Dialog, in dem Sie einen ganz individuellen Farbton mischen oder auch beispielsweise einen Hex-Farbcode angeben können.

Bildelemente hinzufügen

Der Designer bietet Ihnen auch die Möglichkeit, Bildern Elemente hinzuzufügen. Dazu können Sie auf eine umfangreiche Bibliothek an Fotos und Grafiken zurückgreifen. Sie können aber ebenso mit dem KI-Assistenten Bilder oder Bildelemente generieren, die Sie dann in vorhandene Abbildungen einfügen können.

1. Wählen Sie dazu in der Navigationsleiste ganz links den Bereich *Visuelle Elemente*.
2. In der so geöffneten Seitenleiste finden Sie oben ein Suchfeld, mit dem Sie die vorhandene Bildersammlung durchsuchen können. Die darin gefundenen Bilder und Grafiken werden von Microsoft bereitgestellt und dürfen genutzt werden.

3. Im Abschnitt *Eigene generieren* haben Sie Zugriff auf Copilot und dessen Bildgenerator. Mit einem Klick auf *Bilder*, *Aufkleber* oder *Symbole* öffnen Sie den Assistenten im entsprechenden Modus.
4. Wie von KI-Assistenten gewohnt, können Sie dann im Eingabefeld *Beschreibung* formulieren, welche Art von Bild Sie haben möchten. Darunter können Sie bei Bedarf zusätzlich ein anderes Bildformat wählen.
5. Klicken Sie dann unten auf *Generieren*, um den Vorgang zu starten.
6. Nach etwas Wartezeit präsentiert der Designer Ihnen seine Vorschläge in der Seitenleiste.

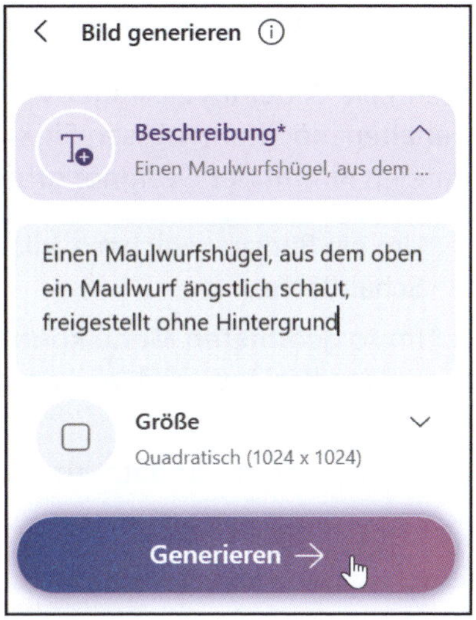

7. Wenn Ihnen ein Entwurf zusagt, klicken Sie darauf, um dieses Element in Ihr Bild zu übernehmen. Sie können es dort beliebig platzieren und die Größe nach Wunsch anpassen.

8. Wenn Sie das Motiv transparent ohne Hintergrund einfügen möchten, können Sie das Element auswählen und dann die Funktion zum Entfernen des Hintergrunds darauf ausführen.

Bearbeitete Bilder speichern

Wenn Sie Bilder im Designer verändert haben und diese geänderten Versionen beibehalten möchten, müssen Sie sie als Kopien speichern. Änderungen in den Originaldateien nimmt der Designer grundsätzlich nicht vor.

1. Um ein Bild zu speichern, klicken Sie in der Symbolleiste rechts auf die *Speichern*-Schaltfläche.
2. Im so geöffneten Menü können Sie das Bild in der aktuellen Fassung *In Zwischenablage kopieren* und von dort in eine beliebige andere Bildbearbeitungsanwendung übernehmen.
3. Um eine neue Bilddatei zu erstellen, klicken Sie auf *Als Kopie speichern*.

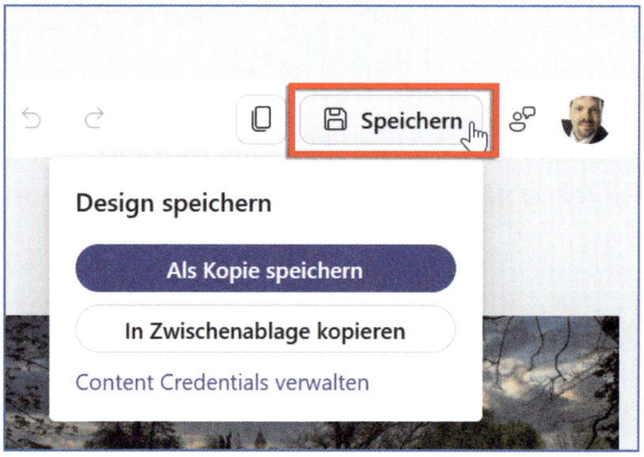

4. Wählen Sie anschließend im Dialog *Speichern unter* den Ordner und den Dateinamen aus, unter dem das Bild gespeichert werden soll.
5. Standardmäßig schlägt Ihnen der Designer den Ordner und den Namen des Originalbildes vor. Wenn Sie es dabei belassen, würde allerdings die Originaldatei des Bildes überschrieben werden. Bestätigen Sie dazu ggf. eine zusätzliche Sicherheitsrückfrage.

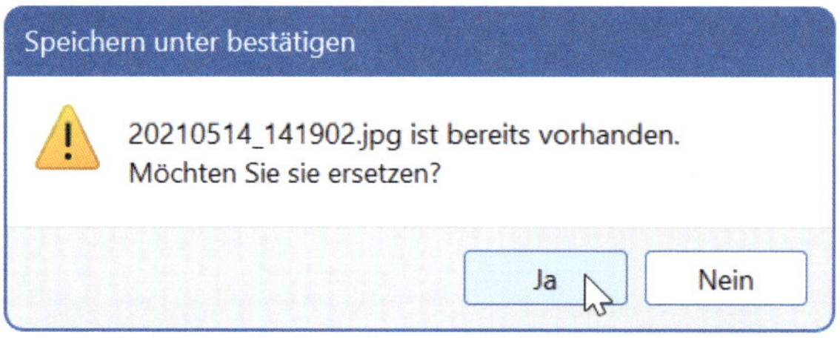

6. Alternativ wählen Sie einen anderen Ordner und/oder Dateinamen und können das Bild dann ohne weitere Rückfragen speichern.

6.2 Bildgröße und -auflösung nachträglich erhöhen

Man kennt das Phänomen aus zahlreichen Krimiserien: Die Aufzeichnung einer Überwachungskamera zeigt ein verschwommenes Bild des Täters. Der Kommissar reibt sich die Augen und fragt den Computerexperten: »Kann man das schärfer kriegen?« Der nickt, hackt kurz in seine Tasten und nach wenigen Sekunden baut sich ein gestochen scharfes Bild des Verbrechers am Bildschirm auf – Fall gelöst.

Jeder, der etwas von Überwachungstechnik versteht, wird Ihnen sagen, dass das in Wirklichkeit nicht ganz so einfach geht. Aber generative Bild-KI kann es – in Grenzen – tatsächlich schaffen, leicht unscharfe Schnappschüsse zu retten oder zu kleine Bilder so zu vergrößern, dass sie trotzdem ansehnlich sind.

Die KI versucht dafür, Muster und Strukturen im Bildmaterial zu erkennen und die fehlenden Pixel im Bild sinnvoll zu ergänzen. Das Ergebnis hängt immer vom Ausgangsmaterial ab. Ist dieses geeignet, können die aufpolierten Bilder allerdings beeindrucken.

Das folgende Beispiel verwendet den Webdienst IMG2GO, von dem ich in diesem Kapitel noch weitere Funktionen vorstellen werde.

IMG2GO – die wesentlichen Fakten

IMG2GO ist ein Webdienst zur Online-Fotobearbeitung. Sie können Ihre Bilder hier hochladen und dann mit zahlreichen Funktionen und Assistenten optimieren. Einige davon sind klassische Bildbearbeitungsfunktionen wie Beschneiden, Rotieren oder das Umwandeln in andere Formate. IMG2GO bietet aber auch eine Reihe von KI-gestützten Funktionen wie das Erkennen und Entfernen bzw. Austauschen des Bildhintergrunds oder das Unkenntlichmachen von Gesichtern. Zusätzlich bietet der Dienst auch generative Funktionen zum Erstellen von Bildern nach Beschreibung oder zum Anwenden bestimmter Kunststile.

IMG2GO lässt sich nach der Anmeldung in begrenztem Umfang kostenlos nutzen. Dazu gibt es täglich kostenlose Credits, die man beliebig verbrauchen kann. Wer mehr möchte, kann per Abonnement weitere Credits erhalten.

https://www.img2go.com/de, Webdienst

1. Öffnen Sie IMG2GO im Webbrowser über die Adresse https://www.img2go.com/de.
2. Wählen Sie im Menü am oberen Rand der Webseite *Alle Tools/KI Tools/Bild hochskalieren*.

3. Anschließend können Sie die zu vergrößernde Datei direkt mit der Maus auf das blaue Rechteck ziehen und dort fallen lassen. Alternativ klicken Sie auf *Datei auswählen*, um mit einem Auswahldialog zur Bilddatei auf Ihrer Festplatte zu navigieren. Mit dem kleinen Pfeil rechts daneben können Sie alternativ eine Datei von Google Drive, Dropbox oder einer beliebigen URL importieren. Diese Datei wird dann automatisch zu IMG2GO hochgeladen. Warten Sie ggf., bis der grüne Balken voll ist.

4. Darunter legen Sie fest, wie sehr Sie das Bild vergrößern möchten. Dazu stehen verschiedene Möglichkeiten zur Auswahl: Sie können einen festen Faktor von 2x oder 4x wählen. Sie können die Breite und Höhe in Bildpunkten vorgeben, was insbesondere hilfreich ist, wenn das neue Bild andere Dimensionen als die Vorlage bekommen soll. Oder Sie geben den Vergrößerungsfaktor als Prozentzahl an, die dann auf Breite und Höhe in gleichem Maß angewendet wird.
5. Standardmäßig erstellt der Dienst das neue Bild im selben Format wie das alte. Unter *Optionale Einstellungen* können Sie bei Bedarf aber ein abweichendes *Zielformat* festlegen.

6. Klicken Sie dann unten auf die *Start*-Schaltfläche, um mit dem Vergrößern des Bildes zu beginnen.

7. IMG2GO stellt Ihren Auftrag daraufhin in die Warteliste und führt ihn so schnell wie möglich aus. Dies erfolgt im Hintergrund, sodass Sie nicht ausdrücklich darauf warten müssen. Im Webbrowser wird dabei Ihre Dateiliste mit dem Fortschritt des Vorgangs angezeigt. Sie können aber auch später hierhin zurückkehren, falls es länger dauern sollte.

8. Sollten Sie die Webseite zwischenzeitlich verlassen haben, finden Sie Ihre Aufträge mit dem Symbol in der Kopfzeile der Webseite oder unter *Menü/Aktuelle Aufträge* vor.

9. In dieser Übersicht sind alle Aufträge aufgeführt, die Sie zuletzt erteilt haben. Neben dem Zeitpunkt sehen Sie die Art des Auftrags und den Status. Wird ein grünes Häkchen angezeigt, ist die Bearbeitung bereits abgeschlossen. Für das Ergebnis klicken Sie auf *Öffnen*.

10. In Ihrer Dateiliste sehen Sie zu jedem Auftrag eine Miniaturansicht des Bildes. Mit *Vorschau* können Sie das erstellte Bild in voller Größe betrachten. Sind Sie mit dem Ergebnis zufrieden, können Sie die Bilddatei *Herunterladen*.

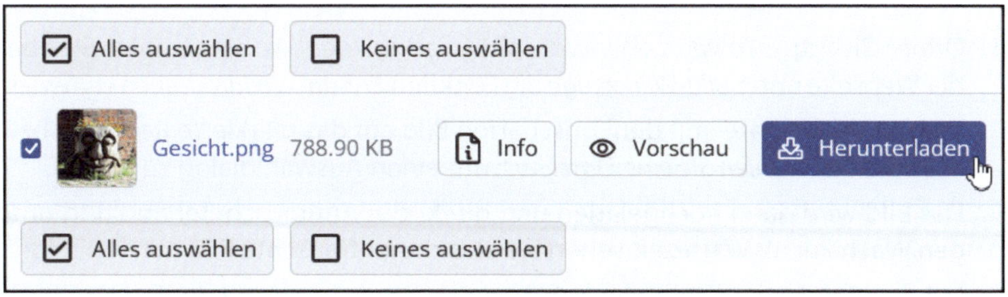

Wenn man ein Foto mit einem klassischen Bildbearbeitungsprogramm vergrößert, werden die vorhandenen Pixel ganz simpel vervielfacht. Das vergrößerte Bild wirkt dadurch in der Regel unscharf und feine Strukturen sind verwaschen. KI hingegen versucht, Strukturen im Bild zu erkennen und so die fehlenden Bildpunkte sinnvoll zu füllen.

Die Ergebnisse hängen ganz vom Ausgangsmaterial ab. Wenn dieses gut erkennbare Strukturen bietet, kann KI ein Bild vergrößern und den dafür benötigten Inhalt generieren, ohne dass das Bild erkennbar an Schärfe oder feinen Strukturen verliert.

6.3 Bildrauschen und Artefakte entfernen

Bildrauschen entsteht bei Digitalbildern beispielsweise, wenn es abends schon zu dunkel ist oder die Belichtungsverhältnisse etwa durch Gegenlicht schwierig sind. Dann fällt nicht überall genügend Licht auf den Sensor der Kamera, um die Farben korrekt und konsistent zu erkennen. Die so entstehenden Bilder wirken verrauscht und grobkörnig. Das hat schon manche gute Aufnahme ruiniert, aber mit KI-Hilfe kann man viele davon retten. Denn das Bildrauschen folgt meist einem Muster, das ein KI-Assistent erkennen und kompensieren kann, beispielsweise der von **MyEdit**.

MyEdit – die wesentlichen Fakten

MyEdit ist ein Webdienst, der eine große Auswahl an Funktionen zum Bearbeiten von Bildern und Audio mit und ohne KI zur Verfügung stellt. Deshalb werden Sie ihn auch an anderen Stellen in diesem Buch wiedertreffen. Darunter sind auch eine ganze Reihe an spannenden KI-basierten Funktionen zum Bearbeiten, Optimieren und Generieren von Bildern und Klängen. MyEdit bietet eine deutschsprachige Oberfläche und erfordert eine Anmeldung beispielsweise mit einem Google-Konto. Für die Nutzung ist ein virtuelles Guthaben (Credits) erforderlich. Allerdings kann man täglich kostenlose Credits erhalten. Wer den Dienst intensiver nutzen möchte, kann verschiedene Abonnements abschließen.

https://myedit.online/de, Webdienst

1. Öffnen Sie https://myedit.online/de/photo-editor/denoise bzw. wählen Sie oben auf der Webseite unter *Bild-Werkzeuge* die Funktion *Enhance/Bildrauschen entfernen*.
2. Ziehen Sie die Datei mit dem unscharfen Bild auf das markierte Rechteck bzw. klicken Sie auf *Wählen Sie eine Datei aus*, um einen Auswahldialog zu öffnen.
3. Das Bild wird dann hochgeladen und direkt der Antirausch-Behandlung unterzogen. Nach kurzer Wartezeit sehen Sie also das entrauschte Bild auf dem Monitor.
4. Mit dem *Stärke*-Schieberegler links steuern Sie die Intensität des Effekts. Bei 0 wird das Bild unverändert belassen. Bei 100 wird das Entrauschen mit maximaler Intensität durchgeführt. Das kann aber unter Umständen schon zu viel sein, wenn das Bild dadurch an Details verliert und insgesamt platt und künstlich wirkt. In diesem Fall nehmen Sie den Effekt beispielsweise auf 80 zurück.
5. Die Ansicht des Bildes links reagiert in Echtzeit auf Änderungen am Schieber. So können Sie ganz genau das optimale Maß an Intensität einstellen, mit der das störende Rauschen verschwindet, ohne den Gesamteindruck des Bildes zu beeinträchtigen. Ich würde den Regler langsam nach links schieben, bis wieder Bildrauschen sichtbar wird. Dann wieder ein kleines Stück nach rechts, getreu dem Motto »so viel wie nötig, so wenig wie möglich«.

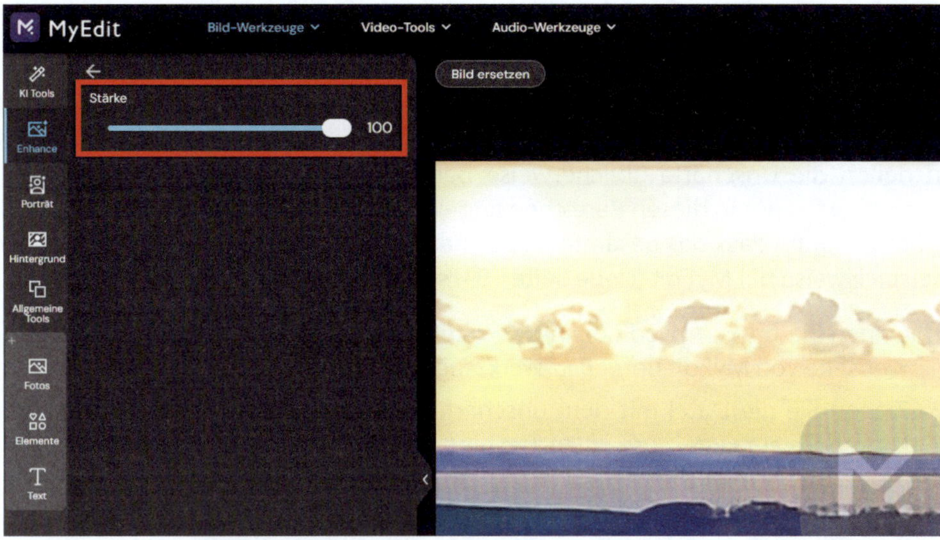

6. Sind Sie mit der Wirkung des Effekts zufrieden, können Sie das fertige Bild oben rechts *Herunterladen*.

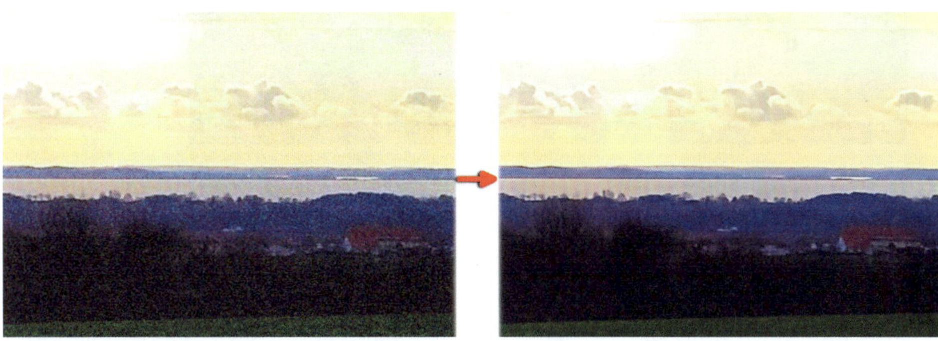

6.4 Verschwommene Bilder nachschärfen

Ein uraltes Problem für Fotografen sind verschwommene Bilder. Sie entstehen, wenn der Fokus bei der Aufnahme nicht korrekt ist oder wenn Kamera oder Smartphone im Moment der Aufnahme nicht ruhig gehalten werden. Moderne digitale Linsen verfügen über einen guten Autofokus und ggf. sogar Bildstabilisatoren, die Bewegungen beim Knipsen ausgleichen. Aber manchmal hilft das alles nicht und die Aufnahme ist matschig und verschwommen. Solange das Problem sich in Grenzen hält, kann man solche Bilder oftmals retten, indem man sie nachschärft. Die meisten Bildbearbeitungsprogramme bringen dafür Funktionen mit, die allerdings nach einem relativ simplen Ansatz arbeiten, der gleichzeitig auf das gesamte Bild angewendet wird. Dadurch kann man den Effekt nur sehr dezent einsetzen oder läuft Gefahr, dass das Bild zwar scharf, aber zugleich auch unnatürlich wirkt.

KI-gestütztes Nachschärfen geht im Unterschied dazu selektiv vor: Durch die Mustererkennung werden zunächst Bildbereiche wie Linien, Kanten und Ecken identifiziert, in denen die Unschärfe üblicherweise besonders auffällt. Anschließend wird das Nachschärfen nur in diesen Bereichen angewendet. Dadurch kann man stärker nachschärfen, ohne dass das gesamte Bild unnatürlich überschärft wirkt. Sie können das beispielsweise bei MyEdit (siehe Seite 194) selbst ausprobieren.

1. Öffnen Sie https://myedit.online/de/photo-editor/deblur bzw. wählen Sie auf der Webseite von MyEdit unter *Bild-Werkzeuge* die Funktion *Enhance/Bild schärfen*.
2. Ziehen Sie die Datei mit dem unscharfen Bild auf das markierte Rechteck oder klicken Sie auf *Datei auswählen*, um einen Auswahldialog zu öffnen.

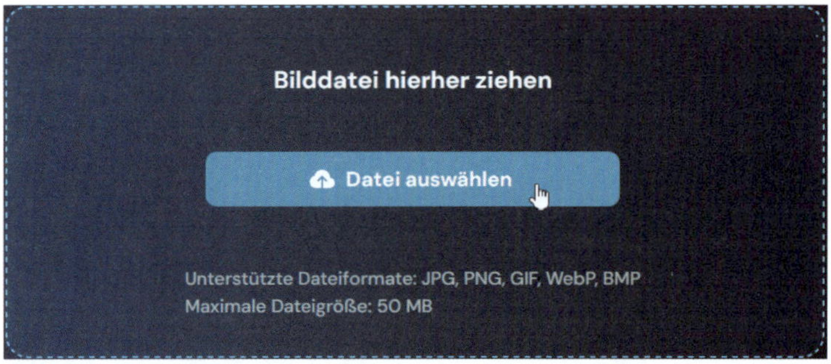

3. Das Bild wird dann hochgeladen und die Verarbeitung direkt gestartet. Das kann einige Sekunden dauern, aber der Fortschrittsbalken hält Sie auf dem Laufenden.
4. Anschließend sehen Sie direkt die nachgeschärfte Version des Bildes im Webbrowser. Mit dem *Stärke*-Schieberegler links können Sie die Intensität des Effekts steuern. Standardmäßig steht er bei 100, also maximaler Schärfe. Ziehen Sie ihn ganz nach links auf 0, sehen Sie praktisch das unbearbeitete Originalbild vor sich.

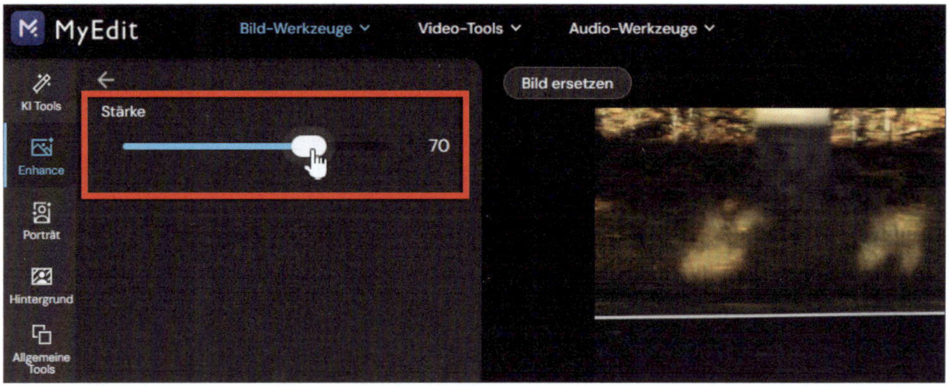

5. Die Vorschau des Bildes reagiert annähernd in Echtzeit auf die Bewegung des Schiebers rechts. Sie können also ganz präzise die gewünschte Stärke einstellen und die Auswirkung auf das Bild direkt sehen.
6. Sind Sie mit der Wirkung des Effekts zufrieden, können Sie das fertige Bild oben rechts *Herunterladen*.

Wie gut das Nachschärfen klappt, hängt vom vorhandenen Bild ab. Ein offensichtlich völlig unscharf geratenes Bild kann auch die KI nicht retten. Aber wenn Unschärfe in Maßen vorhanden ist oder sich auf bestimmte Bildbereiche beschränkt, kann das Nachschärfen sehr effektiv sein. Bei diesem Beispielbild wurde der Schatten fotografiert, den ein fahrender Zug auf die parallel zu den Schienen verlaufende Straße geworfen hat. Durch die Bewegung des Zuges und der Kamera mit ihm ist das Bild trotz kurzer Belichtungszeit zwangsläufig etwas unscharf geraten. Der KI-Funktion gelingt es aber, die Kanten der Schatten nachzuschärfen, ohne den Bildeindruck insgesamt zu beeinträchtigen.

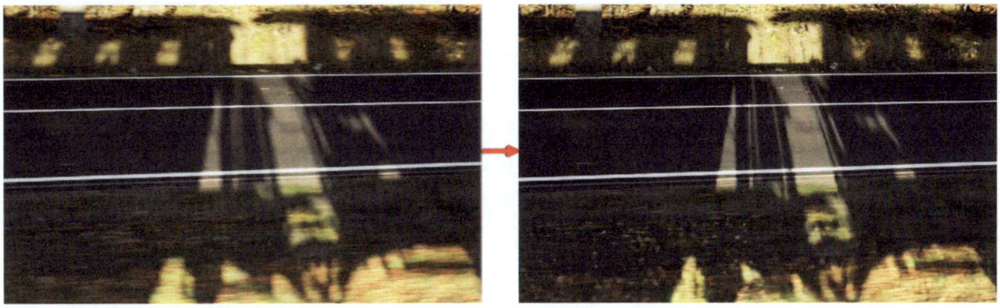

6.5 Farben korrigieren und optimieren

Obwohl moderne Smartphones und Digitalkameras ab Werk schon verschiedene Funktionen mitbringen, um Fotos ohne besonderes Zutun des Nutzers möglichst gut aussehen zu lassen, klappt das nicht immer. Manchmal sind die Bilder später am Monitor doch irgendwie flau und geben nicht das Erlebnis und die Stimmung wieder, die man damit festhalten wollte.

Sofern es wirklich nur an fehlenden oder falschen Farben liegt, können KI-basierte Funktionen Abhilfe schaffen, die den Bildfarben dezent auf die Beine helfen und einem Foto so wieder mehr Leben einhauchen können. Eine Funktion zum Optimieren von Bildern bieten die meisten Apps und Webdienste zur automatischen Bildbearbeitung. Im Folgenden stelle ich die KI-Farbkorrektur des **YouCam Online Editor** (siehe Seite 220) vor, die sich insbesondere auf das vollautomatische Optimieren von Farben in Digitalfotografien versteht.

1. Öffnen Sie im Webbrowser die Seite https://yce.perfectcorp.com/de/color-correction oder wählen Sie im Menü des Editors am oberen Seitenrand *Produkt/Foto-Bearbeitung mit KI/KI-Farbkorrektur*.
2. Laden Sie das zu optimierende Bild hoch, indem Sie es auf das Rechteck ziehen und dort fallen lassen. Oder Sie klicken in das Rechteck, um die gewünschte Bilddatei in einem Dateiauswahldialog zu selektieren.

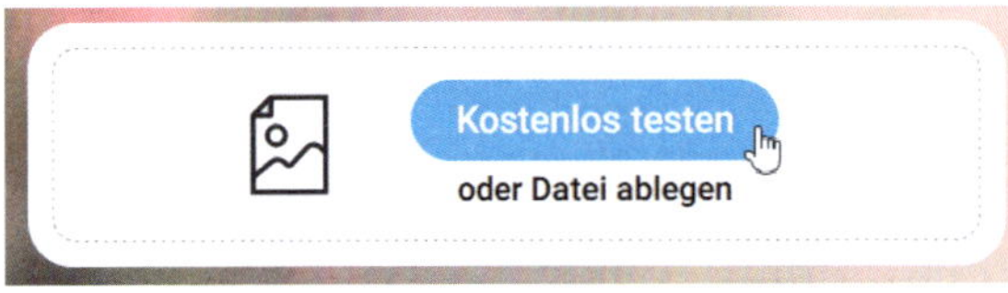

3. Warten Sie nun ab, bis das Bild hochgeladen und verarbeitet wurde.
4. Anschließend wird es Ihnen in einer Vorher-Nachher-Ansicht auf dem Bildschirm angezeigt. Den Balken in der Mitte können Sie nach links und rechts verschieben und so jeweils mehr von der Vorher- oder der Nachher-Variante sehen.
5. Weitere Einflussmöglichkeiten gibt es nicht, was für diese Art von Funktion typisch ist. Es handelt sich nun mal um eine KI-basierte Automatik. Nur wenn Sie mit dem Ergebnis in der Vorschau zufrieden sind, sollten Sie das optimierte Bild *Herunterladen*, da dies jedes Mal etwas vom virtuellen Credits-Guthaben kostet, das insbesondere in der kostenlosen Basisversion knapp ist.

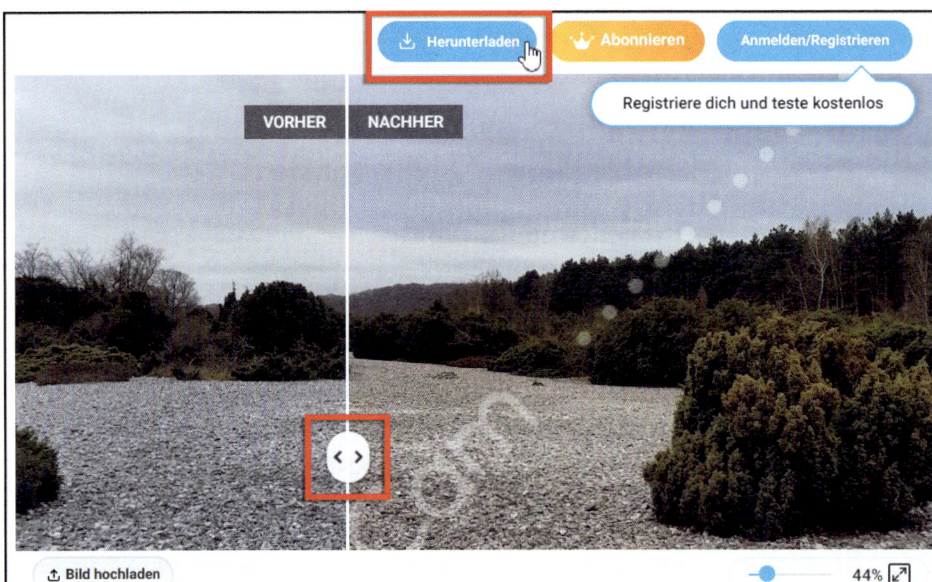

6.6 Den Hintergrund eines Bildes entfernen und ersetzen

Für Produktbilder, aber auch bei Porträts möchte man gelegentlich einen unpassenden Hintergrund entfernen oder durch etwas Passenderes ersetzen. KI-Funktionen können dabei helfen, den Unterschied zwischen Vorder- und Hintergrund zielsicher zu erkennen und das Bildmotiv mit einem neuen eingefügten Hintergrund unauffällig zu verschmelzen, als wenn es nie anders gewesen wäre.

Bildmotive mit Paint freistellen

Benutzer einer aktuellen Windows-Version bekommen mit dem Bildbearbeitungsprogramm Paint auch eine KI-basierte Freistellen-Funktion geliefert. Mit Freistellen ist dabei gemeint, den Hintergrund eines Motivs zu entfernen, sodass nur noch die Person oder das Objekt selbst zu sehen ist.

1. Öffnen Sie das Bild, dessen Motiv Sie freistellen möchten, in Paint.
2. Klicken Sie dann in der Symbolleiste im Bereich *Bild* auf das Symbol *Hintergrund entfernen*.

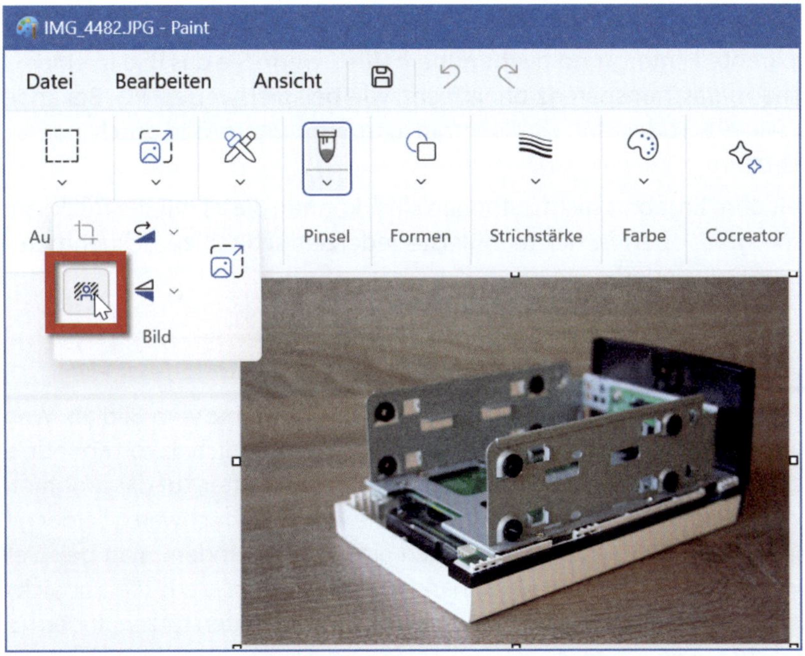

3. Die App werkelt nun kurz vor sich hin und versucht, Vordergrundmotiv und Hintergrund zu erkennen und voneinander zu trennen. Alles, was als Hintergrund erkannt wurde, wird entfernt und durch einen transparenten Hintergrund ersetzt.

4. Das Ergebnis können Sie nach wenigen Sekunden auf Ihrem Bildschirm betrachten.

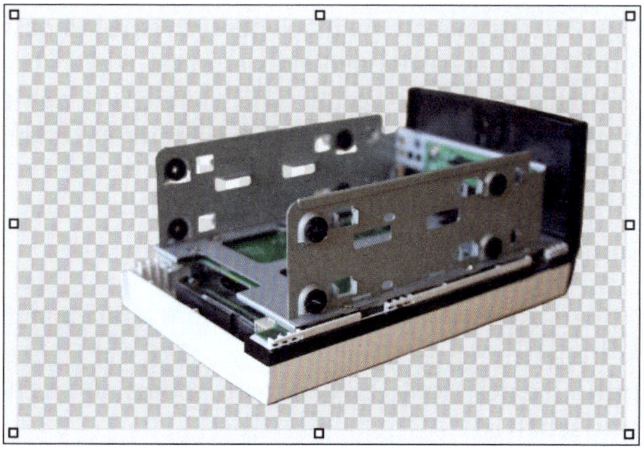

Das so freigestellte Bild können Sie beliebig weiterverarbeiten. Dazu folgende Hinweise:

- Wenn Sie das Bild direkt speichern, wird das Originalbild (also das mit Hintergrund) dadurch überschrieben. Wenn Sie das nicht möchten, verwenden Sie stattdessen *Speichern unter*.
- Der transparente Hintergrund bleibt nur erhalten, wenn Sie das Bild in einem Format speichern, das Transparenz beherrscht, wie beispielsweise PNG. Bei anderen Formaten wie JPEG oder BMP wird der transparente Hintergrund durch eine weiße Fläche ersetzt.
- Falls Sie mit dem Ergebnis nicht zufrieden sind, können Sie es mit der Rückgängig-Schaltfläche ganz oben in der Menüleiste jederzeit schnell zurücknehmen und den Hintergrund wiederherstellen.

Die Grenzen beim automatischen Freistellen

Wie gut das automatische Freistellen funktioniert, hängt ganz vom Bild ab. Wenn der Hintergrund recht einheitlich ist und das Objekt sich deutlich davon abhebt, erzielt Paint sehr gute Ergebnisse. Ist das Bild insgesamt lebhafter, tut das Programm sich mit dem Erkennen und Zuordnen der Bildteile wesentlich schwerer. Leider gibt es keinerlei Möglichkeiten, in das Geschehen einzugreifen, indem man beispielsweise das gewünschte Objekt vorher markiert. Vielleicht bessern die Entwickler da noch nach. Einstweilen können Sie die Funktion nur unterstützen, indem Sie vorher möglichst viele Bildteile manuell entfernen. Das geht, indem Sie sie mit der Rechteck-Auswahl markieren und dann [Entf] drücken. Das hilft beispielsweise auch, wenn ein Bild zwei Personen zeigt, von denen Sie eine freistellen möchten. Entfernen Sie die andere, bevor Sie die Funktion *Hintergrund entfernen* anwenden.

Hintergrund per Webdienst entfernen

Wer kein Windows-Nutzer ist, kann unabhängig von seinem Betriebssystem einen Webdienst zum Entfernen von Bildhintergründen nutzen. IMG2GO (siehe Seite 191) bietet neben vielen anderen (KI-basierten und anderweitigen) Bildbearbeitungsfunktionen auch das automatische Erkennen und Entfernen von Bildhintergründen an. Der entfernte Hintergrund kann für weitere Bearbeitungsschritte transparent bleiben oder auch durch einen anderen Hintergrund ersetzt werden.

1. Öffnen Sie im Webbrowser https://www.img2go.com/de und wählen Sie im Menü *Alle Tools/KI Tools/Hintergrund entfernen*.
2. Auf der folgenden Seite können Sie die zu analysierende Bilddatei per Drag and Drop auf das blaue Feld ziehen und dort fallen lassen. Alternativ klicken Sie auf *Datei auswählen*.
3. Im so angezeigten Menü öffnen Sie mit *Vom Gerät* einen Dateiauswahldialog, mit dem Sie zu der gewünschten Datei navigieren können. Sie können hier aber ggf. auch Bilder direkt aus Ihrer Dropbox, Ihrem Google Drive oder von einer beliebigen URL importieren.

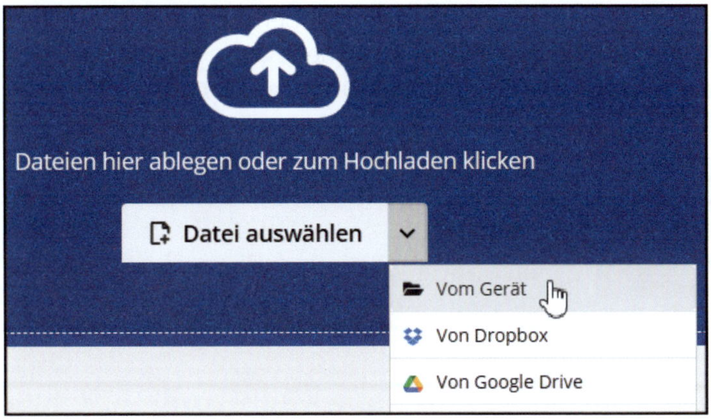

4. Warten Sie nun kurz, bis die Bilddatei hochgeladen wurde. Sie wird dann unterhalb mit Namen und Dateigröße angezeigt.
5. Bei *Einstellungen* können Sie nun das zu verwendende *Modell* wählen. Es gibt spezielle KI-Modelle für Menschen und für Kleidung. Wenn Ihr Bild einen solchen Inhalt hat, sollten Sie das passende verwenden. Ansonsten sollte man die verschiedenen Modelle einfach ausprobieren, um Erfahrungen zu sammeln.
6. Bei *Funktion* können Sie anstelle des Entfernens des Hintergrunds auch das Einfügen eines Alphakanals wählen. Dieser enthält Informationen über die Sichtbarkeit der einzelnen Bildpunkte. Anstatt Informationen aus dem Bild zu entfernen, werden die zum Hintergrund gehörenden Punkte nur als transparent gekennzeich-

net. Die Bildinformationen bleiben erhalten und der Hintergrund kann später ggf. in einem Bildbearbeitungsprogramm wieder sichtbar gemacht werden.

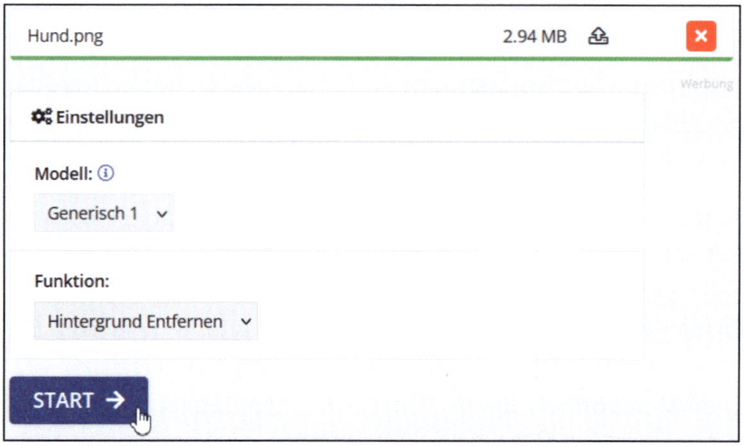

7. Klicken Sie schließlich auf *Start*, um die Funktion auszuführen. Die Verarbeitung erfolgt automatisch im Hintergrund in Ihrer Dateiliste.
8. Der Browser springt automatisch dorthin und zeigt den Eintrag der Datei an, wo Sie den Fortschritt verfolgen können. Ist die Bearbeitung abgeschlossen, können Sie sich eine *Vorschau* ansehen und die fertige Datei *Herunterladen*.

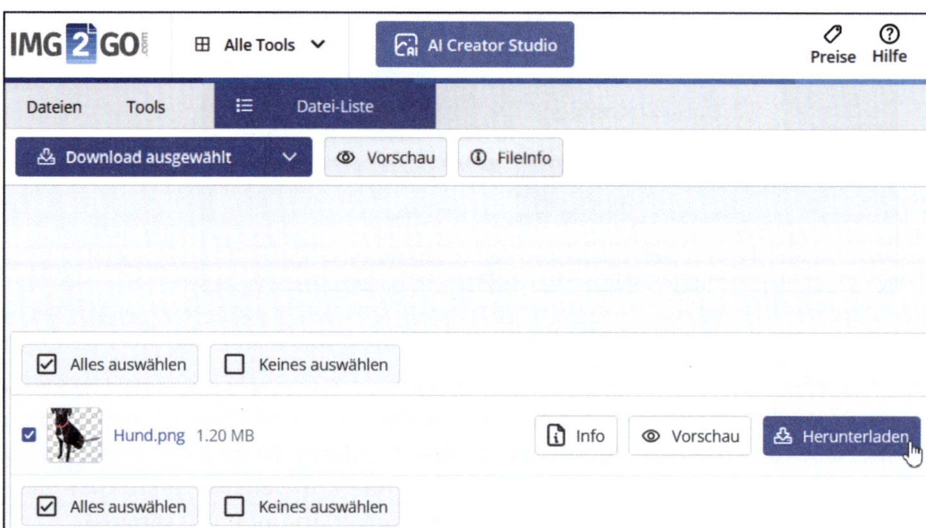

6.7 Störende Objekte im Bild entfernen

Eine sehr praktische Hilfe kann KI beim Entfernen unerwünschter Bildelemente sein. Wenn man etwa einen wunderschönen Strand fotografiert hat, aber irgendwo in der Mitte läuft gerade jemand durchs Bild oder ein Hinweisschild vermiest den Eindruck ungestörter Natur.

Muster erkennende KI-Funktionen sind in der Lage, solche Objekte zu isolieren, aus dem Bild zu entfernen und die so entstehende Lücke mit Inhalten zu füllen, die aus dem umliegenden Hintergrund entnommen werden. Mit etwas Glück entsteht so ein Bild ohne störende Elemente, bei dem kein Betrachter auf die Idee kommen würde, dass es jemals anders ausgesehen haben könnte.

Unter anderem der Webdienst **MyEdit** (siehe Seite 194) bietet eine solche Funktion an:

1. Öffnen Sie im Webbrowser die Webseite https://myedit.online/de und wählen Sie dort im Menü am oberen Rand *Bild-Werkzeuge/KI Tools/KI-Entfernen*.
2. Laden Sie dann die fragliche Bilddatei hoch, indem Sie sie auf das markierte Rechteck ziehen oder auf *Datei auswählen* klicken, um einen Auswahldialog zu öffnen.

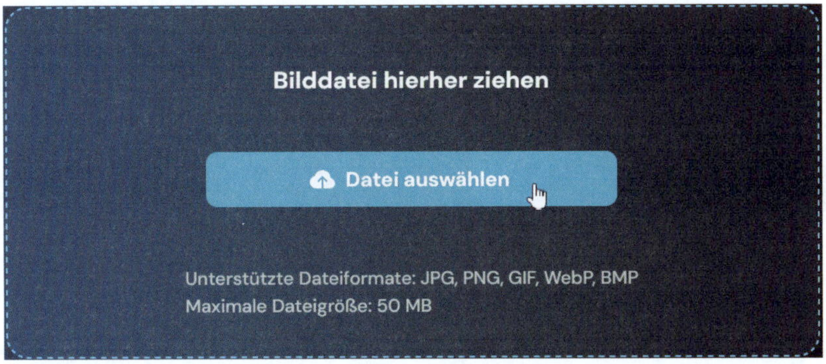

3. Ist die Datei hochgeladen, gelangen Sie automatisch zum nächsten Schritt. Hierfür wird das Bild angezeigt und Sie müssen den Bereich mit dem zu entfernenden Objekt markieren.
4. Wählen Sie hierfür am linken Rand die passende Größe des Auswahlwerkzeugs aus. Fahren Sie dann mit gedrückter Maustaste über das fragliche Objekt im Bild. Diesen Vorgang können Sie beliebig oft wiederholen und so auch ein ungleichmäßig großes Objekt möglichst passgenau markieren. Die Markierung braucht allerdings nicht pixelgenau zu sein. Sie dient nur der automatischen Mustererkennung, um den zu untersuchenden Bereich einzugrenzen.

5. Sollten sich in einem Bild mehrere störende Objekte befinden, können Sie diese alle markieren und in einem Durchgang beseitigen.

6. Haben Sie alles markiert, klicken Sie unten rechts auf *Entfernen*, um die KI-Bearbeitung zu starten.

6.8 Objekte in Bilder einfügen

Mit KI können Sie nicht nur störende Elemente aus Bildern entfernen, sondern auch neue Objekte einfügen. Das kann man zwar auch mit einem Bildbearbeitungsprogramm selbst machen. Aber dazu benötigt man ein passendes Bild vom gewünschten Objekt und muss dieses manuell einpassen, sodass es nicht wie ein Fremdkörper wirkt. Bei der KI-Variante teilen Sie dem Assistenten nur mit, welche Art von Objekt Sie wo haben möchten, und überlassen der Software die mühsame Feinarbeit.

Ausprobieren können Sie dies beispielsweise mit dem Google-Assistenten Gemini (siehe Seite 101) oder wie hier im Beispiel mit MyEdit.

1. Öffnen Sie im Webbrowser die Webseite https://myedit.online/de/photo-editor/ai-replace und wählen Sie dort im Menü am oberen Rand *Bild-Werkzeuge/KI Tools/ KI-Ersetzen*.
2. Ziehen Sie dann zunächst die Bilddatei, die Sie ergänzen möchten, auf das blaue Rechteck oder klicken Sie auf *Datei auswählen*, um sie hochzuladen.
3. Anschließend wird die Datei zu MyEdit hochgeladen und das Bild kurze Zeit später im Browser angezeigt.
4. Nutzen Sie nun den links angezeigten Pinsel, um im Bild die Stelle zu markieren, wo das Objekt eingefügt werden soll. Sie können dabei ein Objekt im Bild markieren, das Sie ersetzen möchten. Oder Sie markieren eine leere Stelle im Hintergrund, wo etwas zusätzlich eingefügt werden soll. Beachten Sie, dass Sie dabei nicht nur die Position, sondern auch (in etwa) den Umfang des KI-generierten Elements bestimmen.
5. Im Arbeitsbereich rechts legen Sie mit *Größe* den Radius des *Pinsels* fest, sodass Sie sowohl kleinere Bereiche sehr genau oder größere Bereiche schnell einfärben können. Sollte der Bereich zu groß geraten sein, können Sie ihn mit dem *Radierer* wieder verkleinern.

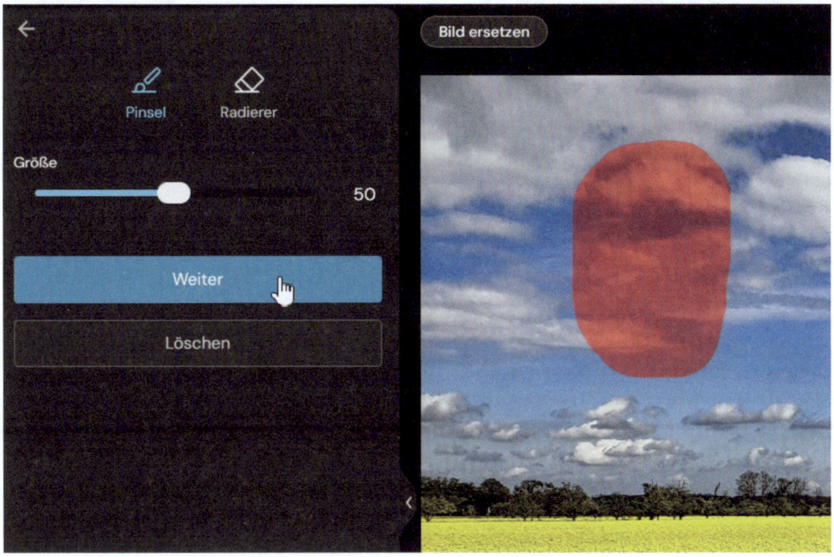

6. Sind Sie mit der Markierung zufrieden, klicken Sie rechts auf *Weiter*, um zum nächsten Schritt zu gelangen.
7. Dadurch wird anstelle der Werkzeuge nun ein Eingabefeld angezeigt, in dem Sie das Objekt beschreiben, das an der ausgewählten Stelle eingefügt werden soll. Diese Beschreibung kann so kurz oder ausführlich ausfallen, wie Sie es für nötig halten (maximal aber 800 Zeichen). Ausführlichere Hinweise zu Eingabe-Prompts für das KI-Generieren von Bildern lesen Sie auf Seite 232.

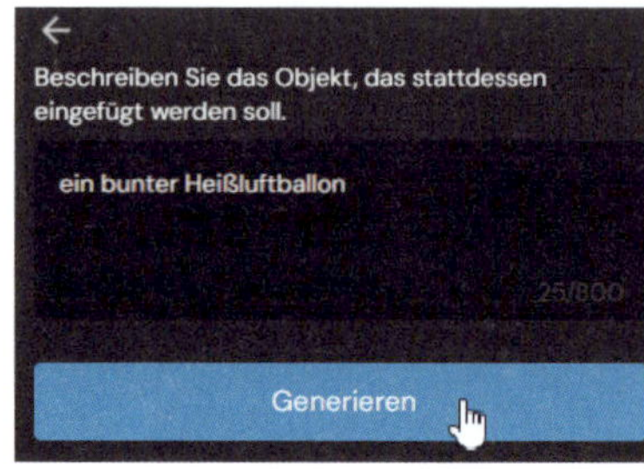

8. Klicken Sie dann darunter auf die Schaltfläche *Generieren*. Diese verrät Ihnen auch, wie viel Guthaben dieser Schritt kostet und ob Sie davon noch genug haben.
9. Nun brauchen Sie nur etwas abzuwarten, bis der Assistent Ihnen mehrere Vorschläge berechnet und anzeigt. Klicken Sie jeweils auf eine Minivorschau, um die entsprechende Variante links daneben groß zu sehen.
10. Sind Sie mit einer der Varianten zufrieden, belassen Sie es bei dieser Auswahl und klicken Sie oben rechts, um das fertige Bild herunterzuladen.

6.9 Gesichter in Bildern retuschieren

Bilder, auf denen Gesichter groß und deutlich zu erkennen sind, haben häufig das Problem, dass ein spontaner Schnappschuss nun mal kein professionelles Fotoshooting ist. Niemand schminkt die Beteiligten vorher, pudert Pickelchen und Hautunreinheiten ab oder sorgt für perfekte Beleuchtung. Im Ergebnis entstehen Aufnahmen, die zwar das Erlebte und die Stimmung gut wiedergeben, aber unter den kritischen Blicken der Abgebildeten im Detail nicht immer bestehen können.

KI-gestützte Funktionen zur Bildoptimierung mit besonderem Fokus auf Gesichtern können hier Abhilfe schaffen. Sie erkennen Gesichter und Hautpartien und können diese nachträglich virtuell »abpudern« und im besten Licht erscheinen lassen. Dazu werden abweichende Strukturen in zusammenhängenden Hautpartien erkannt und durch hautfarbene Bildpunkte ersetzt, sodass Pickel, Fältchen oder andere Hautunreinheiten unsichtbar werden. Eine solche praktische und in gewissem Umfang kostenlose Funktion bietet der Webdienst **VanceAI** (der auf diese Weise Werbung für seine kostenpflichtige Windows-App macht).

1. Öffnen Sie im Webbrowser die Seite https://vanceai.com/de/portrait-retoucher.
2. Klicken Sie hier auf die *Bild hochladen*-Schaltfläche und navigieren Sie im so geöffneten Dateiauswahldialog zu dem Bild, in dem Sie ein Gesicht optimieren möchten.
3. Dieses Bild wird dann hochgeladen und kurze Zeit später in Ihrem Online-Arbeitsbereich (*VanceAI Workspace*) angezeigt. Markieren Sie das gewünschte Bild dort mit einem kurzen Mausklick.
4. Wählen Sie dann rechts die Funktion *AI Portrait Retoucher* und darunter im Bereich *Anpassungsmodus* die Option *Retuschieren*. Klicken Sie dann ganz unten auf *Mit der Verarbeitung starten*.

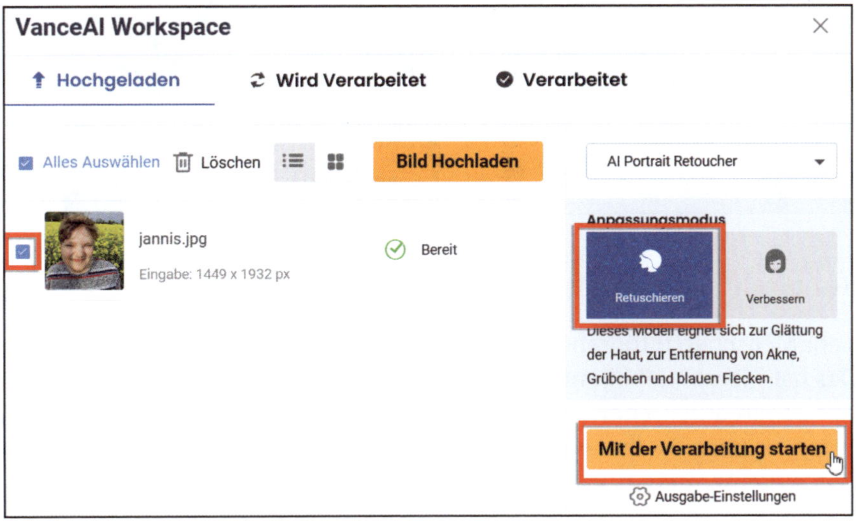

5. Der Arbeitsbereich wechselt dann automatisch in die Rubrik *Wird verarbeitet*, wo Sie den Fortschritt verfolgen können.
6. Die Verarbeitung kann je nach Auslastung des Dienstes ein wenig dauern. Anschließend wechselt der Arbeitsbereich in die Rubrik *Verarbeitet*.

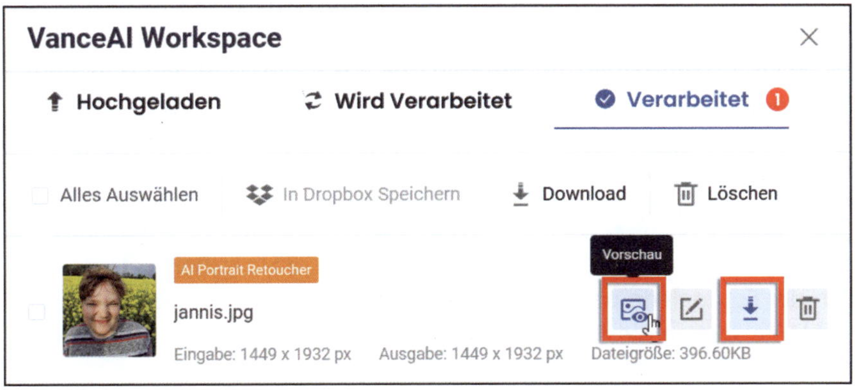

7. Hier können Sie sich mit der *Vorschau*-Funktion zunächst vom Ergebnis überzeugen. Diese zeigt links das Originalbild und rechts die optimierte Version. Sind Sie damit zufrieden, können Sie die neue Version als JPEG-Bilddatei herunterladen.

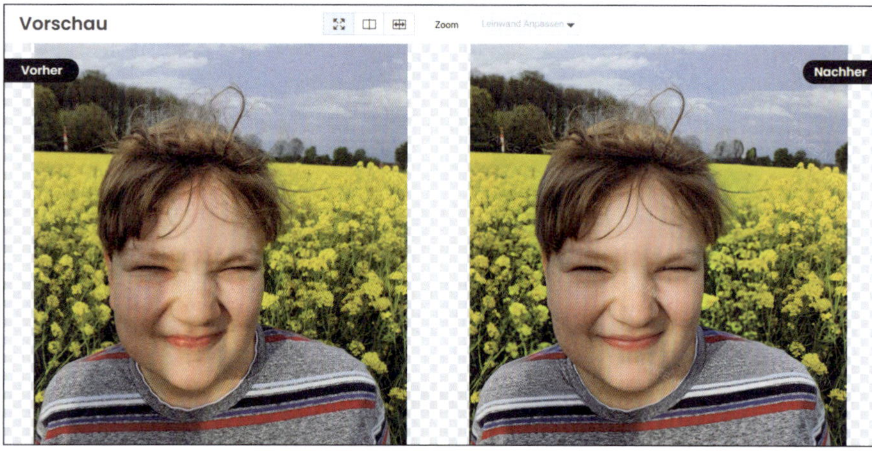

Gesichter direkt am Smartphone optimieren

Immer mehr Menschen fotografieren anstatt mit einer Kamera direkt mit dem Smartphone. Das hat man ohnehin immer dabei und die Qualität von Linsen und Bildsensoren steht denen durchschnittlicher Digitalkameras kaum noch nach. Falls Sie auch dazugehören, müssen Sie Ihre Bilder zum Optimieren und Nachbearbeiten nicht unbedingt auf einen PC ziehen. Viele Dinge lassen sich mit der richtigen App direkt am Smartphone erledigen, sodass man Bilder bei Bedarf gleich unterwegs nachbessern und dann mit anderen teilen kann.

Apps zur Fotobearbeitung gibt es in reichlicher Auswahl und nicht alle werden den markigen Werbesprüchen gerecht. Ich verwende im Folgenden die App *Photoshop Express* vom Markenhersteller Adobe. Der ist für hochwertige Bildverarbeitungsanwendungen wie Photoshop und Lightroom bekannt, die professionellen Ansprüchen genügen, aber eben auch nicht ganz billig sind. Die App *Photoshop Express* für Android und iOS ermöglicht den günstigen Einstieg in die Adobe-Welt. Sie bietet viele Funktionen, die sich nach der Anmeldung kostenlos nutzen lassen. Weitere Möglichkeiten kann man per Premium-Abonnement freischalten. Im Folgenden zeige ich die Funktion von *Photoshop Express* zum Nachbessern von Gesichtern.

1. Um ein Bild mit der Adobe-App zu bearbeiten, können Sie es beispielsweise in der Fotogalerie per *Teilen*-Funktion in *Photoshop Express* öffnen. Oder Sie starten die App und tippen auf der Startseite auf *Fotoeditor*, um ein Bild aus Ihrer Fotogalerie auswählen zu können.

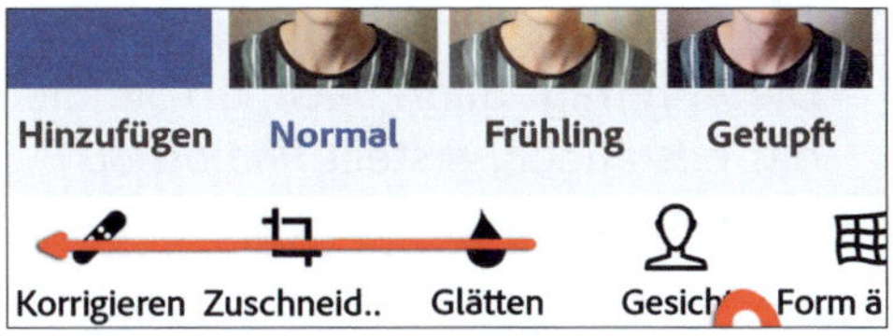

2. Wird das gewünschte Bild im Editor angezeigt, können Sie in der ganz untersten Leiste die grundlegende Art der Bearbeitung wählen. Ziehen Sie diese Leiste mit dem Finger nach links, bis der Eintrag *Gesicht* angezeigt wird. Tippen Sie dann auf diesen.
3. Nun können Sie in der Leiste darüber auswählen, welchen Bereich Sie verändern möchten: *Gesicht*, *Lippen*, *Nase* oder *Augen*. Um der abgebildeten Person etwa ein Lächeln auf die Lippen zu zaubern, wählen Sie diesen Teil aus.
4. Anschließend können Sie wiederum festlegen, was an den Lippen verändert werden soll. Mit *Lächeln* können Sie die Mundwinkel verschieben. Sie können aber auch die *Unterlippe* oder *Oberlippe* voller oder schmaler gestalten oder die *Breite* bzw. *Höhe* des ganzen Mundes anpassen.

5. Wählen Sie einen der Bereiche aus, können Sie mit dem Schieberegler darüber die Intensität der Veränderung steuern. Bei *Lächeln* etwa gehen die Mundwinkel weiter nach oben, je mehr Sie den Regler nach rechts ziehen. Nach links hingegen ziehen Sie die Mundwinkel sogar nach unten, um etwa ein übertriebenes, gekünstelt wirkendes Lächeln auszugleichen.
6. Probieren Sie mit dem Schieber aus, wie stark Sie den Effekt anwenden möchten. Zieht man ihn ganz nach rechts, ist die Wirkung teilweise schon zu heftig und wirkt nicht mehr natürlich. Gerade bei Manipulationen an Gesichtern ist weniger oft mehr, da Menschen nun mal perfekt auf das Wahrnehmen kleiner Abweichungen im Mienenspiel trainiert sind.

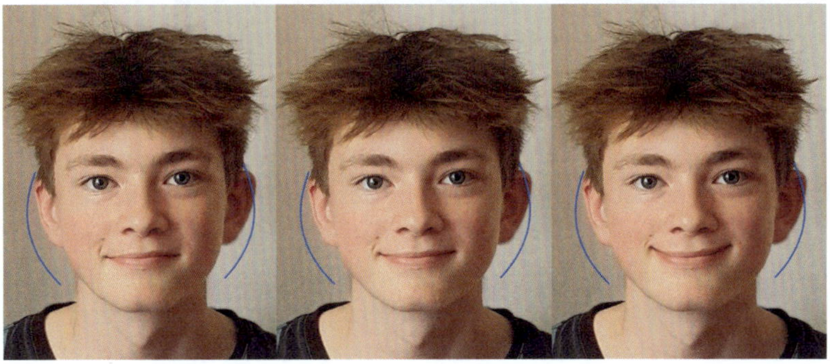

7. Sind Sie mit dem Ergebnis zufrieden, tippen Sie oben links auf den Zurück-Pfeil. Die App fragt dann nach, ob Sie die Änderungen speichern möchten. Wenn Sie das bestätigen, erstellt *Photoshop Express* eine neue Bildkopie mit den Veränderungen. Das Originalbild bleibt also unversehrt.

Gesichter ganz austauschen

Manchmal ist es mit dem Retuschieren nicht getan, sondern man möchte Gesichter ganz austauschen. Sei es als Spaß für Familie und Freunde oder weil bei einem wichtigen Foto eine Person fehlt, die man auf diese Weise nachträglich einfügen kann. Wenn Sie über das Originalbild und ein gutes Porträtfoto der Person verfügen, kann KI diese Aufgabe automatisch erledigen. Dank Gesichtserkennung kann sie auf beiden Bildern analysieren, wo sich die Gesichter befinden, und diese Bildteile gegeneinander vertauschen. Dabei werden auch Farbe, Helligkeit usw. angepasst, sodass sich das neue Gesicht anschließend harmonisch in das Bild einfügt, als wenn es nie anders gewesen wäre.

1. Öffnen Sie https://myedit.online/de/photo-editor/ai-face-swap bzw. wählen Sie auf der Webseite von MyEdit (siehe Seite 194) unter *Bild-Werkzeuge* die Funktion *Porträt/KI Face Swap*.
2. Als Erstes benötigen Sie ein Porträt der Person, die Sie in ein vorhandenes Bild hineinmontieren möchten. Dieses sollte eine gute Qualität haben, und das Gesicht sollte sich deutlich vom Hintergrund oder sonstigen Bildelementen abheben, damit es sicher erkannt werden kann. Ziehen Sie die Datei auf das markierte Rechteck oder klicken Sie auf das Plussymbol, um einen Auswahldialog zu öffnen.

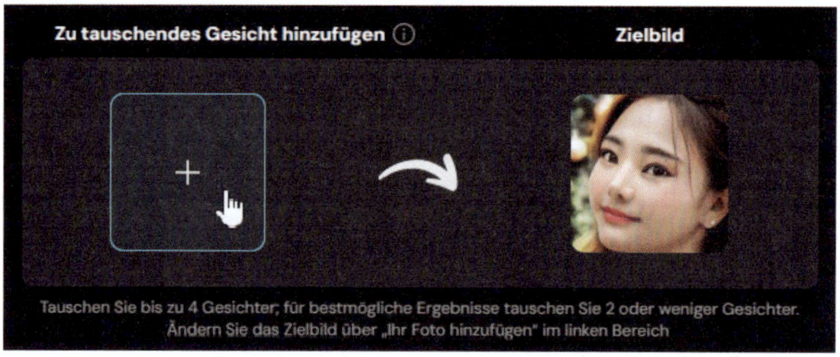

3. Wenn der Hochlade-Vorgang abgeschlossen ist, wird Ihnen dieses Bild unter *Zu tauschendes Gesicht hinzufügen* angezeigt. Rechts daneben bei *Zielbild* sehen Sie ein Beispielfoto aus dem Bestand des Anbieters, das Sie für Testzwecke verwenden können.
4. Oder Sie klicken oben links auf *Ihr Foto hinzufügen* und laden wiederum das Bild hoch, in welches das Gesicht aus Schritt 2 eingefügt werden soll. Alternativ können Sie es auch mit der Maus auf den *Zielbild*-Bereich ziehen und dort fallen lassen.

5. Wenn die beiden gewünschten Bilder als Quelle und Ziel angezeigt werden, können Sie ganz unten auf *Gesichtertausch* klicken. Rechts daneben sehen Sie, wie viel von Ihren vorhandenen MyEdit-Credits Sie das kosten wird.

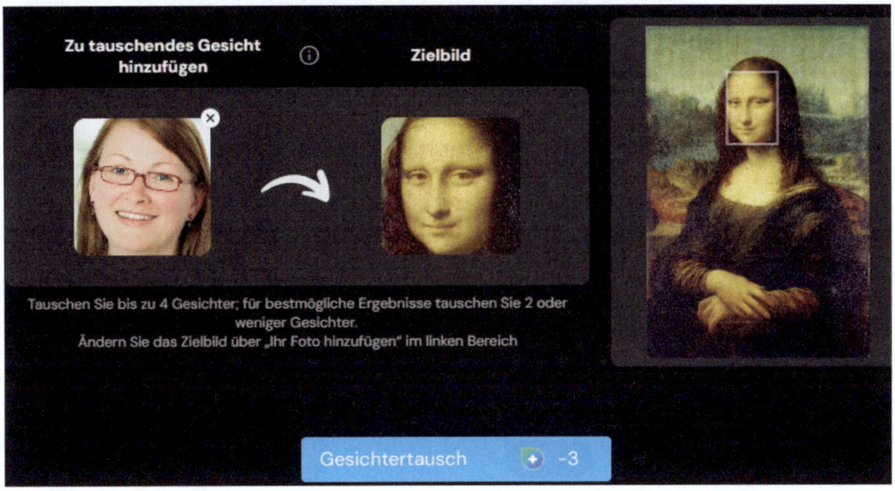

6. Nach etwas Wartezeit präsentiert Ihnen MyEdit das Ergebnis. Ganz oben rechts können Sie das fertige Bild herunterladen. Es wird außerdem auf dem Server gespeichert. Auf der Startseite können Sie es unter *Meine Kreationen* und dann *KI Face Swap* finden.

Das Beispiel hier im Buch zeigt, dass der KI-basierte Gesichtstauscher durchaus ansehnliche Ergebnisse erzielen kann. Der Erfolg hängt aber immer sehr vom Ausgangsmaterial ab. MyEdit gibt beim Hochladen der Bilder selbst jeweils gute Hinweise. Generell sollten Sie möglichst hochwertige Fotos verwenden, die gut ausgeleuchtet sind und auf denen die abgebildeten Personen in die Kamera schauen. Sonnenbrillen, Hüte und sonstige Bedeckungen sind unnötige Hürden für die Gesichtserkennung.

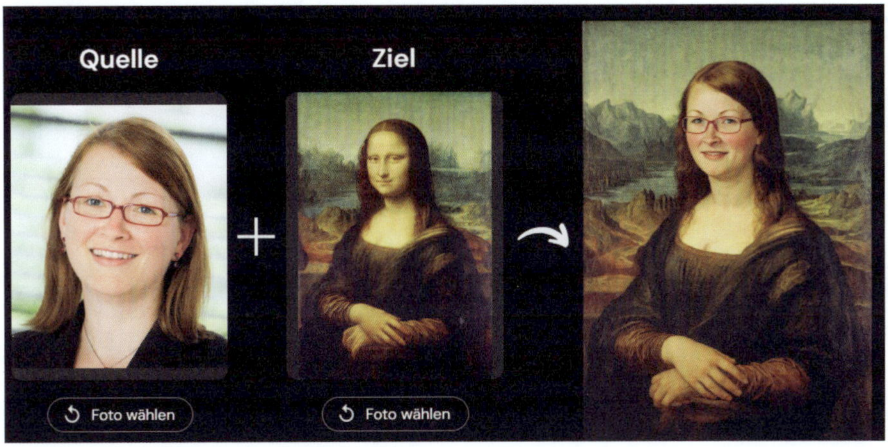

Gesichter automatisch unkenntlich machen

Eine weitere Aufgabe, bei der Ihnen die KI dank Gesichtserkennung mühsame Arbeit abnehmen kann, ist das Unkenntlichmachen von Gesichtern, umgangssprachlich auch als »verpixeln« bezeichnet. Wenn man Bilder in irgendeiner Form öffentlich zugänglich machen möchte, auf denen einzelne Personen anhand ihrer Gesichter erkennbar sind, muss man von jedem Abgebildeten zuvor eine schriftliche Einwilligung einholen. Liegt diese nicht vor oder kennt man diese Menschen womöglich gar nicht, kann man ein Bild trotzdem veröffentlichen. Allerdings muss man diese Gesichter dann unkenntlich machen, sodass sie niemand mehr einer bestimmten Person zuordnen kann.

Das Anonymisieren von Gesichtern ist mit praktisch jeder Anwendung zur Bildbearbeitung möglich. Bessere Anwendungen bieten einen speziellen Verpixeln-Filter, den man auf ausgewählte Flächen anwenden kann. Ansonsten kann man sich mit einer Weichzeichnen- oder Verschmieren-Funktion behelfen. In jedem Fall ist es aber einiger Aufwand, gerade bei mehreren Bildern oder wenn auf einem Bild viele Personen abgebildet sind. Eine KI-gestützte Funktion kann in einem Bild alle Gesichter erkennen, auswählen und einen Pixel-Filter darauf anwenden. Ich beschreibe die Vorgehensweise im Folgenden am Beispiel von IMG2GO (siehe Seite 191).

1. Wählen Sie auf der Startseite von IMG2GO unter https://www.img2go.com/de oben im Menü *Alle Tools/KI Tools/Gesichter unkenntlich machen*.
2. Anschließend können Sie die fragliche Datei direkt mit der Maus auf das blaue Rechteck ziehen und dort fallen lassen. Alternativ klicken Sie auf *Datei auswählen*, um mit einem Auswahldialog zur Bilddatei auf Ihrer Festplatte zu navigieren. Mit dem kleinen Pfeil rechts daneben können Sie alternativ eine Datei von Google Drive, Dropbox oder einer beliebigen URL importieren.

3. Die Datei wird anschließend automatisch zu IMG2GO hochgeladen. Warten Sie ggf., bis der grüne Balken voll ist.

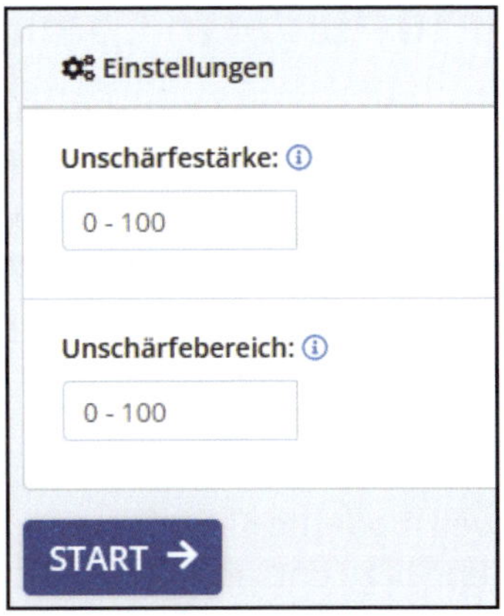

4. Darunter bei *Einstellungen* können Sie dann noch Vorgaben zur Art der einzufügenden Pixel machen: Die *Unschärfestärke* bestimmt, wie grob die entstehenden Pixel sind, während der *Unschärfebereich* beeinflusst, wie »großzügig« die Funktion auf als Gesichter erkannte Bereiche angewendet wird. Generell gilt, dass höhere Werte zu mehr Unkenntlichkeit führen. Ich würde im Zweifelsfall direkt mit dem Höchstwert 100 beginnen.
5. Klicken Sie dann darunter auf *Start*, um die Funktion auszuführen. IMG2GO wechselt daraufhin zu Ihrer Dateiliste, wo Sie das Ausführen des Auftrags in der Warteliste verfolgen können.
6. Ist die Bearbeitung abgeschlossen, finden Sie das fertige Bild in Ihrer Dateiliste bei IMG2GO vor. Sie können das Ergebnis in einer *Vorschau* betrachten und die Datei dann auch auf Ihren PC *Herunterladen*.

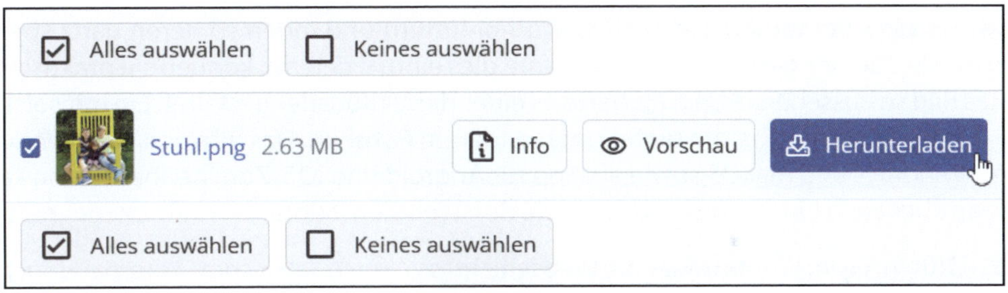

Das KI-basierte Verpixeln arbeitet sehr zuverlässig, sofern alle Gesichter auf einem Bild von der Automatik erkannt werden. Gerade bei vielen, eher kleinen Gesichtern oder ungünstigen Lichtverhältnissen ist das nicht unbedingt gewährleistet. Sie sollten die Ergebnisse also immer nochmals sorgfältig prüfen, insbesondere wenn Sie das Ergebnis einer breiten Öffentlichkeit zugänglich machen wollen.

6.10 Bilder in Comics oder Kunststile umwandeln

Eine schon lange beliebte Möglichkeit, Bilder zu veredeln oder in einem besonderen Licht erscheinen zu lassen, ist das Verwandeln eines Fotos in einen bestimmten Kunststil wie etwa Comic, Aquarell, Bleistiftzeichnung oder ein impressionistisches Meisterwerk. Einige Grafikprogramme bieten diese Möglichkeit schon seit vielen Jahren. Allerdings handelte es sich dabei in der Vergangenheit um mehr oder minder komplexe Algorithmen, die bestimmte Farbtransformationen auf das gesamte Bild angewendet haben. Das hat, abhängig vom Ausgangsmaterial, mal mehr und mal weniger gut geklappt. Generative KI hat auch in diesem Bereich für einen Evolutionssprung gesorgt, weil moderne KI-Systeme »wissen«, wie Bilder aussehen müssen, um einem bestimmten Stil zu entsprechen. Gleichzeitig können Sie die zu bearbeitenden Ausgangsbilder analysieren und erkennen, welche Arten von Transformationen in welchen Bereichen angewendet werden müssen, um den gewünschten Effekt zu erreichen.

Und alles das müssen Programmierer nicht mehr mühsam implementieren, sondern die Systeme brauchen nur mit dem passenden Beispielmaterial trainiert zu werden. So kann man KI-Bildgeneratoren beispielsweise mit Bildern eines bestimmten Künstlers wie Picasso, Rembrandt oder Andy Warhol füttern und ihnen so deren ganz spezifischen Stil beibringen. Haben die Systeme dies einmal gelernt, können sie praktisch jedes Bild so aussehen lassen, als hätte es einer dieser Künstler gestaltet. Ein mit solchen Profilen trainiertes System bietet unter anderem **Fotor** an. Das gibt es als Anwendung für Windows und macOS sowie als App für Android und iOS. Zum Kennenlernen kann man aber auch ohne größere Umstände den Webdienst unter www.fotor.com nutzen.

1. Öffnen Sie im Webbrowser die Webseite https://goart.fotor.com/. Alternativ suchen Sie auf der Startseite von fotor.com den Eintrag *KI-Kunsteffekte*.
2. Klicken Sie auf die *Bild hochladen*-Schaltfläche und navigieren Sie dann mit dem Dateiauswahldialog zur gewünschten Bilddatei auf Ihrem PC. Alternativ können Sie die Datei auch mit der Maus auf das Rechteck ziehen und dort fallen lassen.
3. Warten Sie kurz, bis Ihr Bild hochgeladen wurde und in der Vorschau angezeigt wird.
4. Wählen Sie nun in der Leiste am linken Rand den gewünschten Stil aus. Die Rubrik *Alle* listet sämtliche Stileffekte auf, was allerdings etwas unübersichtlich ist. Wählen Sie deshalb besser zunächst eine der Rubriken aus. Unter *Künstler* finden Sie Profile einiger namhafter Maler. Weiter rechts unter *Kunstgenre* werden etwas allgemeinere Stile für verschiedene Epochen und Kunstrichtungen angeboten. In der Rubrik *Universal* finden sich künstlerische Stile wie Pop-Art.
5. Wenn Sie einen ganz konkreten Stil eines Künstlers oder Genres anwenden möchten, können Sie den Namen auch oben im Suchfeld eingeben.
6. Wenn Sie einen der konkreten Stile anklicken, wird Ihr Bild mit diesem Effekt versehen, was jeweils einige Sekunden dauern kann.

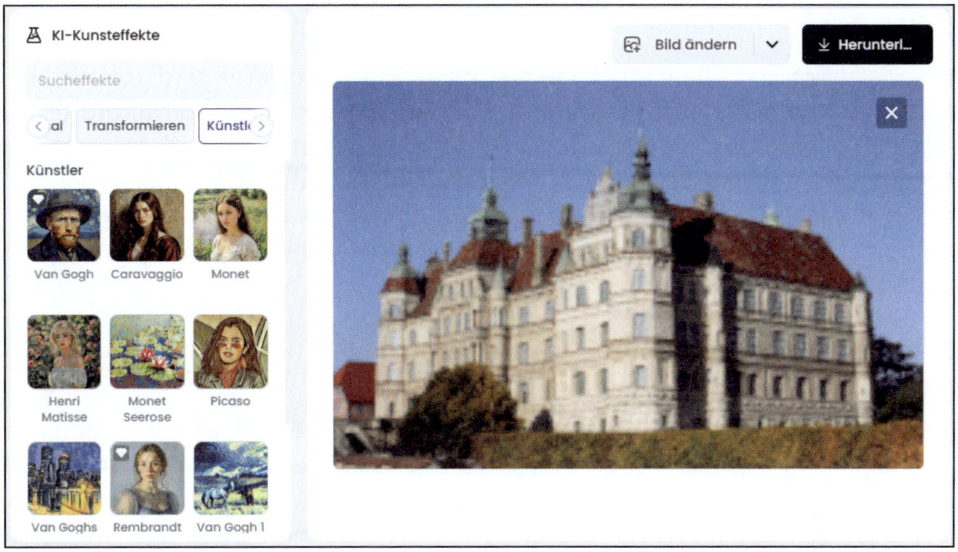

7. Mit dem Schieber links am Bildrand können Sie die Intensität des Effekts verringern, was manchmal zu besseren Ergebnissen führt. Während 100 % manchmal etwas »drüber« wirkt, erzielt man mit 60–80 % oftmals einen etwas subtileren und dadurch authentischeren Eindruck.

8. Mit der *Herunterladen*-Schaltfläche können Sie das entstandene Bild auf Ihrem PC speichern. Ohne Anmeldung und Abonnement geht das leider nur in einer Version mit Fotor-Wasserzeichen und etwas verringerter Auflösung.

Einen Avatar für soziale Medien generieren

In sozialen Medien, Foren und anderen Online-Gemeinschaften wird gern ein als Avatar bezeichnetes Profilbild verwendet. Das kann ein einfaches Porträtfoto sein oder auch ein anderes Bild. Ein klassischer Avatar aber ist eine verfremdete Version eines Porträts, die in einem bestimmten comicartigen Stil gestaltet ist. Ähnlich wie im vorangegangenen Abschnitt das Verfremden von Fotos mit bestimmten Kunststilen beschrieben ist, können Sie mit Fotor auch Avatare erstellen, indem Sie ein Porträtbild von sich in einen Avatar umwandeln lassen.

Lassen Sie Platz für das Wasserzeichen

In der Basisversion erzeugt Fotor ausreichend große Bilder, platziert darin allerdings ein Wasserzeichen. Das lässt sich umgehen, indem Sie ein Porträtfoto wählen, das unterhalb Ihres Gesichts noch ausreichend Platz lässt. Dann können Sie das daraus erzeugte Avatar-Bild anschließend beschneiden, sodass das Wasserzeichen nicht mehr zu sehen ist.

1. Öffnen Sie in Ihrem Webbrowser die Webseite https://fotor.com/goart.
2. Klicken Sie auf *Bild hochladen* und wählen Sie dann die gewünschte Bilddatei von Ihrem PC zum Hochladen aus.
3. Wenn Ihr Porträt in der Vorschau angezeigt wird, können Sie am linken Rand den gewünschten Stil auswählen. Die Rubriken *Karikatur* und *Avatar* bieten einige vielversprechende Vorlagen. Prinzipiell können Sie Ihr Glück aber auch in den anderen Rubriken versuchen.
4. Das Berechnen eines Avatars dauert immer einige Sekunden. Fotor »merkt« sich aber die einmal generierten Avatare. Wenn Sie später zu einem bereits berechneten Stil zurückkehren, wird das Ergebnis sofort angezeigt. Sie können also hin und her wechseln, wenn Sie sich nicht sofort für einen Stil entscheiden können. Mit der kleinen Schaltfläche rechts unterhalb des Bildes können Sie jederzeit noch mal einen Blick auf das Original werfen.
5. Haben Sie einen Avatar gefunden, der Ihnen zusagt, kontrollieren Sie, ob das Wasserzeichen von Fotor ausreichend am Rand des Bildes steht, sodass Sie es ggf. entfernen können.
6. Klicken Sie dann auf *Herunterladen*, um das Bild zu sichern. Es wird im JPEG-Format gespeichert, in dem Sie es bei praktisch allen Plattformen direkt wieder als Profilbild importieren können.

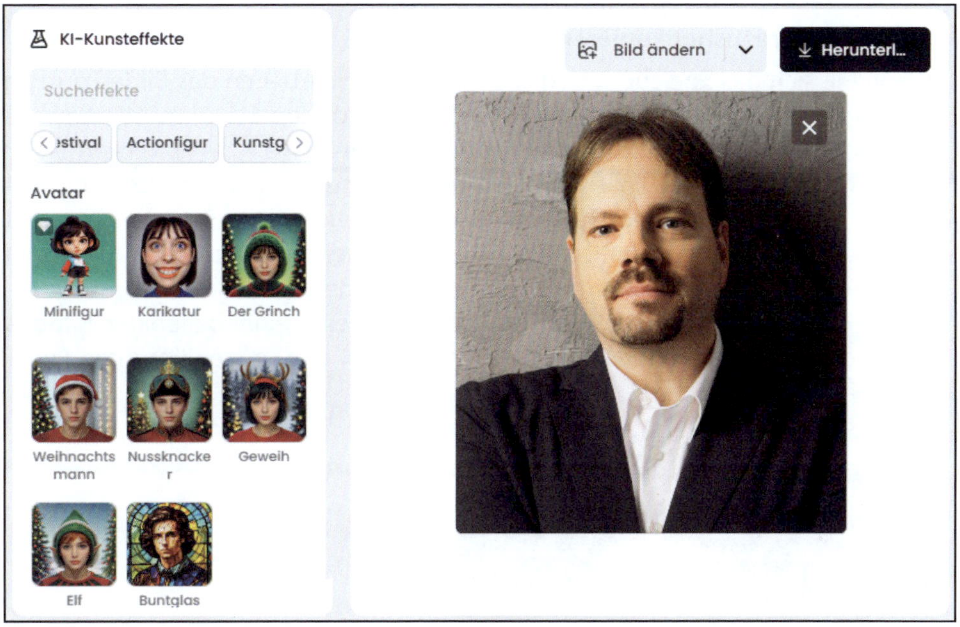
KI-Kunsteffekte
Sucheffekte
stival
Actionfigur
Kunstg
Avatar
Minifigur
Karikatur
Der Grinch
Weihnachts mann
Nussknacke r
Geweih
Elf
Buntglas
Bild ändern
Herunterl...

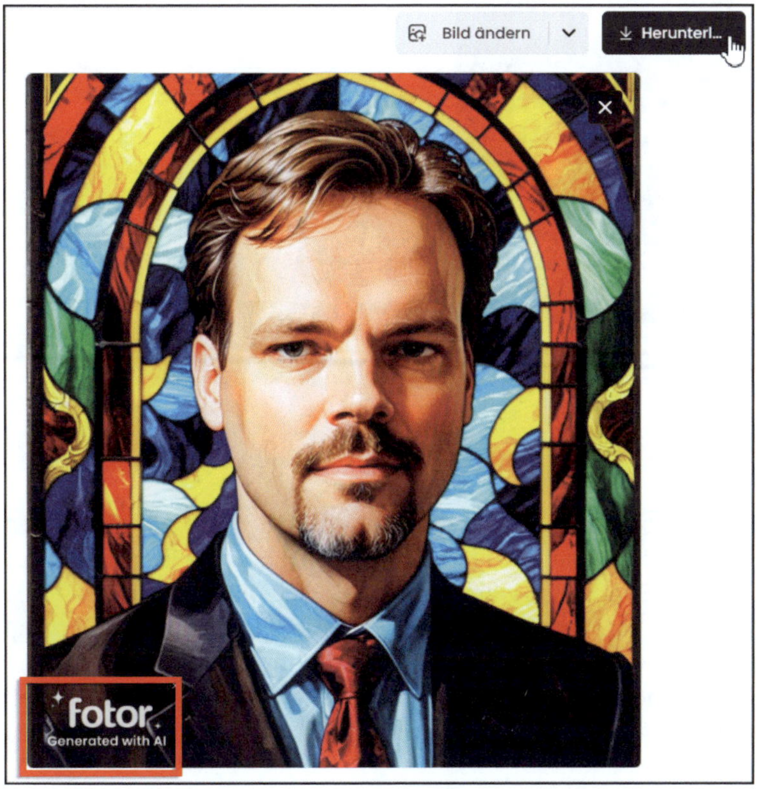
Bild ändern
Herunterl...
fotor
Generated with AI

Avatar als Screenshot kopieren

Wenn Sie sich das Speichern und anschließende Bearbeiten des Bildes zum Entfernen des Wasserzeichens ersparen möchten, können Sie unter Windows die Funktion für Bildschirmfotos nutzen: Drücken Sie Strg+⇧+S, klicken Sie mit der Maus auf die obere linke Ecke des gewünschten Bildausschnitts und ziehen Sie die Maus dann mit gedrückter Taste zur unteren rechten Ecke. Versuchen Sie dabei ein möglichst quadratisches Rechteck entstehen zu lassen, da Avatare üblicherweise quadratisch oder rund angezeigt werden. Das Bildschirmfoto wird in die Zwischenablage kopiert. Von dort können Sie es in einer beliebigen Bildbearbeitungsanwendung öffnen (beispielsweise Paint) und im gewünschten Format speichern.

6.11 Alte Schwarz-Weiß-Bilder kolorieren

Auch das nachträgliche Kolorieren alter Schwarz-Weiß-Bilder oder Videoaufnahmen hat in den letzten Jahren dank KI einen kleinen Boom erfahren. Früher war das mühsame Handarbeit und die Ergebnisse waren selten wirklich überzeugend. Mittlerweile sind aber schon ganze Kinofilme entstanden, für die alte Aufnahmen korrigiert, optimiert und mit Farbe versehen wurden. Das wäre ohne Computerhilfe gar nicht denkbar. Denn die KI-Algorithmen erkennen Menschen, Gesichter, Landschaften, Bäume usw. anhand ihrer Muster in den Bildern und färben sie automatisch passend ein.

Diese Technologie können Sie auch für sich selbst nutzen, wenn Sie noch alte Schwarz-Weiß-Schätze in Ihren Archiven haben. Diese müssen dafür in digitaler Form vorliegen. Aber die Kameras aktueller Smartphones reichen dafür aus, wenn man ein solches Bild bei guter Beleuchtung mit ruhiger Hand abfotografiert. Dann können Sie beispielsweise einen Webdienst wie IMG2GO (siehe Seite 191) nutzen, um einem alten Bild mit dezenter Farbe neues Leben einzuhauchen.

1. Öffnen Sie IMG2GO im Webbrowser über die Adresse https://www.img2go.com/de.
2. Wählen Sie im Menü am oberen Rand der Webseite *Alle Tools/KI Tools/Bild kolorieren*.
3. Ziehen Sie die einzufärbende Datei mit der Maus auf das blaue Rechteck und lassen Sie sie dort fallen. Oder Sie klicken auf *Datei auswählen*, um mit einem Dialog zur Bilddatei auf Ihrer Festplatte zu navigieren. Mit dem kleinen Pfeil rechts daneben können Sie auch Dateien direkt von Google Drive, Dropbox oder einer beliebigen URL importieren. Warten Sie ggf., bis der grüne Balken anzeigt, dass die Datei zu IMG2GO hochgeladen wurde.

4. Nun können Sie darunter ein KI-Trainingsmodell wählen. Wenn Ihr Bild *Natur und Personen* anzeigt, verwenden Sie das dafür spezialisierte Modell für optimale Ergebnisse. Bei allen anderen Arten von Motiven haben Sie mit *Allgemein* bessere Erfolgsaussichten. Prinzipiell kann man aber immer beide ausprobieren.
5. Der Renderfaktor legt vereinfacht gesagt fest, wie intensiv der Kolorierungseffekt angewendet wird. Ich würde ihn eher höher ansetzen, um lebendige Bilder zu erzielen, aber das ist Geschmackssache.
6. Haben Sie alles wie gewünscht eingestellt, klicken Sie auf die *Start*-Schaltfläche.

7. Das Ergebnis finden Sie dann – ggf. nach kurzer Wartezeit – wie bei IMG2GO gewohnt in der Dateiliste wieder, wo Sie es mit *Vorschau* kontrollieren und die Datei dann ggf. herunterladen können.

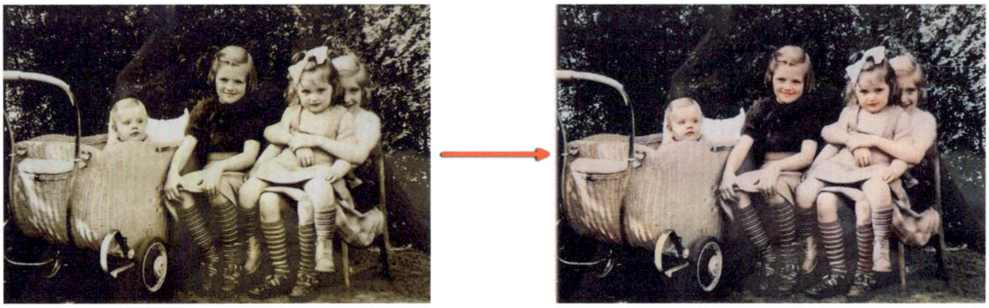

6.12 Bilder automatisch erweitern

Im nachfolgenden Kapitel geht es darum, Bilder von KI-Assistenten generieren zu lassen, also beispielsweise aus einer kurzen textlichen Beschreibung ein ganzes Bild entstehen zu lassen. Als Übergang dorthin möchte ich dieses Kapitel mit einem Thema abschließen, das man als Grenzfall zwischen »Optimieren« und »Generieren« betrachten kann: das automatische Erweitern von Bildern.

Manchmal ist ein Bild für den vorgesehenen Verwendungszweck zu klein bzw. hat das falsche Format: Man hat ein inhaltlich perfekt passendes Bild im Hochformat, aber der Verwendungszweck erfordert eigentlich etwas Querformatiges. Möglicherweise kann man das Bild durch geschicktes Beschneiden irgendwie in die gewünschte Form bringen. Aber wäre es nicht toll, wenn man das Bild an den Seiten ergänzen könnte durch Inhalte, die zum Rest passen und den Gesamteindruck nicht verfälschen?

KI bietet diese Möglichkeit, indem sie Bildanalyse und generative Funktionen kombiniert: Die Funktion erkennt den grundsätzlichen Aufbau eines Bildes, identifiziert innerhalb des Bildes Strukturen, die sich vervielfältigen lassen, und fügt diese dann so ein, dass sich die Grundfläche des Bildes erheblich vergrößern lässt.

Mit dem **YouCAM Online Editor** können Sie diese Funktion ausprobieren. Er bietet eine Vielzahl von Bildbearbeitungsfunktionen (mit und ohne KI), die Sie nach kostenloser Anmeldung in beschränktem Umfang testen können. Wer mehr möchte, kann Guthabenpunkte per Abonnement oder als Prepaid-Kauf erwerben und dann nach Belieben einsetzen.

1. Öffnen Sie https://yce.perfectcorp.com/de und wählen Sie oben in der Menüleiste der Webseite *Produkt/KI-Bildbearbeitung/Bilder erweitern*.
2. Auf die so geöffnete Webseite können Sie die zu bearbeitende Datei mit der Maustaste ziehen und dann auf dem Rechteck ablegen. Alternativ klicken Sie auf *Wähle ein Bild* und navigieren mit dem so geöffneten Dialog zur Bilddatei Ihrer Wahl. Der YouCAM Editor akzeptiert die Formate JPEG, PNG, TIF und GIF. Das Bild wird in den Online Editor hochgeladen und steht nach kurzer Wartezeit zur Verfügung.

3. Wenn Sie Ihr Bild im Editor sehen, wenden Sie sich zunächst am linken Rand dem Bereich *Format* zu. Wählen Sie hier das Zielformat aus, in dem Sie das fertige Bild haben möchten. Dementsprechend verändert sich der karierte Bereich um Ihr Bild, der die zukünftige Bildgröße anzeigt.
4. Mit dem richtigen Format können Sie nun das vorhandene Bild passend auf dem karierten Hintergrund platzieren. Soll es beispielsweise nur nach rechts erweitert werden, schieben Sie es ganz an den linken Rand und umgekehrt. Sie können das Bild dazu mit gedrückter linker Maustaste ergreifen und an die gewünschte Position ziehen.

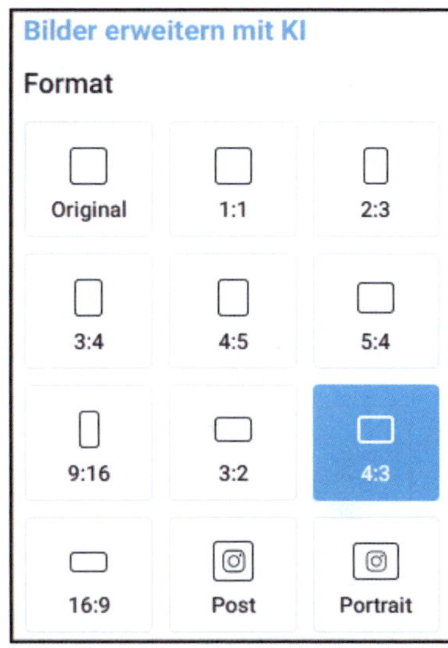

5. Soll es nach beiden Seiten links und rechts erweitert werden, platzieren Sie es in der Mitte und verändern Sie seine Größe so, dass es ganz von oben bis unten reicht. Fassen Sie den Rahmen dazu an einer Ecke am Kreissymbol an und ziehen Sie, bis die gewünschte Größe erreicht ist.
6. Ist alles wie gewünscht vorbereitet, klicken Sie unten rechts auf die *Generieren*-Schaltfläche. Diese verrät Ihnen, wie viele Credits der Vorgang kostet. (Wie viele Credits aktuell noch zur Verfügung stehen, sehen Sie am oberen Rand der Webseite.)

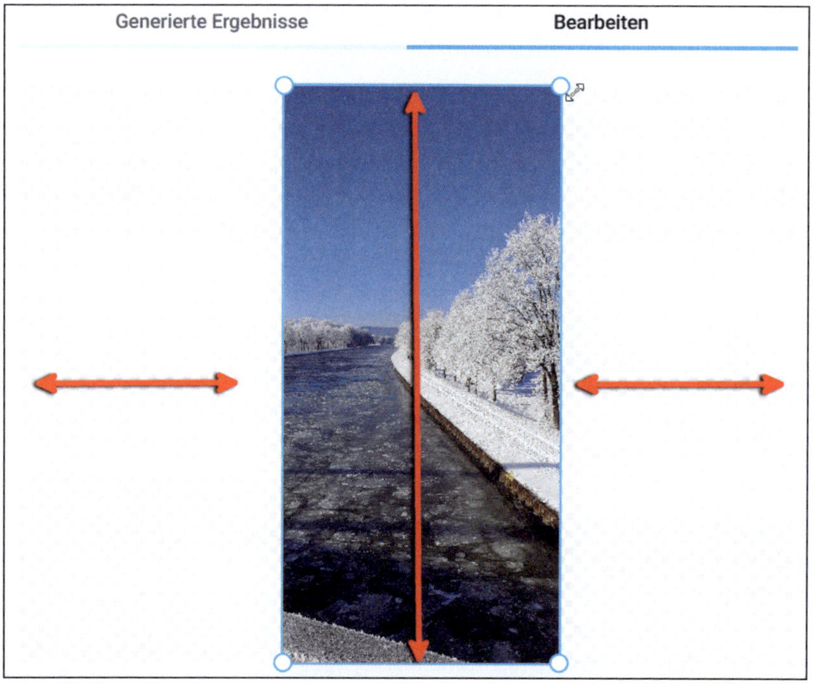

7. Nach etwas Wartezeit zeigt der Editor in der Rubrik *Generierte Ergebnisse* das berechnete Bild an.

7. Ganz neue Bilder generieren

Im vorangegangenen Kapitel habe ich gezeigt, wie Sie mithilfe von KI-basierten Diensten und Werkzeugen vorhandene Bilder, Foto-Schnappschüsse usw. verbessern oder stilistisch und sogar inhaltlich umgestalten können. Dieses Kapitel nun geht noch einen Schritt weiter, denn generative KI kann nicht nur Texte nach Ihren Vorgaben erstellen, sondern auch Bilder erschaffen.

Moderne KI-Systeme haben neben ihren Sprachmodellen auch ein Wissen darüber, wie Dinge aussehen. Dazu wurden sie mit Millionen klassifizierten Bildern von Autos, Hunden, Burgen oder Wolken trainiert. Sie wissen also nicht nur, was das Wort »Burg« bedeutet, sondern sie wissen auch, wie eine Burg aussieht, und können ein Bild von einer Burg generieren. Und sie sind in der Lage, die Abbildungen von mehreren Objekten zu kombinieren und daraus ein für das menschliche Auge harmonisches Bild zu erzeugen. Dazu reicht es, dem KI-Bildgenerator in einfachen Worten mitzuteilen, was das Bild zeigen soll:

```
Ein großer Wald, aus dem sich ein Berg erhebt,
auf dem eine Burg steht.
```

Einer der Vorschläge des Copilot-Bildgenerators zu dieser Aufgabe

7.1 Bilder nach Wunsch erzeugen lassen

Wie in der Einleitung dieses Kapitels angedeutet, unterscheidet sich das Nutzen KI-basierter Bildgeneratoren kaum vom Erstellen KI-generierter Texte. Sie teilen dem Assistenten per Prompt mit, was für ein Bild Sie sich vorstellen. Etwa bei Gemini (siehe Seite 101) gibt es dafür zwei verschiedene Vorgehensweisen, die sich in der Handhabung, nicht aber im Ergebnis unterscheiden:

- Sie können Gemini im Eingabebereich explizit auffordern, ein Bild zu generieren. Hierbei ist wichtig, dass Sie eine deutliche Anweisung wie »Erstelle mir ein Bild ...« oder »Generiere eine Abbildung ...« verwenden. Ein Satz wie »Ich stelle mir ein Bild vor, das ...« ist interpretierbar und wird vom Assistenten je nach Kontext vielleicht nur als Aufforderung zu einem Kommentar oder einer Bewertung gesehen.
- Um deutlich zu machen, dass Sie ein Bild erstellt haben möchten, können Sie auch unten im Eingabebereich auf *Tools* klicken und im so geöffneten Menü *Bilder erstellen* wählen. So machen Sie Ihre Absicht unmissverständlich deutlich und können sich beim Formulieren des Prompts ganz auf Ihre Ideen und Anforderungen konzentrieren, denn Gemini interpretiert in diesem Modus jede Eingabe als Aufforderung zum Erstellen eines Bildes.

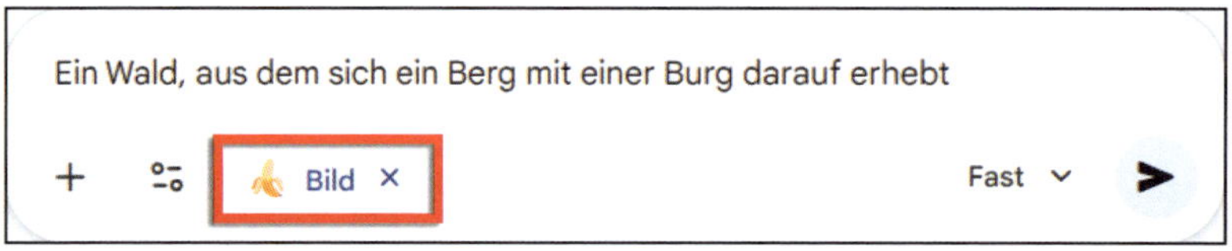

Welche dieser Methoden Sie einsetzen, bleibt ganz Ihrer persönlichen Vorliebe überlassen. Sie erzielen in beiden Fällen gleiche Ergebnisse – wenn auch nicht dieselben, da KI-Systeme selbst bei identischen Prompts nie zweimal exakt dasselbe Bild erzeugen werden. Bei beiden Varianten können Sie zum Erstellen eines Bildes analog beispielsweise zum Generieren eines Textes vorgehen: Beschreiben Sie dem Assistenten das gewünschte Ergebnis, so wie Sie etwa einem Designer oder Maler mitteilen würden, was Sie erwarten.

1. Sie können Gemini also anstatt oder ergänzend zur Anfrage:

   ```
   Schreibe mir zehn Sätze über das Brandenburger Tor.
   ```

   ebenso eine Anweisung zum Generieren eines Bildes geben:

   ```
   Erstelle mir ein Bild vom Brandenburger Tor im
   Winter.
   ```

2. Der Assistent wird Ihnen daraufhin (nach etwas Wartezeit, da das Generieren von Bildern grundlegend mehr Rechenpower benötigt als das Erzeugen von Text) ein Bild präsentieren, das er aufgrund Ihrer Anfrage generiert hat.

3. Sind Sie mit dem Entwurf zufrieden, bewegen Sie den Mauszeiger auf die obere rechte Ecke der Abbildung. Dort werden dann Symbole eingeblendet, mit denen Sie dieses Bild teilen, in die Zwischenablage kopieren oder herunterladen können.

4. Wenn Ihnen die Darstellung noch nicht gefällt, können Sie dem virtuellen Künstler auch Anweisungen geben und um Änderungen bitten:

7.2 Bildgeneratoren detailliert steuern

Der Bildgenerator von Copilot eignet sich gut für Experimente mit KI-generierten Bildern, da er sich nach der Anmeldung mit einem kostenlosen Microsoft-Konto recht großzügig nutzen lässt.

Allerdings stellt er eben »nur« einen Eingabe-Prompt bereit, in dem man alle Anforderungen an das Bild formulieren muss. Das **AI Creator Studio** von IMG2GO (siehe Seite 191) gibt Ihnen im Vergleich dazu mehr Kontrolle, indem es neben einer Textbeschreibung weitere Parameter zugänglich macht, mit denen man das Ergebnis beeinflussen kann.

1. Öffnen Sie im Webbrowser https://www.img2go.com/de/ai-creator-studio und klicken Sie dort auf *AI Creator Studio öffnen*.

2. Im so geöffneten Editor finden Sie links oben ebenfalls ein Eingabefeld, in dem Sie dem KI-Assistenten beschreiben können, wie das Bild aussehen soll. Dafür stehen Ihnen bis zu 4.000 Zeichen zur Verfügung.

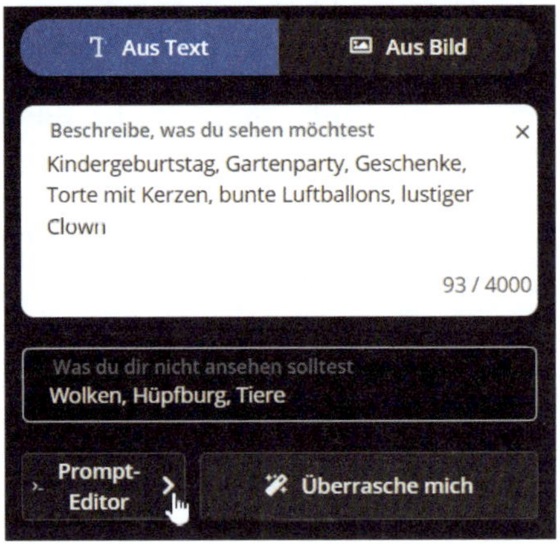

3. Unmittelbar darunter finden Sie ein weiteres Eingabefeld *Was du dir nicht ansehen solltest*. Hier können Sie Dinge eintippen, die beim Generieren des Bildes vermieden werden sollen. Auch wenn Sie beim Erzeugen eines Bildes feststellen, dass die KI bevorzugt bestimmte Motive verwendet, die Ihnen nicht gefallen, können Sie diese hier vor einem weiteren Generierungsversuch ausschließen.

4. Mit der Schaltfläche *Prompt Editor* blenden Sie rechts Optionen zum Bearbeiten und Ergänzen Ihres Text-Prompts ein. Dort finden Sie oben erneut die Eingabefelder für den Prompt und die Ausschluss-Stichwörter. Darunter finden Sie – leider nur in englischer Sprache – eine große Auswahl an Modifikatoren, mit denen Sie

Ihren Prompt ergänzen können. Diese beziehen sich nicht auf den Inhalt des Bildes, sondern auf den Stil und die Bildkomposition. So können Sie etwa die Art der Beleuchtung beeinflussen, den Winkel und Bildausschnitt, die Art der Aufnahme, einen bestimmten Kunststil oder die allgemeine Stimmung des Bildes.

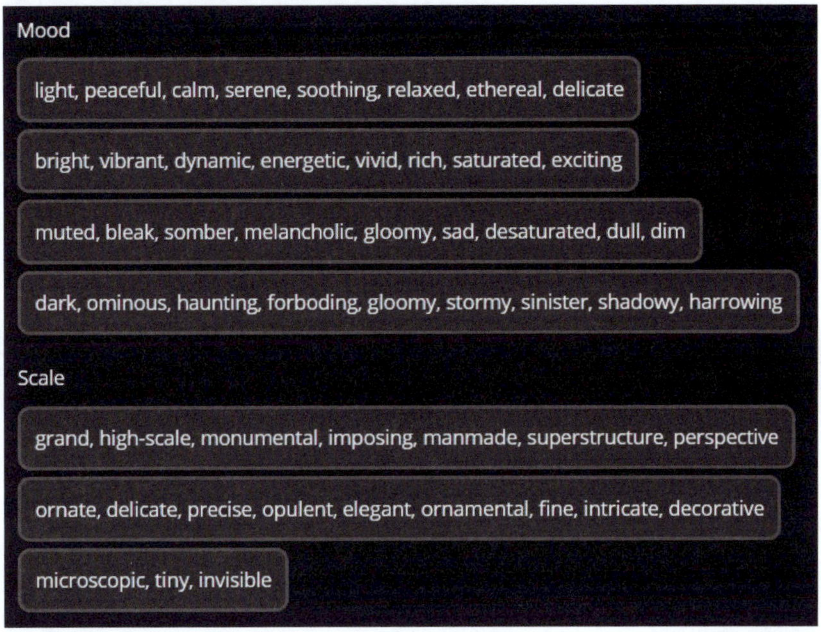

5. Die aufgeführten Modifikatoren sind nur Beispiele und könnten so oder ähnlich auch direkt in den Prompt geschrieben werden. Sie lassen sich aber gut als Anschauungsmaterial und zum Experimentieren nutzen. So können Sie etwa ein und dieselbe Bildbeschreibung mit unterschiedlichen Stimmungen kombinieren und sehen, wie sich dies auf die generierten Bilder auswirkt.
6. Sie können mehrere Modifikatoren durch Anklicken auswählen. Diese werden dann ganz oben unter *Ausgewählt* aufgeführt. Gleichzeitig werden sie auch in der Leiste links unter *Prompt-Modifikator* eingefügt. Dort bleiben sie auch, wenn Sie den Prompt Editor oben rechts mit *Zurück* schließen.

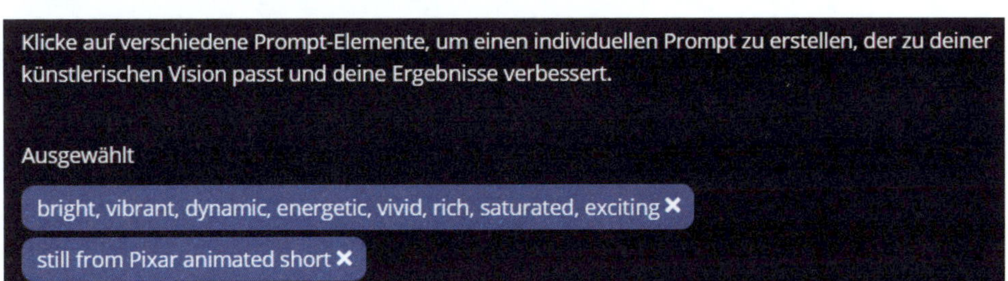

7. Zurück in der Prompt-Leiste links können Sie nun noch einen *Stil* wählen. Klicken Sie dazu auf den voreingestellten Stil.

8. Damit blenden Sie rechts daneben das Auswahlfeld mit allen verfügbaren Stilen ein. Diese werden jeweils mit einer kleinen Vorschau angezeigt. Die Stile sind nach den Abo-Modellen sortiert, in denen sie verfügbar sind. Für kostenlose Basisnutzer ist die Auswahl deshalb überschaubar (einen Bildgenerator mit mehr Stilen finden Sie beispielsweise auf Seite 230). Andererseits kann man bestimmte Effekte auch erreichen, indem man den Prompt mit einer entsprechenden Anweisung ergänzt.

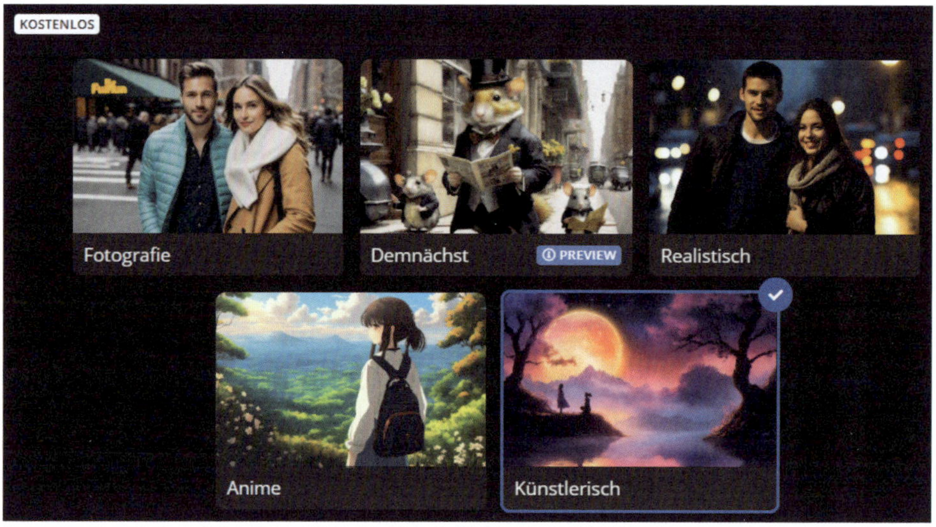

9. Haben Sie sich für einen Stil entschieden, schließen Sie die Auswahl oben rechts mit *Zurück*. Der gewählte Stil wird in die Prompt-Leiste links übernommen.

10. Darunter in der Prompt-Leiste können Sie festlegen, wie viele Bilder der Assistent nach Ihren Vorgaben generieren soll. Davon hängt ab, wie viel von Ihrem virtuellen Guthaben (Credits) der Vorgang verbrauchen wird. Mehr Bilder kosten mehr Credits, bieten aber auch eine Auswahl, von der Sie dann das Beste nehmen können.

11. Ganz unten in der Prompt-Leiste können Sie bestimmen, in welchem *Seitenverhältnis* das Bild erzeugt werden soll. Je nach vorgesehenem Verwendungszweck können Sie hier unter anderem das klassische Fotoformat 4:3 wählen, das eher bildschirmorientierte 16:9 oder eben eines der Hochformate.

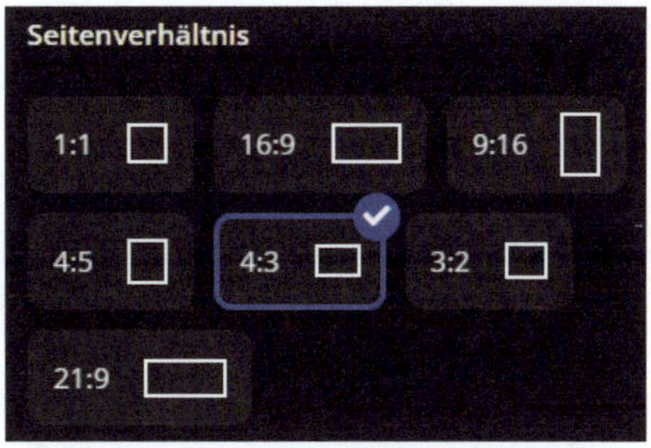

12. Wenn Sie alle Aspekte des Prompts in Ihrem Sinne gestaltet haben, können Sie in der Prompt-Leiste die »Kosten« für ein Bildgenerieren mit diesen Parametern kontrollieren. Sie sehen hier, wie viele Credits der Vorgang kosten würde und wie groß Ihr Guthaben aktuell ist. Sollte dieses nicht ausreichen, können Sie mit *Mehr Credits kaufen* ein Abo-Modell auswählen (oder bis zum Monatsbeginn warten, wenn die Credits wieder aufgefüllt werden).
13. Ist alles zu Ihrer Zufriedenheit ausgewählt, klicken Sie ganz unten in der Leiste auf *Erstellen*.

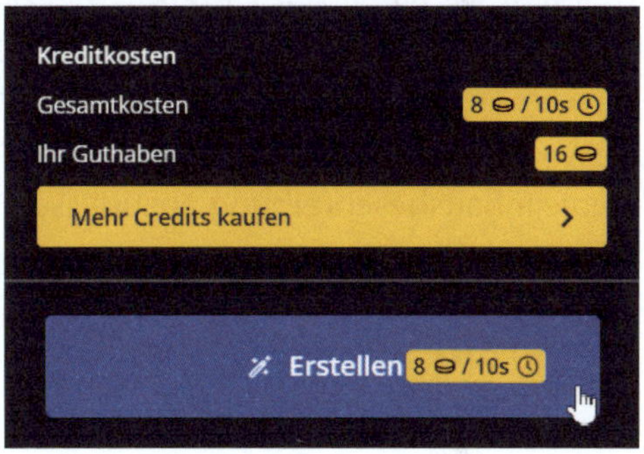

Nun heißt es nur noch, etwas abwarten, bis der Bildgenerator von IMG2GO seine Arbeit im Hintergrund erledigt hat und Ihnen seine Vorschläge auf dem Bildschirm präsentiert.

Zurück zu früheren Bildern

Wenn man ein wenig mit dem AI Creator Studio experimentiert, kann man leicht den Überblick über seine Bilder verlieren bzw. vergessen, welche Prompts man verwendet hatte, um welche Ergebnisse zu erzielen. Praktischerweise merkt der Dienst sich Ihre Bilder und die dazugehörenden Parameter, sodass Sie diese jederzeit wieder abrufen und als Basis für weitere Bilder nutzen können.

1. Klicken Sie im AI Creator Studio in der rechten Leiste oben auf *Erstellungen*.

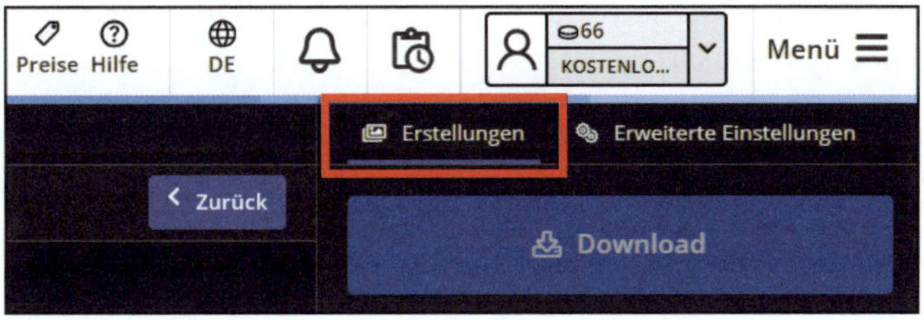

2. Damit öffnen Sie im mittleren Bereich eine Liste der zurückliegenden Aufträge an den Bildgenerator. Zu jedem Eintrag sehen Sie eine Minivorschau der erzeugten Bilder. Außerdem werden der Text-Prompt sowie das Bildformat und der verwendete Stil angezeigt.

3. Wenn Sie einen der Einträge anklicken, werden die erzeugten Bilder angezeigt. Gleichzeitig werden in der Prompt-Leiste links alle Parameter so eingestellt, wie sie beim Generieren dieser Bilder verwendet wurden.
4. Wenn Sie ein anderes Bild im selben Stil erzeugen möchten, brauchen Sie also nur die Inhaltsbeschreibung anzupassen und damit neue Bilder zu generieren.

7.3 Bilder in beliebigen Stilen generieren

Neben dem eigentlichen Inhalt spielen bei Bildern auch der Stil, die Stimmung, die Perspektive oder die Herstellungstechnik eine wichtige Rolle für die Wirkung auf den Betrachter. Prinzipiell können Sie einem KI-Bildgenerator über den Text-Prompt mitteilen, in welchem Stil oder welcher Technik ein Bild gehalten sein soll.

Leichter ist dies aber bei Diensten, die über eine vielfältige Vorauswahl an Stilen verfügen. Diese erleichtern es auch, mehrere verschiedene Bilder in einem einheitlichen Stil generieren zu lassen. Der *KI-Bildgenerator* von MyEdit etwa (mehr dazu auf Seite 194) bietet eine gute Auswahl von Stilen sowohl für Porträt- als auch für Landschaftsbilder, sodass Sie für die meisten Zwecke etwas Passendes finden sollten. Sie können diese Stile übrigens auch für Bilder nutzen, die weder Gesichter noch Landschaften zeigen. Die Ergebnisse sind dann nur etwas weniger vorhersehbar (was aber nichts Schlechtes sein muss).

1. Öffnen Sie im Webbrowser https://myedit.online/de und wählen Sie im Menü am oberen Rand *Bild-Werkzeuge/KI Tools/KI-Bildgenerator*. Alternativ rufen Sie direkt https://myedit.online/de/photo-editor/ai-image-generator auf.

2. Klicken Sie auf der Startseite des Bildgenerators ggf. auf die Schaltfläche *KI-Bilder erstellen*, um die Benutzeroberfläche zu öffnen.

3. Im Textfeld *Beschreiben Sie Ihr Bild* können Sie hier wie gewohnt mit eigenen Worten beschreiben, was in dem zu erzeugenden Bild zu sehen sein soll. Darunter legen Sie das gewünschte Seitenverhältnis fest.

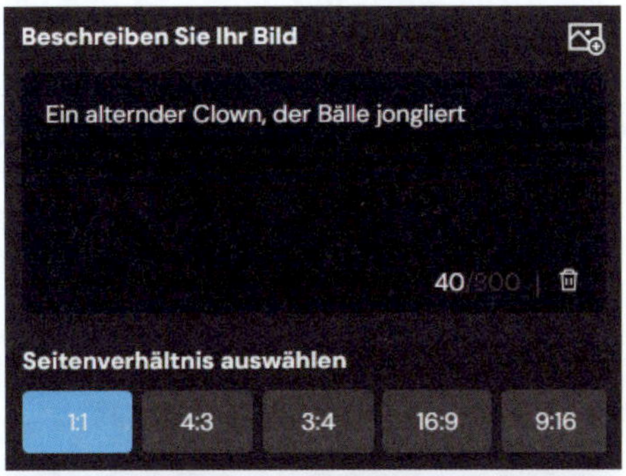

4. Unterhalb davon finden Sie die Auswahl an Stilen, die der Bildgenerator beherrscht.

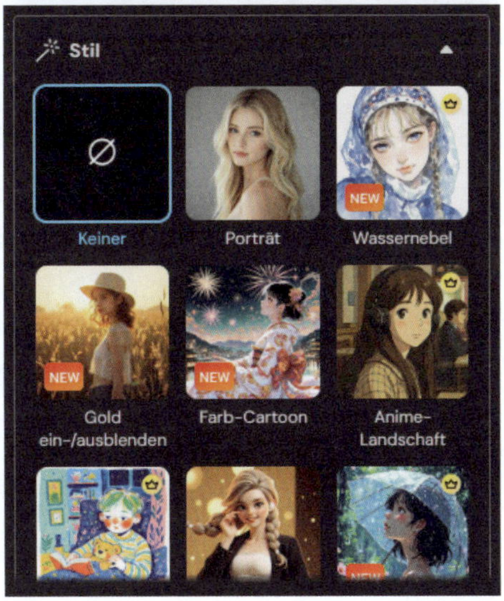

5. Jeder Stil ist mit einem kleinen Beispielbild visualisiert, sodass Sie sich daran orientieren können, falls die Bezeichnung Ihnen nichts sagt. Einige der Stile sind mit einem Premium-Symbol versehen und lassen sich nur auswählen, wenn Sie ein Abonnement für MyEdit abgeschlossen haben. Alle anderen Stile können im Rahmen des kostenlosen Basiskontos nach der Anmeldung genutzt werden.

6. Klicken Sie den gewünschten Stil einfach mit der linken Maustaste an. Wollen Sie Ihre Auswahl rückgängig machen, klicken Sie jeweils den obersten linken Stil *Keiner* an. Dann wendet der Bildgenerator keinen bestimmten Stil an, sondern bezieht sich ausschließlich auf die Vorgaben, die Sie im Beschreibungstext gemacht haben.

7. Wenn Sie das Bild beschrieben und den gewünschten Stil ausgewählt haben, klicken Sie unten auf *Generieren*, um Bildvorschläge vom Assistenten erzeugen zu lassen.

8. MyEdit zeigt Ihnen dann nach kurzer Wartezeit ein oder mehrere Bilder an. Dabei bleiben die Eingabeelemente links erhalten. Falls Sie also dasselbe Bild noch mal in einem weiteren Stil versuchen möchten, können Sie dort einen anderen Stil wählen und erneut *Generieren*. Auf diese Weise kann man auch gut testen, inwieweit die verschiedenen Stile tatsächlich Einfluss auf die Bildgestaltung nehmen.

7.4 Gute Prompts für Bilder formulieren

Wie auch beim Generieren von Text hängt das Ergebnis vor allem vom Prompt ab, mit dem Sie dem KI-Assistenten Anweisungen geben. Je ausführlicher und präziser Ihre Vorgaben sind, desto mehr wird das erzeugte Bild Ihren Vorstellungen entsprechen. Ein einfaches Beispiel mag das verdeutlichen:

Wenn Sie beispielsweise den Bildgenerator des Copilot auffordern, ein Bild von einem Auto zu erzeugen, wird er ein Bild von irgendeinem Auto in irgendeiner Farbe vor irgendeinem Hintergrund generieren. Es wird ein gutes Bild eines Autos sein. Aber gleichzeitig wird es eine große Überraschung sein und möglicherweise nicht viel mit dem zu tun haben, was Sie sich vorgestellt haben.

Wenn Sie also nicht irgendein Bild von etwas haben möchten, sondern eine genaue Vorstellung davon haben, dann sollten Sie diese dem KI-Assistenten mitteilen. Das muss nicht unbedingt ein ausführlicher Text sein, die richtigen Stichpunkte und Adjektive reichen aus, um beim Bildgenerator die gewünschten »Assoziationen« auszulösen:

```
Ein hellblaues amerikanisches Traumauto aus den 60er
Jahren, Cabrio, auf einem leeren Highway durch eine
kahle Wüste, ein Mann mit Cowboyhut am Steuer, eine
Frau mit weißem Kleid und dunkler Sonnenbrille,
Kaktus im Hintergrund, Sonnenuntergang.
```

Mit dem richtigen Prompt generiert Copilot Bilder genau nach Ihren Vorstellungen

Beispiele für Prompts finden

Beispiele sind eine gute Möglichkeit, sich mit der Kunst vertraut zu machen, Eingabe-Prompts zu entwerfen, die zum gewünschten Ergebnis führen. Viele KI-Bildgeneratoren bieten Galerien mit Bildern an, die andere Benutzer mit diesem Dienst erstellt haben. Wer möchte, kann sich meist auch den Prompt anschauen, der zu einem konkreten Bild geführt hat. So bekommt man schnell ein Gefühl dafür und Tipps, wie man bestimmte Effekte, eine gewünschte Bildstimmung oder einen speziellen Stil erreicht.

Ein Problem dabei ist, dass die meisten Anwender solcher Dienste die englische Sprache für ihre Prompts benutzen. Wenn man Englisch selbst nicht beherrscht, hilft einem das nicht viel weiter (obwohl man sich solche Texte mit einem Tool wie DeepL schnell übersetzen lassen kann, siehe auch Seite 78). Eine Ausnahme ist der Bildgenerator von MyEdit (siehe Seite 194), der die Prompts in der Bildergalerie in deutscher Sprache anzeigt und die Möglichkeit bietet, diese in ein Eingabefeld zu übernehmen, wo man sie anpassen und damit dann ein eigenes Bild erzeugen kann.

1. Öffnen Sie im Webbrowser https://myedit.online/de und wählen Sie im Menü am oberen Rand *Bild-Werkzeuge/KI Tools/KI-Bildgenerator*. Alternativ rufen Sie direkt https://myedit.online/de/photo-editor/ai-image-generator auf.
2. Klicken Sie auf der folgenden Webseite die Schaltfläche *KI-Bilder erstellen* an und wechseln Sie dann auf der rechten Seite in die Rubrik *Inspiration*.

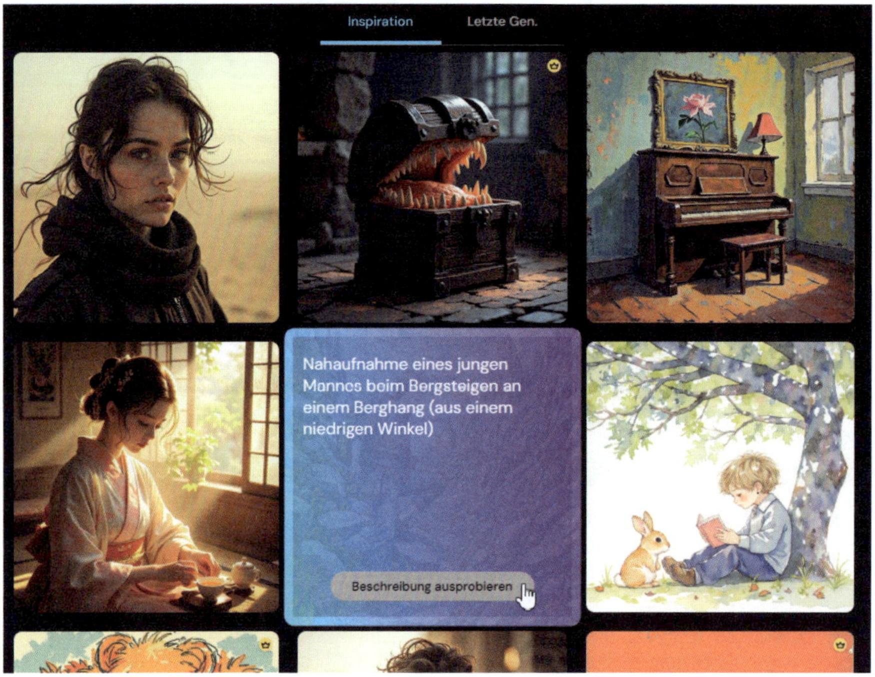

3. Hier sehen Sie nun eine Auswahl an Bildern als kleine Vorschauen. Wenn Sie den Mauszeiger auf eine davon bewegen, wird der Prompt angezeigt, der für das Erzeugen verwendet wurde (sofern der Platz dafür ausreicht).
4. Wenn Sie eines der Bilder anklicken, wird der vollständige Text links daneben in das Prompt-Eingabefeld eingefügt.
5. Gleichzeitig wird darunter auch der Stil ausgewählt, in dem dieses Bild generiert wurde (deshalb klappt es teilweise auch nicht, wenn es sich um einen Premium-Stil handelt).
6. Sie können die Beschreibung so übernehmen. Da der KI-Bild-Generator mit Wahrscheinlichkeiten (also zufallsbasiert) arbeitet, wird er niemals das exakt gleiche Bild erneut erstellen. Es wird aber ein sehr ähnliches Bild entstehen. Sie können den Text aber auch beliebig anpassen, eigene Ideen ergänzen oder Störendes weglassen.
7. Auch beim Stil können Sie die Vorgabe übernehmen oder einen der anderen Stile ausprobieren.
8. Klicken Sie unten auf *Generieren*, um mit den angepassten Vorgaben Ihr eigenes Bild erzeugen zu lassen.

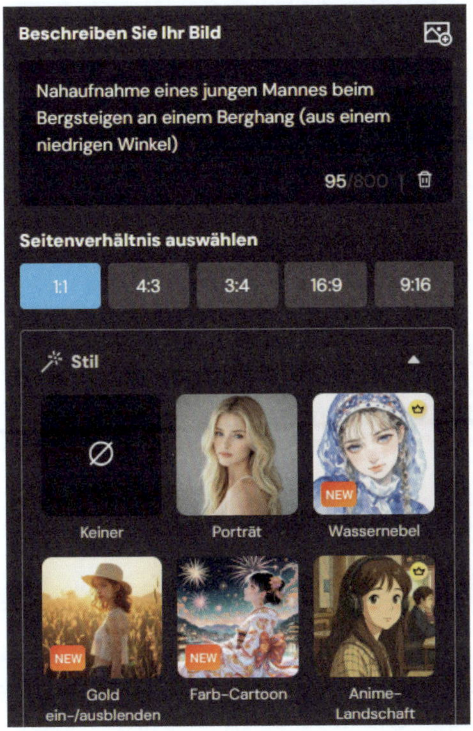

Prompts von der KI generieren lassen

Wenn Sie vor dem Problem stehen, einen passenden Prompt zum KI-Generieren eines Bildes nach Ihren Vorstellungen zu formulieren, warum lassen Sie sich nicht einfach von einer KI dabei helfen?

Klingt im ersten Moment vielleicht komisch, aber wenn man mal darüber nachdenkt, ergibt es Sinn. Eine der Stärken generativer KI ist schließlich das Erzeugen von Texten. Prompts für KI-Assistenten sind ja nichts anderes als Texte. Und KI-Systeme »wissen« selbstverständlich, was ein Prompt ist und was darin stehen sollte und was besser nicht.

Wenn Sie selbst konkrete Vorstellungen haben, wie ein Bild aussehen soll, wäre es selbstverständlich Unsinn, einer KI zu sagen: Schreibe mir einen Prompt, in dem dies und das und jenes vorkommt. Aber wenn Sie nur eine grundlegende Idee haben und Anregungen für die konkrete Ausgestaltung suchen, dann können Sie beispielsweise ChatGPT (siehe Seite 35) um einen Vorschlag für einen passenden Prompt bitten:

```
Erstelle mir einen Prompt für DALL-E, mit dem ich
ein stimmungsvolles Bild von einem Lagerfeuer
generieren kann.
```

Hier ist ein Vorschlag für einen DALL-E-Prompt, um ein stimmungsvolles Bild von einem Lagerfeuer zu generieren:

"Ein romantisches Lagerfeuer in der Nacht, umgeben von hohen Bäumen und einem klaren Sternenhimmel. Das Feuer wirft warmes, flackerndes Licht auf die Gesichter einer Gruppe von Freunden, die um das Feuer sitzen und lachen. Einige halten Gitarren, während andere Marshmallows rösten. Die Atmosphäre ist gemütlich und einladend, mit sanften Schatten und dem Glühen der Flammen."

Du kannst den Prompt nach Belieben anpassen!

Ein ganz wichtiger Satz in der Abbildung ist der letzte: »Du kannst den Prompt nach Belieben anpassen!« Die Idee ist nicht, dass Sie den erzeugten Prompt so direkt kopieren und bei einem Bildgenerator einfügen und abschicken (auch wenn man das prinzipiell so machen kann).

Ich würde solche Prompts eher als Anschauungsmaterial und zur Anregung nutzen. Was einem daran gefällt, das behält man bei und verbessert es ggf. sogar noch. Was Ihnen missfällt, das lassen Sie weg oder ersetzen es durch etwas, das Ihnen geeigneter erscheint.

```
Ein stimmungsvolles Lagerfeuer in der Nacht, umgeben
von hohen Bäumen und einem klaren Sternenhimmel. Die
Flammen tanzen lebhaft und werfen warmes Licht auf die
Gesichter eines Pärchens, das am Feuer sitzt. Der Mann
spielt Gitarre, während die Frau Marshmallows röstet.
Im Hintergrund sind sanfte Hügel und der Schein des
Mondes sichtbar. Die Atmosphäre ist gemütlich und
einladend.
```

Die Bilderzeugung mit Schlüsselwörtern steuern

Beim Erzeugen von KI-generierten Bildern steuert die Beschreibung des Bildes im Wesentlichen die Arbeit des Bildgenerators (ggf. ergänzt durch Stil oder Format). Dabei kommt es nicht nur auf den Inhalt der gewünschten Abbildung an, sondern auch die Art, wie dieser Inhalt gestaltet ist, spielt eine entscheidende Rolle. Ob beispielsweise eine Tankstelle in einem fröhlichen, bunten Comic-Stil gezeichnet wird oder ein morbider Ort in einem düsteren Endzeit-Panorama ist, macht für die Wirkung des Bildes einen gewaltigen Unterschied.

Wie vorangehend gezeigt, kann man bei einigen Anbietern direkt einen bestimmten Stil wählen und sich so beim Text-Prompt ganz auf den Bildinhalt konzentrieren. Dieser Stil nimmt aber auch immer Einfluss darauf, wie der Inhalt dargestellt wird. Andere Dienste wie etwa der Bildgenerator von Copilot bieten hingegen nur einen Text-Prompt. Hier kommt es darauf an, die Beschreibung des Inhalts um Vorgaben zu Art und Stil des Bildes zu ergänzen.

Prinzipiell können Sie selbstverständlich einfach drauflosschreiben und versuchen, Ihre Ideen und Vorstellungen in Worte zu fassen, aus denen die KI dann wiederum ein Bild generiert, das dem entspricht oder Ihre Vorstellungen vielleicht auch – in positiver Sicht – aufbricht und Sie überrascht. Gerade am Anfang möchte ich Ihnen das sogar ausdrücklich empfehlen, um die Möglichkeiten und Fähigkeiten der KI-Bildgeneratoren erst mal richtig kennenzulernen. Wenn Sie aber Ihre Vorstellungen möglichst präzise umgesetzt haben möchten, dann empfiehlt es sich, Ihren Text-Prompts eine gewisse Struktur zu verleihen. Im Folgenden möchte ich Ihnen deshalb einen »Baukasten« vorschlagen, aus dem Sie die jeweils benötigten Elemente nehmen können, die Sie für Ihr Bild benötigen. Einige davon sind obligatorisch – andere verwenden Sie nur, wenn es nötig erscheint. Auch die Reihenfolge der Elemente ist willkürlich. Es kann allerdings hilfreich sein, sich ein bestimmtes Schema anzueignen, damit nichts Wichtiges vergessen wird.

Inhalt

Wesentlicher Bestandteil und Ausgangspunkt des Prompts sollte immer der Inhalt sein, den Sie im Bild sehen möchten. Den können Sie in Ihren eigenen Worten beschreiben. Je konkretere Vorgaben Sie machen, desto genauer wird die KI Ihre Vorstellungen umsetzen. Es gibt aber auch ein Zuviel. Wenn Sie die Beschreibung mit Details und Anforderungen überfrachten, kann das den Bildgenerator auch überfordern. Er wird dann Dinge weglassen oder aber versuchen, möglichst viel davon in das Bild hineinzupacken, wobei Physik, Logik und Konsistenz durchaus auf der Strecke bleiben können.

Thema

Hat Ihr Bild ein übergeordnetes Thema wie etwa Natur, Wissenschaft oder Technik, Märchen, Horror, Abenteuer, Romantik oder Traum? Handelt es sich um ein Stillleben, ein Porträt, ein Landschaftsbild oder eine Großstadtszenerie?

Es ist nicht immer notwendig, dies konkret anzugeben, etwa weil es sich aus der Inhaltsbeschreibung ergibt. Überlegen Sie aber, ob Sie das Bild in Ihrer Vorstellung einem bestimmten Thema zuordnen können, und wenn ja, ob die Beschreibung dies ausreichend berücksichtigt.

```
Ein Paar in einem Ruderboot. Das Thema ist Abenteuer.
```

vs.

```
Ein Paar in einem Ruderboot. Das Thema ist Romantik.
```

Perspektive

Ein wichtiger Aspekt jedes Bildes ist die Perspektive, die der Betrachter darauf hat. Soll es eine Nah- oder gar Makroaufnahme sein, die viele Details zeigt? Soll das Motiv aus der Vogel- oder Froschperspektive aufgenommen sein? Oder möchten Sie eine Szenerie in einer Totalen als Weitwinkelaufnahme sehen? Auch der Blick durch die Augen (First-Person) oder über die Schulter einer handelnden Person kann reizvoll sein.

```
Ein Billardtisch aus der Vogelperspektive.
```

vs.

```
Ein Billardspiel, gesehen aus der Perspektive
entlang des Queues des Spielers.
```

Komposition

Bildkomposition ist eine Kunst, die der Betrachter oft nur unbewusst zu schätzen weiß. Trotzdem kann sie für die Wahrnehmung sehr wichtig sein.

So können Sie der KI beispielsweise mitteilen, was im Fokus bzw. Vordergrund des Bildes stehen soll und was eher im Hintergrund oder am Rand. Auch Symmetrie oder Asymmetrie, also dass alle Objekte gleich groß oder ein bestimmtes größer als die anderen sein soll, kann eine wichtige Information sein. Vielleicht soll das zentrale Motiv von bestimmten Elementen umrahmt sein?

```
saftige rote Äpfel
```

vs.

```
Ein saftiger roter Apfel im Zentrum des Bildes,
weitere in einem Korb am Rand.
```

Dynamik

Bewegung ist ein wichtiges Element, um Bildern Dynamik zu verleihen. Wenn sich beispielsweise ein Auto oder ein Zug mit hoher Geschwindigkeit nähern soll, kann die KI dies durchaus veranschaulichen.

Auch bei Menschen kann es einen großen Unterschied machen, ob sie statisch an einer Stelle stehen oder in einer Bewegung dargestellt werden. Ebenso können aber auch Adjektive wie »ruhig«, »langsam« oder »entspannt« zu einer entsprechenden Wahrnehmung führen.

```
Ein Auto, das langsam an einer Tankstelle
vorbeifährt.
```

vs.

```
Ein Auto, das schnell an einer Tankstelle
vorbeifährt.
```

Materialien

Gerade wenn in einem Bild bestimmte Materialien oder Oberflächen eine Rolle spielen, kann die Beschaffenheit dieser Flächen wichtig für die Wirkung sein. Hier geht es vor allem darum, ggf. die erforderlichen Adjektive in den Prompt einzufügen, die das Material oder die Textur angemessen beschreiben.

Als Faustregel könnte man bei jedem erwähnten Objekt überlegen, ob dieses durch ein oder mehrere Adjektive näher beschrieben werden sollte oder ob man diese Eigenschaft der KI überlassen möchte.

```
Ein zugefrorener See, dessen Oberfläche mit Raureif
bedeckt ist.
```

vs.

```
Ein zugefrorener See, in dessen eisglatter Oberfläche
sich die schneebedeckten Berge widerspiegeln.
```

Emotion

Ein wichtiger Aspekt kann auch sein, welche Gefühle ein Bild beim Betrachter hervorrufen soll. Wann immer Sie ein Bild mit der Absicht generieren, bestimmte Emotionen zu vermitteln, sollten Sie dies der KI mitteilen. Das ist einfacher und führt gezielter zum gewünschten Ergebnis, als wenn Sie eine umfangreiche Beschreibung mit vielen Details formulieren.

Die KI hat eine Vorstellung davon, wie etwas idyllisch, romantisch, futuristisch oder bedrohlich wirkt. Verlassen Sie sich also ruhig darauf und versuchen Sie nicht, das in Ihrem Prompt umständlich zu erklären. Mit einem einfachen »Das Bild soll ein Gefühl von ... vermitteln« machen Sie Ihre Absicht klar und die KI ergänzt die notwendigen Elemente von ganz allein.

```
Ein Ritterturnier vor einer Burg. Das Bild soll ein
Gefühl von Idylle vermitteln.
```

vs.

```
Ein Ritterturnier vor einer Burg. Das Bild soll ein
Gefühl von Bedrohung vermitteln.
```

Stil

Zum Thema Stil beim Generieren von Bildern habe ich auf Seite 230 bereits etwas geschrieben. Manche KI-Bildgeneratoren bieten ausdrücklich bestimmte Stile an, die man zusätzlich zur Beschreibung auswählen kann. Prinzipiell können Sie aber jedem Assistenten auch im Text-Prompt eine Anweisung mitgeben, das Bild in einem bestimmten Stil zu gestalten. Stil kann sich dabei auf eine bestimmte Kunstrichtung oder Kunstepoche beziehen (z. B. »impressionistisch« oder »Pop-Art«), eine Maltechnik meinen (z. B. »Aquarell« oder »Bleistiftschraffur«) oder auch ein bestimmtes Themengebiet (z. B. »Manga« oder »Futuristisch«). Sie können die KI aber auch den Stil einer bestimmten Person imitieren lassen. In dem umfassenden Wissen von generativer KI stecken schließlich auch Informationen über Künstler und deren Werke. Und damit sind nicht nur herausragende Namen wie »Picasso« oder »Rembrandt« gemeint. Ich würde davon ausgehen, dass Künstler, über die man etwas bei Wikipedia lesen kann, auch den aktuellen KI-Systemen bekannt sind. Eine wichtige Einschränkung gilt dabei: DALL-E etwa weigert sich, Bilder im Stil von lebenden Künstlern zu generieren. Wenn Sie gerade keinen Kunststil, sondern eine möglichst realistische Darstellung wünschen, lautet das Schlüsselwort »fotorealistisch«.

```
Ein Vogel, der auf einem Ast sitzt, im Stile von
Michelangelo.
```

vs.

```
Ein Vogel, der auf einem Ast sitzt, im Stile von
Frida Kahlo.
```

Farbschema

Die Wahl der Farben kann die Wirkung eines Bildes erheblich beeinflussen. Die blassen Farben eines Aquarells etwa können dasselbe Motiv in einem ganz anderen Licht erscheinen lassen als die knalligen Farben eines Pop-Art-Bildes. Diese Beispiele legen schon nahe, dass zwischen Stil und Farbschema eine Verbindung besteht. Etwas vereinfachend kann man sagen, dass das Verwenden eines bestimmten Stils oftmals das Vorgeben einer Farbpalette überflüssig macht, wenn der Stil mit einer bestimmten Farbwahl einhergeht. Wenn man ohne Stilreferenz eine bestimmte Wirkung erzielen möchte, kann man diese aber einfach mit Schlüsselwörtern wie »gedämpft«, »lebhaft«, »knallig«, »dezent«, »düster«, »monochrom«, »gelbstichig«, »erdfarben«, »Regenbogen« usw. erreichen.

Wenn das Farbschema nicht ganz wesentlich ist, etwa weil sich das Bild in eine bestimmte Umgebung einfügen soll, würde ich meist auf diese Vorgabe verzichten und stattdessen eher einen passenden Stil verwenden. Eine wichtige Rolle kann ein Farbschema aber spielen, wenn Sie gleich mehrere Bilder generieren und in einem Zusammenhang verwenden möchten. Dann kann ein einheitliches Farbschema dafür sorgen, dass die Werke trotz unterschiedlichen Inhalts wie aus einem Guss wirken.

```
Eine Strandszene mit Liegestuhl in Pastellfarben.
```

vs.

```
Eine Strandszene mit Liegestuhl in grobkörnig
monochrom.
```

Atmosphäre und Licht

Ein weiteres gutes Hilfsmittel zum Erreichen einer gewünschten Bildwirkung ist das Beschreiben einer bestimmten Atmosphäre bzw. einer speziellen Lichtwirkung, welche generiert werden soll. Gerade das Licht, das beispielsweise an die Tageszeit oder bestimmte Zeitpunkte wie »Sonnenaufgang«, »Dämmerung« oder »Mitternacht« geknüpft sein kann, trägt viel zum Entstehen einer bestimmten Atmosphäre bei. Aber auch Wetter (»stürmisch« oder »neblig«), Jahreszeit (»Hochsommer« oder »winterfrostig«), Klimazone bzw. Ort (beispielsweise »Wüste« oder »Regenwald«) können mit einer bestimmten Art von Atmosphäre verbunden sein. Außerdem gibt es bestimmte Lichtstimmungen wie »Goldene Stunde« oder »Blaue Stunde«, »Licht und Schatten« oder »Gegenlicht«.

```
Eine Bushaltestelle im Hochsommer zur Mittagszeit.
```

vs.

```
Eine Bushaltestelle im Nebel bei Sonnenaufgang.
```

Seitenverhältnis

Schließlich gibt es noch einen praktischen Parameter, der ganz vom beabsichtigten Verwendungszweck des Bildes abhängt: die Größe bzw. das Format oder Seitenverhältnis, das das entstehende Bild haben sollte. Bei einigen Bildgeneratoren wie etwa dem von MyEdit (siehe Seite 194) können Sie das Zielformat zusätzlich zum Text-Prompt ausdrücklich angeben. Bei KI-Systemen ohne solche zusätzlichen Parameter können

Sie Ihren Wunsch im Text-Prompt formulieren. Verwenden Sie hierzu Schlüsselwörter wie »Querformat«, »Hochformat«, »16:9«, »4:3«, »Quadratisch« oder »Breitwand«). Allerdings berücksichtigen nicht alle Dienste solche Wünsche. Copilot etwa nutzt für Bilder den Bildgenerator von DALL-E, der das im Prinzip kann. Wenn Sie allerdings Copilot zum Erzeugen von Bildern auffordern, ignoriert er solche Anweisungen beharrlich und liefert stattdessen Bilder grundsätzlich in quadratischer Form aus. Daraus muss man sich dann ggf. das gewünschte Format zurechtschneiden. Wenn Sie einen Dienst wie DALL-E aber direkt abonnieren, können Sie davon ausgehen, dass Bilder von vornherein im gewünschten Format erzeugt werden.

Beschreibungen zu Bildern generieren

Um zu verstehen, wie sich durch Beschreibungen und Schlüsselwörter Bilder auf eine ganz bestimmte Art und Weise erzeugen lassen, kann es sinnvoll sein, auch mal den umgekehrten Weg zu gehen. Also dem KI-Assistenten ein fertiges Bild zu geben und sich von ihm dazu eine Beschreibung generieren zu lassen. Auf diese Weise kann man lernen, welche Begriffe und Formulierungen man wie einsetzen kann, um ganz bestimmte Effekte zu erzielen. Voraussetzung dafür ist, dass ein Bild in einem der gängigen Formate vorliegt, sodass Sie es beispielsweise in einem Chat mit Gemini (siehe Seite 101) hochladen können.

1. Klicken Sie bei Gemini auf das +-Symbol links neben dem Eingabefeld und wählen Sie im so geöffneten Menü *Dateien hochladen*.
2. Navigieren Sie dann zur gewünschten Bilddatei und laden Sie diese in den Chat hoch.
3. Ergänzen Sie dieses Bild nun um eine Anweisung wie die folgende. Die Formulierung klingt etwas umständlich, aber sie stellt sicher, dass Gemini tatsächlich einen Prompt erstellt und nicht direkt das eingefügte Bild reproduziert.

```
Erstelle basierend auf diesem Bild eine
Textbeschreibung, die ich als Prompt für einen
KI-Bildgenerator verwenden kann.
```

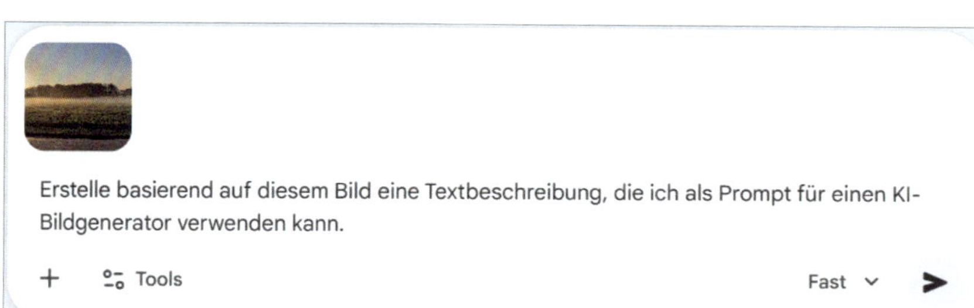

4. Das Analysieren von Bildern dauert etwas länger als das Erfassen von Texten, aber trotzdem sollten Sie nach wenigen Sekunden Wartezeit eine Antwort erhalten.

> Analyse
>
> Hier ist ein präziser Prompt, der die Stimmung und Komposition deines Bildes für eine KI einfängt:
>
> **„Eine filmische Weitwinkelaufnahme einer ländlichen Wiese bei Sonnenaufgang. Im Vordergrund eine asphaltierte Straße, dahinter ein grünes Feld mit tief hängendem, goldenem Morgennebel. Im Hintergrund eine Silhouette aus dichten Bäumen und der markante Bogen einer Stahlbrücke. Die Sonne steht tief am klaren Himmel und taucht die gesamte Szene in ein warmes, atmosphärisches Licht mit sanften Lichtstrahlen."**
>
> Möchtest du, dass ich diesen Entwurf für einen speziellen Stil (z. B. fotorealistisch oder wie ein Ölgemälde) anpasse?

5. Zum Testen können Sie die Antwort des KI-Assistenten (allerdings nur die eigentliche Bildbeschreibung) in die Zwischenablage übertragen und dann direkt wieder als Aufforderung unten in das Eingabefeld einfügen. Wählen Sie dann sicherheitshalber noch die Funktion *Bild erstellen* im Tools-Menü und senden Sie die Aufforderung an den Assistenten.

> Eine filmische Weitwinkelaufnahme einer ländlichen Wiese bei Sonnenaufgang. Im Vordergrund eine asphaltierte Straße, dahinter ein grünes Feld mit tief hängendem, goldenem Morgennebel. Im Hintergrund eine Silhouette aus dichten Bäumen und der markante Bogen einer Stahlbrücke. Die Sonne steht tief am klaren Himmel und taucht die gesamte Szene in ein warmes, atmosphärisches Licht mit sanften Lichtstrahlen.
>
> + Bild × Fast

6. So erzeugt Gemini ein Bild mit dem selbst generierten Prompt und Sie können überprüfen, ob sich so tatsächlich ein Bild erzeugen lässt, das dem Original ähnlich ist.

Links das Original – mit dem dazu erzeugten Prompt hat Gemini das Bild rechts generiert

7.5 Bilder als Vorlage für neue Bilder

Ich persönlich finde es immer wieder ein spannendes Experiment, mir für ein bestimmtes Bild eine Textbeschreibung generieren zu lassen. Studiert man diese Texte, bekommt man schnell ein Gefühl dafür, welches die entscheidenden Schlüsselwörter sind, um eine bestimmte Stimmung oder einen bestimmten Stil zu erzeugen. Außerdem verwende ich solche Texte dann wiederum bei demselben oder auch einem anderen Bildgenerator als Eingabe und bin jedes Mal gespannt, wie dicht am Original die so entstehenden Bilder sind. Wobei man keine Kopien erwarten sollte, sondern Bilder, die in Stimmung, Stil und grundsätzlichem Thema ähnlich sind.

Den Stil eines Bildes mit anderem Inhalt kopieren

Und schließlich kann man den generierten Text beliebig verändern und ergänzen. Wenn Ihnen also beispielsweise ein ganz besonders schönes und stimmungsvolles Bild gelungen ist, dem aber ein bestimmtes Element fehlt oder das für einen bestimmten Verwendungszweck nicht den passenden Inhalt hat, können Sie sich ein sehr ähnliches Bild vom KI-Generator erstellen lassen:

1. Lassen Sie sich wie beschrieben per Bild-zu-Text eine Beschreibung generieren.
2. Ergänzen bzw. ersetzen Sie in der Beschreibung die fehlenden Elemente. Lassen Sie das weg, was Sie nicht im Bild haben möchten. Behalten Sie aber die stilprägenden Schlüsselwörter bei.
3. Verwenden Sie diese überarbeitete Beschreibung, um ein neues Bild generieren zu lassen.

So könnte man etwa das im vorangehenden Beispiel verwendete Bild als stilistische Grundlage nutzen, um sich ein stimmungsvolles Bild von einem Jahrmarkt zu erschaffen. Dazu ersetzt man im Prompt etwa »Feld« und »Brücke« durch »Jahrmarkt« und »Riesenrad«:

Bilder aus anderen Bildern generieren

Bei der vorangehenden Anleitung wurde zunächst eine Beschreibung eines Bildes generiert, diese dann angepasst und damit ein neues Bild erzeugt. Man kann den Zwischenschritt auslassen und direkt ein Bild als Vorlage für ein neues anderes Bild nutzen. Das geht etwas schneller, aber man verliert dabei auch etwas Einfluss auf das Ergebnis. Wenn es vor allem darum geht, den Stil bzw. die Wirkung eines Bildes einzufangen, und die gewünschte Veränderung sich klar beschreiben lässt, dann kann diese Variante sehr effizient sein. Das folgende Beispiel lässt sich leicht auch mit allgemeinen KI-Assistenten wie Gemini oder Copilot (siehe Seite 36) umsetzen:

1. Fügen Sie das Bild, das als Vorlage dienen soll, dem Eingabefeld hinzu.
2. Ergänzen Sie dazu die Anweisungen, was daran verändert werden soll. Wollen Sie einfach nur eine neue Variante ohne grundlegende Änderungen haben, schreiben Sie das.

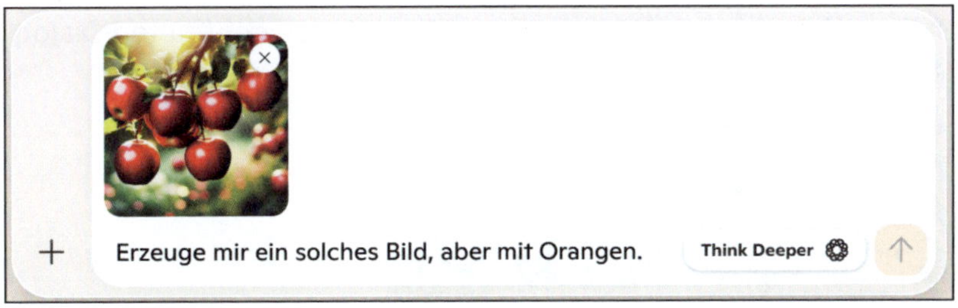

3. Senden Sie die Aufforderung ab, um sich ein neues Bild nach diesen Vorgaben generieren zu lassen.

7.6 Professionelle Produktfotos mit KI

Im vorangehenden Kapitel habe ich gezeigt, wie Sie mit KI-Hilfe Objekte in einem Bild freistellen und den Hintergrund entfernen können. Das ist eine Technik, die man beispielsweise für das Herstellen von attraktiven Produktbildern fürs Marketing oder den Verkauf auf Online-Plattformen verwenden kann. Einige Anbieter kombinieren das Freistellen mit dem Einfügen eines passenden Hintergrunds, sodass Sie nur ein ausreichend scharfes Foto (egal vor welchem Hintergrund) eines Objektes benötigen, um daraus ein attraktives Produktbild zu erstellen.

Dies ist beispielsweise beim Webdienst MyEdit möglich (mehr dazu siehe Seite 194).

1. Öffnen Sie https://myedit.online/de/photo-editor/product-background in Ihrem Webbrowser. Alternativ wählen Sie auf der Startseite von https://myedit.online/de unter *Business-Studio/KI-Marketingstudio* den Eintrag *KI Hintergrund für Produkte*.
2. Ziehen Sie dann das Produktbild auf das im Browser angezeigte Rechteck. Alternativ klicken Sie auf *Datei auswählen* und navigieren im so geöffneten Dialog zur gewünschten Bilddatei.

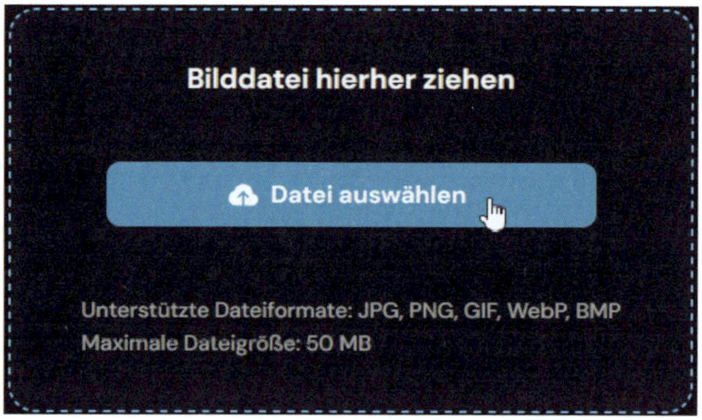

3. Die Datei wird nun zu MyEdit hochgeladen und im Anschluss versucht der Dienst direkt, mithilfe seiner KI-Funktionen Motiv und Hintergrund zu trennen und den Hintergrund zu entfernen. Nach etwas Wartezeit sehen Sie auf dem Bildschirm also direkt das freigestellte Bildmotiv.

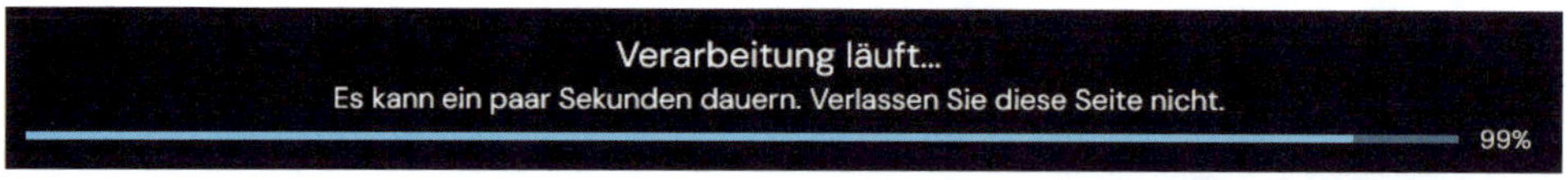

4. Das freigestellte Motiv wird auf einer karierten Fläche angezeigt, die den fehlenden Hintergrund symbolisieren soll (sollte das automatische Freistellen nicht perfekt geklappt haben, beachten Sie bitte den nachfolgenden Abschnitt).

Es ist von einem Rahmen umgeben (klicken Sie das Motiv ggf. an, um diesen sichtbar zu machen), der Ihnen verschiedene Eingriffsmöglichkeiten erlaubt:

- Sie können die Position des Objekts ändern, indem Sie es mit gedrückter linker Maustaste ergreifen und auf dem Hintergrund an die gewünschte Stelle ziehen.
- Wenn Sie eine der Ecken der Markierung ergreifen und mit der Maus ziehen, machen Sie das Objekt größer oder kleiner. Die Änderung erfolgt dabei immer proportional, also in Höhe und Breite im gleichen Maß, sodass das Objekt nicht verzerrt wird.
- Oben in der Mitte über dem Rechteck führt eine einzelne Linie zu einem Kreissymbol. Wenn Sie dieses mit gedrückter linker Maustaste ergreifen, können Sie das Objekt rotieren.

5. Wenn Sie Position, Ausrichtung und Größe ggf. angepasst haben, wählen Sie in der Leiste am rechten Rand unter *Stile* eine passende Vorlage für den Hintergrund aus. Beachten Sie dabei, dass einige (am Premium-Symbol erkennbare) Stile zahlenden Kunden vorbehalten sind. Manche können aber auch im Rahmen eines kostenlosen Basiskontos genutzt werden.
6. Um ein Produktbild mit dem gewählten Hintergrund zu erstellen, klicken Sie unten auf *Generieren*.

7. MyEdit erzeugt daraufhin mehrere Vorschläge in dem gewählten Stil, von denen Sie sich den besten aussuchen können.

Falls die Hintergrund-Entfernung versagt

Wenn die KI-Hintergrund-Entfernung Motiv und Hintergrund nicht sauber trennen kann, etwa weil mehr als ein Objekt abgebildet oder der Hintergrund zu unruhig ist, können Sie ggf. manuell nachhelfen.

Klicken Sie dazu unterhalb des Bildes links auf *Ausschnitt bearbeiten*.

- Daraufhin verändert sich die Darstellung, sodass alles, was die KI als Hintergrund erkannt hat, rötlich eingefärbt wird. Gleichzeitig verwandelt sich der Mauszeiger in einen virtuellen Radierer. Damit können Sie alle Bereiche, welche zusätzlich als Hintergrund betrachtet werden sollen, ebenfalls rot einfärben.
- Hat die KI-Automatik Teile des Vordergrundmotivs als Hintergrund erkannt, klicken Sie in der Leiste rechts auf *Wiederherstellen*. In diesem Modus können Sie die Rotfärbung an den Stellen entfernen, die noch zum Objekt gehören.
- Mit dem Schieberegler in der Spalte am rechten Rand können Sie die Größe des Werkzeugs verändern. So können Sie entweder schnell größere Flächen markieren oder bei feineren Details sehr präzise und kleinschrittig vorgehen.

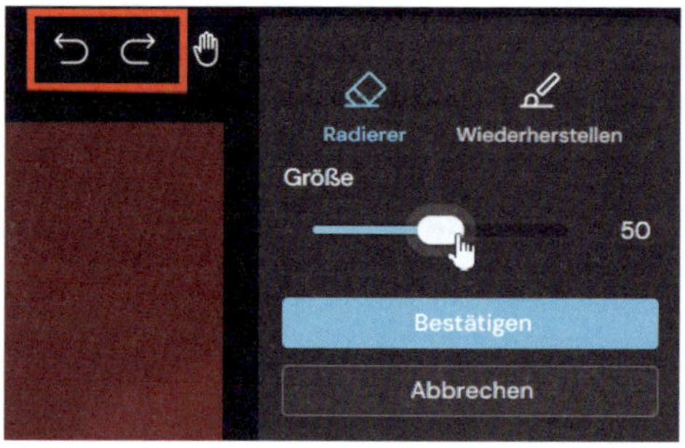

- Oberhalb des Bildes rechts finden Sie Vorwärts- und Rückwärts-Schaltflächen. Damit können Sie ggf. Arbeitsschritte rückgängig machen, wenn diese im ersten Versuch nicht zum gewünschten Ergebnis geführt haben.
- Sind Sie mit dem Ergebnis zufrieden, übernehmen Sie alle so gemachten Änderungen mit *Bestätigen*. Sollte etwas schiefgelaufen sein, können Sie mit *Abbrechen* jederzeit zur von der KI automatisch erkannten Version ohne Änderungen zurückkehren.

7.7 Logos und Grafiken erstellen

In diesem Kapitel ging es bislang vor allem um Bilder im klassischen Sinn von Gemälden, Illustrationen oder Fotografien. Aber KI-basierte Bildgeneratoren können auch Bildwerke in einem weiteren Sinn wie etwa Logos und grafische Elemente erschaffen. Die Assistenten können sich unter Begriffen wie »Logo« oder »Reklameschild« etwas vorstellen. Es ist also auch hier wieder eine Frage der Schlüsselwörter, mit denen man den KI-Generator in die gewünschte Richtung lenkt.

Bildgeneratoren und Sprache

KI-Textgeneratoren können perfekt Sprache generieren und KI-Bildgeneratoren können sehr gute Bilder erzeugen. Aber leider klappt das nicht umgekehrt. KI-Assistenten zum Generieren von Bildern sind alles andere als Sprachspezialisten. Ich empfehle deshalb Vorsicht bei Bildern oder Grafiken, in denen Wörter wie etwa Namen vorkommen. Die Wahrscheinlichkeit, dass diese im erzeugten Bild falsch buchstabiert sind, ist leider nicht ganz gering. In jedem Fall sollten Sie Texte in Bildern immer gegenlesen, bevor Sie sie verwenden.

Schlüsselwörter für Logos und Grafiken

Wollen Sie das KI-basierte Generieren von Logos und anderen grafischen Elementen im Detail steuern, kommt es auf die richtigen Schlüsselwörter an. Im Folgenden stelle ich Ihnen die wichtigsten Aspekte vor. Wenn Sie diese geschickt kombinieren, sollten Sie schnell zu einer attraktiven Grafik kommen.

Die Art des Logos

Wenn in Ihrem Prompt von einem Logo, einer Einladung oder einer Speisekarte die Rede ist, dann weiß der KI-Assistent schon, worauf es dabei im Wesentlichen ankommt. Wenn Ihnen also schon klar ist, was Sie erreichen wollen, dann machen Sie dem KI-System eine entsprechende Vorgabe. Das kann durchaus schon recht spezifisch sein.

Bei Logos etwa gibt es verschiedene Grundformen:

- »Symbol«
  Eine grafische Visualisierung eines Gegenstands, einer Tätigkeit oder eines Themas, die in der Regel ohne Beschriftung auskommt und beliebig konkret oder abstrakt sein kann.
- »Emblem« oder »Wappen«
  Spezielle Varianten von Symbolen, die eine Grundform vorgeben, die gleichzeitig aber auch eine Bedeutung transportieren können. Wappen etwa vermitteln Historie, Tradition und Autorität, Embleme stehen für Abzeichen auf Uniformen oder die Erkennungszeichen von Clubs.
- »Maskottchen«
  Eine Personalisierung in Form eines Tieres, einer Kunstfigur oder eines stilisierten Gesichts. Maskottchen machen eine Marke sympathischer und anschaulicher und können so eine starke Bindung aufbauen.
- »Monogramm« (engl. »Lettermark«)
  Die künstlerische Abwandlung oder Verfremdung eines Buchstabens oder mehrerer Buchstaben. Dabei kann es sich etwa um den Anfangsbuchstaben eines Firmennamens oder die Initialen einer Person handeln. Längere Namenszüge eignen sich eher nicht für eine schöne Visualisierung.

```
Erstelle ein Monogramm der Buchstaben »WG«
```

Der Kunststil

Schaut man sich Logos, Maskottchen und ähnliche Embleme an, dann sind diese grafisch meist in einem einfachen Stil gehalten: klare Formen, deutliche Linien, wenige Farben. Das alles trägt dazu bei, die Markenbotschaft auf den ersten Blick zu erkennen und später jederzeit wiederzuerkennen. Um Bilder in diesem Stil zu generieren, sollte man deshalb einen Stil vorgeben, der dieser Gestaltungsart entspricht.

Mit folgenden Schlüsselwörtern etwa bringen Sie KI-Assistenten grundlegend auf die richtige Spur (einzeln oder auch in Kombination einzusetzen):

- »einfach« oder »minimalistisch«
  Die grundlegendste Eigenschaft für grafische Elemente überhaupt, die dafür sorgt, dass mit einfachen Formen und wenigen Farben gearbeitet wird.
- »flach«
  Sorgt ebenfalls für einfache Darstellung ohne räumliche Perspektive (wenn gewünscht).
- »Vektor«
  Führt zu einfachen Elementen und klaren Linien, die sich gut skalieren lassen.
- »schwarz-weiß«, »Umriss« oder »Strichzeichnungen« bzw. »Line Art«
  Ein konkreter Stil, der sich gut für sehr abstrakte oder stilisierte Elemente eignet.

```
Erstelle ein Logo für eine Eisdiele, ohne Text,
einfach, flach, Vektor
```

Daneben gibt es bestimmte Kunststile, die sich besonders für das Erstellen von grafischen Elementen eignen (wobei dies immer Geschmackssache ist und die erwähnten Stile auch nur einige typische Vertreter sind):

- »Abstrakter Expressionismus«
  Ein von intensiven Farben, Verzerrung und Übertreibung gekennzeichneter Kunststil, der sich an Emotionen orientiert und auf gegenständliche Darstellung zugunsten von Abstraktion verzichtet.
- »Pop-Art«
  Dieser Stil zeichnet sich durch leuchtende Farben, eine minimalistische Darstellung und Referenzen auf Gegenstände aus Alltag und Massenkultur aus.
- »Kristallkubismus«
  Ein Ableger des Kubismus, der mit flachen, kantigen Formen arbeitet, die an die Facetten von Edelsteinen erinnern. Die Farbpalette beschränkt sich auf Grau, Weiß und Braun.

Referenzkünstler

Anstelle eines Kunststils können Sie auch einen konkreten Künstler angeben, was die Angabe noch etwas konkreter macht. Möglicherweise eignet sich einer Ihrer Lieblingskünstler für das Erstellen von Logos und Maskottchen.

Ansonsten haben sich beispielsweise die folgenden Künstler für diese Zwecke bewährt:

- »Piet Mondrian« – geometrisch, abstrakt, harmonisch
- »Pablo Picasso« – kreativ, abstrakt, lebendig
- »Saul Bass« – grafisch, minimalistisch, ikonisch
- »Paul Rand« – kreativ, funktional, modern

```
Erstelle ein Symbol für eine Eisdiele,
minimalistisch, flach, im Stile von Saul Bass
```

Einen Prompt generieren lassen

Komplexere Aufgaben wie das Erzeugen eines Firmenlogos oder einer ausdrucksstarken Grafik macht man nicht jeden Tag, sodass einem womöglich erst mal die richtigen Worte fehlen. In der Situation empfehle ich wieder den simplen Trick: Lassen Sie doch die KI die Arbeit machen oder Ihnen zumindest die benötigte Inspiration liefern. Wie auch an anderen Stellen dieses Buches gezeigt, können KI-Assistenten sehr gut Prompts für andere KI-Assistenten generieren.

Lassen Sie sich also von einem Textgenerator einen Prompt für einen Bildgenerator liefern, den Sie dann – im Original oder ggf. noch von Hand angepasst – an den Bilder-Erzeuger weiterreichen.

1. Öffnen Sie beispielsweise ChatGPT (siehe Seite 35) und teilen Sie dem Assistenten mit, was Sie erreichen möchten. Fordern Sie ihn auf, Ihnen einen dazu passenden Prompt zu generieren. Wenn Sie bereits einen ganz bestimmten KI-Bildgenerator im Auge haben, geben Sie das ebenfalls an. In der Regel werden die Prompts aber so gehalten sein, dass sie bei jedem Assistenten verwendet werden können.

```
Ich möchte ein Logo für meine Eisdiele erstellen.
Sie trägt den Namen "Acapulco". Das Logo soll
vermitteln, dass es bei mir das leckerste Eis in
der Stadt gibt. Wie könnte ein Prompt für DALL-E
aussehen, der mir ein solches Logo generiert?
```

2. Wenn Sie nach kurzer Wartezeit die Antwort erhalten, können Sie diese mit dem Kopieren-Symbol direkt in die Zwischenablage übernehmen. Beachten Sie dabei aber, dass die Antwort oftmals neben dem eigentlichen Prompt noch zusätzliche Hinweise enthält.

> Hier ist ein Vorschlag für einen Prompt, den du für DALL-E verwenden kannst, um ein Logo für deine Eisdiele "Acapulco" zu erstellen:
>
> "Erstelle ein farbenfrohes und einladendes Logo für eine Eisdiele namens 'Acapulco'. Das Logo sollte tropische Elemente wie Palmen und Sonne enthalten, um ein Gefühl von Urlaub und Entspannung zu vermitteln. Integriere eine stilisierte Eiskugel oder ein Eisbecher-Design, das köstlich aussieht. Verwende lebendige Farben wie Blau, Gelb und Pink, um die Frische und den Genuss des besten Eises in der Stadt zu betonen. Der Schriftzug 'Acapulco' sollte modern und gut lesbar sein, idealerweise in einer verspielten Schriftart."
>
> Du kannst diesen Prompt anpassen, um spezifische Details hinzuzufügen oder zu ändern, je nachdem, was dir vorschwebt!

3. Wechseln Sie nun zum Bildgenerator. DALL-E können Sie beispielsweise auch über den Designer von Copilot nutzen. Öffnen Sie dazu im Webbrowser die Adresse www.bing.com/images/create.
4. Fügen Sie den generierten Prompt aus der Zwischenablage hier ein. Beachten Sie dabei ggf. die Zeichenbegrenzung bei der Eingabe. Sollte der Prompt länger sein, wird das Ende abgeschnitten. Kontrollieren Sie in diesem Fall, welche Information dadurch ggf. verloren geht. Eventuell können Sie den Prompt insgesamt etwas straffen, um das zu vermeiden.
5. Selbstverständlich können Sie den Prompt auch inhaltlich verändern und an Ihre Vorstellungen anpassen. Klicken Sie dann auf *Erstellen*.

6. Nach etwas Wartezeit zeigt Ihnen der Designer vier Vorschläge an, die hoffentlich Ihren Erwartungen entsprechen (wie gesagt, achten Sie bei enthaltenen Namen oder sonstigen Texten auf die Rechtschreibung).

Bilder erstellen mit Copilot – Chat vs. Designer

Copilot integriert für das Erstellen von Bildern das KI-System DALL-E. Dabei gibt es zwei Möglichkeiten, Bilder zu generieren. Sie können die Anweisungen dafür direkt in den Copilot-Chat schreiben. Das klappt allerdings nicht immer ganz zuverlässig, da der Copilot auch ausdrückliche Aufforderungen gelegentlich ignoriert und stattdessen mit Text antwortet. Das kann man notfalls mit dem Schlüsselwort */image* umgehen. Wenn Sie einen Prompt im Designer eingeben, werden daraus hingegen immer Bilder generiert. Außerdem gibt es meiner Meinung nach auch einen qualitativen Unterschied, denn der Designer generiert meiner Ansicht nach bessere Bilder in dem Sinn, dass sie eher den im Prompt formulierten Erwartungen entsprechen. Aber am besten probieren Sie beide Varianten selbst aus.

8. Musik- und Tonaufnahmen mit KI optimieren

Ein weiterer Bereich, in dem künstliche Intelligenz ihre Stärken ausspielen kann, ist das Bearbeiten, Reparieren und Optimieren von Audioaufnahmen. Hier kommt insbesondere die Mustererkennung zum Tragen, die auch in den großen und komplexen Daten einer Aufnahme von Musik, Sprache oder Klängen (oder auch einer beliebigen Kombination daraus) bestimmte Bereiche identifizieren, isolieren und gesondert behandeln kann.

Klassischerweise konnte man beim Bearbeiten von Audioaufnahmen jeweils nur bestimmte Frequenzbereiche pauschal anheben, absenken oder auch ganz herausfiltern, um beispielsweise bei einer Sprachaufnahme die Verständlichkeit zu verbessern oder Hintergrundgeräusche zu entfernen. Das klappte abhängig vom Ausgangsmaterial mal besser und mal schlechter. In jedem Fall musste man meist viel Zeit und Aufwand investieren, um gute Ergebnisse zu erzielen.

Einem KI-System kann man hingegen antrainieren, beispielsweise menschliche Stimmen zu erkennen. Es lernt dadurch, nach welchen Mustern es in einer Audiodatei Ausschau halten muss, wenn etwa eine Stimme isoliert oder im Pegel angehoben werden soll. Dabei spielt es keine entscheidende Rolle mehr, ob es sich um eine tiefe oder eine hohe Stimme handelt und ob sie laut oder leise spricht. Die KI erkennt das automatisch anhand der grundlegenden Muster menschlicher Stimmen. Ebenso kann man noch spezieller trainieren und der KI die konkreten Merkmale einzelner Stimmen beibringen, sodass sie diese erkennen und sogar imitieren können (Beispiel siehe Seite 170).

KI-Funktionen in professioneller Audio-Software

Für die Audioproduktion gibt es einen großen Markt an Software, wo vom Hobbymusiker bis zum professionellen Tonstudio für alle etwas dabei ist. Gerade professionelle Audio-Software bringt ihrerseits KI-basierte Funktionen und Plug-ins mit, die sicher hier und da noch etwas mehr leisten kann als die im Folgenden vorgestellten Dienste. Darum soll es in diesem Kapitel aber nicht gehen. Stattdessen stelle ich auch hier Dienste vor, die Sie – ggf. nach einer Anmeldung – kostenlos ausprobieren können, um sich mit den Möglichkeiten vertraut zu machen.

8.1 Störgeräusche aus Aufnahmen entfernen

Eines der häufigsten Probleme bei Audioaufnahmen sind unerwünschte Hintergrundgeräusche oder auch ein Grundrauschen. Sie können eine Aufnahme verderben oder zumindest einen hohen Aufwand beim Nachbearbeiten verursachen. Mit den richtigen KI-Assistenten können Sie sich viel Mühe sparen, da diese speziell trainierte Funktionen bieten, um Rauschen, Wind, Echos oder anderen typischen Störgeräuschen vollautomatisch auf die Spur zu kommen und sie dezent und möglichst unhörbar zu beseitigen.

Rauschen ohne Qualitätsverlust verbannen

Rauschen ist ein häufiges Problem bei alten Aufnahmen, aber auch bei neuen Aufzeichnungen kann es durch Fehler oder Unzulänglichkeiten der verwendeten Geräte dazu kommen. Ein solches Grundrauschen lässt sich allerdings recht gut erkennen und entfernen. Der Webdienst MyEdit (siehe Seite 194) bietet bei seinen Audiofunktionen unter anderem dafür eine Spezialfunktion an.

Audioformate bei MyEdit

Alle Audiofunktionen von MyEdit können Dateien in den Formaten MP3, WAV, FLAC sowie M4A als Eingabedaten nutzen. Diese dürfen maximal 100 MB umfassen oder zehn Minuten lang sein. Beim Herunterladen korrigierter Dateien bietet MyEdit die Formate MP3 und WAV an. Klicken Sie auf den kleinen Pfeil rechts neben der *Herunterladen*-Schaltfläche, um ein Menü auszuklappen, in dem Sie das Format wählen können. Mit *Weitere Einstellungen* steuern Sie Bitrate und Kompression der erzeugten Dateien.

1. Öffnen Sie die Adresse https://myedit.online/de/audio-editor/remove-background-noise-from-audio in Ihrem Webbrowser. Einfacher kann es aber sein, auf der Startseite von MyEdit oben in der Menüleiste auf *Audio-Werkzeuge/Restaurieren/Rauschunterdrückung* zu klicken.
2. Ziehen Sie dann die zu entrauschende Datei auf das Rechteck oder klicken Sie dort auf *Datei auswählen*, um zur gewünschten Datei zu navigieren. Wollen Sie die Funktion nur schnell mal ausprobieren, steht mit *Beispielaudio verwenden* ein kurzer Beispielclip mit Sprache und Windgeräuschen bereit.
3. Die gewählte Datei wird anschließend zum Server übertragen und dort automatisch analysiert. Danach sehen Sie eine Visualisierung der Aufnahme auf dem Bildschirm.

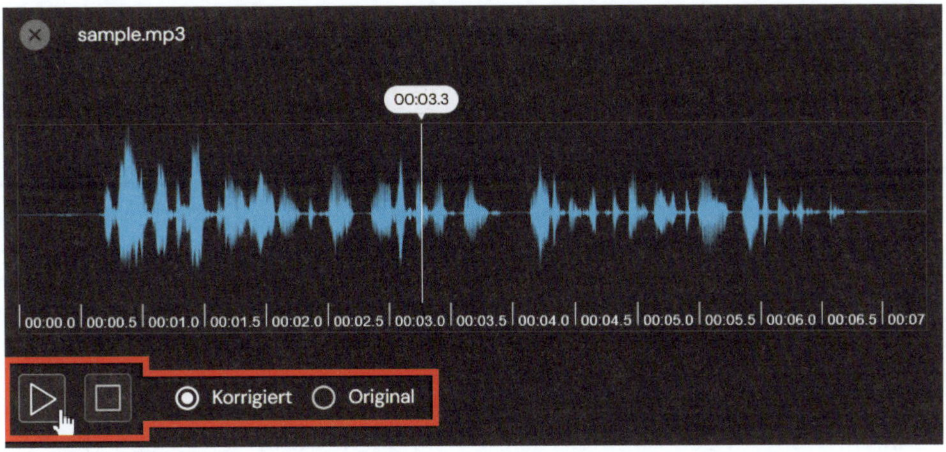

4. Mit den Wiedergabe-Symbolen links unterhalb des Frequenzspektrums können Sie die Aufnahme abspielen. Dabei können Sie mit den Optionen *Korrigiert* und *Original* einen Vorher-Nachher-Vergleich anstellen.
5. Im unteren Bereich können Sie die Vorgehensweise beim Entrauschen fein einstellen. *Stärke* steuert, in welchem Maß die Funktion erkanntes Rauschen unterdrückt. *Kompensation* bestimmt, inwieweit an solchen Stellen das verbleibende Signal verstärkt wird, um einem wahrnehmbaren Volumenverlust vorzubeugen (auf Seite 265 gehe ich ausführlicher auf diese und weitere Einstellungen ein).

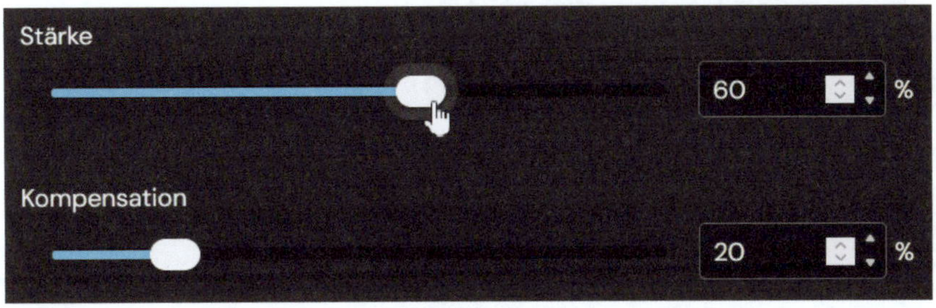

6. Sind Sie mit dem Ergebnis zufrieden, speichern Sie die korrigierte Version oben in der Menüleiste mit *Herunterladen*.

Windgeräusche bei Außenaufnahmen entfernen

Ein großes Risiko bei Aufnahmen im Freien ist, dass schon bei leichtem Wind dieser über das Mikrofon streicht und dadurch Geräusche erzeugt, die in der Aufnahme landen. Das ist unschön und kann außerdem dazu führen, dass Äußerungen nicht mehr deutlich zu hören sind.

Idealerweise tut man schon bei der Aufnahme alles, um das zu vermeiden oder zumindest weitestgehend zu minimieren, indem man beispielsweise einen Windschutz über das Mikrofon stülpt oder eben für Interviews eine windgeschützte Ecke aufsucht.

Wenn man daran nicht gedacht hat oder die Maßnahmen nicht ausreichend waren, muss man in der Nachbearbeitung ran. Klassischerweise ist das aber recht aufwendig, da Windgeräusche meist nur zeitweise auftreten und sich je nach Windstärke unterscheiden können. KI-basierte Methoden haben den Vorteil, dass sie »wissen«, wie Windgeräusche klingen. So können sie automatisch die Stellen erkennen, an denen eine Aufnahme dadurch beeinträchtigt wird. Auch hierfür können Sie den Webdienst MyEdit einsetzen, der dafür einen speziellen KI-getriebenen Windfilter anbietet.

1. Öffnen Sie die Adresse https://myedit.online/de/audio-editor/wind-remover in Ihrem Webbrowser. Alternativ klicken Sie irgendwo in der Weboberfläche von MyEdit oben in der Menüleiste auf *Audio-Werkzeuge/Restaurieren/Windgeräusche entfernen*.
2. Im ersten Schritt laden Sie Ihre Audiodatei auf den Server hoch. Ziehen Sie sie dazu auf das Rechteck oder klicken Sie auf *Datei auswählen* und navigieren Sie mit dem anschließenden Auswahldialog zur gewünschten Datei. Auch diese Funktion kann mit MP3-, WAV-, FLAC- oder M4A-Dateien genutzt werden, die maximal 100 MB groß oder zehn Minuten lang sind.

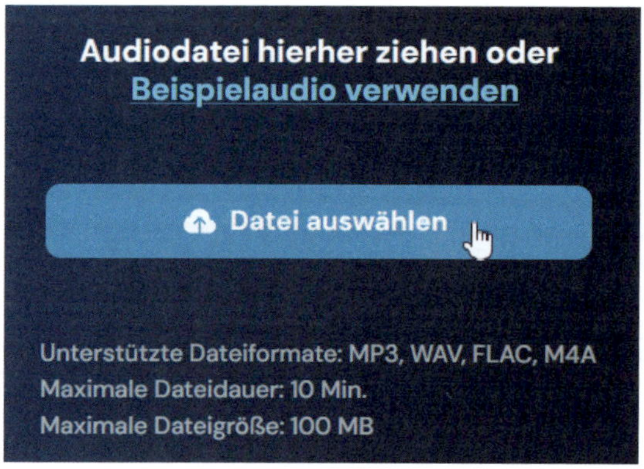

3. Die gewählte Datei wird anschließend zum Server übertragen und dort automatisch analysiert. Anschließend sehen Sie eine Visualisierung der Aufnahme auf dem Bildschirm.
4. Wie vorangehend beim Entrauschen beschrieben, können Sie sich das Original und die korrigierte Aufnahme anhören und den erzielten Effekt so vergleichen.
5. Sollten Sie mit dem Ergebnis noch nicht zufrieden sein, können Sie auch hier in der unteren Hälfte nachhelfen. Im einfachen Modus lässt sich hier die *Stärke* des Effekts regeln. Standardmäßig verwendet die Funktion 100 %, also maximale Wir-

kung. Dies ist aber vielleicht gar nicht nötig. Ich würde grundsätzlich versuchen, die Stärke auf 50 % zu reduzieren, und dann kontrollieren, ob das nicht ausreicht (mehr dazu und zu den erweiterten Einstellungen im nachfolgenden Abschnitt).

6. Sind Sie mit dem Ergebnis zufrieden, können Sie die korrigierte Version oben in der Menüleiste *Herunterladen*. Klicken Sie alternativ auf den kleinen Pfeil rechts daneben, um die Export-Optionen auswählen zu können.

Die KI-Säuberung detaillierter steuern

Von einer KI-Funktion erwartet man sich gern eine 1-Klick-Lösung, die vollautomatisch arbeitet. Wenn das beim Wind-Entfernen auf Anhieb klappt, umso besser. Sie haben dank der erweiterten Einstellungen aber die Möglichkeit, auf die Wirkung des Effekts Einfluss zu nehmen und das Ergebnis so an Ihre persönlichen Vorlieben anzupassen. Wechseln Sie dazu nach der initialen Analyse im unteren Bereich in die Rubrik *Erweiterter Modus*.

Hier finden Sie drei Parameter, die das Ergebnis im Zusammenspiel beeinflussen:

- *Frequenzlimit*
  Falls die KI-Automatik zu viel Klang entfernt und die Aufnahme dadurch hörbar beeinträchtigt, können Sie dem durch Reduzieren des Frequenzlimits entgegenwirken. Dieses begrenzt, bis zu welcher Frequenz Töne als Windgeräusche interpretiert werden. Wenn Sie den Wert reduzieren, werden also weniger hohe Töne aus der Aufnahme herausgerechnet.
- *Stärke*
  Dieser Schieber entspricht dem einfachen Modus und reduziert die Intensität, mit der als Wind erkannte Frequenzen gedämpft werden. Die Funktion startet immer mit 100 % für maximale Wirkung. Allerdings werden davon immer auch Teile der Aufnahme betroffen sein, die man eigentlich erhalten möchte. Deshalb würde ich nach dem Prinzip »so viel wie nötig, so wenig wie möglich« vorgehen. So kann man die Stärke beispielsweise schrittweise so lange reduzieren, bis wieder Windgeräusche hörbar sind. Dann geht man wieder einen Schritt in die andere Richtung und hat ein passendes Maß gefunden.
- *Kompensation*
  Wenn der Algorithmus an den Stellen, an denen er Wind erkannt hat, einfach nur dessen Pegel reduzieren würde, wäre das in der korrigierten Version unter Umständen hörbar, weil dort dann plötzlich Klangvolumen fehlt. Das wird kompen-

siert, indem der Rest des Klangspektrums an solchen Stellen synthetisch ergänzt und so verstärkt wird. Standardmäßig geht die KI dabei dezent vor. Wenn Sie aber in der Aufnahme die korrigierten Stellen heraushören können, kann es helfen, diesen Wert zu erhöhen, bis kein Unterschied mehr erkennbar ist.

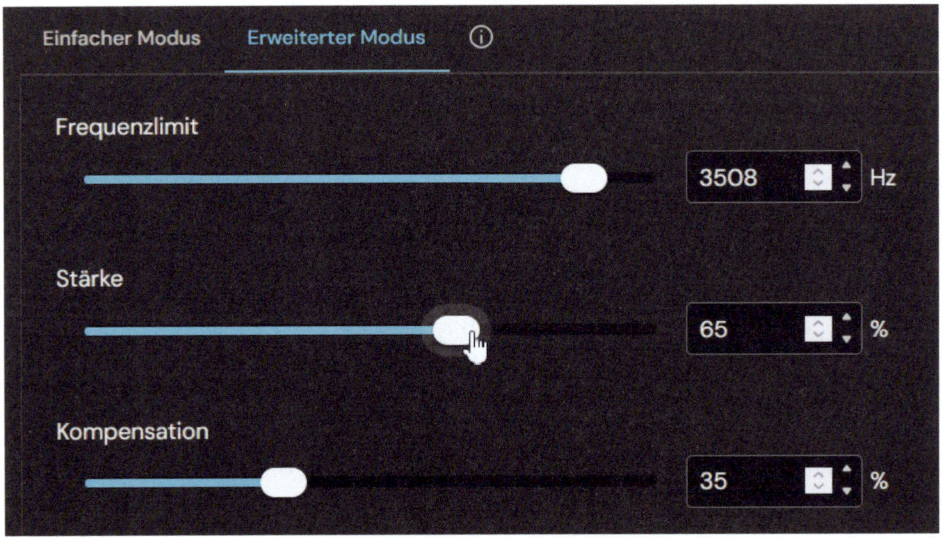

Weitere Störgeräusche ausmerzen

Rauschen und Wind gehören zu den hartnäckigen Kandidaten, wenn es um Störungen in Audioaufnahmen geht. Aber es gibt noch andere Arten von Geräuschen, die das Klangvergnügen beeinträchtigen können. **Media.io** bietet einen etwas universelleren Assistenten an, der verschiedene Arten von Störungen erkennen und beseitigen kann.

1. Öffnen Sie im Webbrowser die Seite https://noisereducer.media.io/denoise.
2. Nun können Sie die zu bearbeitende *Audiodatei hochladen*. Ziehen Sie diese dazu auf den Bereich oder klicken Sie dort hinein, um zur Datei zu navigieren. Warten Sie dann, bis die Aufnahme hochgeladen wurde.

3. Wählen Sie dann unterhalb der Datei die Art der Geräuschreduzierung aus. Media.io bietet spezialisierte Module für Sprachverbesserung, Rauschunterdrückung, Windgeräusche, Echoeffekte, Klickgeräusche und Zischlaute. Weitere Einstellungen sind nicht erforderlich.

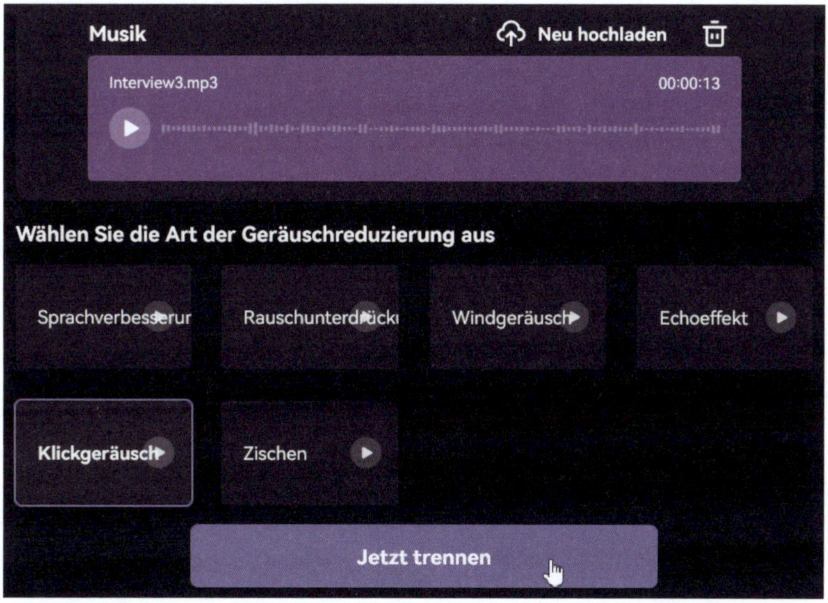

4. Um den Vorgang zu starten, klicken Sie unten auf *Jetzt trennen*. Der Assistent führt dann die Analyse und Bearbeitung durch und zeigt Ihnen anschließend eine Ergebnisvorschau. Mit dem Wiedergabe-Symbol ganz links starten Sie das Abspielen. Währenddessen können Sie in den visualisierten Pegelverlauf klicken, um direkt zu einer Stelle der Aufnahme zu springen.

5. Sind Sie mit dem Ergebnis zufrieden, klicken Sie unten rechts auf die *Herunterladen*-Schaltfläche.

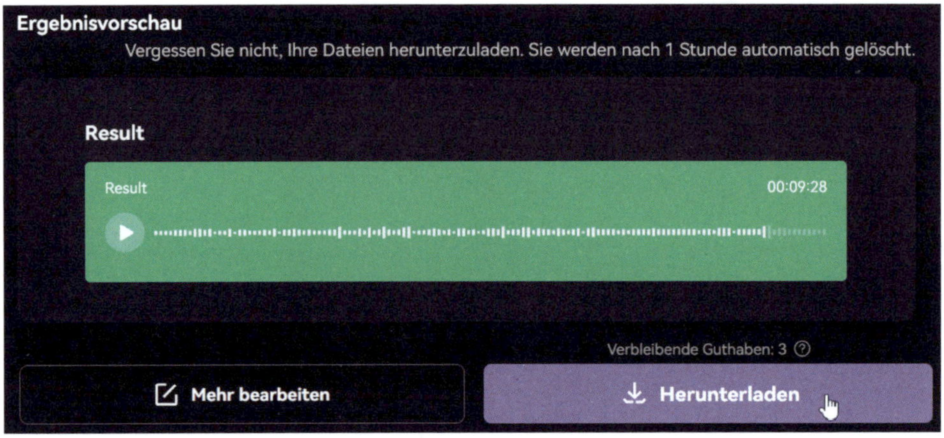

8.2 Sprachaufnahmen verbessern und bearbeiten

Viele Audioaufnahmen drehen sich um menschliche Sprache. Und bei Filmen, Interviews, Podcasts oder Audiobüchern kommt es eben auch darauf an, die Stimmen der Beteiligten in möglichst guter Qualität aufzunehmen. Aber selbst mit guter Ausrüstung und perfekten Einstellungen ist noch kein optimales Ergebnis garantiert. Denn nicht jeder ist Profisprecher und kann auf Anhieb perfekte Beiträge liefern. Da man aber auch nicht jede Aufnahme beliebig wiederholen kann oder will, müssen manche Unzulänglichkeiten bei der Nachbearbeitung ausgemerzt werden. KI kann Ihnen dabei viel Mühe abnehmen, da sie typische Probleme auch in längeren Aufnahmen automatisch erkennen und beseitigen kann.

Sprachaufnahmen automatisch bereinigen

Wer es gewohnt ist, vor Menschen oder in ein Mikrofon frei zu sprechen, dem gelingt es meistens, seine Überlegungen mehr oder weniger »druckreif« zu formulieren. Diese Fähigkeit ist aber den wenigsten in die Wiege gelegt bzw. muss durch Üben erarbeitet werden. Bei Aufnahmen von weniger geübten Sprechern kommt es deshalb schnell zu Versprechern, Pausen, »Ähhs« und »Hmms«. Der Anbieter **Cleanvoice** (cleanvoice.ai) verspricht, solche typischen Störungen in Sprachaufnahmen KI-basiert erkennen und entfernen zu können. Nach der Anmeldung mit Ihrer E-Mail-Adresse können Sie mit bis zu 30 Minuten Audio- oder Videomaterial kostenlos testen, wie gut die Ergebnisse bei Ihren Aufnahmen sind.

1. Auf der Startseite zeigt Ihnen der Assistent die Möglichkeiten für den Upload. Am einfachsten können Sie Dateien mit der Maus direkt auf dieses Feld ziehen und loslassen. Sie können aber auch Dateien von Ihrem PC (*My Device*), einer Dropbox oder direkt von einer Webadresse importieren.

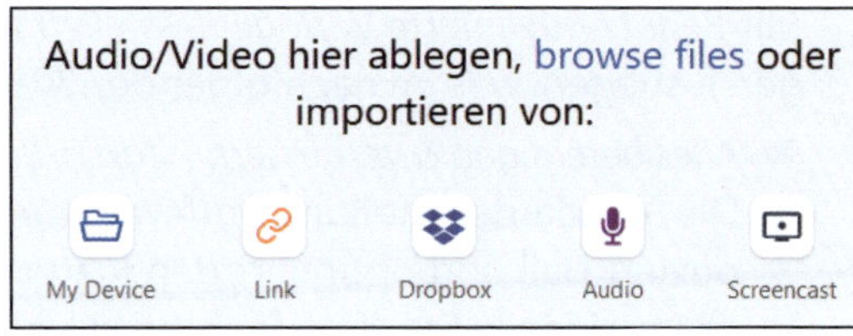

2. Sie können eine oder auch gleich mehrere Dateien in ein Projekt importieren. In letzterem Fall fragt der Assistent nach, wie er damit umgehen soll:
   - *Batch Edit Separately*
     Wählen Sie diese Option, wenn eine Aufnahme in mehreren aufeinanderfolgenden Dateien vorliegt. Die Dateien werden dann jede für sich hintereinander bearbeitet.
   - *Sync Multitrack Edits*
     Falls Sie mehrere Tonspuren einer Aufnahmesituation haben (etwa weil jede Person ein eigenes Mikrofon hatte), wählen Sie diese Option. Die Dateien werden dann als verschiedene Tonspuren einer Aufnahme synchronisiert, sodass sich alle Bearbeitungen auf alle Spuren zugleich auswirken.

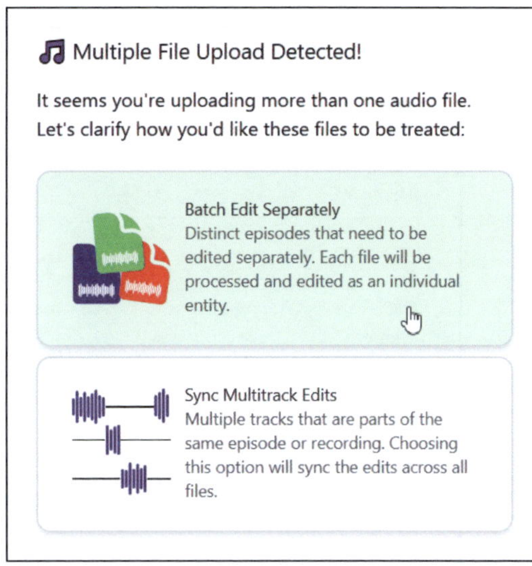

3. Haben Sie alle benötigten Dateien (es reicht aber auch nur eine) ausgewählt, klicken Sie auf die *Upload X file(s)*-Schaltfläche. Die Dateien werden dann auf den Server hochgeladen, was bei umfangreicheren Aufnahmen ggf. im Hintergrund erfolgt.

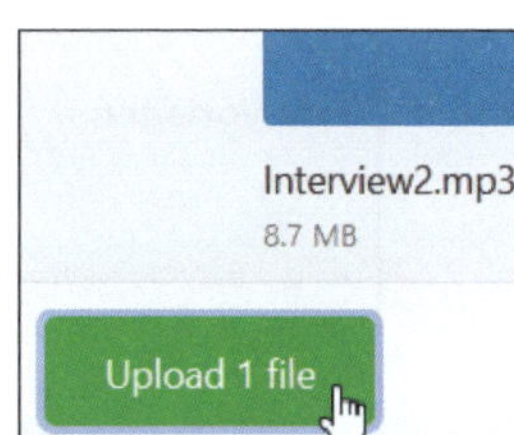

4. Nun geht es daran, die Art und Weise der Optimierung auszuwählen. Cleanvoice bietet verschiedene Voreinstellungen.

Mit *Benutzerdefinierte Vorlagen erstellen* können Sie auch ganz eigene Vorstellungen festlegen, was im nachfolgenden Abschnitt beschrieben ist.

- *Alles bereinigen & verbessern (Studio-Sound)*
  Die Standardeinstellung entfernt störende Geräusche, Stille und Füllwörter, reduziert Hall und optimiert den Klang insgesamt, sodass es möglichst wie eine professionelle Studioaufnahme klingt.
- *Audio bereinigen (natürlicher Sound)*
  Diese Variante eignet sich für Aufnahmen, die bereits in einer sehr guten Qualität (in einem Studio, mit guter Ausstattung) aufgenommen wurden. Sie entfernt unerwünschte Bestandteile wie Geräusche, Stille und Fülllaute wie »Ähm« und »Hmm«, lässt die Aufnahme ansonsten aber unverändert.

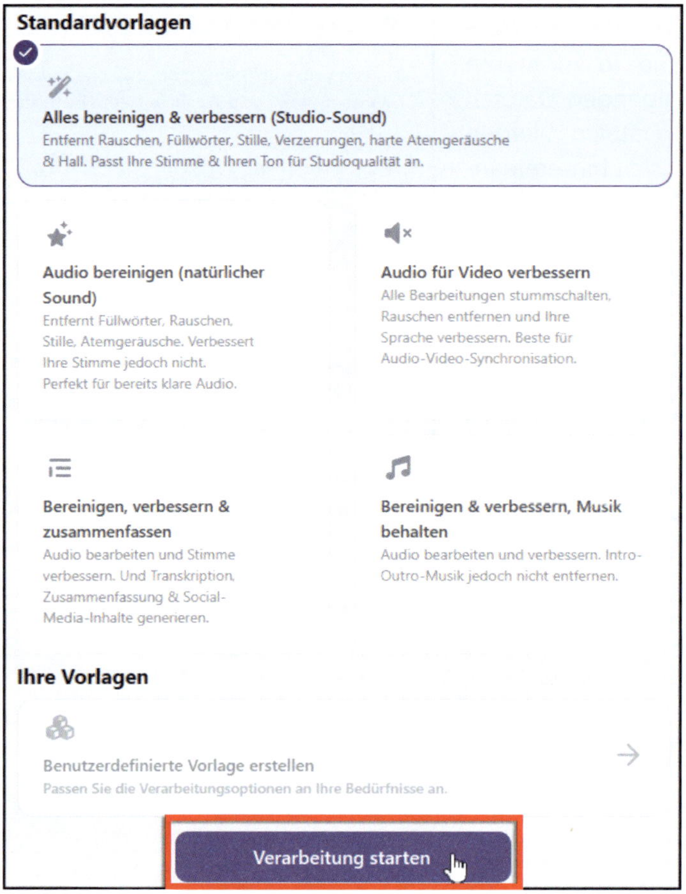

- *Audio für Video verbessern*
  Diese Variante empfiehlt sich für Videos, weil sie erkannte Störungen nicht herausschneidet, sondern den Pegel an diesen Stellen absenkt, sodass sie nicht

mehr hörbar sind. Dadurch verändert sich die Laufzeit der Aufnahme nicht und die Tonspur bleibt zum Bild synchron.

- *Bereinigen, verbessern & zusammenfassen*
  Ähnlich wie die erste Variante, aber es werden zusätzlich ein Transkript der Aufnahme sowie eine Zusammenfassung erstellt. Cleanvoice beherrscht zwölf Sprachen, darunter auch Englisch und Deutsch.
- *Bereinigen & verbessern, Musik behalten*
  Diese Einstellung eignet sich für Aufnahmen, die neben Sprache auch Musik enthalten. Sie optimiert die Sprachanteile und lässt die Musik unangetastet.

5. Haben Sie die gewünschte Vorlage gewählt, klicken Sie unten auf *Verarbeitung starten*, um den Analyse-Prozess zu beginnen. Die Bearbeitung dauert laut Cleanvoice etwa 15 Minuten pro Stunde Material, was aber je nach Auslastung des Dienstes schwanken kann. Sie müssen aber auch nicht darauf warten, sondern können später zurückkehren und finden fertig bearbeitete Aufnahmen dann auf der Startseite Ihres Cleanvoice-Kontos unter *Verlauf* vor.
6. Ganz oben bei jeder optimierten Aufnahme sehen Sie eine Erfolgsstatistik, welche Probleme wie oft erkannt und beseitigt wurden.

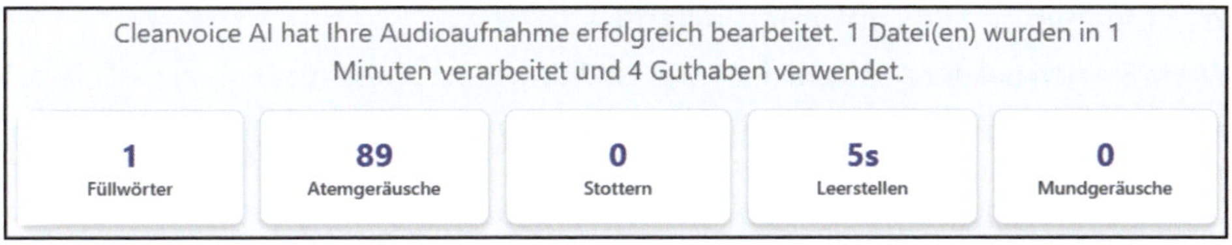

7. Darunter sehen Sie den visualisierten Verlauf des Klangs. Mit dem Wiedergabe-Symbol unten links lassen Sie die Aufnahme abspielen. Die Option *Cleanvoice* steuert dabei, ob die optimierte oder die ursprüngliche Fassung ausgegeben wird, was einen Vorher-Nachher-Vergleich ermöglicht. Bei längeren Aufnahmen können die Schaltflächen *1x*, *2x* und *3x* hilfreich sein, um das Kontrollhören zu beschleunigen.

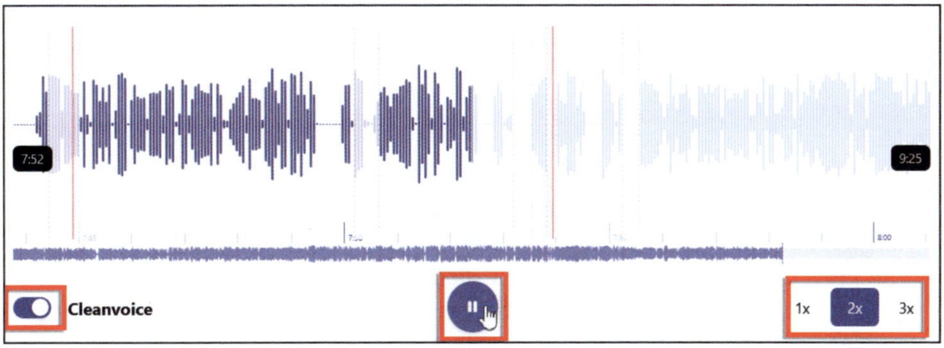

8. Haben Sie mit der Voreinstellung weitere Elemente wie ein Transkript oder eine Zusammenfassung angefordert, finden Sie diese weiter unten in den Rubriken.

9. Sind Sie mit dem Ergebnis zufrieden, können Sie die optimierte Datei ganz oben mit *Audio herunterladen* speichern.

Was Cleanvoice alles optimieren kann

Wenn Sie sich bei der Auswahl der Voreinstellung ganz unten für *Benutzerdefinierte Vorlage erstellen* entscheiden, können Sie nicht nur ganz individuell festlegen, was Cleanvoice mit Ihrer Aufnahme machen soll. Es erlaubt auch einen guten Überblick, was für Funktionen möglich sind und welche davon für welche Situationen geeignet sind.

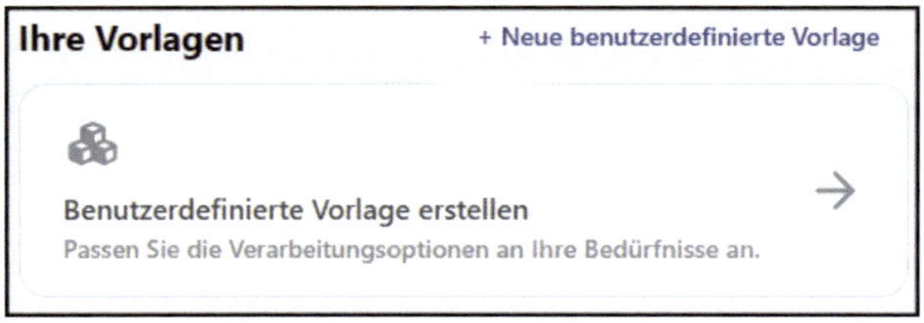

Da die Benutzeroberfläche nur in Englisch verfügbar ist, stelle ich die Module im Folgenden kurz vor:

- *Mute*
  Ist diese Einstellung aktiviert, werden Störgeräusche nicht herausgeschnitten, sondern nur ausgeblendet, sodass sich die Länge der Aufnahme insgesamt nicht verändert. Auf diese Weise bleibt die Tonspur beispielsweise bei einem Video synchron mit dem Bild. Diese Einstellung

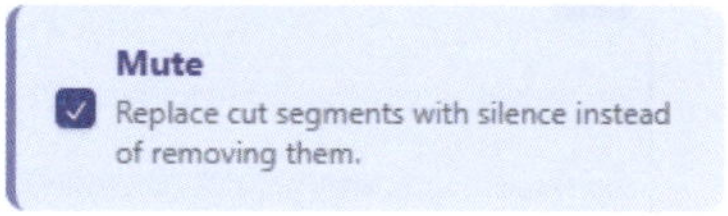

sollte auch immer gewählt werden, wenn man mehrere Spuren einer Aufnahme bearbeitet, die anschließend wieder zusammengefügt werden sollen.

- *Hesitations*
  Entfernt kürzere Pausen und Verzögerungen während des Sprechens. Dies ist allerdings nicht immer wünschenswert, etwa wenn Sprecher aus dramaturgischen Gründen bewusst Pausen einbauen.

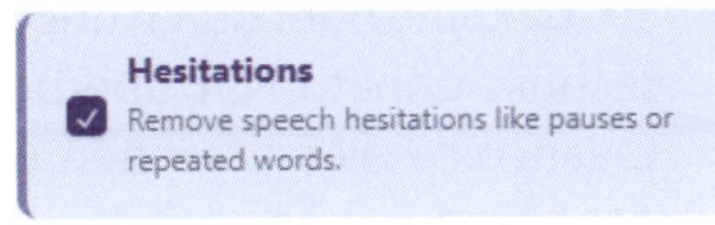

- *Long Silences*
  Im Gegensatz zu *Hesitations* entfernt dieses Modul nur längere Pausen in Aufnahmen, die beispielsweise aus technischen Gründen entstanden sind. Diese kann man meist ohne Weiteres entfernen.

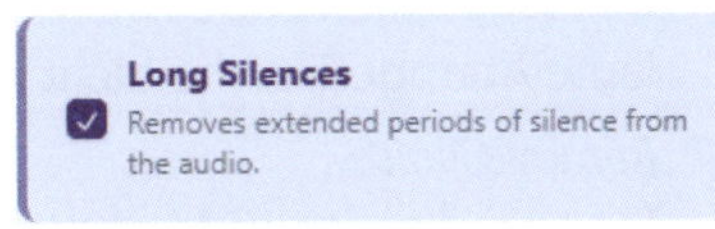

- *Stutters*
  Dieses Modul kann Stottern und kurze Versprecher, die direkt korrigiert werden, erkennen und entfernen.

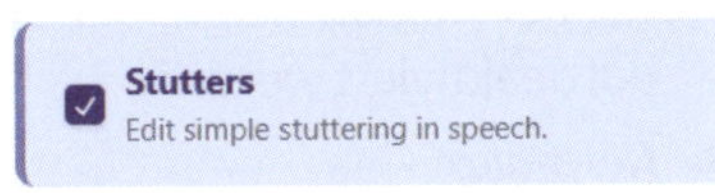

- *Mouth Sounds*
  Beim Sprechen können verschiedene Arten von Nebengeräuschen entstehen, etwa durch Lippen, Zähne oder Speichelfluss. In Maßen kann es zur Authentizität beitragen, aber wenn es zu häufig vorkommt, kann es insbesondere bei längeren Aufnahmen störend und ablenkend sein.

- *Filler Words*
  Mit Füllwörtern sind nicht wirklich Wörter gemeint, sondern eher Laute wie »Äh«, »Ähem« oder »Hmm«, mit denen Sprecher Denkpausen füllen. Falls dies überhandnimmt, kann dieses Modul solche Stellen erkennen und entfernen (bzw. in Kombination mit *Mute* ausblenden).

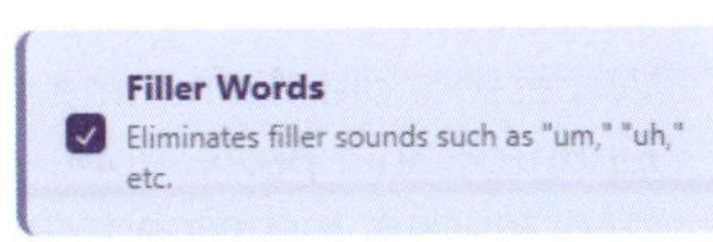

- *Keep Music*
  Standardmäßig fokussiert Cleanvoice sich ganz auf Sprache und betrachtet andere Klänge als störende Geräusche, die entfernt werden sollen. Wenn eine Aufnahme Musik enthalten sollte, würde auch diese standardmäßig herausgeschnitten oder ausgeblendet. Dieses Modul sorgt dafür, dass Musikpassagen in einer Aufnahme erhalten bleiben.

- *Remove Breath*
  Da Sprechen nicht ohne Luft funktioniert, sind Atemgeräusche unvermeidlich. Falls diese aber zu stark sind oder durch ungeeignete Aufnahmetechnik unnatürlich überbetont werden, kann Cleanvoice dies erkennen und herausfiltern. Der Fokus liegt dabei auf schweren Atemgeräuschen, während etwa Seufzer, die eher dramaturgisches Mittel zum Transportieren von Emotionen sind, als solche erkannt und beibehalten werden. **Hinweis:** Diese Funktion können Sie nicht nur aktivieren, sondern durch Anklicken der Schaltfläche auch verschiedene Modi wählen. Im Modus *Natural* etwa werden laute Atemgeräusche nicht komplett unterdrückt, sondern nur leiser gemacht.

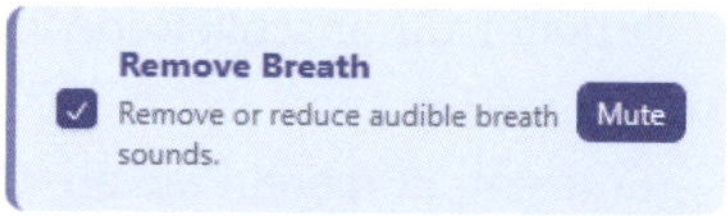

- *Remove Noise*
  Ein grundlegendes Modul, das in Sprachaufnahmen störende Hintergrundgeräusche erkennt und entfernt. Falls die Klangkulisse ausdrücklich Teil der Aufnahme bleiben soll, sollte dieses Modul deaktiviert werden.

- *Normalize*
  Unter Normalisierung versteht man das Anpassen der Lautstärke an einen einheitlichen Zielwert. So wird vermieden, dass einzelne Passagen leiser als andere sind und die Hörer zwischendurch die Lautstärke nachregeln müssen. Bei Sprachaufnahmen mit mehreren Sprechern sorgt die Funktion insbesondere dafür, dass alle Sprecher gleich laut zu hören sind, selbst wenn sie beim Aufnehmen unterschiedlich laut gesprochen haben oder eine Person näher am Mikrofon war als andere.

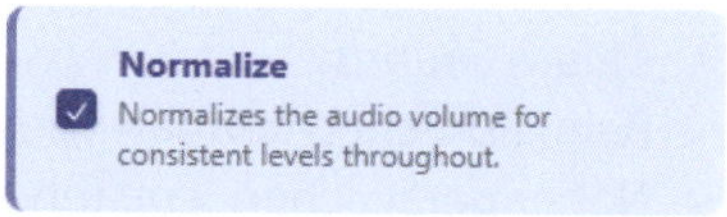

- *Studio Sound*
  Verbessert die Aufnahme insgesamt, um den Eindruck einer professionellen Studioaufnahme zu erzeugen. Insbesondere Aufnahmen in sehr engen oder sehr offenen bzw. hallenden Räumen können so aufgewertet werden.

- *AutoEQ*
  Dieses Modul ist der Vorläufer von *Studio Sound* zur Verbesserung des Klangspektrums von Aufnahmen. Probieren Sie selbst, welche Variante sich für Sie besser anhört. Sie sollten es vermeiden, beide Module gleichzeitig zu verwenden.

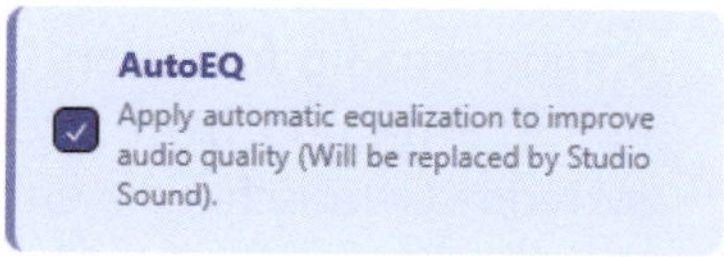

- *Transcription*
  Dieses Modul erstellt mittels Spracherkennung ein vollständiges Transkript des gesprochenen Textes in der Aufnahme.

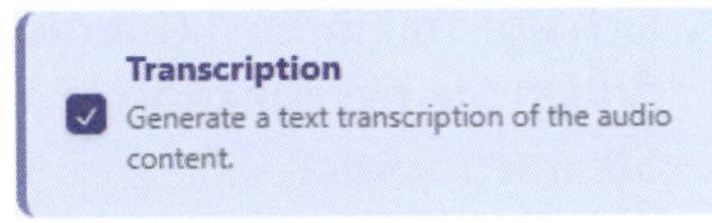

- *Summarize*
  Hiermit wird eine Zusammenfassung des Inhalts auf Basis des Transkripts generiert. Das *Transcription*-Modul muss dafür ebenfalls aktiviert sein.

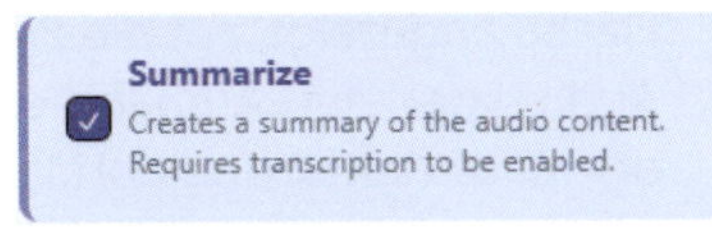

- *Social Content*
  Mit diesem Modul lassen Sie automatisch Texte generieren, mit denen Sie die Veröffentlichung der Aufnahme über Ihre sozialen Kanäle, E-Mail-Newsletter usw. ankündigen können. Die *Transcription*- und *Summarize*-Module müssen hierfür ebenfalls aktiviert sein.

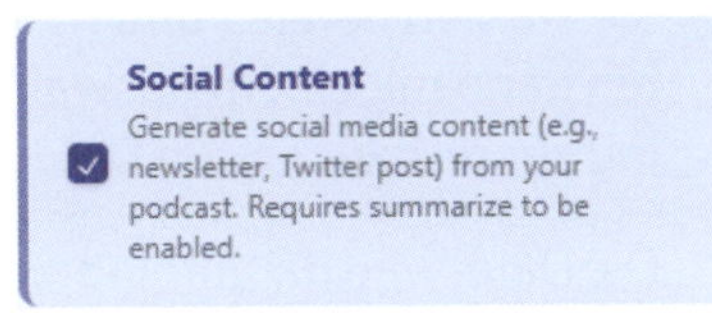

Aus den verfügbaren Modulen können Sie sich eine beliebige Kombination von Funktionen zusammenstellen. Ganz unten mit *Vorlage erstellen* speichern Sie diese dann als persönliche Vorlage. In Zukunft werden diese zusätzlich zu den im vorangehenden Abschnitt beschriebenen allgemeinen Vorlagen angezeigt. So können Sie die einmal gewählten Bearbeitungsoptionen jederzeit schnell wiederverwenden.

Stimme aus einer Aufnahme isolieren

Da KI »weiß«, wie sich eine menschliche Stimme anhört, kann es deren Muster in beliebigen Audioaufnahmen erkennen und isolieren. Das kann man sich zunutze machen, wenn man ein Gespräch in einer lauten Umgebung aufgezeichnet hat, sich eine Aufnahme im Nachhinein als suboptimal herausstellt oder auch, wenn man etwa ein Interview ursprünglich nur zum Dokumentieren mitgeschnitten hatte und Passagen daraus dann doch gern veröffentlichen möchte.

Moderne KI-basierte Funktionen können zwar auch keine Wunder bewirken (wie etwa aus einem Gespräch auf einer lauten Baustelle im Nachhinein ein Interview in einem Tonstudio machen). Aber moderate Störgeräusche können sie durchaus in den Griff bekommen, insbesondere wenn das Ziel das ausschließliche Isolieren der menschlichen Stimme ist. Eine sehr gute Funktion für diesen Zweck bietet ElevenLabs an (siehe Seite 157). Deren Kerngeschäft ist das Synthetisieren und Transkribieren von Stimmen. Um Letzteres mit hoher Genauigkeit durchführen zu können, ist es aber nötig, die Stimmen in Aufnahmen zuvor zu isolieren. Deshalb haben sie dafür eine sehr leistungsfähige Funktion entwickelt, die angemeldete Benutzer auch separat nutzen können.

1. Öffnen Sie im Webbrowser https://elevenlabs.io/app/voice-isolator. Melden Sie sich ggf. mit Ihrem kostenlosen Benutzerkonto an. Auf Ihrer ElevenLabs-Startseite finden Sie die Funktion in der Navigationsleiste am linken Rand unter *Spielwiese/Stimmenisolator*.
2. Auf der Webseite wird nun eine Fläche angezeigt, auf die Sie die Audiodatei der Aufnahme mit der Maus ziehen und dort loslassen können. Alternativ klicken Sie auf den Bereich und navigieren dann mit einem Auswahldialog zur gespeicherten Datei.

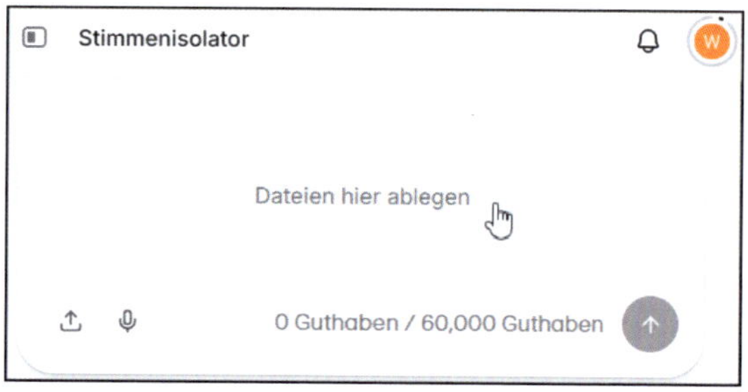

3. Die Datei wird daraufhin zum ElevenLabs-Server hochgeladen. Auf dem Bildschirm sehen Sie anschließend den Dateinamen und die Länge der Aufnahmen.

4. Um menschliche Stimmen in der Aufnahme zu isolieren, klicken Sie unten rechts auf das Absenden-Symbol.
5. Nach etwas Wartezeit (abhängig von der Länge der Aufnahme) wird darunter ein zweiter Bereich eingeblendet, der die neu erstellte Audiodatei mit der bereinigten Stimmaufnahme anzeigt.
6. Durch Anklicken dieses Eintrags können Sie die Wiedergabe dieser Datei starten, um sie abzuhören und den Erfolg direkt zu kontrollieren. Sind Sie damit zufrieden, nutzen Sie das Symbol ganz rechts, um die erstellte Audiodatei in einem Format Ihrer Wahl herunterzuladen.

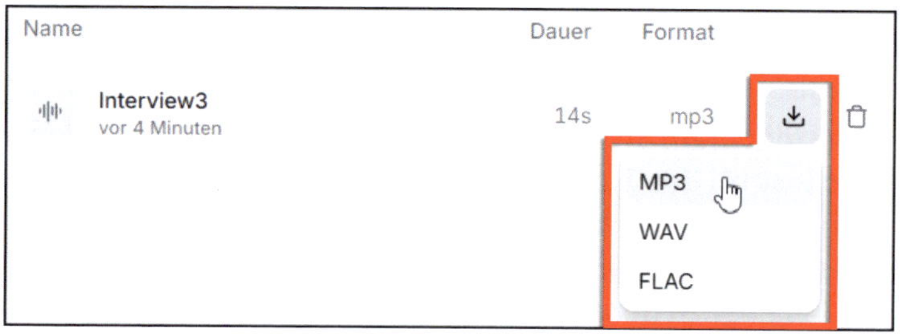

8.3 Gesang oder Instrumente aus Musikaufnahmen filtern

Die Fähigkeit, Muster von menschlichen Stimmen oder auch Instrumenten zu erlernen und diese dann herausfiltern zu können, macht KI auch für Musiker interessant. Zum einen bietet es die Möglichkeit, mit einfachen Mitteln aus praktisch jedem Lied einen Karaoke-Titel zu machen, zu dem man mitsingen kann. Zum anderen können Hobbymusiker aber auch beinahe beliebige Instrumente aus Musikaufnahmen isolieren. So lassen sich einerseits Tonspuren von nur einem bestimmten Instrument erstellen. Umgekehrt kann man aber auch Versionen eines Musikstücks erzeugen, in denen ein bestimmtes Instrument entfernt wurde. Dieses kann der Musiker dann zu Übungszwecken selbst spielen, während das so bearbeitete Stück über seine Kopfhörer abgespielt wird.

Karaoke-Versionen eines Titels erstellen

Anstatt Stimmen aus einer Aufnahme zu isolieren, möchte man gelegentlich den umgekehrten Weg gehen: Stimmen aus einer Aufnahme zu entfernen. Eine wichtige Rolle spielt das beispielsweise beim Mitsingspiel Karaoke. Dafür braucht man Versionen von Musiktiteln ohne die Gesangsspur, sodass man selbst nach Herzenslust mitsingen kann. Es gibt für diesen Zweck spezielle KI-Assistenten, die nicht nur auf menschliche Stimmen, sondern auf Gesangsstimmen trainiert sind und diese aus einer Musikaufnahme entfernen können. Eine solche Funktion finden Sie beispielsweise auch bei MyEdit (siehe Seite 194).

1. Öffnen Sie die Adresse https://myedit.online/de/audio-editor/vocal-remover in Ihrem Webbrowser. Alternativ klicken Sie irgendwo in der Weboberfläche von MyEdit oben in der Menüleiste auf *Audio-Werkzeuge/KI Tools/ Vocal Remover*.

2. Ziehen Sie nun die Musikdatei auf das angezeigte Rechteck. Alternativ klicken Sie auf *Datei auswählen* und navigieren zur gewünschten MP3-, WAV-, FLAC- oder M4A-Datei, die maximal 100 MB groß oder zehn Minuten lang sein darf.
3. Die gewählte Datei wird anschließend zum Server übertragen und dort automatisch analysiert. Anschließend sehen Sie eine Visualisierung der Aufnahme auf dem Bildschirm.
4. Mit den Wiedergabe-Symbolen können Sie das Musikstück abspielen. Dabei wird standardmäßig bereits die Version mit herausgerechneter Stimme wiedergegeben. Mit der Option *Original* direkt darunter können Sie die Urversion hören.

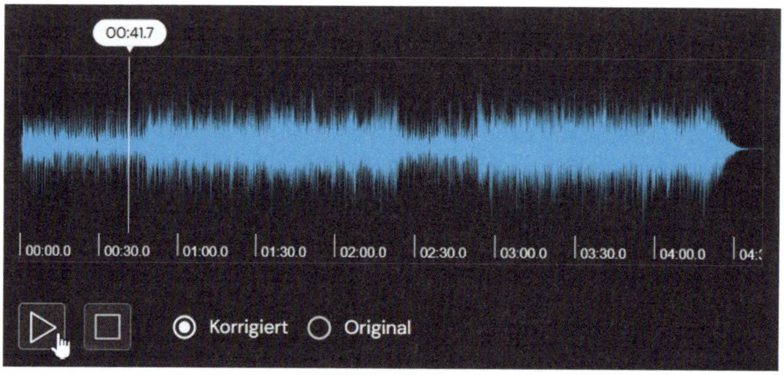

5. Im Bereich darunter können Sie die *Lautstärke des Gesangs* wählen. Um etwa eine Version zu erstellen, bei der man den Gesang noch ganz leise zur Orientierung hören kann, setzen Sie die Schieber beispielsweise auf 50 %.

6. Spannend für Karaoke-Stücke ist der *Tonlage*-Regler. Wenn ein Lied für Ihre Stimme in der Originalversion zu hoch oder zu tief ist, können Sie die gesamte Aufnahme in Halbtonschritten anpassen, ohne dass sich die Geschwindigkeit ändert.
7. Klicken Sie oben in der Menüzeile der Webseite auf *Herunterladen*, um die Version mit den aktuell gewählten Einstellungen in einer Musikdatei zu speichern.

Instrumente in einem Musikstück isolieren

Im vorhergehenden Abschnitt ist beschrieben, wie man ein Musikstück zu einem Karaoke-Lied umwandeln kann, indem man den Gesang entfernt und ggf. die Tonlage anpasst. Mancher Hobbymusiker möchte aber vielleicht noch weiter gehen und sich nicht auf den Gesang beschränken. **Lalal.ai** ist ein KI-basierter Assistent, der neben dem Gesang auch die Anteile von Schlagzeug, Gitarre, Bass und weiteren Instrumenten erkennen und isolieren kann.

So können Sie Versionen eines Musiktitels erstellen, die entweder nur eines der Instrumente enthalten oder eben alle anderen Instrumente außer dem gewählten. Diese lassen sich dann prima zum Üben verwenden, wenn man das bearbeitete Lied wiedergibt und dann mit seinem eigenen Instrument dazu spielt, ohne dass das gleiche Instrument von der Originalaufnahme »stört«. Lalal.ai bietet Apps für Windows, macOS, Android und iOS. Man kann den Dienst aber auch ohne Umstände im Web testen. Ganz ohne Anmeldung ist man dabei auf maximal eine Spielzeit beschränkt. Melden Sie sich deshalb am besten an (beispielsweise mit ohnehin vorhandenem Google-Konto oder Apple Account), um mehr kostenloses Testvolumen zu erhalten.

1. Öffnen Sie im Webbrowser https://lalal.ai/de/.
2. Entscheiden Sie sich mit dem Auswahlfeld rechts zunächst für das Instrument, das Sie isolieren möchten. Sie können das später noch ändern, wenn Sie sich für mehrere Instrumente interessieren. Starten Sie aber am besten mit dem Instrument, das Ihnen am wichtigsten ist.

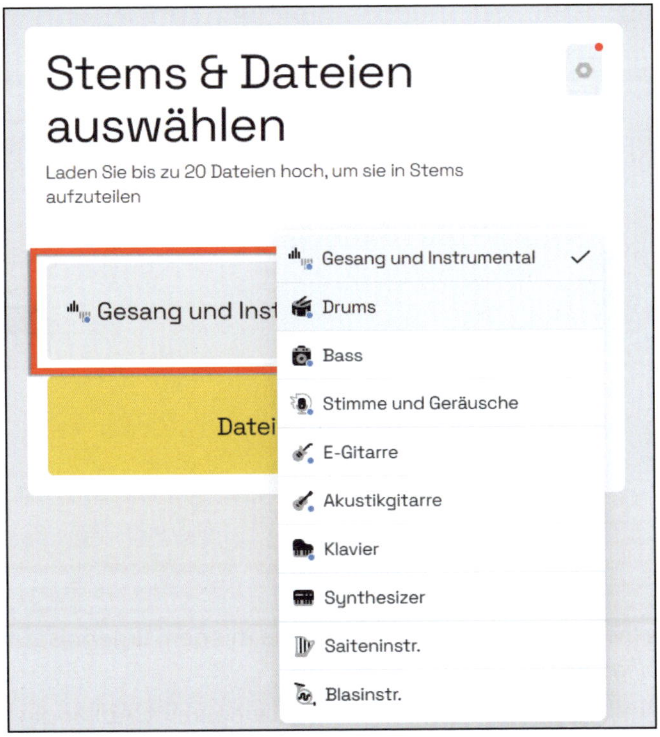

3. Klicken Sie dann darunter auf *Dateien auswählen*. So öffnen Sie einen Auswahldialog, mit dem Sie zu der gewünschten Musikdatei navigieren können. Der Dienst unterstützt neben den Standards WAV und MP3 so ziemlich jedes gängige Audioformat.
4. Die Musikdatei wird dann hochgeladen, vom KI-System analysiert und in die gewählten Bestandteile zerlegt. Anschließend sehen Sie im Browser die beiden so entstandenen Klangspuren. Dabei handelt es sich aber erst um eine Vorschau in begrenzter Länge.

5. Sie können nun probehören, indem Sie oben links auf das Wiedergabe-Symbol klicken. Damit wird standardmäßig das isolierte Instrument abgespielt. Ganz rechts können Sie aber auch die untere Spur mit dem »Rest« der Musik hinzuschalten.
6. Klicken Sie bei den Pegeln der Spuren entweder auf das Lautsprecher-Symbol oben, um diese ganz ein- oder auszuschalten. Oder Sie verwenden die Pegelanzeigen jeweils darunter, um eine der Spuren nur mit einer gewissen Lautstärke beizumischen.
7. Falls Sie sich doch noch für ein anderes Instrument entscheiden möchten, verwenden Sie dazu die Leiste am linken Rand. Hier werden alle Instrumente angezeigt, die Lalal.ai erkennen kann (unabhängig davon, ob sie in der gewählten Aufnahme vorkommen).

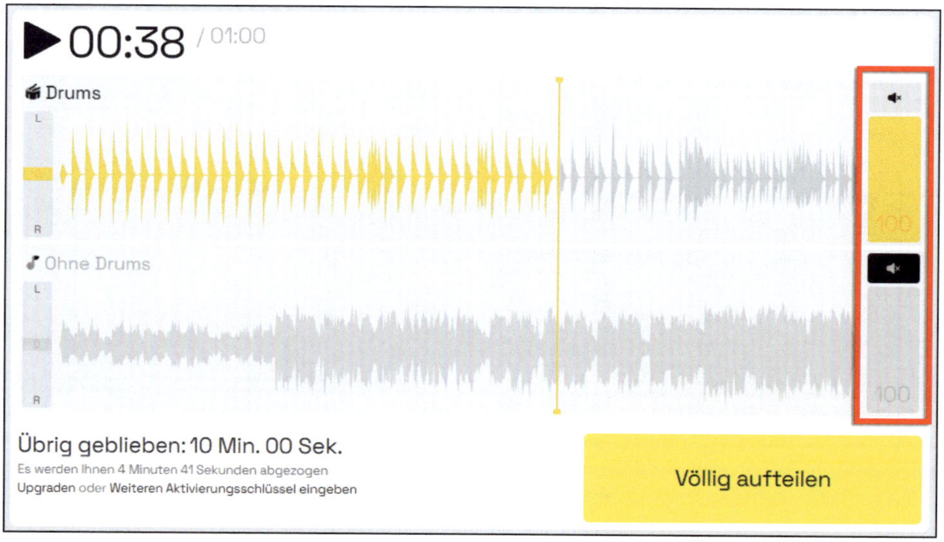

8. Haben Sie das richtige Instrument gewählt und sind Sie mit dem Ergebnis zufrieden, klicken Sie auf *Völlig aufteilen*.
9. Der Auftrag wird nun in die Warteschlange von Lalal.ai eingereiht. Abhängig von der Auslastung kann es etwas dauern, bis die Verarbeitung abgeschlossen ist. Anschließend werden wieder die beiden Spuren visualisiert. Sie können sich das Ergebnis auf die gleiche Weise wie zuvor anhören, nun aber in voller Länge.
10. Kunden mit einem kostenpflichtigen Konto können auf *Geteilte Dateien abrufen* klicken, um das Ergebnis herunterzuladen. Sie erhalten dann zwei Dateien – eine mit der isolierten Instrumentenspur und eine mit dem Rest der Musik ohne das isolierte Instrument. Diese Dateien werden standardmäßig in dem Format erstellt, in dem die Originalmusik anfangs hochgeladen wurde.

So klingt Ihr Lied mit Elvis am Mikro

Eine weitere Spielart, die Lalal.ai Ihnen bietet, ist das Ersetzen von Gesangsparts durch andere Stimmen. Dabei wird die Stimme, wie vorangehend beschrieben, aus einer Musikaufnahme entfernt. Anschließend wird der so isolierte Gesang mit den Parametern eines anderen Stimmprofils neu synthetisiert und der Aufnahme wieder hinzugefügt. Lalal.ai bietet Profile von einigen bekannten Künstlern wie Elvis Presley, Louis Armstrong oder Lady Gaga an. Die können Sie so zu einem Gastauftritt in Ihrer Band »überreden« oder prinzipiell jeden beliebigen Titel singen lassen.

1. Öffnen Sie im Webbrowser https://www.lalal.ai/de/voice-changer bzw. wählen Sie auf der Seite von Lalal.ai oben in der Menüleiste *Produkte/Voice Changer*.
2. Wählen Sie im Rechteck rechts bei *Stimmenpaket* zunächst die Stimme aus, deren Gesang Sie verwenden möchten (was sich aber später noch anpassen lässt).
3. Klicken Sie dann auf *Audio/Video auswählen* und navigieren Sie zu der Datei mit der gewünschten Musikaufnahme.
4. Nach etwas Wartezeit sehen Sie auf dem Bildschirm die Visualisierung einer Vorschau auf die verarbeitete Datei. Klicken Sie auf das Wiedergabe-Symbol oben links, um sie anzuhören.

5. Sollte die Stimme doch nicht so gut zur Musik passen, können Sie in der Leiste links daneben zu einem der anderen Sprachpakete wechseln. Das erfordert allerdings jedes Mal wieder eine Neuberechnung der Vorschau, was jeweils etwas dauert.

6. Sind Sie mit dem Ergebnis zufrieden und möchten die ganze Aufnahme in diesem Stil umrechnen lassen, klicken Sie unten rechts auf *Die gesamte Datei verarbeiten*. Erst durch diesen Schritt wird Ihnen übrigens etwas von Ihrem Guthaben bei Lalal.ai abgezogen.

8.4 Klänge mit KI-Hilfe erzeugen

Gelegentlich benötigt man für ein Audioprojekt einen ganz bestimmten Klang. Klassischerweise gibt es für diese Zwecke umfangreiche Sammlungen, die aufgezeichnete Klangschnipsel von einer Vielzahl von Geräuschen, Tönen und Klängen anbieten. Aber zum einen läuft man dabei Gefahr, immer wieder dieselben Töne zu verwenden. Zum anderen findet man vielleicht nicht immer genau den passenden Klang.

KI kann dabei helfen, indem sie generativ Klänge exakt nach Ihren Vorgaben erzeugt. Diese sind frei von Urheberrechten und garantiert einzigartig. Diese Möglichkeit bietet beispielsweise MyEdit (siehe Seite 194).

1. Öffnen Sie im Webbrowser die Webseite https://myedit.online/de/audio-editor/ai-sound-effect-generator. Alternativ verwenden Sie die kürzere Adresse https://myedit.online und klicken dann oben auf *Audio-Werkzeuge/Sound FX Generator*.
2. Klicken Sie auf der so geöffneten Webseite auf die Schaltfläche *Jetzt starten*.
3. Geben Sie im so geöffneten Dialog eine Beschreibung des Geräusches oder Klangs ein. Klicken Sie dann darunter auf *Soundeffekt generieren*. (Sofern Sie noch nicht angemeldet sind, müssen Sie das an dieser Stelle nachholen.)

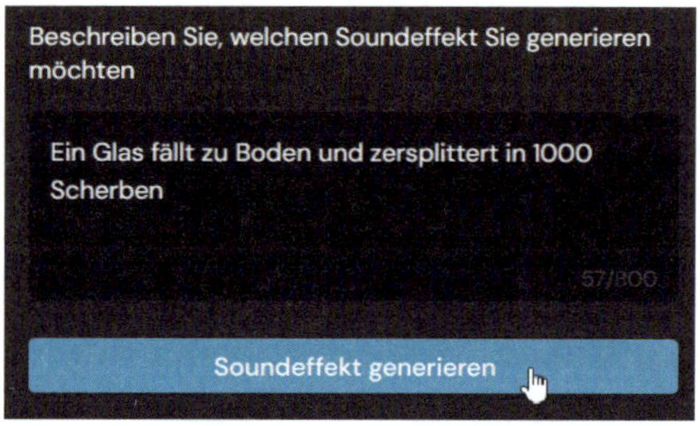

4. Warten Sie kurz, bis der Dienst mit der Erzeugung der Klänge fertig ist. Er präsentiert Ihnen dann mehrere Klangschnipsel zur Auswahl. Klicken Sie jeweils auf das Wiedergabe-Symbol, um sich das Ergebnis anzuhören.

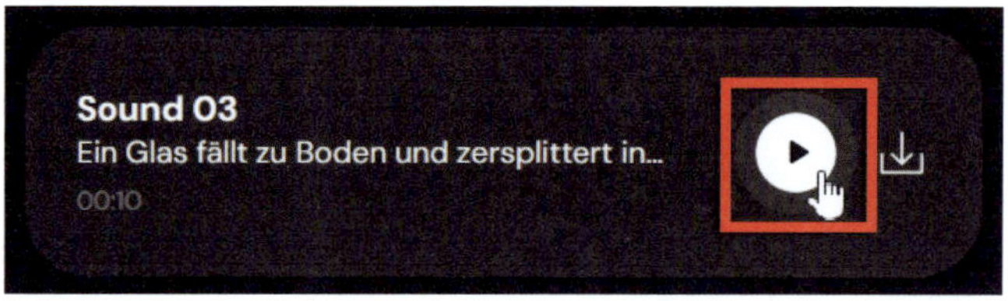

5. Haben Sie einen Klang gefunden, der Ihren Vorstellungen entspricht, klicken Sie auf das Herunterladen-Symbol, um ihn mithilfe des Webbrowsers lokal auf Ihrer Festplatte zu speichern. Er wird dort im MP3-Format abgelegt.

Sollten die vorgeschlagenen Klänge nicht Ihren Erwartungen entsprechen, passen Sie die Beschreibung ggf. an und klicken Sie erneut auf *Soundeffekt generieren*. In der kostenlosen Basisversion ist das leider nur wenige Male pro Tag möglich. Wer die Premium-Version abonniert, kann unbegrenzt viele KI-Klangeffekte erzeugen.

8.5 Assistenten für das perfekte Abmischen

Am Ende jeder Produktion steht das Abmischen der Aufnahme, wobei ggf. mehrere Spuren zusammengefügt und Klang sowie Lautstärke so angepasst werden, dass man das fertige Ergebnis mit anderen teilen oder sogar veröffentlichen kann. Dieses Mischen ist eine Kunst für sich und erfordert neben geeigneter Ausrüstung auch einiges an Wissen und Erfahrung. Wer weder über das eine noch andere verfügt oder auch nur schnell ein Ergebnis haben möchte, der kann sich Hilfe von einem KI-Mixer holen. Der macht zwar auch nicht aus jeder Probeaufnahme gleich einen Hit. Aber man bekommt mit wenig Aufwand einen soliden Klang, dem man sogar eine gewisse individuelle Note geben kann.

Der Dienst LANDR ist ein Online-Angebot für Musiker zum Produzieren und Veröffentlichen ihrer Musik. Dazu gehört auch ein KI-basiertes Mastering-Modul, das als Desktop-App für Windows und macOS ebenso wie als Plug-in für verschiedene professionelle Audio-Anwendungen genutzt werden kann. Gleichzeitig wird es aber auch als Webdienst angeboten, wo Sie es nach einer kostenlosen Anmeldung ohne größeren Aufwand ausprobieren können.

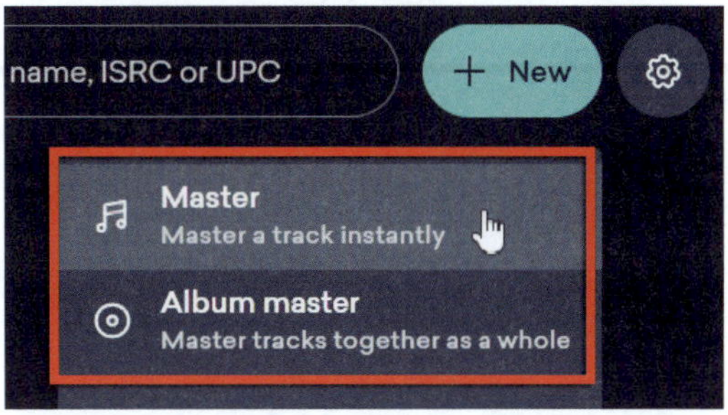

1. Öffnen Sie im Webbrowser https://app.landr.com/library. Hier finden Sie Ihre begonnenen Projekte vor.
2. Klicken Sie auf die + *New*-Schaltfläche und wählen Sie im Untermenü, ob Sie nur einen einzelnen Titel (*Master*) oder ein ganzes Album (*Album master*) abmischen möchten. In letzterem Fall werden alle Titel dieses Albums im gleichen Stil abgemischt und dabei auch in der Lautstärke aneinander angepasst, sodass ein stimmiges Ganzes entsteht.

3. Navigieren Sie dann zu der Musikdatei mit der abzumischenden Aufnahme. LANDR unterstützt alle gängigen Musikformate. Allerdings sollte es sich idealerweise um eine unkomprimierte WAV-Datei mit einer Samplerate von mindestens 44,1 kHz handeln. Bei komprimierten Formaten darf die Kompressionsrate nicht unter 128 Kbps liegen.

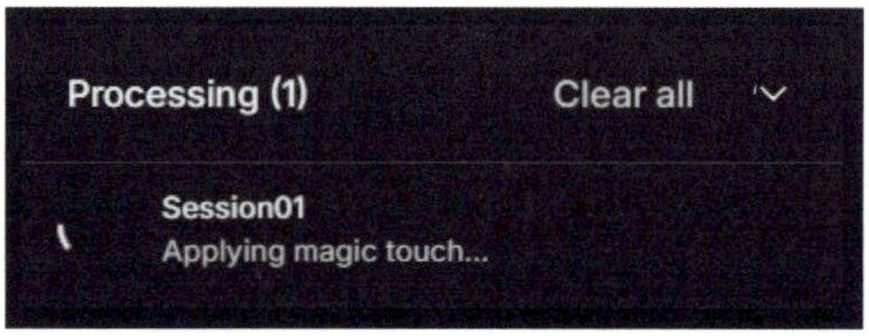

4. Die Datei wird nun hochgeladen und vom KI-Assistenten analysiert. Dabei erfasst er nicht nur technische Aspekte wie Frequenzen und Pegel, sondern versucht mit seiner Mustererkennung auch, der Musik ein Genre zuzuordnen. So kann er anschließend die Aufnahme entsprechend der Musikart angemessen abmischen.

5. Wenn Sie die Statusmeldung *Preview ready* erhalten, ist die Analyse abgeschlossen. Klicken Sie auf das Wiedergabe-Symbol, um sich eine Kostprobe anzuhören.

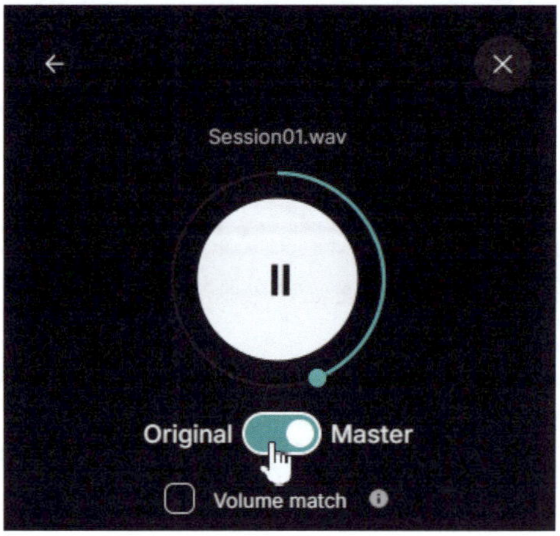

6. Im anschließenden Dialog starten Sie die Wiedergabe mit dem großen Abspielsymbol. Damit spielen Sie eine 30-sekündige Schleife aus der Mitte der Aufnahme ab. Mit *Original* und *Master* können Sie jederzeit zwischen der ursprünglichen Aufnahme und der abgemischten Version umschalten. Aktivieren Sie dabei die Option *Volume match*, um die Lautstärke beider Versionen (zum Anhören) anzupassen. Das ermöglicht einen besseren Vergleich, weil nicht eine von beiden Fassungen allein schon aufgrund von mehr Lautstärke subjektiv besser klingt.

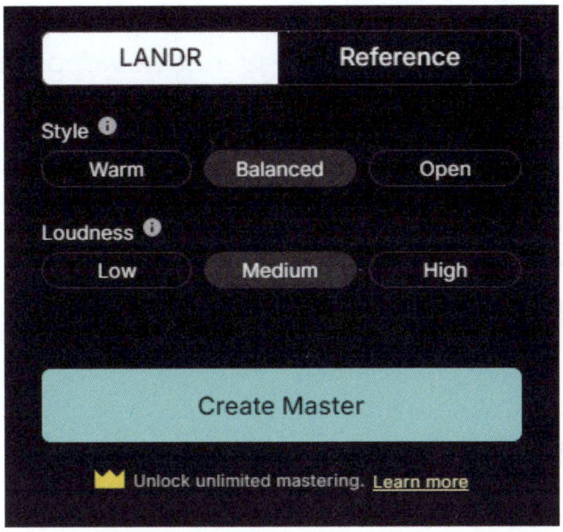

7. Im unteren Bereich bietet der Assistent Ihnen drei verschiedene Stile an. *Warm* ist ein eher klassischer, satter, wenig komprimierter Klang, während *Open* moderner, kräftiger und präsenter klingt. *Balanced* macht den Sound eher klarer, kontrollierter und tiefer. Sie können auch während der laufenden Wiedergabe jederzeit zwischen den Stilen wechseln.
8. Darunter können Sie die *Loudness* des Mixers wählen. *Low* verändert die Lautstärke eher minimal und versucht, den vollen Dynamikumfang der Aufnahme zu erhalten. *High* hingegen hebt Höhen und Bässe deutlich an, um insgesamt eine maximale Lautstärke zu erreichen, was auf Kosten der Dynamik geht und eher für moderne elektronische Musik eingesetzt wird. *Medium* ist ein guter Kompromiss, der das Volumen insgesamt dezent anhebt, ohne zu viel Dynamik zu opfern, und der sich für viele Musikstile eignet.
9. Haben Sie sich für die Variante entschieden, die in Ihren Ohren am besten klingt, klicken Sie unten auf *Create Master*, um die gesamte Aufnahme mit dieser Einstellung abzumischen. Herunterladen können Sie die gemischte Datei allerdings nur als Abonnent oder gegen eine Einmalzahlung pro Aufnahme.

9. Neue Musik durch KI komponieren lassen

KI-Systeme können nicht nur vorhandene Musikaufnahmen bearbeiten und verbessern. Generative KI kann auch ganz neue Musik erschaffen.

Das kann nicht nur interessant sein, wenn man selbst Musiker ist und auf diese Weise vielleicht einen kreativen Prozess unterstützen möchte. Auch wer etwa Videos über soziale Kanäle veröffentlichen möchte, steht oft vor dem Problem, diese ggf. mit geeigneter Musikuntermalung zu versehen. Denn es gibt zwar jede Menge Musik, aber die ist größtenteils urheberrechtlich geschützt und darf nicht ohne Weiteres für eigene Veröffentlichungen verwendet werden bzw. es werden dafür Lizenzgebühren fällig. KI-Musik kann dieses Problem lösen, indem sie Ihnen passende Musik für Ihre Zwecke generiert, die Sie dann auch bedenkenlos einsetzen können.

9.1 Musikclips für bestimmte Zwecke und Stimmungen per Mausklick generieren

In der einfachsten Form können Sie sich Musikstücke für einen bestimmten Einsatzzweck mit wenigen Mausklicks zusammenstellen. Im Folgenden zeige ich das am Beispiel des Musikgenerators von Vidnoz AI (siehe Seite 311). Der erzeugt nur recht kurze Stücke, die nicht übermäßig kreativ oder hochwertig sind. Das Angebot hat aber den Vorteil, dass die Ergebnisse ausdrücklich auch kommerziell verwendet werden dürfen. Außerdem hat dieser Dienst als einer von wenigen KI-Musik-Assistenten eine deutschsprachige Oberfläche, was den Einstieg in das Thema erleichtert.

1. Öffnen Sie im Webbrowser https://de.vidnoz.com/ki-music-generator.html und wählen Sie darin die Rubrik *Instrumental*. Anschließend können Sie über drei Eigenschaften Einfluss auf den Musikgenerator nehmen. Sie müssen mindestens eine dieser Eigenschaften festlegen.
2. Wählen Sie zunächst das *Musikgenre*, zu dem die zu erzeugende Musik gehören soll. Dadurch geben Sie die grundlegende Art von Musik vor, die Sie hören möchten.
3. Mit *Musikstimmung* legen Sie die Klangfarbe der Musik fest, also beispielsweise fröhlich, verträumt oder düster.
4. Schließlich können Sie noch ein *Musikthema* vorgeben. Wenn Sie die Musik beispielsweise als Untermalung in einem Video einsetzen möchten, wählen Sie das Thema, das am ehesten zum Inhalt der Filmsequenz passt.

5. Darunter können Sie schließlich noch die Länge der zu erzeugenden Musik wählen.

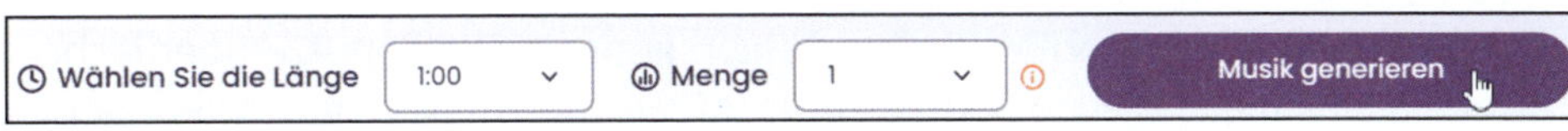

6. Klicken Sie dann ganz unten auf die Schaltfläche *Musik generieren*.
7. Nun brauchen Sie nur noch ein wenig Geduld, während unterhalb der Schaltfläche der Fortschritt des Generierungsvorgangs angezeigt wird.
8. Anschließend finden Sie das erzeugte Musikstück unten vor. Mit der *Wiedergabe*-Schaltfläche können Sie es abspielen und probehören. Sie können auch irgendwo in den visualisierten Klangverlauf klicken, um direkt zu dieser Stelle zu springen.

9. Gefällt Ihnen das Stück, sodass Sie es verwenden oder zumindest aufbewahren möchten, klicken Sie rechts auf *Herunterladen*. Die Datei im MP3-Format wird dann mit der Download-Funktion Ihres Webbrowsers lokal auf Ihrem PC gespeichert.

Instrumentalmusikstücke nach Wunsch generieren

Der vorangehend vorgestellte Musikgenerator von Vidnoz AI ist eher simpel gestrickt und generiert mit wenigen Mausklicks kurze Musikclips, die sich eher als unauffällige Untermalung beispielsweise eines Videos eignen.

Fortschrittlichere KI-Systeme für Musik können ganze Stücke mit komplexen Strukturen erschaffen, die von natürlich klingenden Instrumenten gespielt werden. Leider sprechen diese Systeme bislang nur Englisch, was sowohl für die Bedienoberfläche als auch für die Prompts gilt, mit denen man beschreibt, was für Musik man sich vorstellt. Nimmt man das in Kauf, kann man mit KI-Systemen wie Suno allerdings beeindruckende Musikstücke erschaffen.

Suno – die wesentlichen Fakten

Suno ist ein Webdienst zum Generieren ganzer Musikstücke. Er kann sowohl Instrumentalmusik als auch Lieder mit Gesang in verschiedenen Sprachen erzeugen, wobei überzeugende Singstimmen entstehen. Die Liedtexte kann Suno ebenfalls generieren, man kann aber auch eigene Texte vorgeben, die dann »vertont« werden. Die entstehenden Musikstücke sind vollständige Lieder mit Strophen und Refrains und können einen dynamischen Verlauf mit Intro, Steigerung und Finale haben. Nach kostenloser Anmeldung kann der Dienst für etwa fünf Lieder pro Tag genutzt werden. Die Ergebnisse dürfen allerdings nicht veröffentlicht oder kommerziell genutzt werden. Das bleibt zahlenden Kunden vorbehalten, die unter verschiedenen Abo-Modellen wählen können. Die Benutzeroberfläche ist englischsprachig und auch Text-Prompts müssen auf Englisch formuliert werden. Wenn das ein Problem ist, empfiehlt sich ein Browser-Add-on etwa von DeepL (siehe Seite 80). Trotzdem kann man deutschsprachige Liedtexte vorgeben, die dann auch in gutem Deutsch gesungen werden.

https://suno.com, englischsprachiger Webdienst

1. Melden Sie sich bei https://suno.com an.
2. Mit dem Navigationsmenü am linken Rand können Sie zwischen den Bereichen wechseln. Wählen Sie hier die Rubrik *Create*.
3. In der nun angezeigten Spalte rechts neben dem Hauptmenü finden Sie ganz oben den Bereich *Song Description*.
4. Im Eingabebereich selbst teilen Sie Suno mit, was für eine Art von Lied Sie sich vorstellen. Wichtig an dieser Stelle: Der Assistent versteht nur Englisch. Sie müssen die Beschreibung also in dieser Sprache eingeben. Wenn Ihr Englisch dafür nicht ausreicht, nutzen Sie einen Dienst wie DeepL (siehe Seite 78), um den Prompt zunächst in Deutsch zu verfassen und dann ins Englische übersetzen zu lassen.
5. Haben Sie wie ich im abgebildeten Beispiel das DeepL-Add-on für Ihren Webbrowser installiert, können Sie den Prompt auch in deutscher Sprache eingeben.

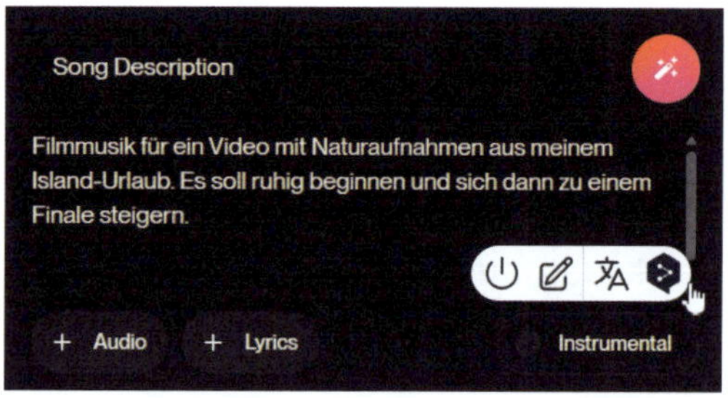

6. Klicken Sie dann auf das DeepL-Symbol unten rechts im Eingabebereich, um den Text übersetzen zu lassen. Nach kurzer Wartezeit wird Ihre deutschsprachige Eingabe dann durch eine korrekte englische Version ersetzt.

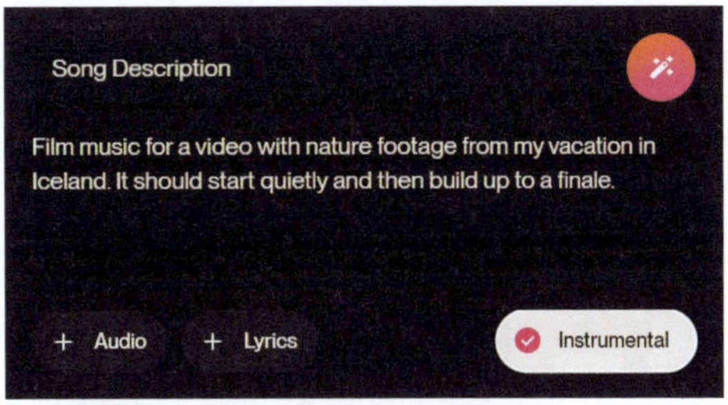

7. Unten rechts können Sie mit der Option *Instrumental* festlegen, dass Sie ein reines Instrumentalstück ohne Gesang generieren möchten (andernfalls haben Suno-Lieder immer Gesangspartien).
8. Klicken Sie schließlich unten auf die Schaltfläche *Create*. Suno beginnt direkt damit, Liedvorschläge gemäß Ihren Vorgaben zu generieren. Diese werden Ihnen sofort rechts daneben in Ihrer Wiedergabeliste angezeigt. Allerdings müssen Sie sich noch etwas gedulden, bis der Vorgang abgeschlossen ist.

9. Erst wenn die Einträge links mit einer bunten Minigrafik versehen sind, ist Suno mit seiner Arbeit fertig. Grafik und Titel generiert der Assistent ebenfalls passend zu Ihrem Eingabe-Prompt. Beachten Sie, dass Suno Vorschläge mit verschiedenen Versionen seines KI-Systems macht. Songs aus älteren Versionen sind dabei vollständig hör- und nutzbar. Für Erzeugnisse der neusten Version müssen Sie ggf. ein kostenpflichtiges Abo abschließen, um diese über eine Hörprobe hinaus nutzen zu können.

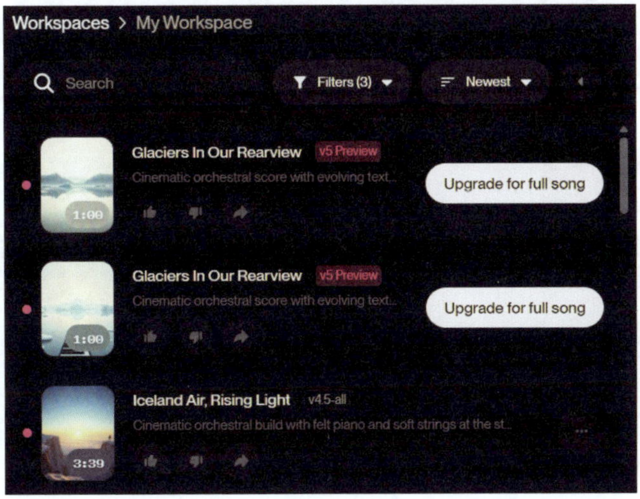

10. Bewegen Sie den Mauszeiger auf eine der Grafiken, wird dort ein Wiedergabe-Symbol eingeblendet, mit dem Sie das Lied abspielen können. Während ein Stück abgespielt wird, sehen Sie am unteren Rand der Seite eine Symbolleiste, mit der Sie die Wiedergabe steuern können. Hinter dem ⋮-Symbol rechts verbirgt sich ein Menü mit weiteren Funktionen. Hier können Sie das Lied beispielsweise auch *Herunterladen*.

Anregungen für Prompts holen

Suno lässt Sie nicht nur eigene Lieder erschaffen, sondern Sie können auch die Kreationen von anderen Nutzern anhören. Dabei erfahren Sie auch, mit welchen Prompts und Parametern die jeweiligen Stücke generiert wurden. So kann man nicht nur ganz anschaulich an Beispielen lernen, wie Suno funktioniert. Findet ein Lied Ihr Gefallen, können Sie dessen Prompt auch wiederverwenden, um selbst ein Stück in ähnlichem Stil zu erschaffen.

Eine gute Orientierung bietet die Rubrik *Home* im Hauptmenü. Hier präsentiert Ihnen Suno eine gute Auswahl an Stücken, die derzeit von den Nutzern gehört und für gut befunden werden. Die Übersicht ist in verschiedene Themen unterteilt. Wollen Sie aus einem Bereich mehr hören, klicken Sie neben der Überschrift ganz rechts auf *Show more +*.

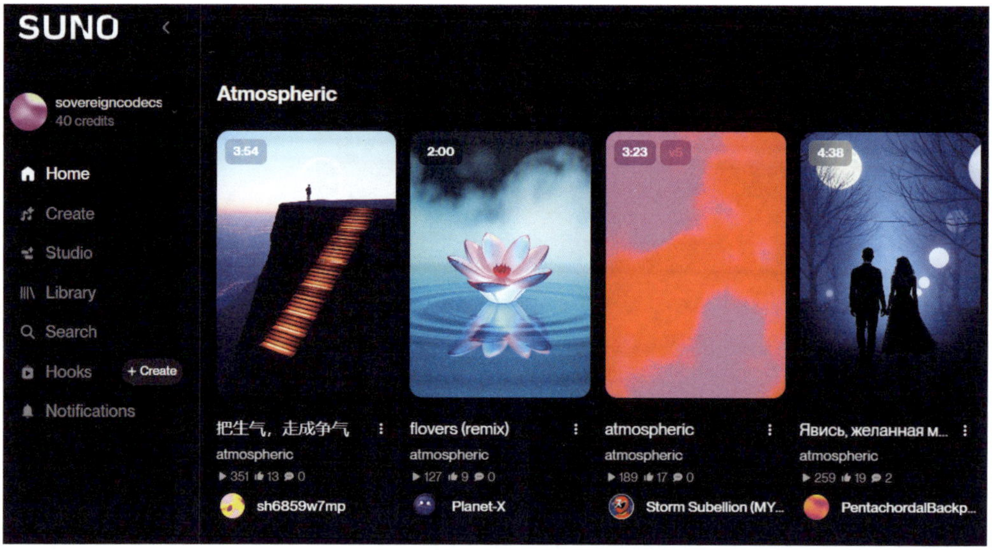

Eine andere Möglichkeit bietet die Rubrik *Search* im Hauptmenü. Sie zeigt Ihnen eine Liste mit populären Titeln auf der Plattform an. Vor allem aber können Sie oben Suchbegriffe eingeben, wenn Sie eine bestimmte Art von Musik suchen.

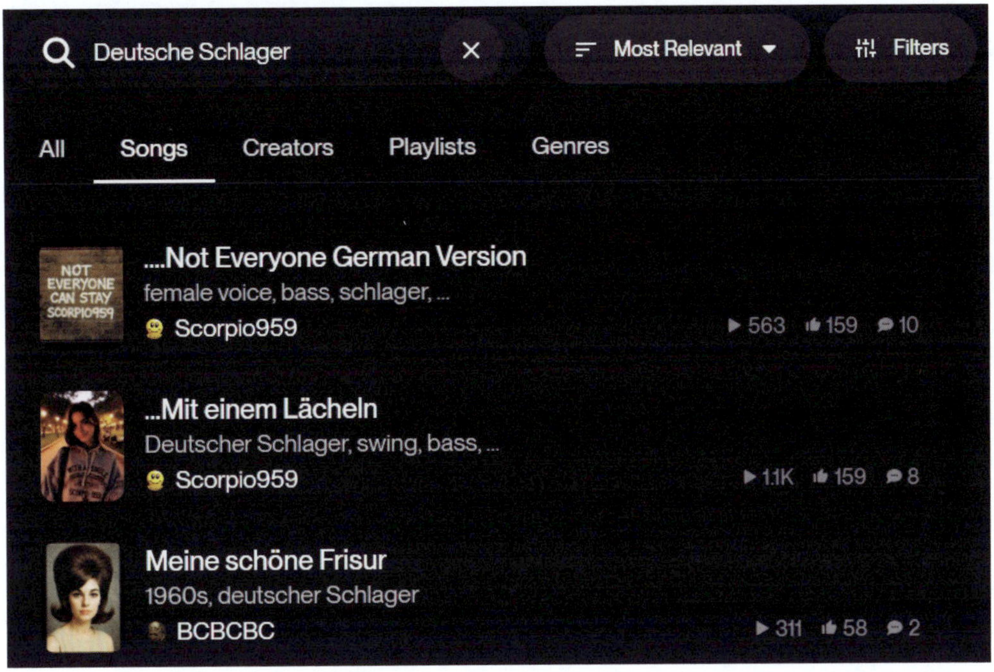

Haben Sie ein vielversprechendes Musikstück gefunden, klicken Sie auf dessen Titelbild, um die Wiedergabe zu starten. Ganz am rechten Rand werden daraufhin Details zu diesem Stück angezeigt. So finden Sie hier Titel, Nutzer, Stil sowie ggf. den Text. Außerdem wird am unteren Rand der Seite die Wiedergabeleiste angezeigt.

Neben den Steuersymbolen finden Sie hier weitere Funktionen:

- Mit *Daumen hoch* oder *Daumen runter* können Sie das gerade gespielte Stück bewerten. Das kann eine nützliche Rückmeldung für den verantwortlichen Nutzer sein. Für Sie hat es den Vorteil, dass Suno sich die Titel merkt, denen Sie ein »Daumen hoch« gegeben haben. Sie finden diese auch später jederzeit unter *Home* im Bereich *Liked Songs* wieder.
- Im Seitenbereich rechts finden Sie die Funktion *Remix* und im damit geöffneten Menü die Option *Reuse Prompt*. Damit gelangen Sie in die *Create*-Rubrik des Hauptmenüs, wo nun alle Parameter bereits so eingetragen sind, wie sie bei der Erzeugung dieses Musikstücks verwendet wurden. Sie können also mit einem Klick auf *Create* ein eigenes Musikstück erstellen, das in einem ganz ähnlichen Stil gehalten sein wird.

Wenn das Lied vom Nutzer mit einem selbst geschriebenen Text versehen wurde, sollten Sie diesen allerdings zuvor entfernen bzw. durch einen eigenen ersetzen (lassen).

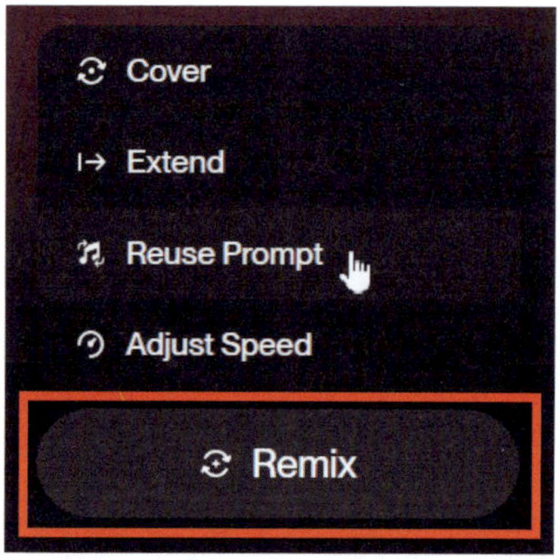

9.2 Ganze Lieder mit Text und Gesang kreieren

Wenn man KI-generierte Musik hört, denkt man möglicherweise an typische elektronische Musik, die ohnehin auch von menschlichen Künstlern mithilfe von Keyboards, Synthesizern, Loopboards usw. erzeugt wird und die deshalb auch für ein Computerprogramm naheliegend ist. Aber generative Musik-KI ist schon ein paar Schritte weiter und kann praktisch jede Art von Musik mit verschiedensten Instrumenten und eben auch Gesang erzeugen.

Tatsächlich können Sie mit sehr wenig eigenem Zutun komplette Lieder generieren, die so ohne Weiteres im Radio laufen oder aber zumindest Familie, Freunde und Bekannte erfreuen können. In diesem Abschnitt zeige ich Ihnen beispielhaft, wie Sie aus einer einfachen Idee einen Liedtext und damit dann ein fertiges Lied erstellen.

Mit KI zum Liedtexter

Wie man mit KI-Hilfe beliebige Texte generiert, ist in Kapitel 3 ausführlich beschrieben. Ich greife an dieser Stelle auf das dort ebenfalls beschriebene ChatGPT zurück, um einen Liedtext nach meinen Vorstellungen zu erstellen. Einige Musik-KIs würden auch diesen Schritt übernehmen. Aber zum einen sprechen die besseren KI-Musikmacher bislang nur Englisch. Zum anderen gibt das die Gelegenheit, dem künstlich generierten Text ggf. noch etwas Schliff zu verleihen, bevor er vertont wird.

1. Öffnen Sie im Webbrowser https://chatx.de (siehe Seite 31). Selbstverständlich können Sie auch einen beliebigen anderen Textgenerator wählen.
2. Geben Sie einen Text-Prompt ein, der das Thema und ggf. Ihre formalen Anforderungen wie Anzahl der Strophen usw. beschreibt.

```
Schreibe mir einen Liedtext über die Hoffnung,
dass KI unsere Welt besser machen wird. Der Text
sollte drei Strophen und einen Refrain haben.
```

Titel: "Licht der Zukunft"

Strophe 1:
In einer Welt, die oft so grau,
Wo Zweifel flüstern, leise und schlau,
Da blüht ein Traum in jedem Herz,
Die Hoffnung strahlt, vertreibt den Schmerz.

Refrain:
Oh, KI, du Licht der Zukunft,
Zeig uns den Weg, mach uns gesund.
Gemeinsam stark, Hand in Hand,
Für eine bessere Welt, ein neues Land.

Strophe 2:
Die Maschinen lernen, wachsen schnell,

3. Unterhalb des Textes finden Sie ein Kopieren-Symbol, mit dem Sie den generierten Text in die Zwischenablage übertragen, um ihn von dort bei einem anderen Dienst einfügen zu können. So können Sie den Text auch in einen Editor übernehmen, wenn Sie ihn zuvor noch bearbeiten möchten.

Diesen Text würde ich nun noch in einem Editor kontrollieren und bei Bedarf ggf. optimieren. Manches liest sich als Text zwar gut, lässt sich aber schwierig singen. Außerdem sollten Sie den Text für den Musikgenerator vorbereiten. Setzen Sie dazu vor jede Strophe eine Markierung *[Verse]*, *[Verse 2]*, *[Verse 3]* usw. Der Refrain wird jeweils mit *[Chorus]* markiert. Ein weiteres mögliches Element ist beispielsweise eine *[Bridge]*. Die Elemente können mit einfachen Eigenschaften kombiniert werden, um zusätzliche Dynamik zu erzeugen, beispielsweise *[Sad Verse]* oder *[Happy Chorus]*.

Vom Text zum fertigen Lied

Um einen Text zum fertigen Lied zu vertonen, benötigen Sie nun einen KI-Musikgenerator. Ich verwende für dieses Beispiel den Webdienst Suno (siehe Seite 288). Dessen Benutzeroberfläche gibt es leider nur in englischer Sprache. Aber Suno kann ohne Weiteres mit deutschsprachigen Liedtexten umgehen und erzeugt dafür auch gut klingende deutsche Gesangsstimmen.

Das kostenlose Basiskonto ist nur für privaten Gebrauch

Nutzer des kostenlosen Basiszugangs dürfen die erzeugte Musik laut den Geschäftsbedingungen (denen man mit der Anmeldung zustimmt) nur für private, interne, nicht kommerzielle Zwecke verwenden und müssen dabei jeweils Suno als Quelle angeben (zum Thema Musikurheberrecht siehe auch Seite 307).

1. Melden Sie sich bei https://suno.com an und wechseln Sie mit dem Navigationsmenü am linken Rand in die Rubrik *Create*.

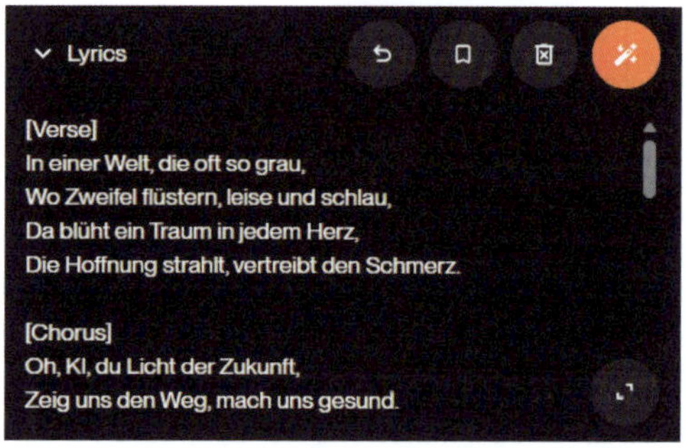

2. Aktivieren Sie zunächst ganz oben die Option *Custom*, wodurch darunter zusätzliche Eingabebereiche angezeigt werden.
3. Fügen Sie oben links im Eingabefeld *Lyrics* den Liedtext ein, den Sie im Abschnitt zuvor vorbereitet hatten. Achten Sie auf die korrekten Markierungen (siehe vorangehender Abschnitt), damit Suno Strophen und Refrain korrekt zuordnen kann.

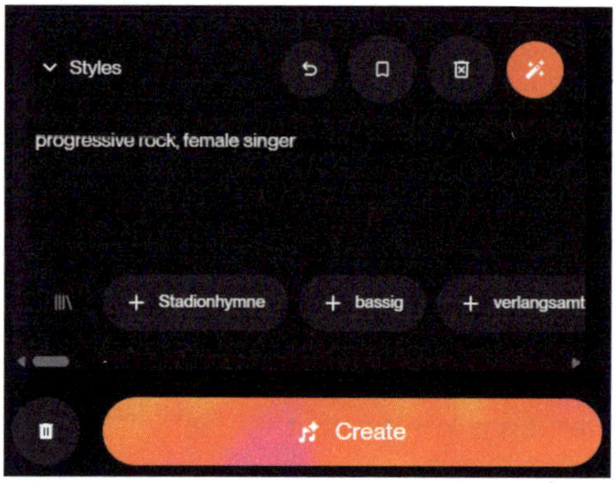

4. Darunter im Bereich *Styles* können Sie den Musikstil beschreiben, in dem das Lied gehalten sein soll. Suno lässt unter anderem, um Problemen mit dem Urheberrecht aus dem Weg zu gehen, keine Referenzen auf andere Künstler zu. Aber Sie können sich auf bestimmte Stile bzw. Genres beziehen oder die Stimmung beschreiben, die das Lied vermitteln soll. Sie sollten dafür allerdings möglichst englischsprachige Be-

griffe verwenden, da Suno an dieser Stelle bislang nichts anderes versteht. Unten im Feld finden Sie ein paar typische Genres, die Sie direkt anklicken können.

5. Das war es auch schon. Klicken Sie ganz unten in der Spalte auf die *Create*-Schaltfläche, um mit dem Generieren zu beginnen.
6. Nach kurzer Zeit werden Ihnen auf der rechten Seite zwei Musikstücke angeboten. Alternativ finden Sie diese und alle anderen von Ihnen generierten Stücke in Ihrer *Library* wieder.

7. Mit einem Klick auf das grafische Symbol ganz links starten Sie die Wiedergabe des Stücks.

9.3 Eigene Ideen von der KI ergänzen lassen

Das vorangehend vorgestellte Suno (siehe Seite 288) kann sich beim Erschaffen von Musikstücken nicht nur an Prompts orientieren, sondern auch an bereits vorhandenem Material. Wenn Sie also eine Idee für eine schöne Melodie haben, können Sie diese mit Ihrem Instrument einspielen (oder auch einsingen) und Suno als Grundlage für eine neue Kreation mitgeben. Der Assistent ergänzt dann die restlichen Instrumente und ggf. sogar Gesang. Die Tonspur muss dazu in einem gängigen Audioformat vorliegen und sollte zwischen sechs und sechzig Sekunden lang sein. Wenn Ihr PC über ein Mikrofon verfügt, können Sie den Klang auch direkt aufnehmen.

1. Wechseln Sie unter https://suno.com im Navigationsmenü am linken Rand in die Rubrik *Create*.
2. Klicken Sie als Erstes oberhalb des Eingabefeldes für die Musikbeschreibung auf die Schaltfläche + *Audio* und wählen Sie im so geöffneten Menü *Upload*. Alternativ können Sie mit *Record* das Mikrofon Ihres PCs nutzen, um beispielsweise eine Musikidee einzusingen

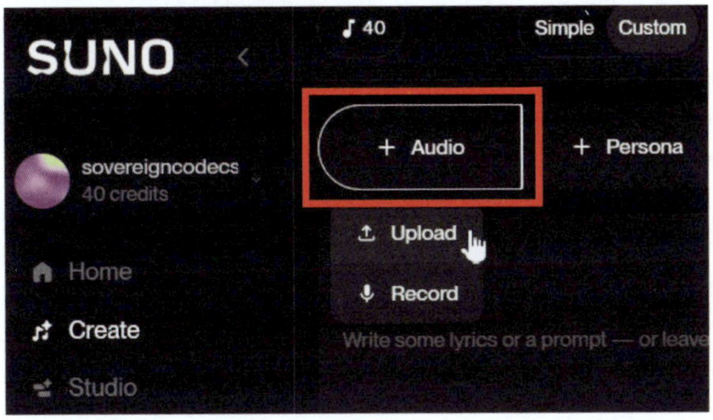

3. Wenn Ihre Datei hochgeladen ist, analysiert Suno sie zunächst und zeigt sie in einer Vorschau an. Hat alles geklappt, können Sie noch eine eigene Bezeichnung dafür festlegen und den Vorgang mit *Save* abschließen.

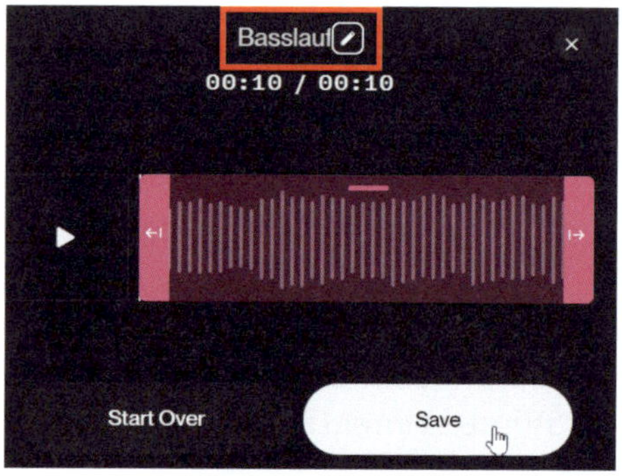

4. Anschließend wird diese Datei in Ihrer persönlichen Playlist angezeigt. Sie können sie auch wie jedes von Suno erzeugte Musikstück abhören.
5. Wollen Sie diesen Klang nun als Grundlage für ein neues Musikstück verwenden, klicken Sie in dem Eintrag der Datei auf *Remix/Edit* und dann im Menü auf *Extend*.

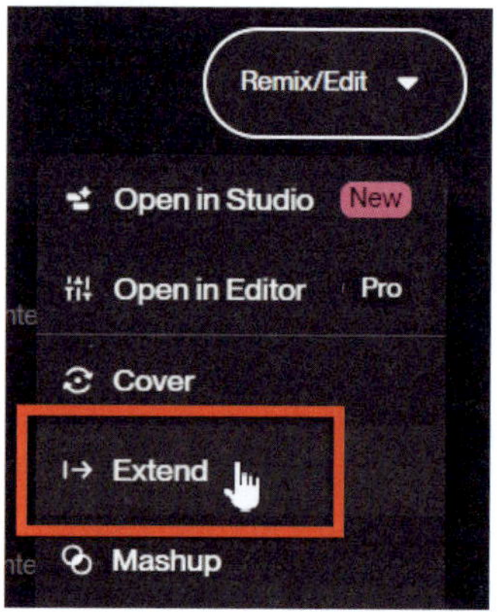

6. Dadurch wird der *Create*-Bereich angezeigt, in dem die Audioaufnahme nun bereits als Grundlage eingefügt ist.
7. Darunter können Sie wie sonst auch einen Liedtext eingeben oder generieren lassen. Ebenso können Sie Vorgaben zu *Styles* machen.
8. Klicken Sie danach wie sonst auch die *Create*-Schaltfläche ganz unten an, um, basierend auf Ihrer Aufnahme und den gemachten Vorgaben, neue Musik zu generieren.

9.4 KI-Hilfe beim Entwickeln von Song-Ideen

Bislang ging es in diesem Kapitel um das Generieren von fertigen Musikstücken. Herzblutmusiker mit Notenkenntnis und Kompositionstalent möchten aber vielleicht eher Unterstützung, während sie Ideen, Melodien und Stücke selbst entwickeln. Auch hierfür gibt es KI-Angebote, die nicht fertige Musikpassagen synthetisieren, sondern auf der kompositorischen Ebene ansetzen und dort Melodien, Harmonien oder Rhythmus-Passagen erzeugen. Das Austauschformat dabei ist MIDI, das als Standard auch von vielen Audio-Anwendungen und elektronischen Musikinstrumenten wie etwa Keyboards unterstützt wird. Sie können also beispielsweise mit einem Keyboard eine Melodie aufnehmen und hochladen. Dann machen Sie online mithilfe von KI-Assistenten ein vollständiges Musikstück daraus. Dieses können Sie dann wiederum als MIDI-Datei herunterladen, um es weiterzuverarbeiten. Ebenso können Sie aber auch eine abspielfertige Musikdatei im MP3- oder WAV-Format daraus machen lassen.

AIVA – die wesentlichen Fakten

Die Abkürzung AIVA steht für **A**rtificial **I**ntelligence **V**irtual **A**rtist und ist der Name einer Kompositionssoftware mit KI-basierten Funktionen, die sowohl zum Unterstützen eines menschlichen Künstlers als auch zum komplett eigenständigen Erschaffen eigener Musik genutzt werden können. AIVA bietet eine Editor-Oberfläche, in der Kompositionen bis ins letzte Detail auch manuell bearbeitet werden können. So kann sich jeder – auch abhängig von den eigenen musikalischen Fähigkeiten – aussuchen, wie weit die KI helfen soll und was man selbst kontrollieren möchte. AIVA ist als Anwendung für Windows, macOS und Linux verfügbar sowie über eine englischsprachige Weboberfläche nutzbar. Nach der kostenlosen Anmeldung kann man alle Funktionen unbegrenzt nutzen. Nur das Herunterladen fertiger Titel ist für Nicht-Zahler auf drei pro Monat beschränkt.

https://aiva.ai, Webdienst, Anwendungen für Windows, macOS, Linux

Musik anhand von Stilen generieren

AIVA lässt sich ganz nach Bedarf und entsprechend Ihrer eigenen musikalischen Kenntnisse einsetzen. Prinzipiell können Sie auf KI komplett verzichten und jede einzelne Note selbst setzen. Oder Sie starten mit einer selbst komponierten Idee und lassen sich von AIVA dabei unterstützen, diese zu vervollständigen und komplett zu instrumentieren. AIVA kann aber ebenso mit wenigen Vorgaben ein vollständiges Musikstück selbst erschaffen. Für alle Nicht-Musiker ist die Vorgehensweise dafür im Folgenden beschrieben.

1. Öffnen Sie im Webbrowser https://creators.aiva.ai und melden Sie sich ggf. für einen kostenlosen Basiszugang an.
2. Im so geöffneten Menü können Sie verschiedene Varianten wählen, auf welcher Basis die KI operieren soll. Einsteigern empfehle ich *Step by step* für vielversprechende Ergebnisse.

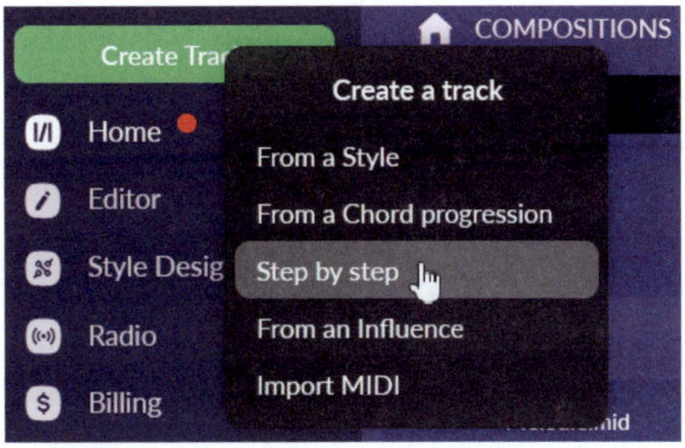

3. Wählen Sie dann einen Stil aus, in dem das Stück erstellt werden soll. AIVA bietet eine große Auswahl an Stilen an, die teilweise vom Anbieter selbst stammen und zum anderen aus der Nutzergemeinschaft kommen. Beachten Sie unterhalb der Liste die Seitenanzeige, mit der Sie zu vielen weiteren Stilen umblättern können.

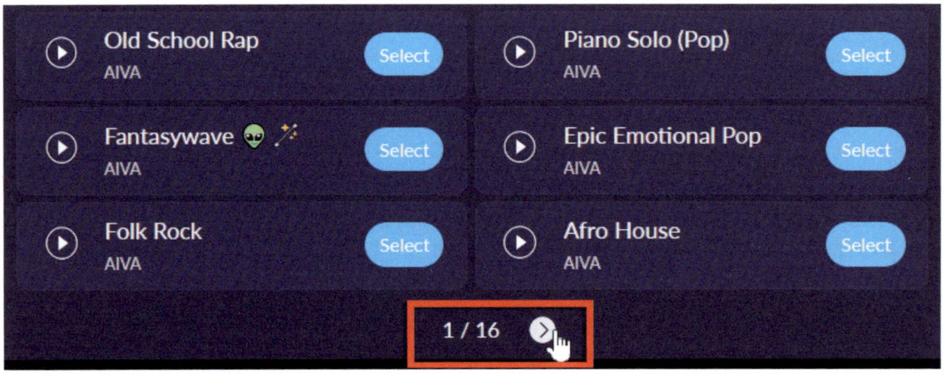

4. Wenn Sie genaue Vorstellungen haben, können Sie oben rechts die Suchfunktion verwenden, um nach bestimmten Stilelementen zu suchen. Es werden dann nur noch Stile angezeigt, die den eingetippten Suchbegriff im Namen enthalten.

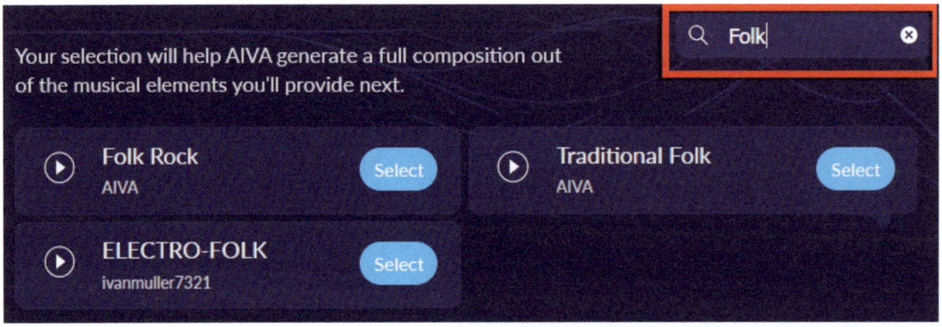

5. Mit dem Wiedergabe-Symbol bei jedem Stil können Sie eine Kostprobe von diesem hören. Haben Sie sich für einen Stil entschieden, klicken Sie in dem Eintrag ganz links auf *Select*.

6. AIVA schlägt Ihnen nun eine Akkordfolge vor, die Sie aber nicht beibehalten müssen. Zum einen können Sie jeden Akkord manuell bearbeiten und so Ihre ganz eigene Folge kreieren. Bewegen Sie den Mauszeiger dazu auf die Bezeichnung des Akkords und klicken Sie dann auf das dort eingeblendete Stift-Symbol. Damit öffnen Sie ein Auswahlmenü, in dem Sie zum gewünschten Akkord wechseln können.

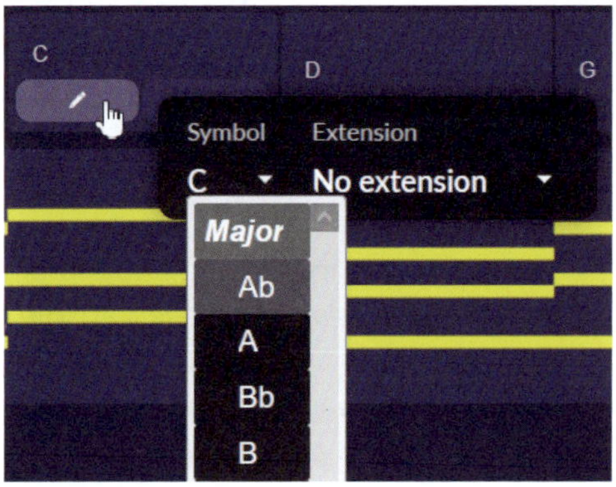

7. Zum anderen ist es möglich, AIVA anhand eines Prompts eine Akkordfolge nach Ihren Wünschen generieren zu lassen. Bedenken Sie dabei, dass AIVA nur Englisch spricht und deshalb auch der Prompt in englischer Sprache geschrieben sein muss. Klicken Sie dann rechts daneben auf die *Generate*-Schaltfläche und warten Sie kurz, bis unten die neue Akkordfolge angezeigt wird.

Keine Vorschau in der Weboberfläche

Eine der Einschränkungen der Webversion von AIVA ist, dass man in der Editor-Ansicht leider nicht jederzeit mit dem Wiedergabe-Symbol unten links eine Vorschau anhören kann. In den AIVA-Anwendungen für die verschiedenen Betriebssysteme ist dies jederzeit möglich. Wer sich also intensiver damit beschäftigen möchte, sollte allein aus diesem Grund schon die Desktop-Version herunterladen und installieren.

8. Mit der *Settings*-Schaltfläche ganz rechts können Sie grundlegende Parameter des Stücks wie Tonart, Takt und Tempo anpassen. Auch zu einem anderen Stil können Sie hier nachträglich noch wechseln. Fürs Erste können Sie die Standardeinstellungen aber beibehalten.

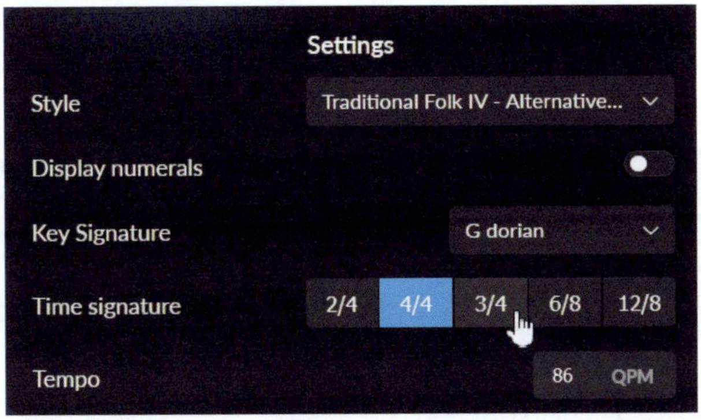

9. Sind Sie mit der generierten oder selbst geschaffenen Akkordfolge zufrieden, klicken Sie oben auf die *Next*-Schaltfläche, um zum nächsten Schritt zu gelangen.
10. Hier können Sie die Instrumente für die verschiedenen Spuren des Stücks anpassen. Sie können aber auch vorerst die Auswahl der KI beibehalten und die Instrumente ggf. später noch anpassen. Klicken Sie erneut auf *Next*, um zum letzten Abschnitt zu gelangen.

11. Im letzten Schritt legen Sie schließlich einen Namen fest, unter dem diese Vorlage zum Wiederverwenden gespeichert werden soll. Sie wird dann bei jedem damit erzeugten Stück als *Source* angegeben und kann darüber auch wiederverwendet werden. Falls Sie auf das Speichern verzichten möchten, deaktivieren Sie darunter die Option *Save workflow to your account*.
12. Außerdem können Sie die gewünschte Dauer (*Composition duration*) vorgeben, was aber immer nur als grobe Richtlinie interpretiert wird.
13. Bei *Number of Compositions* stellen Sie ein, wie viele Stücke AIVA nach dieser Vorgabe generieren soll. So können Sie sich beispielsweise immer gleich zwei Vorschläge machen lassen und dann den besseren auswählen.

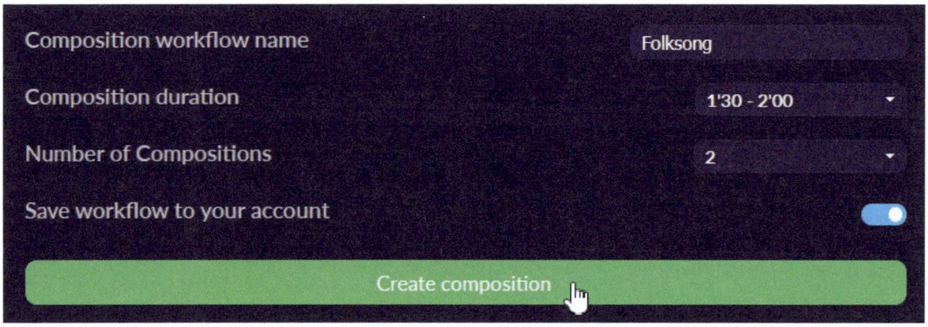

14. Klicken Sie schließlich darunter auf *Create composition*. AIVA wechselt daraufhin in die *Home*-Rubrik, wo das oder die generierten Stücke kurz darauf angezeigt werden. Zunächst noch mit laufendem Fortschritt-Symbol. Ist das Generieren abgeschlossen, verwandelt es sich in ein Noten- und – wenn Sie den Mauszeiger darauf bewegen – in ein Wiedergabe-Symbol, mit dem Sie das Stück gleich probehören können.

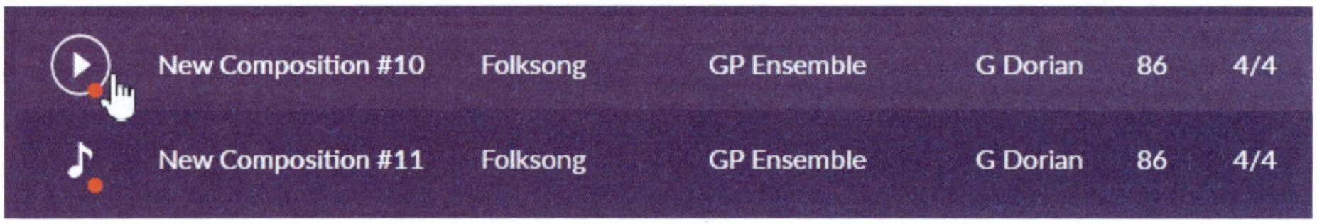

Eigene MIDI-Dateien zu AIVA hochladen

Wenn Sie Ihre musikalische Idee mithilfe eines Keyboards oder eines Musikprogramms selbst erfassen und als MIDI-Datei speichern, können Sie diese Datei zu AIVA hochladen und dann als Basis für weitere – ggf.- KI-unterstützte – Bearbeitungsschritte verwenden.

1. Beginnen Sie diesen Vorgang oben rechts mit der Schaltfläche *Create a track*.

2. Wählen Sie im so geöffneten Menü ganz unten *Import MIDI*.

3. Dadurch wird ein Bereich angezeigt, auf den Sie Ihre MIDI-Datei mit der Maus ziehen und dann dort loslassen können. Sie können auch irgendwo in den Bereich klicken, um einen klassischen Dateiauswahldialog zu öffnen, mit dem Sie zur gewünschten Datei navigieren.

4. Wenn eine MIDI-Datei mehrere Spuren mit gleichen Noten enthält, kann der Import-Assistent diese zu einer Spur zusammenfassen. Das reduziert die Daten, was sowohl die Übersicht als auch Bearbeitungen durch KI-Funktionen erleichtert. Wenn Sie dies nicht wünschen, sollten Sie vor dem Import die Option *Collapse layers* deaktivieren.
5. Sollte eine MIDI-Datei nicht den Anforderungen entsprechen, beschwert AIVA sich und erklärt auch den Grund. Kleinere Unzulänglichkeiten kann der Import-Assistent selbst automatisch bereinigen, wenn Sie auf *Confirm* klicken.

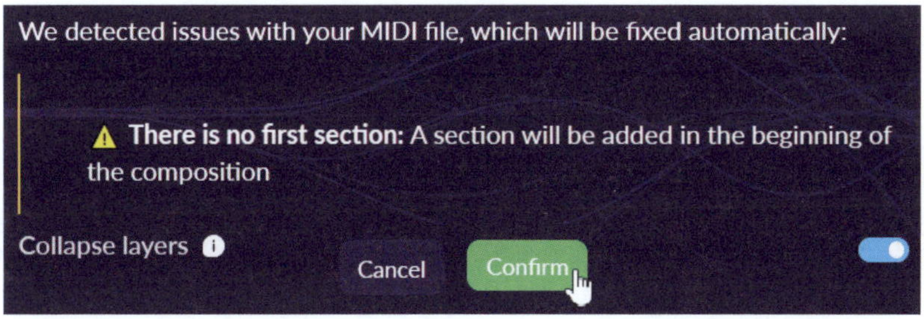

6. Der Assistent lädt die Datei dann hoch, analysiert sie und fügt sie in Ihre persönliche Sammlung ein, die Sie unter *Home* in der Rubrik *Compositions* jederzeit abrufen können. Frisch hinzugekommene Elemente werden hier jeweils mit einem roten Kreis gekennzeichnet. Mit dem Wiedergabe-Symbol ganz rechts können Sie das Stück jederzeit abspielen lassen.

Importierte Stücke als Inspiration für die KI

Wenn Sie eigene MIDI-Dateien zu AIVA hochgeladen haben, können Sie diese der KI als Inspiration geben, um darauf basierend neue Musikstücke zu erschaffen.

1. Lassen Sie sich im Hauptmenü unter *Home* die Rubrik *Compositions* anzeigen. Hier finden Sie grundsätzlich alle Ihre Musikstücke, sowohl importierte als auch selbst erstellte und KI-generierte. Hochgeladene Dateien tragen in der Spalte *SOURCE* den Vermerk *Imported*.
2. Lokalisieren Sie Ihre importierte MIDI-Datei und klicken Sie bei deren Eintrag ganz rechts auf das ▪▪▪-Symbol.
3. Wählen Sie im so geöffneten Menü *Use as Influence*.

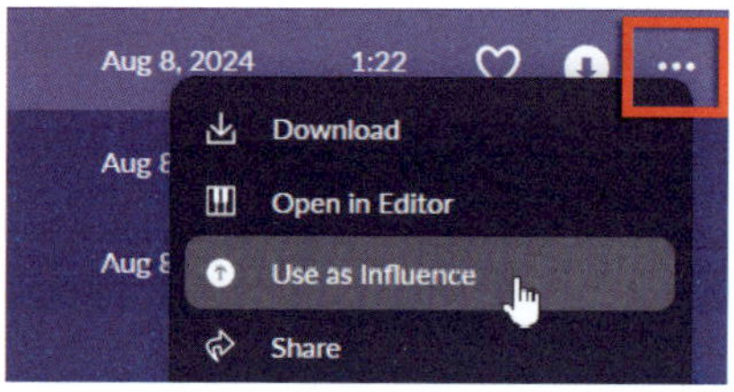

4. AIVA wechselt daraufhin automatisch oben in die Rubrik *Influences* und erstellt dort einen neuen Eintrag. Dieser wird zunächst analysiert, um die für die Verwendung erforderlichen Daten zu erfassen. Ist dies abgeschlossen, steht die Datei als Basis für das Generieren neuer Musik zur Verfügung.
5. Wenn Sie den Mauszeiger auf einen der Einträge in der *Influences*-Rubrik bewegen, wird dort rechts ein Plussymbol angezeigt. Klicken Sie darauf, um neue Musik basierend auf diesem Stück zu erstellen.

6. Damit öffnen Sie ein Menü, in dem Sie mit verschiedenen Einstellungen Einfluss auf das Ergebnis nehmen können:
   - *Ensemble*
     Hier wählen Sie die Instrumente, für die das Stück komponiert werden soll. Standardmäßig orientiert sich die KI an der Instrumentierung in der Ausgangsdatei. Sie können in der Auswahl aber aus einer großen Bandbreite von verschiedenen Solo-Instrumenten bis hin zu einem klassischen Symphonieorchester wählen.
   - *Key Signature*
     Auch die Grundtonart wird standardmäßig vom Ursprungsstück übernommen. Wenn Sie eine andere Tonart wünschen, geben Sie dies hier an.
   - *Select an Emotion*
     Mit den Symbolen in der Mitte können Sie bestimmen, welche Stimmung die Komposition ausdrücken soll. Von neutral über fröhlich, traurig bis hin zu ängstlich bzw. bedrohlich. Die Vorgabe einer Stimmung kann dafür sorgen, dass die erzeugte Musik deutlich von der als Basis vorgegebenen Idee abweicht. Wenn Sie beispielsweise einen flotten Tanz als Inspiration verwenden und die KI dann etwas Bedrohliches daraus machen lassen, wird das Ergebnis von dem Ausgangsstück vermutlich erheblich abweichen (was ja aber für sich auch ein interessantes Experiment sein kann). Mit der Vorgabe *None* können Sie ganz auf eine Stimmung verzichten, sodass die KI treuer an der Vorlage bleibt.

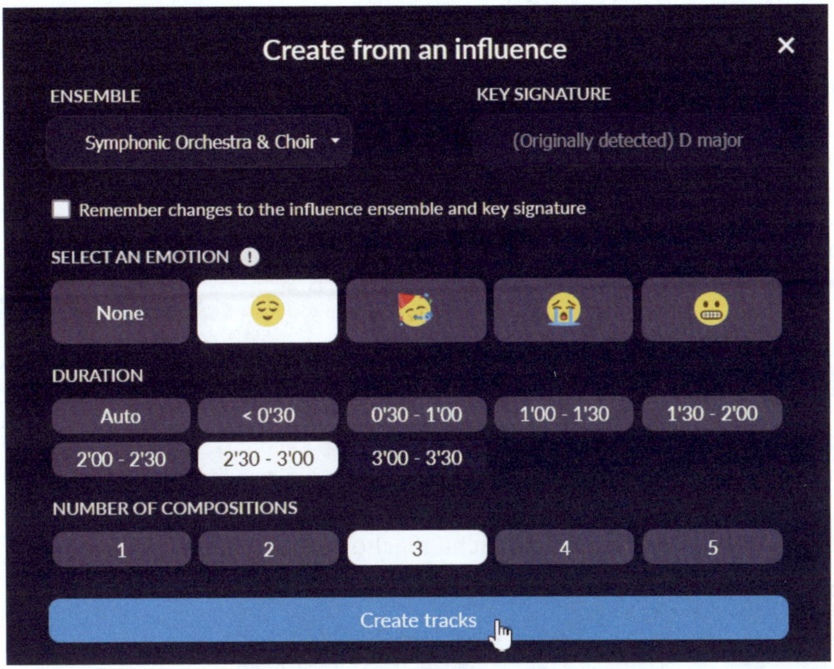

- *Duration*
  Hier können Sie die Dauer des generierten Stücks in etwa vorgeben oder mit *Auto* der KI die Wahl überlassen.
- *Number of Compositions*
  Wollen Sie sich gleich mehr als einen Vorschlag machen lassen, wählen Sie hier bis zu fünf Stücke.

7. Haben Sie alle Einstellungen wunschgemäß getroffen, klicken Sie unten auf *Create tracks*, um mit dem Generieren zu beginnen.
8. AIVA wechselt daraufhin automatisch in die Rubrik *Compositions* und legt dort die neuen Kompositionen an. Warten Sie ab, bis Sie am Symbol ganz links erkennen, dass die Generierung abgeschlossen ist. Dann können Sie zum ersten Mal probehören.

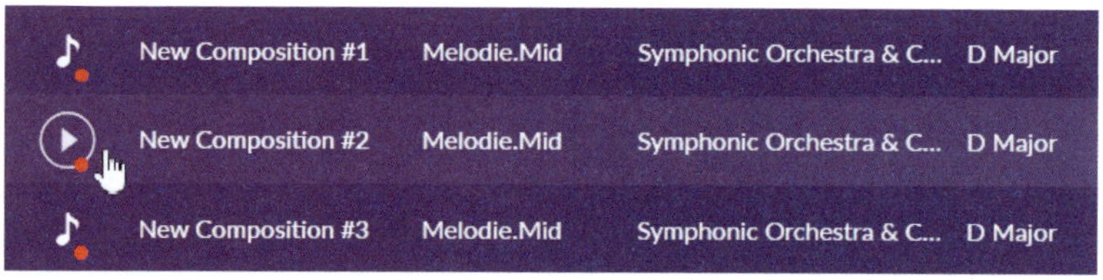

Stücke um weitere Instrumente ergänzen

Sie können AIVA auch nutzen, um vorhandene Stücke sinnvoll zu ergänzen. Vielleicht haben Sie am Keyboard eine schöne Melodie eingespielt und möchten nun mit wenig Aufwand weitere Instrumente und ein Schlagzeug passend dazu arrangieren lassen. Mit AIVA können Sie zu einer vorhandenen MIDI-Datei weitere Spuren hinzufügen und deren Inhalt per KI generieren.

1. Öffnen Sie hierzu die Datei im Editor von AIVA. Wenn eine Datei zur Wiedergabe ausgewählt ist, können Sie dazu im Hauptmenü auf *Editor* klicken. Alternativ finden Sie bei allen Dateien jederzeit im ▪▪▪-Menü den Eintrag *Open in Editor*.

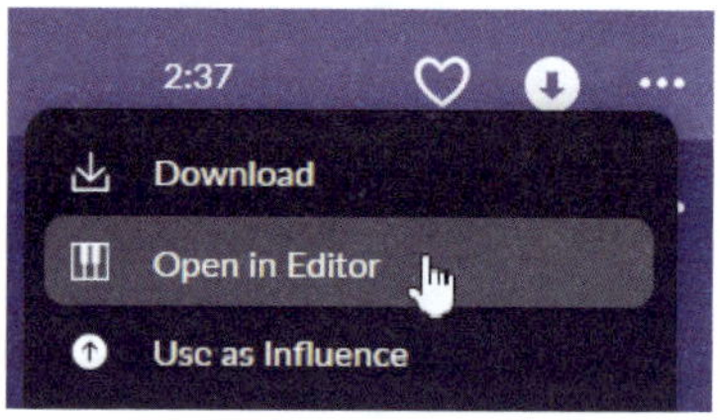

2. Im Editor sehen Sie die verschiedenen MIDI-Spuren eines Stücks und können sie auch bearbeiten. Um eine weitere Spur hinzuzufügen, klicken Sie ganz oben in der angezeigten Symbolleiste auf die +-Schaltfläche.

3. Dadurch zeigen Sie ein Menü an, in dem Sie die Art der einzufügenden Spur wählen:
   - *Pitched layer*
     Für weitere Instrumente mit Melodie oder Harmonien wählen Sie die obere Schaltfläche.
   - *Percussion layer*
     Wollen Sie eine Spur für Schlagzeug oder eine andere Art von Rhythmusinstrument einfügen, wählen Sie diese Variante.

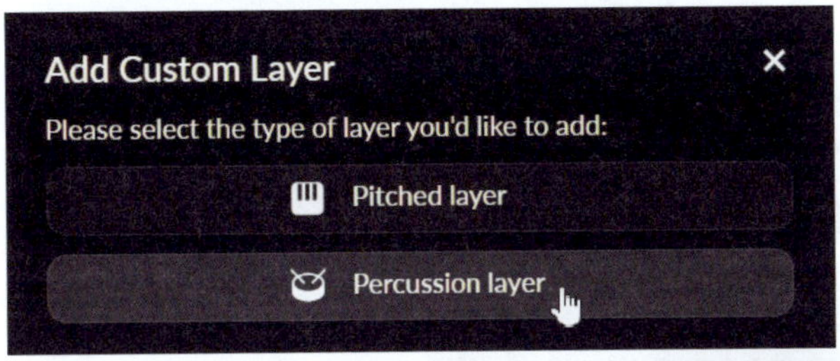

4. Sie finden im Editor dann eine weitere Ebene vor, die standardmäßig mit einem generischen Namen und einer zufälligen Farbe versehen wird. Beides können Sie mit dem kleinen Zahnrad-Symbol rechts neben dem Namen anpassen.

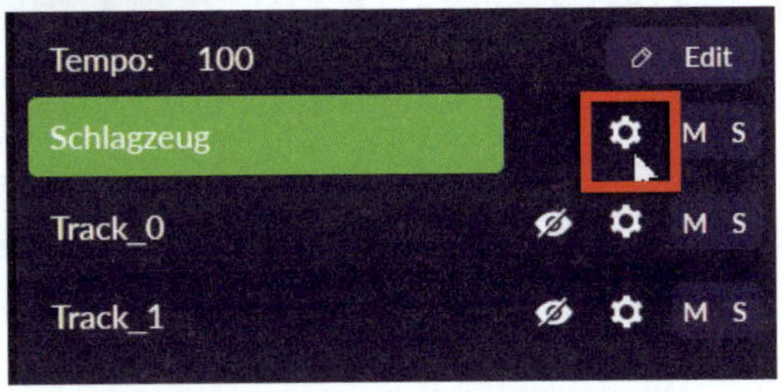

5. Wenn Sie diese Spur auswählen, sehen Sie darunter das Instrument, das dieser zugewiesen ist. Bei Melodiespuren ist dies standardmäßig ein Piano, bei Percussion-Spuren ein einfaches Rock-Schlagzeug. Sie können mit dem Auswahlfeld aber ein beliebiges anderes Instrument wählen. Für Rhythmusspuren steht eine große Auswahl an Schlagzeugen und vielfältigen anderen Schlaginstrumenten zur Verfügung. Noch größer ist die Vielfalt bei Instrumenten bis hin zu Solo- und Chorgesang.

6. Ganz unten sehen Sie die Kanäle der Instrumente. Bei einem Schlagzeug werden hier beispielsweise automatisch mehrere Kanäle für die verschiedenen Instrumente wie *Kick*, *Snare*, *Hi-Hat* usw. angelegt. Bei anderen Instrumenten hingegen wird immer erst mal nur eine Spur angelegt. Sie können aber mit *Add instrument* jederzeit wei-

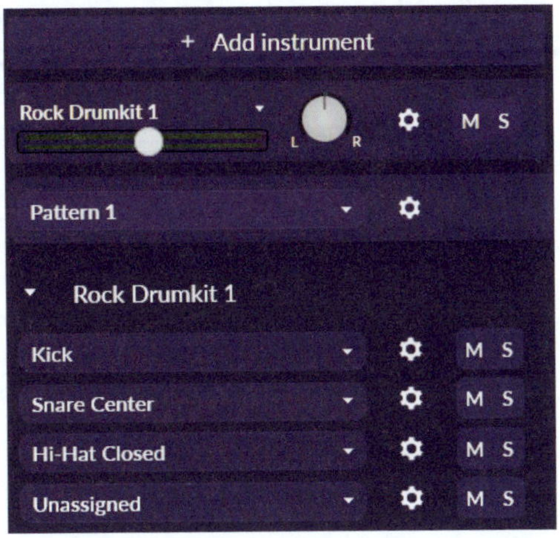

tere Spuren hinzufügen und diese auch mit anderen Instrumenten belegen, wenn Sie sich etwa eine kleine Bläsersektion oder ein paar Streicher gönnen möchten.

7. Für die angelegten Instrumente werden jeweils eigene Spuren im Editor angezeigt. Hier können Sie im Prinzip jede Note nach Geschmack selbst setzen. Wenn Sie den Mauszeiger darauf bewegen, wird aber in der obersten Spur jeweils ein KI-Symbol eingeblendet. Wenn Sie darauf klicken, generiert AIVA automatisch Noten für diese Sektion. Dabei orientiert es sich sowohl an den gewählten Instrumenten als auch an den bereits vorhandenen Spuren. Es entstehen also idealerweise passende Ergänzungen zu den bereits vorhandenen Klängen.

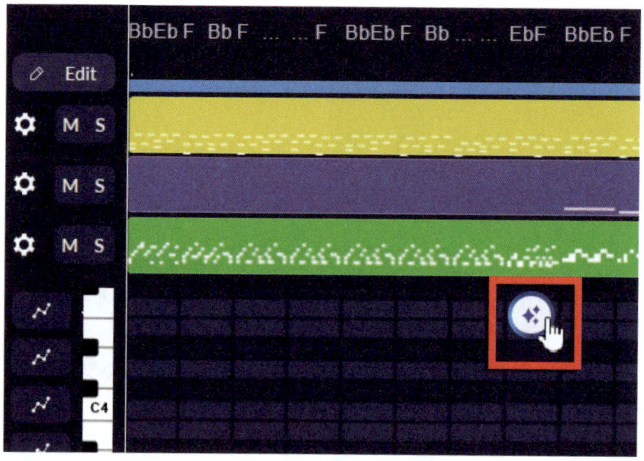

8. Wiederholen Sie diesen Vorgang für alle Abschnitte des Stücks, an denen die Instrumente dieser Spur beteiligt sein sollen.

9. Das Probehören im Webbrowser ist leider etwas umständlich, weil man dazu jeweils die Komposition mit der *Save*-Schaltfläche oben links speichern muss. Erst dann kann man unten in der Wiedergabeleiste die Abspiel-Schaltfläche bedienen. Diese Beschränkung gibt es in den nativen AIVA-Anwendungen für die verschiedenen Betriebssysteme (siehe Seite 297) nicht.

10. Beim Speichern müssen Sie jeweils noch die wichtige Frage beantworten, wie die Spuren zusammengemischt werden sollen:
    - *Mix & Normalise*
      Bei dieser empfohlenen Variante versucht AIVA, die verschiedenen Tonspuren automatisch einander anzupassen. Sie sollten diese Option allerdings nicht wählen, wenn Sie individuelle Vorgaben für die Lautstärke einzelner Instrumente gemacht haben, da diese dann ignoriert würden.

- *Normalise*

  Mit dieser Einstellung bleiben die Lautstärkevorgaben und das Verhältnis der einzelnen Instrumente untereinander unangetastet. Nur insgesamt wird die Lautstärke so angepasst, dass sie dem gängigen Standard entspricht.

- *None*

  Wenn Sie keinerlei Eingriffe bei der Lautstärke wünschen, wählen Sie diese Option. Dann sorgt AIVA lediglich dafür, dass unangenehme Lautstärkespitzen an einzelnen Stellen vermieden werden.

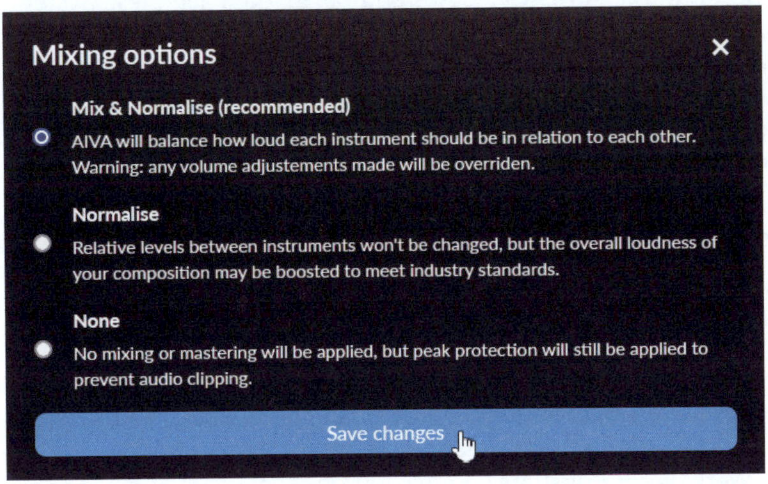

9.5 KI-Musik und Urheberrechte

Auf Seite 16 gehe ich grundsätzlich auf die Frage der Urheberrechte an Inhalten ein, die mithilfe von künstlicher Intelligenz generiert wurden. Ein kurzes Fazit lautet, dass KI-Software kein Urheberrecht beanspruchen kann und die generierten Inhalte deshalb gemeinfrei sind und grundsätzlich uneingeschränkt genutzt werden dürfen. Allerdings können die konkreten Nutzungsbedingungen eines KI-Dienstleisters dem entgegenstehen, was man im Zweifelsfall gegenprüfen sollte.

KI-generierte Musik ist in puncto Urheberrechte allerdings ein Sonderfall, weshalb ich darauf an dieser Stelle noch mal speziell eingehen möchte. Das hat verschiedene Gründe:

- Die meisten nennenswerten Anbieter von KI-Software für Musik räumen das Recht auf kommerzielle Nutzung nur zahlenden Kunden ein. Wenn Sie beispielsweise im Rahmen des kostenlosen Basiskontos Musikstücke kreieren, dürfen Sie diese in der

Regel nur für persönliche Zwecke nutzen. Und selbst bei zahlenden Kunden kann es Einschränkungen geben. Mehr dazu auf Seite 309.

- Urheberrechte und Plagiatsvorwürfe sind im Musikbereich ein Minenfeld. Regelmäßig kommt es zu Prozessen, weil ein Musiker im Hit eines anderen sein eigenes älteres Stück wiedererkannt haben will, und diesem nun geistigen Diebstahl vorwirft. Noten und Harmonien sind bei aller Vielfalt nun mal begrenzt und auch ohne bösen Willen lässt es sich nicht immer vermeiden, dass eine neue Kreation so ähnlich wie etwas bereits Vorhandenes klingt.
- Bei KI-generierter Musik kommt erschwerend hinzu, dass alle diese Systeme mit realer Musik trainiert wurden. Es ist also gar nicht mal so abwegig anzunehmen, dass KI-Software Musikstücke hervorbringen könnte, die sehr nah an einem Original aus der Masse der Trainingsdaten liegen. Der in diesem Kapitel vorgestellte Anbieter Suno etwa unterbindet ausdrücklich, dass man im Prompt für ein neues Musikstück einen konkreten Künstler oder ein bestimmtes bekanntes Lied als Referenz angibt. Denn das wäre ja quasi eine Aufforderung an die KI, ein Plagiat zu erstellen. Solchen Vorwürfen will man deshalb von vornherein entgegenwirken.

Für musikalische Plagiate gelten andere Regeln

Das Problem beim Urheberrecht für Musik ist, dass in der Rechtsprechung dafür etwas andere Regeln gelten. Bei Bildern etwa ist es durchaus zulässig, ein Werk im Stil eines anderen Künstlers zu erstellen, solange man nicht behauptet, dass es sich tatsächlich um ein Werk dieses Künstlers handeln würde (dann wäre es eine Fälschung). Auch wenn Sie ein Buch schreiben, das in Thema, Sprache und Stil dem eines populären zeitgenössischen Autors sehr ähnlich ist, wird der eine oder andere Kritiker vielleicht die Nase rümpfen. Aber eine Urheberrechtsverletzung wird Ihnen deswegen niemand vorwerfen.

Bei Musik aber hat sich in der Rechtsprechung etabliert, dass ein Titel einem anderen, älteren nicht zu ähnlich klingen darf. Und was »zu ähnlich« ist, dafür gibt es leider keine verbindliche Definition, sondern dies muss jeweils im Einzelfall entschieden werden. Was im schlimmsten Fall Gerichte und Gutachter längere Zeit beschäftigt. Und wichtig dabei zu wissen ist auch: Für einen Verstoß gegen das Urheberrecht bedarf es keines Vorsatzes. Selbst wenn man nachweisen könnte, dass man ein bestimmtes Musikstück gar nicht gekannt haben kann, wäre es trotzdem ein Plagiat.

Nun könnte einen das alles von KI-generierter Musik abschrecken. Allerdings beschränkt sich diese Problematik nicht auf KI-Musik, sondern gilt für jeden menschlichen Urheber und Musiker ganz genauso. KI-Systeme sind nur insofern etwas problematischer, als sie durch ihr Training mit vorhandener Musik unter einer Art Generalverdacht stehen, Plagiate zu erzeugen. Im Streitfall gelten für die von Ihnen generierten Titel aber die gleichen Regeln wie bei Kompositionen von Menschen.

Nutzungsrechte beachten

Bei der Verwendung von Musik, die mithilfe von KI-Software entstanden ist, sollten Sie unbedingt die Nutzungsbedingungen beachten. Prinzipiell können KI-Programme zwar auch an musikalischen Schöpfungen kein Urheberrecht erwerben. Aber die Anbieter solcher Anwendungen und Dienste haben in ihren Geschäftsbedingungen meist strenge Regeln bzgl. der Verwendung von Musik, die mit ihren Algorithmen erzeugt wurde. Zum Anlegen auch eines kostenlosen Basiskontos gehört das Akzeptieren dieser Geschäftsbedingungen. Bei den in diesem Kapitel vorgestellten Diensten Suno und AIVA gelten beispielsweise folgende Regeln (zum Zeitpunkt der Drucklegung, informieren Sie sich sicherheitshalber über den aktuellen Stand, bevor Sie generierte Musikstücke veröffentlichen oder anderweitig kommerziell nutzen):

- Suno gestattet Nutzern mit kostenlosem Basistarif grundsätzlich nur die Verwendung der Musik für persönliche Zwecke. Die Stücke dürfen keinesfalls kommerziell genutzt werden. Eine Veröffentlichung ohne Gewinnerzielungsabsicht beispielsweise in sozialen Medien ist erlaubt, allerdings müssen nicht zahlende Nutzer Suno als Quelle angeben. Nur Abonnenten im Pro- oder Premier-Plan dürfen ihre generierten Musikstücke auch für kommerzielle Zwecke verwenden. Bei der Veröffentlichung ist ein Hinweis auf Suno als Quelle erwünscht, aber nicht unbedingt erforderlich.
- Bei AIVA sind die Nutzungsrechte noch etwas stärker gestaffelt. Benutzer im kostenlosen Basistarif dürfen auch hier die erzeugten Stücke nicht für kommerzielle Zwecke verwenden. Veröffentlichungen ohne Gewinnerzielungsabsicht sind erlaubt, aber nur, wenn AIVA als Quelle angegeben wird. Kunden mit Standard-Abonnement dürfen die Musik für Veröffentlichungen nur bei YouTube, TikTok, Instagram und Twitch verwenden, selbst wenn sie ihre Inhalte dort monetarisieren. Quellenangaben sind nicht unbedingt erforderlich. Nur Kunden mit Pro-Abonnement erwerben uneingeschränkte Nutzungsrechte. Wobei diese Variante nur Einzelpersonen und Kleinunternehmen mit bis zu drei Angestellten und höchstens $300.000 Jahresgewinn offensteht. Größere Unternehmen müssen mit AIVA individuelle Vereinbarungen treffen.

Begriffe wie kommerzielle Nutzung und Gewinnerzielungsabsicht führen oft zu Missverständnissen. Intuitiv könnte man sie so interpretieren, dass man etwas gegen Geld verkaufen und dabei einen Gewinn machen muss. Eine kommerzielle Nutzung liegt aber bereits vor, wenn Sie etwas verwenden, um damit Werbung für ein Produkt oder eine Dienstleistung zu machen, mit denen Sie dann Gewinn erzielen. Auch wenn Sie ein Musikstück im Hintergrund eines Videos einsetzen, das Sie beispielsweise bei YouTube oder TikTok veröffentlichen, kann das kommerzielle Nutzung sein. Die liegt in jedem Fall vor, wenn Sie Ihren Kanal monetarisieren, also mit den Abrufen Geld verdienen. Aber auch, wenn Sie mit einem nicht monetarisierten Kanal Werbung für Ihr Geschäft machen, wäre das kommerzielle Nutzung.

10. Videoclips per KI generieren

Bei Texten, Bildern und Musik ist noch nicht Schluss. Aktuelle KI-Systeme können tatsächlich auch ganze Videosequenzen generieren. Und damit sind nicht Trickfilme im Comic-Stil gemeint (obwohl auch das machbar ist), sondern realistisch wirkende Filmclips.

Dabei sind bewegte Bilder aus dem Computer an sich keine Neuheit. Studios wie Disney oder Pixar erstellen schon seit vielen Jahren kinoreife Filme. Und auch beim klassischen Hollywood-Kino sehen Sie heute kaum noch Szenen, die nicht zumindest in der Nachproduktion durch einen Computer gejagt und optimiert wurden. Neu ist, dass dank generativer KI solche Technologie heute viel leichter zugänglich ist. Mit einfachen Text-Prompts kann man zwar noch keinen kompletten Blockbuster generieren, aber zumindest beeindruckende Sequenzen, die den eigenen Videos den nötigen Pep verleihen.

10.1 Videoaufnahmen mit KI optimieren

Es gibt viele Gründe, warum ein aufgenommenes Video sich später als nicht ganz gelungen herausstellt. Manchmal arbeitet der Autofokus der Kamera nicht ganz so wie gewünscht, vielleicht waren die Lichtverhältnisse schwierig oder es war schon zu dunkel oder man hat Kamera bzw. Smartphone beim Filmen aus der Hand nicht ruhig genug gehalten. Solche Probleme sind nicht neu und man konnte sie auch früher schon zumindest in gewissen Grenzen beheben. Allerdings erfordert dies geeignete Software, das nötige Wissen und etwas Zeit.

KI erfindet das Rad hierbei auch nicht neu und vor allem kann auch sie die Grenzen des technisch machbaren nicht nennenswert verschieben. Aber sie kann die benötigte Technologie wesentlich einfacher zugänglich machen. Vidnoz etwa bietet mit dem *AI Video Enhancer* eine buchstäbliche 1-Klick-Lösung an. Man lädt das Video hoch und startet den Vorgang. Daraufhin analysiert die KI den Film, stellt fest, welche Optimierung überhaupt erforderlich ist und in welchem Umfang, und führt diese dann aus.

Konkret kann der Assistent

- bei niedriger aufgelöstem Material die Auflösung erhöhen,
- zu dunkle Aufnahmen aufhellen,
- Unschärfe durch Nachschärfen von Kanten ausgleichen, ohne dass durch Überschärfen ein unnatürliches Rauschen entsteht,

- Kontrast und Farbsättigung anpassen, um eine lebendige Farbwiedergabe zu gewährleisten,
- Gesichter in Videos erkennen und deren Details und Konturen bei Bedarf betonen sowie
- unruhige Aufnahmen und Kamerawackler mit einem virtuellen Gimbal nachträglich beseitigen.

Vidnoz – die wesentlichen Fakten

Der Anbieter Vidnoz bietet eine bunte Mischung an KI-Funktionen (und solchen ohne KI) rund um die Themen Video, Foto und Sprache. Deshalb taucht er auch in verschiedenen Kapiteln dieses Buches mit Beispielen auf. Es handelt sich meist um Basisfunktionen, von denen man keine überragende Qualität erwarten sollte. Dafür bietet Vidnoz eine gute deutschsprachige Oberfläche, was den Einstieg erleichtert. Außerdem kann man die meisten Funktionen nach einer kostenlosen Anmeldung in begrenztem Umfang nutzen. So dürfen Sie beispielsweise jeden Tag bis zu fünf Videoclips generieren. Wenn Ihnen der Dienst gefällt, stehen verschiedene Preismodelle zur Auswahl, die eine weitergehende Nutzung im gewünschten Umfang ermöglichen.

https://de.vidnoz.com, Webdienst

1. Öffnen Sie https://de.vidnoz.com/videoqualitaet-verbessern-online.html in Ihrem Webbrowser.
2. Klicken Sie auf *Video hochladen*, um zur gewünschten Videodatei zu navigieren. Alternativ können Sie diese auch mit der Maustaste auf den Bereich ziehen und dort loslassen. Die Datei muss im Format MP4, MOV, WEBM oder M4V vorliegen und darf maximal 200 MB umfassen.

3. Wenn die Datei vollständig hochgeladen wurde, können Sie sie mit der Vorschau links noch mal im Ausgangszustand kontrollieren. Klicken Sie dann auf *Video verbessern*, um die KI-Analyse zu starten.

4. Anschließend warten Sie ab und verfolgen den Fortschritt im Vorschaufenster links. Je nach Umfang der Datei kann das Bearbeiten einige Zeit in Anspruch nehmen. Sie können so lange anderes machen und das Browserfenster oder -register in den Hintergrund verbannen. Aber schließen Sie es keinesfalls.
5. Wenn die KI mit dem Video fertig ist, wird es mit einem Wiedergabe-Symbol gekennzeichnet. Damit können Sie sich vom Ergebnis überzeugen.
6. Mit der *Herunterladen*-Schaltfläche rechts darunter wechseln Sie zunächst in die *Meine Dateien*-Rubrik von Vidnoz. Von dort können Sie die Datei mit dem Download-Symbol rechts unterhalb des Eintrags herunterladen.

Alte Fotos zum Leben erwecken

Von früheren Generationen haben wir heute oft nur alte schwarz-weiße Fotoaufnahmen. Mit KI-Hilfe lassen diese sich – in Grenzen – zum Leben erwecken. Das ist nicht nur ein beeindruckender Trick, sondern kann auch beispielsweise Familienvideos mehr Leben einhauchen.

Der Webdienst **HitPaw** bietet eine solche Funktion an. Einschränkungen sind, dass die Bilder nicht größer als 2 MB sein dürfen (also zuvor ggf. in der Auflösung reduziert werden müssen). Außerdem wird die generierte Animation mit einem Wasserzeichen versehen, das nur zahlende Kunden entfernen können.

1. Öffnen Sie https://online.hitpaw.de/animate-old-photos-online.html in Ihrem Webbrowser.
2. Klicken Sie hier auf die Schaltfläche *Ein Foto hochladen*. Alternativ können Sie eine Bilddatei in einem gängigen Format (beispielsweise JPEG, PNG, GIF, BMP oder TIF) auf das Rechteck mit dieser Schaltfläche ziehen und dort loslassen.
3. Das Bild wird dann zum Server hochgeladen und in einer Vorschau angezeigt.
4. In die Vorschau ist ein Quadrat eingeblendet, das Sie mit der Maus verschieben sowie an den Ecken vergrößern und verkleinern können. Platzieren Sie dieses Quadrat so, dass es das zu animierende Gesicht großzügig umschließt. In jedem Fall sollte innerhalb der Umrahmung nur eine Person sichtbar sein, um der Gesichtserkennung die Arbeit zu erleichtern.

5. Ist die Markierung richtig platziert, klicken Sie unterhalb davon auf *Bestätigen*. Warten Sie dann, bis die Bearbeitung abgeschlossen ist und das Ergebnis angezeigt wird. Hat alles geklappt, erhalten Sie einen kurzen Clip, in dem die Person blinzelt, lächelt und den Kopf leicht hin und her bewegt.

6. Als zahlender Kunde können Sie die generierte Animation als MP4-Video oder als animiertes GIF herunterladen. In der kostenlosen Variante bleibt nur der MP4-Download, wobei das Video mit einem Wasserzeichen des Anbieters versehen ist.

10.2 Objekte in Videosequenzen entfernen

Manchmal hat man ein tolles Video aufgenommen und bemerkt erst später, dass jemand im entscheidenden Moment ins Bild gelaufen ist oder ein anderes Objekt den perfekten Eindruck stört. Mit etwas Glück kann man solche Störungen aber nachträglich entfernen.

Bei Fotos könnte man mit einem geeigneten Bearbeitungsprogramm notfalls selbst sein Glück versuchen. Bei Videos aber ist das angesichts der Vielzahl von Einzelbildern kaum möglich.

Hier kommt die künstliche Intelligenz ins Spiel. Diese kann dank Mustererkennung ein einmal identifiziertes Objekt im Bild lokalisieren, selbst wenn es durch Bewegung oder Kameraschwenk seine Position verändert. Dieser Bereich wird in jedem Einzelbild entfernt und an dessen Stelle werden Bildpunkte aus benachbarten Bereichen oder von früheren oder späteren Bildern dieser Stelle ersetzt. Ein Anbieter, bei dem Sie dies kostenlos ausprobieren können, ist Fotor.

1. Öffnen Sie im Webbrowser die Webseite https://www.fotor.com/remove-object-from-video. Alternativ suchen Sie auf der Startseite von fotor.com in der Rubrik *Video* den Eintrag *Video-Objekt-Entferner*.

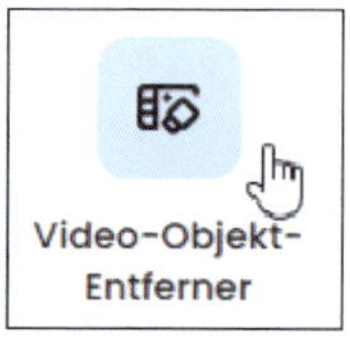

2. Klicken Sie auf die Schaltfläche *Video hochladen* und navigieren Sie dann mit dem Dateiauswahldialog zur gewünschten Bilddatei auf Ihrem PC. Alternativ können Sie die Datei auch mit der Maus auf das Rechteck ziehen und dort fallen lassen.
3. Warten Sie, bis das Video hochgeladen wurde und links eine Vorschau angezeigt wird.
4. Benutzen Sie nun die Vorschau und/oder die Bildlaufleiste darunter, um die Stelle im Video zu finden, wo das störende Objekt zu sehen ist.
5. Klicken Sie dann in dem Werkzeugkasten oben rechts auf das Pinselsymbol mit dem +-Zeichen. Wenn Sie den Mauszeiger auf die Vorschau links bewegen, sehen Sie nun einen Kreis. Mit dem Schieber unterhalb der Pinselsymbole können Sie die Größe des Kreises anpassen.

6. Verwenden Sie nun den Kreis auf dem Vorschaubild, um mit gedrückter linker Maustaste die zu entfernende Störung im Bild zu markieren.

7. Für optimale Ergebnisse sollten Sie nach dem Motto »so viel wie nötig, so wenig wie möglich« vorgehen. Passen Sie die Pinselgröße ggf. zwischendurch mehrfach an. Sollten Sie versehentlich zu viel markiert haben, können Sie im Werkzeugbereich den Pinsel mit dem Minussymbol wählen. Er trägt auf die gleiche Weise Teile der vorhandenen Auswahl ab.
8. Sind Sie mit der Auswahl zufrieden, klicken Sie zunächst rechts auf die Schaltfläche *Vorschau generieren*, um die KI-Berechnungen probeweise für einige Sekunden der Aufnahme auszuführen.
9. Warten Sie kurz, bis die Bearbeitung abgeschlossen ist. Dann sehen Sie auf der Webseite links das Original und rechts die überarbeitete Version ohne die entfernten Objekte. Wenn Sie die Wiedergabe starten, werden beide Fassungen gleichzeitig synchron abgespielt, sodass Sie einen perfekten Vorher-Nachher-Vergleich haben.
10. Sind Sie mit dem Ergebnis zufrieden, können Sie Ihr Video in voller Länge bearbeiten lassen. Je nach Umfang sind dafür aber Credits erforderlich, die man ggf. erwerben muss.

10.3 Gesichter in Videos austauschen

Zu den am meisten erwähnten KI-Funktionen in Bezug auf Videos gehört das Austauschen von Gesichtern. Dabei nutzt die KI ihre Fähigkeit zur Mustererkennung, um Position und Umfang eines Gesichts auch in bewegten Bildern zuverlässig zu erkennen. An dieser Stelle wird dann ein anderes Gesicht in passender Größe eingefügt, wobei allerdings keine 1:1-Ersetzung stattfindet, sondern die Gesichtszüge des neuen Gesichts werden in das vorhandene eingebettet, sodass Bewegungen im Gesicht durch Sprechen und Mimik erhalten bleiben. Gleichzeitig wird das neue Gesicht dadurch so in das Video eingeblendet, dass harte Linien, sichtbare Farbunterschiede und ähnlich verräterische Artefakte vermieden werden.

Nun stellt sich bei aller Begeisterung für die eindrucksvolle Technik die Frage, wozu man dies machen sollte. Es dürfte nur selten »gute« Gründe geben, warum man das Gesicht einer Person in einem Video austauschen möchte. Eher geht es dabei um Scherze oder Streiche. Oder aber es geht um willentliche »Deep Fakes«, wenn beispielsweise Gesichter von Politikern oder Prominenten in Videos montiert werden, um sie zu diffamieren. Noch schlimmer ist es, wenn beispielsweise Gesichter von Ex-Partnerinnen in pornografische Videos eingefügt werden. Ich erwähne das hier nur, um zu verdeutlichen, wofür man diese Technik nicht einsetzen sollte – mit großer Macht geht große Verantwortung einher.

Der Webdienst **MioCreate** bietet unter anderem das Austauschen von Gesichtern in Fotos und Videos an. Auch ohne Anmeldung und kostenpflichtiges Abonnement können Sie pro Tag immerhin zwei Videos bearbeiten:

1. Öffnen Sie die Seite https://de.miocreate.com/face-swap.html und wechseln Sie mit der Rubrik-Leiste zu *Video Face Swap*.

2. Laden Sie dann zunächst das Video hoch, in dem das Gesicht ersetzt werden soll. Dieses kann im Format MP4, MOV, WEBM oder M4V vorliegen. Ziehen Sie die Datei mit der Maus auf den Bereich und lassen Sie sie dort los. Alternativ klicken Sie auf die *Video hochladen*-Schaltfläche, um einen Dateiauswahldialog zu öffnen.

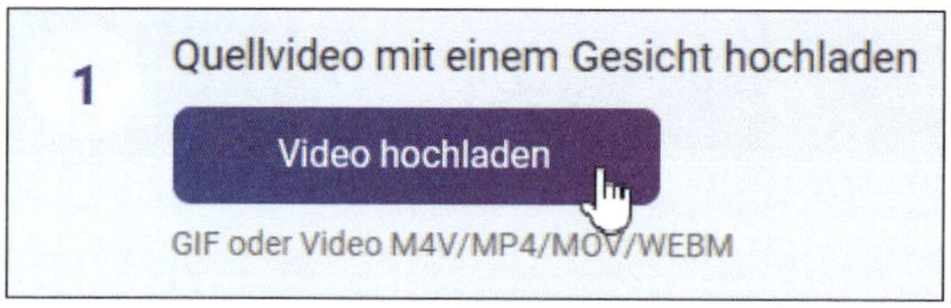

3. Anschließend wiederholen Sie den Vorgang im Bereich darunter mit einem Foto der Person, die Sie ins Video hineinmontieren möchten. Dabei sollte es sich um ein möglichst gutes Porträtbild im Format JPEG, PNG oder WEBP handeln. Falls Sie die Funktion einfach nur ausprobieren möchten und kein passendes eigenes Bildmaterial zur Hand haben, können Sie auch eines der Beispielbilder des Anbieters ganz unten anklicken.
4. Klicken Sie dann auf *Jetzt Gesicht tauschen*.
5. Nun heißt es abwarten, während das Video und Foto im Hintergrund analysiert und verarbeitet werden. Anschließend können Sie das Ergebnis betrachten und herunterladen.

10.4 Filmsequenzen mit KI-Werkzeugen generieren

Bislang ging es in diesem Kapitel eher um Filter und Effekte, die sich mit KI-Hilfe schnell und effektiv auf vorhandenes Filmmaterial anwenden lassen. Aber generative KI kann eben noch viel mehr. Sie kann ganze Videos auf Zuruf erschaffen.

Genau wie bei Texten, Bildern oder Musik beschreiben Sie dazu in einem Text-Prompt, was für eine Art von Video Sie sehen möchten, also welchen Inhalt es haben, wie es gestaltet sein oder welche Emotion es vermitteln soll. Die KI analysiert Ihre Vorgaben, beschafft aus ihrer riesigen Wissensdatenbank die benötigten Informationen und ist dann in der Lage, daraus Bild für Bild einen Film zu generieren.

Informative Videoclips mit Vidnoz

Ein guter Einstieg in KI-erstellte Videos ist der Text-zu-Video-Generator von Vidnoz (siehe Seite 311). Er erstellt zu einem Stichwort oder einer kurzen Beschreibung einfache animierte Videoclips, die auf KI-generierten Bildern basieren. Je nach Wunsch können sie mit Hintergrundmusik und/oder einer Erzählstimme versehen werden.

Es sind keine filmischen Meisterwerke, aber Vidnoz bietet eine deutschsprachige Oberfläche und erlaubt nach kostenloser Anmeldung bis zu fünf Videos pro Tag.

1. Öffnen Sie im Webbrowser https://de.vidnoz.com/text-zu-video-ki.html und wechseln Sie ggf. oben in die Rubrik *Text zu Langvideo*, um alle Optionen zur Auswahl zu haben.

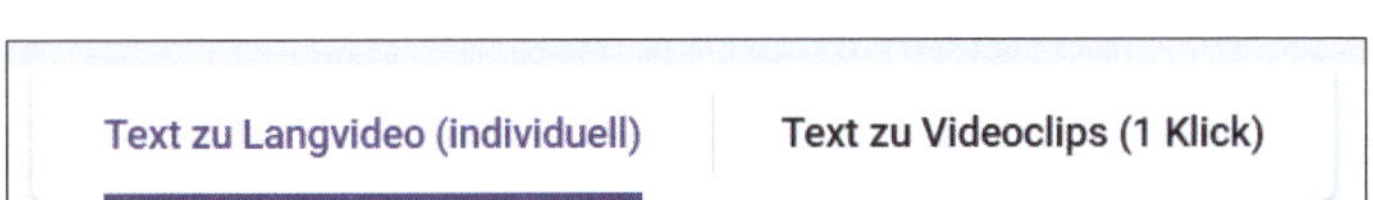

2. Geben Sie dann einen Text ein, der das Video beschreibt. Das kann ein Stichwort sein, wenn der Assistent Ihnen ein kurzes Video beispielsweise zu einer Person, einem Ort oder einem Ereignis erstellen soll. Sie können auch ausführlicher beschreiben, was Sie sich vorstellen. Es sind maximal 2.000 Zeichen möglich.
3. Die Schaltflächen unterhalb des Textfeldes sind eine gute Hilfe für den schnellen Einstieg. Wenn eine davon ungefähr zu Ihrer Idee passt, können Sie damit per Mausklick eine entsprechende Beschreibung in das Textfeld einfügen. Diese enthält Leerstellen und Auswahlfelder, mit denen Sie die Beschreibung individualisieren können.

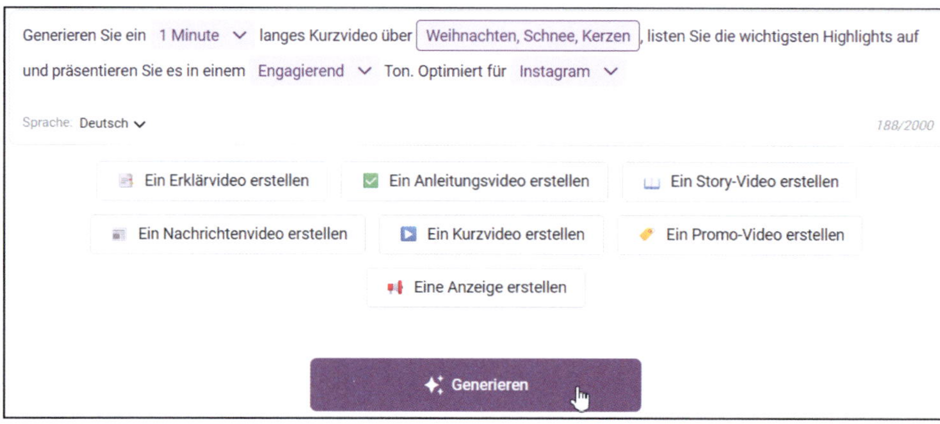

4. Haben Sie Ihre Vorstellungen frei oder mit Unterstützung formuliert, klicken Sie unten auf *Generieren*.
5. Der Generator erstellt nun zunächst ein Skript, das die Elemente oder Szenen des Videos beschreibt. Hier können Sie die Reihenfolge der Szenen anpassen, den Inhalt einzelner Szenen umformulieren oder auch ungewollte Elemente löschen. Klicken Sie dann unten auf *Weiter*.

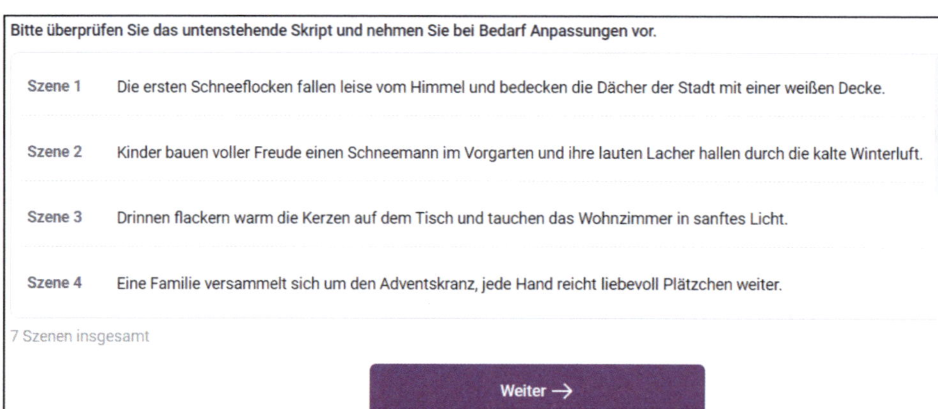

6. Schließlich können Sie verschiedene Voreinstellungen für das fertige Video festlegen:
   - *Medienquelle*
     Der Generator kann KI-Bilder verwenden oder auf vorgefertigte Stock-Medien zurückgreifen. Sie können mit *Meine Medien* aber auch eigene Bilder und Videos hochladen, die dann in den Clip integriert werden.
   - *Bildstil*
     Wenn Sie KI als Medienquelle nutzen, können Sie hier den Stil der generierten Bilder vorgeben.
   - *Seitenverhältnis*
     Wählen Sie passend zum geplanten Verwendungszweck das richtige Format für das fertige Video.
   - *Voiceover*
     Wenn Sie einen gesprochenen Kommentar wünschen, können Sie den hier aktivieren. Es stehen verschiedene Stimmen zur Auswahl, die Sie mithilfe der Optionen noch anpassen können.
   - *Untertitel*
     Soll das Video Untertitel enthalten, aktivieren Sie diese Option und wählen ein Design aus.

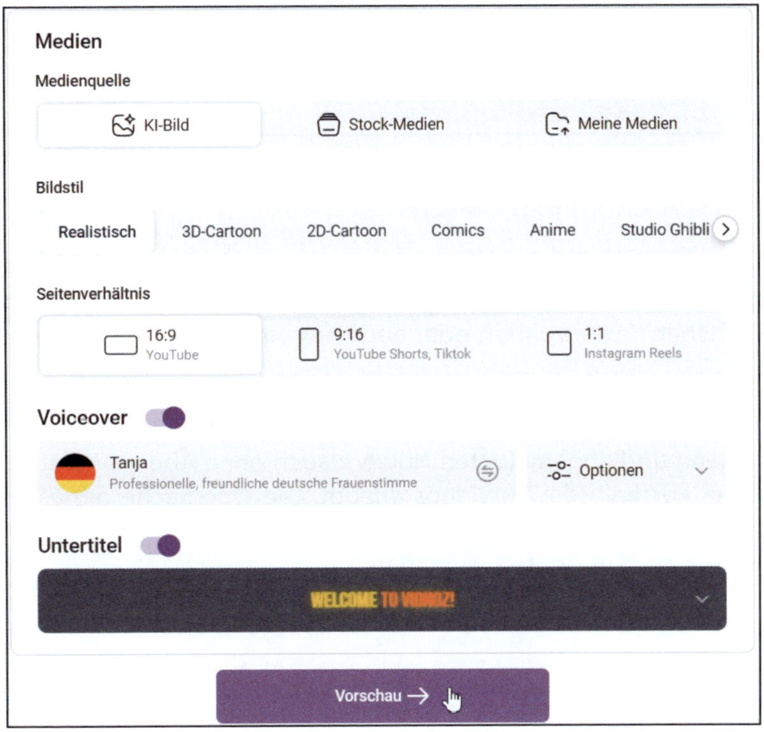

7. Lassen Sie sich dann eine *Vorschau* des Videos erstellen.
8. Wenn die KI die Vorschau berechnet hat, sehen Sie diese links. Mit dem Wiedergabe-Symbol unten links können Sie das Ergebnis betrachten. Sind Sie zufrieden, erstellen Sie mit *Video generieren* das eigentliche Video, das Sie dann auch herunterladen können. Möchten Sie zuvor Änderungen vornehmen, geht es mit dem Pfeilsymbol oben links zurück zu den Einstellungen.

Videosequenzen mit Luma erschaffen

Während der vorangehend vorgestellte Video-Generator von Vidnoz eher einfache Animationen hervorbringt, können leistungsfähige Video-KIs echte bewegte Bildsequenzen aus einfachen Textvorgaben oder auch aus einem bereitgestellten Bild generieren.

Ein gutes Beispiel dafür ist die **Luma Dream Machine**, die sehr hochwertiges Bildmaterial erzeugen kann und angemeldeten Nutzern auch ohne Abonnement einen gewissen Umfang an kostenlosen Testvideos erlaubt. Die Oberfläche dieses Webdienstes gibt es leider nur in englischer Sprache. Die Prompts zur Beschreibung von Videos können Sie aber auch in Deutsch eingeben.

1. Öffnen Sie die Seite https://lumalabs.ai/dream-machine/creations in Ihrem Webbrowser.

2. Sie besteht – zumindest anfangs – vor allem aus einem Eingabefeld, in dem Sie Ihr Wunschvideo spezifizieren können. Oberhalb davon finden Sie auch Vorschläge für Text-Prompts.

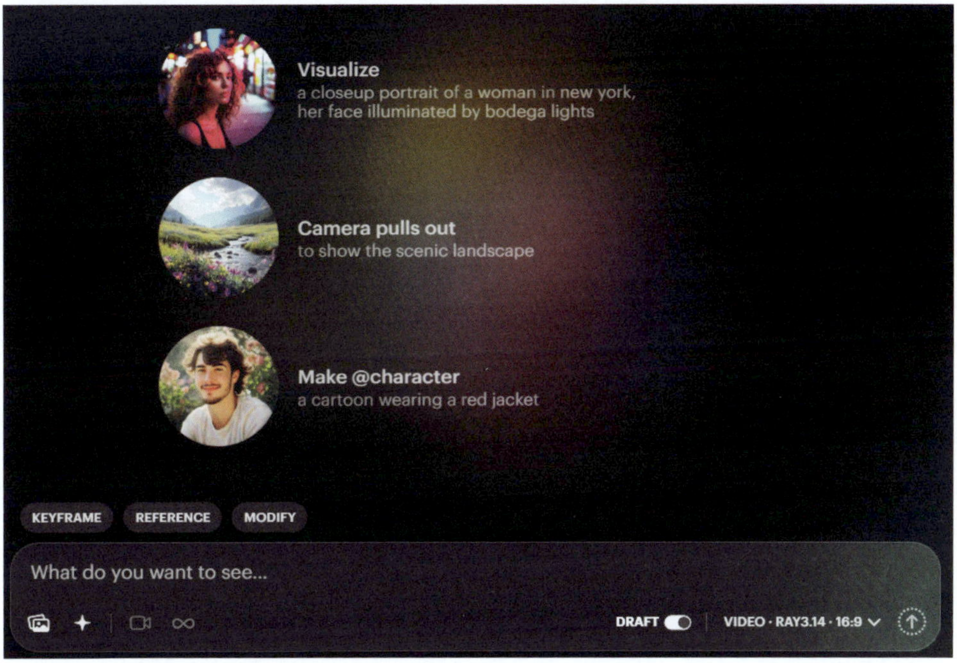

3. Tippen Sie einen Text ein, der Ihre Idee für das Video beschreibt. Trotz der englischsprachigen Oberfläche können Sie Ihren Prompt auch auf Deutsch formulieren. Klicken Sie dann auf das Symbol ganz rechts, um die Generierung zu beauftragen.

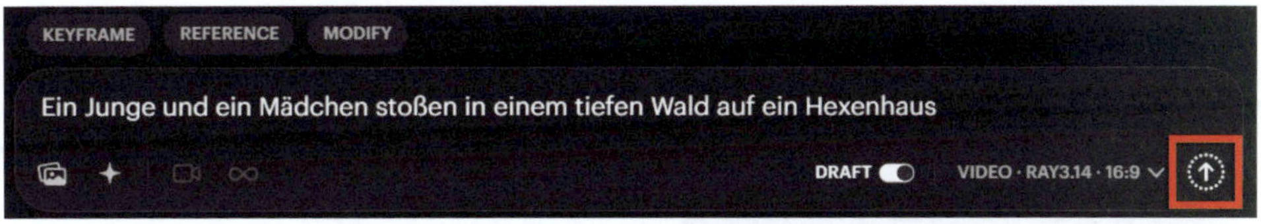

4. Die Dauer des Generierens hängt von der Auslastung der KI ab. Nicht-zahlende Nutzer der kostenlosen Basisversion werden allerdings ganz hinten in der Warteschlange einsortiert und sollten sich auf einige Stunden Bearbeitungszeit einstellen. Kehren Sie so lange immer mal wieder zur Luma-Webseite zurück, um nachzusehen.
5. Wenn Ihr Video generiert wurde, sehen Sie es unter *Boards* mit einem Vorschaubild. Wenn Sie den Mauszeiger darauf bewegen, wird das Video automatisch abgespielt. Wenn Sie darauf klicken, sehen Sie eine größere Version des Videos.

6. Mit den Schaltflächen darunter können Sie den Clip herunterladen sowie per Daumen-hoch- oder Daumen-runter-Symbol bewerten. Dadurch erhält Luma Feedback und kann sich weiter verbessern.

Bilder mit Luma beleben

Luma kann nicht nur Text in Videos verwandeln, sondern auch Bilder. Dazu laden Sie beispielsweise ein Foto hoch und teilen per Eingabe-Prompt mit, auf welche Weise dieses Bild animiert werden soll.

1. Klicken Sie im Eingabefeld ganz links auf das Bild-Symbol, um einen Dateiauswahldialog zu öffnen. Alternativ können Sie Bilder auch direkt mit der Maus auf den Eingabebereich ziehen und dort loslassen.

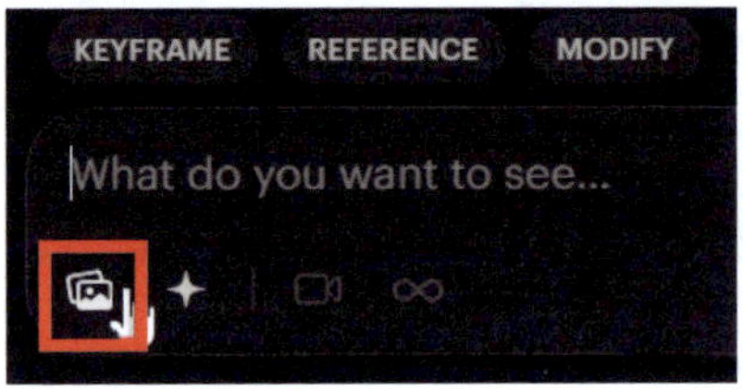

2. Das Bild wird dann hochgeladen und als Minivorschau oben links im Eingabebereich angezeigt.
3. Gleichzeitig wird rechts daneben ein zweites, leeres Bild-Symbol mit der Beschriftung *End Frame* eingeblendet. Damit können Sie ein zweites Bild hochladen. Die KI nimmt dann das erste Bild als Ausgangspunkt und das zweite als Ende und generiert dazwischen eine Videosequenz, die vom ersten zum zweiten Bild führt.

Dies ist aber nur optional und wird nur zu guten Ergebnissen führen, wenn die beiden Bilder einen solchen Übergang innerhalb weniger Sekunden sinnvoll erlauben. Sie können das zweite Bild aber auch ganz ignorieren.

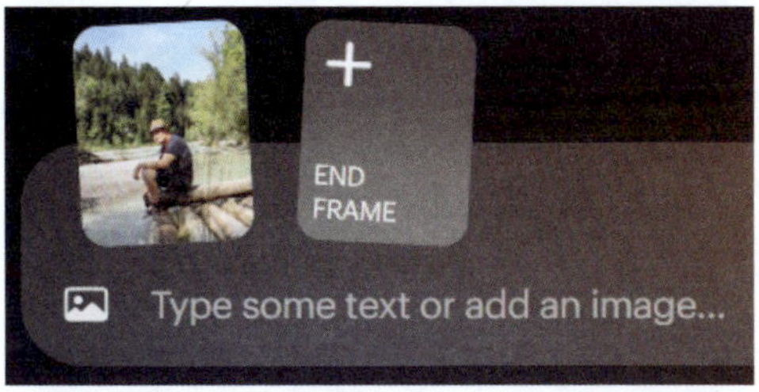

4. Tippen Sie dann im Eingabefeld Ihren Prompt mit der Beschreibung ein, was mit dem Bild geschehen soll, und senden Sie diesen ab, um das Generieren zu starten.

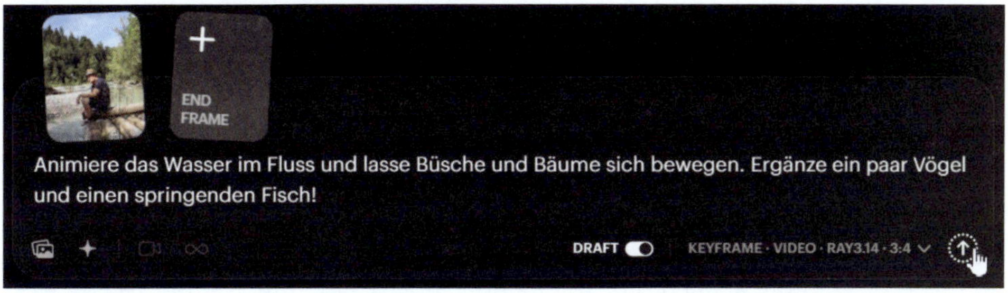

10.5 Untertitel für Videos erzeugen

Untertitel sind eine praktische Hilfe nicht nur für Menschen mit Hörbeeinträchtigungen. Deshalb bieten gängige Videoplattformen wie YouTube Untertitel an, die auf automatischer Spracherkennung basieren. Allerdings werden diese nicht immer für alle Videos bereitgestellt und die Ergebnisse sind auch nicht immer perfekt. Sie haben aber auch die Möglichkeit, zu Ihren Videos eigene Untertitel bereitzustellen, die Betrachter bei Bedarf anzeigen lassen können. So stellen Sie sicher, dass Untertitel für Ihre Videos verfügbar sind, und haben gleichzeitig volle Kontrolle darüber, dass diese auch korrekt und gut lesbar sind. Die Untertitel werden dabei auch nicht direkt in das Video eingebettet, sondern liegen als separate Daten vor, die YouTube bei Bedarf über das Video legt.

Für Internetvideos hat sich für diese Zwecke das VTT-Format etabliert. Dabei handelt es sich um eine Textdatei, die in jedem einfachen Editor erstellt und bearbeitet werden kann. Allerdings muss dabei ein ganz bestimmtes Format beachtet werden:

```
WEBVTT - generated from transcript
1
00:00:00.030 --> 00:00:03.330
Wir haben das Thema generative KI und
 Video jetzt mehrfach angesprochen
2
00:00:03.600 --> 00:00:07.890
 und das ist ein Komplex gewesen,
 wo wir festgestellt haben, wenn man
3
00:00:07.890 --> 00:00:11.010
 mal selber Videos erstellt hat,
 wie wichtig es ist, dass man erst
```

Für jeden Untertitel muss der Zeitraum angegeben werden, in dem er bei der Wiedergabe angezeigt werden soll. Dabei muss man sowohl beachten, wie viel Text in einer Zeile auf den Bildschirm passt, als auch, dass der Umfang des Textes zum verfügbaren Zeitraum passt. Nur dann ist der Text lange genug auf dem Bildschirm, dass der Betrachter beim Lesen mitkommt.

Das schreibe ich aber auch nur, um das grundlegende Prinzip zu erklären. Denn eine gute KI-Lösung sollte es Ihnen abnehmen, sich über solche Feinheiten Gedanken zu machen. Und tatsächlich gibt es Online-Dienste, die Ihnen genau solche VTT-Dateien passend zu Ihren Videos liefern. Einer davon ist GoSpeech, der auf Seite 132 als Transkriptionsdienst für Audio- und Videodateien ausführlicher vorgestellt wird. Wenn Sie eines Ihrer Videos von GoSpeech verschriftlichen lassen, fallen Untertitel quasi als Nebenprodukt an. Denn GoSpeech erfasst präzise, was wann im Video gesagt wird. Auf Wunsch konvertiert es diese Informationen in eine VTT-Datei.

1. Wenn Sie Ihr Video bereits zu GoSpeech hochgeladen und es analysiert und bereit zur Bearbeitung ist, können Sie jederzeit passende Untertitel generieren (andernfalls lesen Sie auf Seite 132, wie Sie dabei vorgehen).
2. Öffnen Sie in der Übersicht *Ihre Aufnahmen* das betreffende Video.
3. Klicken Sie dann ganz oben rechts in der Symbolleiste der Webseite auf das Export-Symbol.

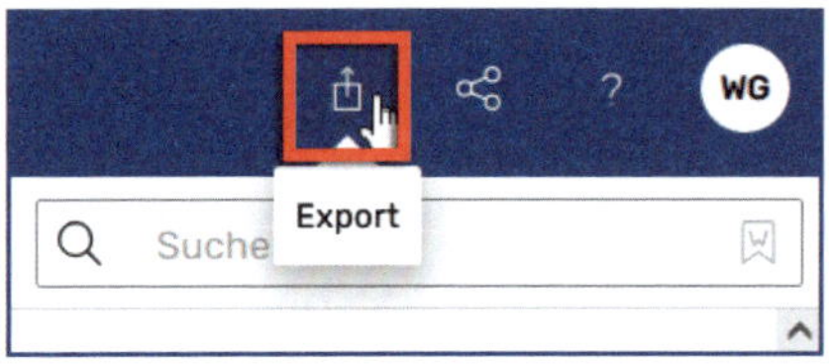

4. Warten Sie, bis der Export-Dialog angezeigt wird. Klicken Sie darin auf *Untertitel*.

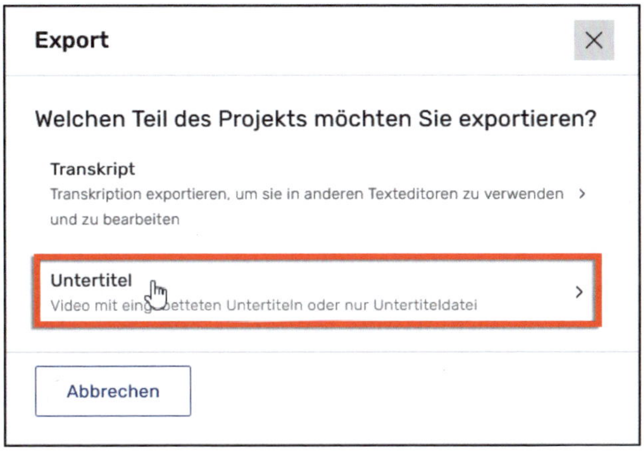

5. Im nächsten Schritt legen Sie zunächst den Namen für die VTT-Datei fest. Dieser sollte möglichst mit dem Namen der Videodatei übereinstimmen, da verschiedene Anbieter und Anwendungen anhand der Dateinamen eine automatische Zuordnung vornehmen.
6. Sollen neben dem eigentlichen Text auch jeweils die Sprecher angegeben werden, setzen Sie ein Häkchen bei *Sprecher einbeziehen*. Bedenken Sie dabei, dass dies die Untertitel ggf. unübersichtlicher machen kann. Außerdem ist es nur sinnvoll, wenn das Transkript bereits passende Sprechernamen enthält.
7. Wählen Sie als Dateiformat dann *.vtt*. Zahlende Kunden von GoSpeech können auch MP4-Videodateien erstellen lassen, in denen die Untertitel schon fest eingebettet sind.
8. Klicken Sie auf die *Export*-Schaltfläche, um das Herunterladen der VTT-Datei über die entsprechende Download-Funktion Ihres Webbrowsers durchzuführen.

Die so erhaltene VTT-Datei können Sie bei Plattformen wie YouTube oder Vimeo direkt beim Hochladen eines Videos mit veröffentlichen. Die Betrachter bekommen dann automatisch signalisiert, dass für dieses Video Untertitel verfügbar sind. Bei Bedarf können sie jederzeit angezeigt werden bzw. abhängig von den Einstellungen der Benutzer werden sie auch von vornherein automatisch eingeblendet.

10.6 Videos in andere Sprachen synchronisieren

Mit dem Webdienst **ElevenLabs** (siehe Seite 157) können Sie sogar noch einen Schritt weiter gehen und ein Video, das Sie vielleicht in Ihrer Muttersprache verfasst haben, vollautomatisch in eine andere Sprache übersetzen. ElevenLabs ist Spezialist für Sprachsynthese, beherrscht aber ebenso die Spracherkennung. Bei der als *Dubbing Studio* bezeichneten Funktion führt die KI gleich mehrere Schritte hintereinander aus:

1. Die in einem Video enthaltenen gesprochenen Passagen werden erkannt und transkribiert. Dabei werden die Sprecher automatisch erkannt und ihre Beiträge passenden Stimmprofilen zugeordnet (Frau weiblichen Stimmen usw.).
2. Die erkannten Texte werden in eine oder mehrere andere Sprachen übersetzt.
3. Die fremdsprachigen Texte werden mit den Stimmprofilen in Sprache umgewandelt.
4. Aus der Originaltonspur werden die Sprechpassagen entfernt, sodass Geräusche, Musik usw. erhalten bleiben.
5. Diese Tonspur wird mit den übersetzten Textpassagen verbunden, sodass diese weitestgehend passend die Originaltexte ersetzen. Diese Tonspur wird wieder mit dem Video selbst verbunden.

Auf diese Weise entsteht ein Video, in dem praktisch alle Sprechteile durch neue KI-Passagen in einer anderen Sprache ersetzt sind. Die Technik eignet sich nicht unbedingt für das vollautomatische Synchronisieren von Spielfilmen. Aber für Dokumentationen, Interviews oder ähnliche Beiträge, in denen eher Informationen als Emotionen transportiert werden sollen, können so brauchbare fremdsprachige Fassungen entstehen.

Sie können diese Funktion von ElevenLabs auch im Rahmen der kostenlosen Basisversion testen. Der Umfang ist dabei allerding auf wenige Minuten beschränkt. Falls Ihr Video zu lang ist, lässt sich der Umfang allerdings schnell anpassen:

1. Sie finden diese Funktion in der Navigationsleiste von ElevenLabs am linken Rand unter *Produkte/Synchronisation*.
2. Legen Sie mit *Dub erstellen* ein neues Projekt an.

3. Die *Ausgangssprache* erkennt die KI mit *Detect* üblicherweise selbst. Falls in einem Video mehrere Sprachen vorkommen, können Sie die zu übersetzende Sprache aber auch manuell festlegen.
4. Rechts daneben können Sie die Zielsprache(n) festlegen. Wie die Mehrzahlform vermuten lässt, lassen sich hier auch mehrere Sprachen anhaken, wenn Sie gleich mehrere Fassungen Ihres Videos erstellen möchten.
5. Bei *Audio- oder Videoquelle* legen Sie das Ausgangsmaterial fest. In der Regel wird man hierzu per Upload ein Video hochladen. Sie können aber ebenso Filme direkt von YouTube, TikTok oder anderen Plattformen hochladen. Wählen Sie dazu die entsprechende Rubrik und fügen Sie dann die Adresse des Films ein.

6. Darunter können Sie bei *Anzahl der Sprecher* die Anzahl der in der Aufnahme zu hörenden Personen vorgeben, wenn Sie diese genau kennen. Die KI kann die Sprecher zwar automatisch erkennen und den Beiträgen zuordnen. Aber wenn die Anzahl von vornherein bekannt ist, macht es diese Erkennung robuster.
7. Insbesondere in der kostenlosen Basisversion kann außerdem die Angabe eines konkreten *Zeitraums zum Synchronisieren* hilfreich sein. Falls Ihr Kontingent nicht für das komplette Video reicht, begrenzen Sie den zu verarbeitenden Bereich auf 30 oder 60 Sekunden. Anschließend sehen Sie jeweils ganz unten, ob das Budget dafür reicht bzw. wie viele Zeichen Sie der gewählte Umfang kosten wird.
8. Beim *Stimmklonen* versucht die KI, die Stimme des Originalsprechers nachzuempfinden, was schön ist, aber zusätzlichen Rechenaufwand bedeutet.
9. Wenn alles passt, klicken Sie unten auf *Synchronisation erstellen*.
10. Die Verarbeitung dauert je nach Umfang des Materials einige Zeit, erfolgt aber im Hintergrund auf dem Server des Betreibers. Bei einem längeren Film können Sie also später wiederkommen und finden das fertig bearbeitete Video dann in der Rubrik *Synchronisation* in Ihrer Liste.

11. Durch Anklicken eines Eintrags können Sie sich eine Vorschau zur Kontrolle ansehen. Hier finden Sie auch alle Informationen zu dieser Synchronisation und können das übersetzte Video auf Ihren PC *Herunterladen*.

10.7 Rechtliche Hürden bei KI-Videos

Für das Veröffentlichen von KI-generierten oder -bearbeiteten Videos gelten zunächst die gleichen Regeln wie für andere KI-Produkte auch. Insbesondere eine auch für KI-Musik beschriebene Einschränkung (siehe Seite 309) sollte dabei beachtet werden: Auch wenn KI-generierte Inhalte prinzipiell urheberrechtsfrei sind, sollten die Geschäftsbedingungen des jeweiligen KI-Dienstes beachtet werden. Insbesondere kostenfrei erstellte Inhalte sind oftmals ausdrücklich nicht für die kommerzielle Nutzung zugelassen. Hier sollten Sie sich also jeweils informieren, was der KI-Betreiber Ihnen als erlaubte Verwendung zugesteht. Ähnlich wie bei Musik lassen sich auch in Videosequenzen robuste digitale Wasserzeichen einbauen, die einen eindeutigen Herkunftsnachweis ermöglichen.

Urheberrechtsbedenken

Grundsätzlich gilt – wie an anderer Stelle bereits ausgeführt – auch für Videos, dass Urheberrecht ein Personenrecht ist, das eine Software nicht erwerben kann. Allerdings kommt zumindest im deutschen Recht ein Schutz für KI-generierte Videos als Laufbilder infrage, wobei erst noch abschließend geklärt werden muss, ob dieser Schutz dem Ersteller der KI-Software oder dem Autor des Text-Prompts beim Generieren des

Videos zusteht. Hier besteht also zumindest eine Rechtsunsicherheit, wenngleich diese in der Praxis absehbar erst mal keine Probleme bereiten sollte. Zumindest sofern das Veröffentlichen und kommerzielle Nutzen von generierten Inhalten vom Betreiber des KI-Dienstes ausdrücklich zugelassen wurde.

Ein anderes Urheberrechtsproblem kann allerdings entstehen, wenn beim Erstellen von Videos Inhalte nicht komplett neu generiert werden, sondern die KI auf vorhandene Inhalte wie Bilder und Videoclips zurückgreift und diese zu einem neuen Video montiert. Wenn solche Bestandteile urheberrechtlich geschützt sind, kann dies zu Problemen führen. Eigentlich sollte es das Problem des KI-Betreibers sein, wenn seine Software sich auf diese Weise widerrechtlich verhält. Im Zweifelsfall wird sich der Rechteinhaber aber zunächst an denjenigen halten, der sein Material veröffentlicht hat.

Einen absoluten Schutz dagegen gibt es nicht. Es verringert aber das Risiko, wenn man die Dienste seriöser, renommierter Anbieter in Anspruch nimmt. Außerdem sollten Sie die generierten Inhalte vor dem Veröffentlichen stets gründlich prüfen. Bei Inhalten, die Sie nur in einem kleinen, nicht öffentlichen Kreis verbreiten möchten, ist weniger Vorsicht erforderlich. Allerdings kann dann der Hinweis an die Empfänger nicht schaden, dass sie ihrerseits das Material nicht anderen zugänglich machen sollten. Sollte sich jemand nicht daran halten, muss das nicht Ihr Problem sein. Ärger bekommt immer der, der problematische Inhalte einer Öffentlichkeit zugänglich macht.

Deep Fakes und Persönlichkeitsrechte

Wenn in Filmen Personen oder Persönlichkeiten erkennbar sind, kann dies eine zusätzliche Quelle rechtlicher Probleme sein, die aber nicht speziell auf KI-generierte Inhalte beschränkt sind:

- Jeder Mensch hat im Rahmen des allgemeinen Persönlichkeitsrechts ein Recht am eigenen Bild. Demzufolge dürfen von keiner Person Bilder ohne deren Zustimmung veröffentlicht werden.
- Ausnahmen sind Personen der Zeitgeschichte, bei denen ein berechtigtes Interesse der Öffentlichkeit besteht, also Politiker, Musiker, Sportler und andere »Prominente«, die ohnehin in der Öffentlichkeit stehen.
- Auch hier sind sogenannte Deep Fakes allerdings nicht zulässig, die beispielsweise das Gesicht oder den Körper einer Person in ein anderes Bild hineinmontieren. Eine solche Montage stellt eine implizite Tatsachenbehauptung über die abgebildete Person auf, nämlich dass sie an einem Ort gewesen sei oder an einem bestimmten Ereignis teilgenommen habe. Solche falschen Tatsachenbehauptungen sind in der Regel unzulässig.

Verwenden Sie Funktionen wie das Austauschen von Gesichtern am besten nur als internen Spaß oder mit ausdrücklicher Einwilligung aller Betroffenen.

11. Wobei KI Ihnen noch helfen kann

In den vorangehenden Kapiteln habe ich Ihnen gezeigt, wie generative KI-Systeme Ihnen bei verschiedenen Aufgaben helfen können. Dabei habe ich eine grobe Unterteilung in Texte, Bilder, Musik und Video vorgenommen. Aber moderne KI-Assistenten können noch vieles mehr bzw. ihre Fähigkeiten lassen sich so kombinieren, dass man sie in vielen Bereichen einsetzen und erstaunliche Ergebnisse erzielen kann.

In diesem letzten Kapitel möchte ich Ihnen nun noch einige Möglichkeiten vorstellen, die in keinen der anderen Themenschwerpunkte passten oder die eben verschiedene Bereiche kombinieren.

11.1 KI als Lernhilfe für Jung und Alt

Künstliche Intelligenz kennt und weiß (fast) alles und kann dieses Wissen auch jederzeit in anschauliche Erklärungen verpacken. Da liegt es nahe, ihre Hilfe gerade auch da in Anspruch zu nehmen, wo es um Wissensvermittlung geht: beim Lernen für Schule, Studium oder auch bei der Weiterbildung im Beruf.

Und nicht nur für die Lernenden selbst kann ein KI-Assistent hilfreich sein. Gerade wenn man als Eltern dem Nachwuchs bei Hausaufgaben oder beim Lernen für einen Test helfen soll oder möchte, steht man schnell vor dem Problem, dass die eigene Schulzeit schon länger her ist und man das Wissen von damals nicht mehr sofort präsent hat. Die KI kann für eine schnelle Auffrischung sorgen.

Nehmen wir als Situation an, dass Sie ein Kind haben, das in der Schule gerade Photosynthese lernt. Sie möchten bei Hausaufgaben oder auch beim Vorbereiten auf eine Klausur helfen. Fragen Sie den Assistenten nicht einfach nach dem Thema, sondern schildern Sie die Situation, damit Sie eine möglichst auf Ihre Situation angepasste Antwort erhalten.

```
Mein Kind lernt in der Schule gerade Photosynthese.
Erzähl mir alles, was ich darüber wissen muss,
um bei den Hausaufgaben helfen zu können!
```

> Photosynthese ist der Prozess, bei dem Pflanzen Lichtenergie in chemische Energie umwandeln, um Nahrung herzustellen. Dieser Vorgang findet in den Chloroplasten der Pflanzenzellen statt und wird durch das grüne Pigment Chlorophyll ermöglicht.
>
> Während der Photosynthese nehmen Pflanzen Kohlendioxid aus der Luft auf und Wasser aus dem Boden. Unter Einwirkung von Sonnenlicht wird diese Energie genutzt, um Kohlenhydrate wie Glukose herzustellen. Dabei wird Sauerstoff als Nebenprodukt freigesetzt, was für uns Menschen lebenswichtig ist.
>
> Die Gleichung für die Photosynthese lautet: 6CO2 + 6H2O + Lichtenergie -> C6H12O6 + 6O2
>
> Es ist wichtig zu verstehen, dass Photosynthese nicht nur für Pflanzen von Bedeutung ist, sondern auch für alle Lebewesen auf der Erde, da sie die Grundlage für die Nahrungskette bildet. Ohne Photosynthese gäbe es kein Leben auf unserem Planeten.
>
> Um Ihrem Kind bei den Hausaufgaben zu helfen, können Sie ihm erklären, wie Photosynthese funktioniert und welche Bedeutung sie für die Natur hat. Sie können auch gemeinsam Experimente durchführen oder Videos anschauen, um das Verständnis zu vertiefen. Es ist wichtig, dass Ihr Kind versteht, wie wichtig und faszinierend dieser Prozess ist.

In diesem Beispiel liefert ChatGPT einen kompakten Überblick über das Thema, der sowohl eine grundlegende Definition bietet als auch komplexere Informationen wie Bezeichnungen der beteiligten Stoffe und Berechnungsformeln. Auch die grundlegende Bedeutung der Photosynthese wird erläutert und es werden Tipps gegeben, wie man das Thema gut vermitteln kann. Die KI kann das vermittelte Wissen flexibel an Ihre Bedürfnisse anpassen. Mit der folgenden Anfrage machen Sie beispielsweise klar, dass es Ihnen nicht um Basis-Schulwissen geht, sondern um fortgeschrittene Informationen auf dem Niveau eines Prüfungsfachs.

```
Mein Sohn hat am Gymnasium Biologie als Prüfungsfach.
Bei der nächsten Klausur geht es um das Thema
Photosynthese. Was muss ich darüber wissen, um ihm
helfen zu können?
```

Wenn Sie diese Anfrage absenden, werden Sie feststellen, dass sich die Antwort von ChatGPT unterscheidet und nun weitergehende Informationen enthält.

> Um Ihrem Sohn bei seinem Biologie-Test über Photosynthese zu helfen, sollten Sie sich zunächst mit den grundlegenden Konzepten vertraut machen. Hier sind einige wichtige Punkte, die Sie wissen sollten:
>
> 1. Photosynthese ist der Prozess, bei dem Pflanzen Lichtenergie in chemische Energie umwandeln, um Nahrung herzustellen. Dies geschieht in den Chloroplasten der Pflanzenzellen.
> 2. Die Hauptreaktion der Photosynthese lautet: $6\ CO_2 + 6\ H_2O$ + Lichtenergie → $C_6H_{12}O_6 + 6\ O_2$. Das bedeutet, dass Kohlendioxid und Wasser unter Verwendung von Lichtenergie in Glukose und Sauerstoff umgewandelt werden.
> 3. Die Fotosynthese besteht aus zwei Hauptphasen: der Lichtreaktion und der Dunkelreaktion (auch als Calvin-Zyklus bezeichnet). In der Lichtreaktion wird Lichtenergie in chemische Energie umgewandelt, während in der Dunkelreaktion Glukose produziert wird.
> 4. Pflanzen benötigen für die Photosynthese neben Licht auch Wasser und Kohlendioxid. Diese werden durch spezielle Strukturen wie die Blätter aufgenommen.
> 5. Faktoren wie Lichtintensität, Temperatur und Wasserverfügbarkeit können die Effizienz der Photosynthese beeinflussen.
>
> Indem Sie sich mit diesen Grundlagen vertraut machen, können Sie Ihrem Sohn helfen, das Thema besser zu verstehen und sich optimal auf seine Klausur vorzubereiten. Viel Erfolg!

So hilft die KI beim Lernen

Wenn beispielsweise eine Klassenarbeit oder Klausur ansteht, geht es dabei in der Regel um ein oder zwei ganz konkrete Themenbereiche, die zuvor im Unterricht behandelt wurden. Beim Vorbereiten kann es dabei hilfreich sein, sich erst mal einen Überblick zu verschaffen, was eigentlich alles zu einem bestimmten Thema gehört. Jüngere Schüler bekommen dazu von den Lehrkräften gern mal einen »Lernzettel«, an dem sie sich orientieren können. Ältere Schüler oder Studenten können das nicht erwarten. Aber hier kann der KI-Assistent einspringen und einen solchen generieren.

```
Ich besuche die 9. Klasse und schreibe morgen eine
Arbeit im Fach Geschichte zum Thema »Französische
Revolution«. Auf welche Themen sollte ich mich
vorbereiten? Erstelle mir einen Lernzettel dafür.
```

So erhalten Sie eine praktische Übersicht über ein Thema mit konkreten Hinweisen, welche Fakten, Namen, Fachbegriffe und Zusammenhänge Sie kennen und erläutern können sollten. Und selbstverständlich können Sie den Assistenten zu jedem dieser Themen näher befragen, um Ihre Wissenslücken ggf. zu schließen.

Hier ist ein Lernzettel für deine Arbeit zur Französischen Revolution:

Themen zur Französischen Revolution:

1. Ursachen:
   - Soziale Ungleichheit
   - Wirtschaftliche Probleme
   - Politische Missstände

1. Verlauf:
   - Sturmung der Bastille
   - Erklärung der Menschen- und Bürgerrechte
   - Hinrichtung von König Ludwig XVI.

1. Persönlichkeiten:
   - Maximilien Robespierre
   - Georges Danton
   - Jean-Paul Marat

1. Auswirkungen:

Auf Prüfungssituationen konkret vorbereiten

Um sich auf eine Klausur oder Prüfung optimal vorzubereiten, müssen Sie sich nicht darauf beschränken, sich mit KI-Hilfe Wissen anzueignen. Sie können mit deren Hilfe auch prüfen, ob Sie auf ein bestimmtes Thema gut vorbereitet sind:

```
Mein Kind lernt in der Schule gerade über die Photosynthese
und schreibt dazu bald eine Klassenarbeit. Was für
Fragen oder Aufgaben könnten in der Arbeit drankommen?
```

So lassen Sie sich vom Assistenten eine Liste von Fragen bzw. Aufgaben generieren und probieren aus, ob und wie sicher Sie diese beantworten könnten.

1. Erkläre den Prozess der Photosynthese und benenne die beteiligten Bestandteile.
2. Welche Rolle spielen Licht, Wasser und Kohlendioxid bei der Photosynthese?
3. Nenne die Produkte der Photosynthese.
4. Warum ist die Photosynthese für das Leben auf der Erde so wichtig?
5. Beschreibe den Unterschied zwischen Licht- und Dunkelreaktionen bei der Photosynthese.
6. Welche Faktoren können die Rate der Photosynthese beeinflussen?
7. Skizziere den Ablauf der Fotosynthese in einer Pflanzenzelle.
8. Erläutere, wie sich die Photosynthese auf den Sauerstoffgehalt in der Atmosphäre auswirkt.
9. Vergleiche die Fotosynthese bei Pflanzen mit der bei Algen oder Bakterien.
10. Diskutiere mögliche Auswirkungen des Klimawandels auf die Photosynthese von Pflanzen.

Wenn Sie feststellen, dass Sie bei einer der Fragen hängen oder unsicher sind, können Sie Ihre Nase noch mal in ein Buch stecken. Oder aber Sie fragen den KI-Assistenten, was die richtige Antwort wäre:

```
Was wäre eine gute Antwort auf Frage Nr. 6?
```

Eine gute Antwort auf Frage Nr. 6 könnte sein:

Die Rate der Photosynthese kann von verschiedenen Faktoren beeinflusst werden, darunter Lichtintensität, Temperatur, Kohlendioxid-Konzentration und Wasserverfügbarkeit. Eine höhere Lichtintensität führt in der Regel zu einer erhöhten Rate der Photosynthese, da mehr Lichtenergie für die Umwandlung von Wasser und Kohlendioxid in Glukose zur Verfügung steht. Jedoch gibt es einen Punkt, an dem die Lichtsättigung erreicht ist und eine weitere Erhöhung der Lichtintensität keine zusätzliche Steigerung der Photosyntheserate bewirkt.

11.2 KI-generierte Präsentationen

Ein schönes Beispiel für das Kombinieren verschiedener KI-Funktionen ist das Generieren von Präsentationen aus Texten. Ein Assistent analysiert dabei ein vorliegendes Dokument und extrahiert daraus die wesentlichen Inhalte. Dann strukturiert er diese Informationen in mehrere Abschnitte, die sich für eine Vorstellung im Rahmen einer Präsentation oder eines Vortrags eignen. Schließlich erstellt er für jeden dieser Abschnitte eine Folie, die man während der Präsentation anzeigen oder auch den Zuhörern als Begleitmaterial zugänglich machen kann.

Einen Anbieter, der das ermöglicht, finden Sie unter https://gamma.app/de. Nach der Anmeldung (beispielsweise auch mit einem bereits vorhandenen Google-Konto) können Sie die Funktionen in einem Umfang nutzen, der für kleinere Präsentationen bereits ausreicht. Wer mehr will, kann ein kostenpflichtiges Abonnement abschließen. **Gamma** benötigt für jede Präsentation Informationen zum Thema, die Sie auf verschiedene Arten bereitstellen können:

- Sie können einen vorhandenen Text über das Thema Ihrer Präsentation verwenden, den Gamma dann auswertet. Den Text können Sie direkt über die Zwischenablage einfügen oder als Datei in Form von PDF, Word-Dokument oder PowerPoint-Präsentation hochladen.
- Sie können einen Onlineartikel zum Thema als Grundlage verwenden. Dann reicht es, Gamma die Webadresse dieses Artikels mitzuteilen. Der Dienst importiert den Artikel dann und analysiert den Inhalt.
- Sie können auch ganz ohne Informationen auskommen und stattdessen einen Text-Prompt formulieren, der den Inhalt der Präsentation beschreibt. Gamma erzeugt die benötigten Informationen über das Thema dann per generativer KI selbst.

Gamma auf Deutsch

Gamma kann seine Weboberfläche in verschiedenen Sprachen anzeigen, darunter auch Deutsch, was aber nicht immer ganz zuverlässig klappt. Sollte Gamma nach der Anmeldung die englischsprachige Oberfläche anzeigen, klicken Sie auf der Startseite oben links auf das Symbol Ihres Nutzerkontos und dann auf *Einstellungen*. Im so geöffneten Menü können Sie im Auswahlfeld *Language* die Sprache auf *Deutsch* wechseln. Unabhängig von der Sprache der Bedienoberfläche orientiert sich Gamma für die Sprache einer Präsentation standardmäßig am Ausgangsmaterial. Wenn Sie aber beispielsweise einen deutschsprachigen Vortrag zu einem englischen Originalartikel generieren möchten, können Sie dies in den Einstellungen für die Präsentation wählen.

Wenn Sie sich bei Gamma angemeldet haben, wird Ihnen unter https://gamma.app jeweils Ihre Startseite angezeigt, auf der Sie Ihre bereits erstellten Präsentationen wiederfinden sowie den Vorgang zum Generieren einer neuen beginnen.

1. Klicken Sie auf der Startseite unter *Gammas* auf die Schaltfläche *Neues erstellen*.

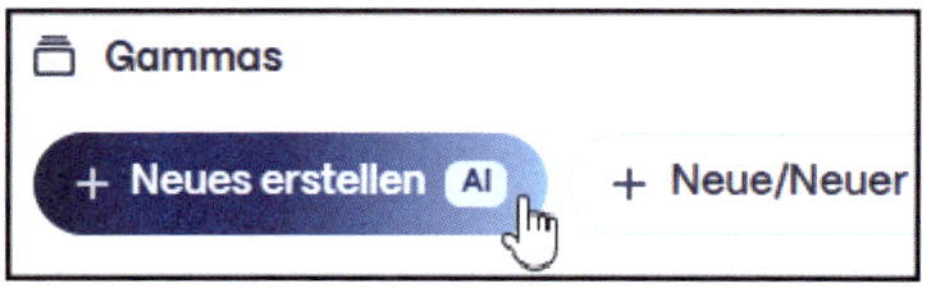

2. Wählen Sie im ersten Schritt, wie Sie der KI die Informationen über das Thema der Präsentation bereitstellen möchten.
   - *Generieren* führt Sie zu einem Text-Prompt, in dem Sie dem KI-Assistenten das Thema beschreiben und die Informationen darüber erzeugen lassen.
   - Mit *Text einfügen* öffnen Sie einen Editor, in den Sie Texte aus der Zwischenablage einfügen oder eben selbst schreiben können.
   - Bei *Aus Vorlage generieren* wählen Sie eine vorgefertigte Grundstruktur aus, die dann mit Ihrem Inhalt gefüllt wird.
   - Liegen die Informationen in einer Datei vor oder können aus dem Web abgerufen werden, wählen Sie *Datei oder URL importieren*.

   Im Folgenden wähle ich die letztere Variante und verweise Gamma auf einen Onlineartikel über das Thema der Präsentation.

3. Beim Importieren der Informationen aus einer externen Quelle wählen Sie im nächsten Schritt direkt wieder eben diese Quelle aus. Sie können eine PowerPoint-, Word- oder PDF-Datei hochladen, Folien oder Dokumente aus Ihrem Google Drive importieren oder eben *Von URL importieren*.
4. Geben Sie dann den genauen Bezugspunkt für die gewählte Quelle an. Bei der URL fügen Sie dazu die Webadresse des Onlineartikels in das Eingabefeld ein. Klicken Sie dann auf *Importieren*.

5. Gamma überprüft nun, ob es auf die angegebene Ressource zugreifen kann. In dem Fall zeigt es Ihnen den Titel des gefundenen Dokuments. Sollte stattdessen eine Fehlermeldung oder weiterhin nur die URL angezeigt werden, überprüfen Sie Ihre Eingabe. Andernfalls kann der Import scheitern und Sie finden am Ende nur ein leeres Dokument vor.
6. Darunter können Sie wählen, ob Sie aus den übermittelten Informationen eine *Präsentation*, eine *Website*, ein *Dokument* oder Material für *Sozial-Media* erstellen möchten. Ich bleibe für das Folgende bei einer Präsentation. Klicken Sie dann unten auf *Fortfahren*.

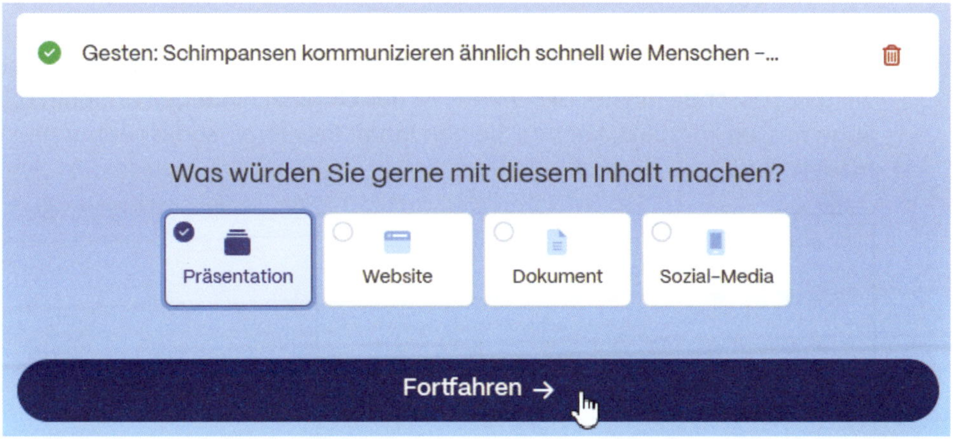

Artikel hinter einer Bezahlschranke

Beachten Sie dabei, dass es Probleme bei Artikeln geben kann, die nur nach einer Anmeldung vollständig lesbar sind. Gamma sieht keine Möglichkeit vor, in solchen Fällen die erforderlichen Anmeldedaten einzugeben. Bei meinen Tests konnte der Dienst auch auf Artikel zugreifen, die sich hinter einer Bezahlschranke befanden. Allerdings muss das nicht bei allen Angeboten klappen. Dann importiert Gamma ggf. nur den öffentlich zugänglichen Inhalt.

7. In diesem Schritt liest Gamma nun den Inhalt der angegebenen Quelle ein und zeigt Ihnen diese in einem Editor-Fenster. Gehen Sie den Inhalt durch und entfernen Sie Elemente, die nicht zum Thema gehören. Gerade bei Onlineartikeln finden sich häufig Verweise auf andere Beiträge oder Werbung. Der KI-Assistent ist zwar in der Lage, die Spreu vom Weizen zu trennen. Falls aber zu viele irrelevante Informationen im Text stehen, kann dies das Ergebnis durchaus beeinträchtigen.

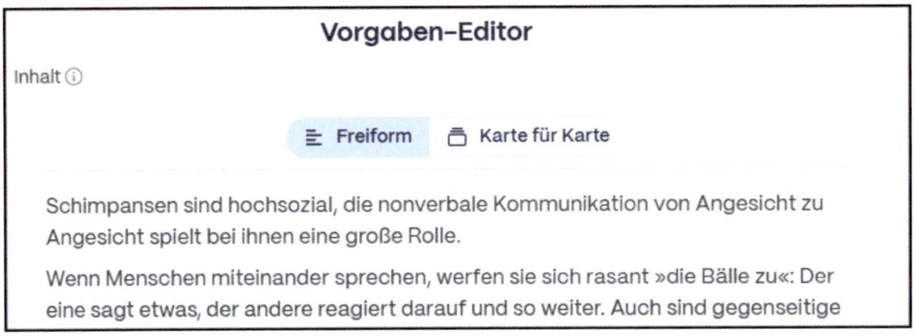

8. In der Spalte am linken Rand können Sie die Form der Präsentation über verschiedene Einstellungen beeinflussen.
   - Gamma kann den *Inhalt des Textes* auf verschiedene Weisen behandeln. Standardmäßig wird der Originaltext *Verdichtet*, also zusammengefasst und straff strukturiert. Wenn Sie nur wenig Ausgangsmaterial haben, kann die KI auch weitere passende Inhalte *Generieren*. Ist das Original hingegen ohnehin schon angemessen kompakt, können Sie den Inhalt *Bewahren*, sodass er nur neu formatiert wird.

- *Textmenge* bestimmt, wie umfangreich und ausführlich die einzelnen Karten oder Folien gestaltet werden. Mit *Minimal* beschränkt die KI sich auf die wichtigsten Stichpunkte und produziert Karten, die Sie selbst als Leitfaden für einen freien Vortrag nutzen können. *Kompakt* oder *Ausführlich* eignen sich mit einer etwas breiteren Darstellung gut für Folien, die sowohl Ihnen als auch dem Publikum zur Orientierung dienen. Wenn Sie dem Publikum genauere Informationen mitgeben möchten, erhalten Sie mit *Umfassend* eine Fassung mit detaillierten Absätzen zum Nachlesen.
- Wollen Sie die Präsentation in einer anderen Sprache halten, wählen Sie dies bei *Ausgabesprache*.
- Wenn Sie als *Bildquelle* die standardmäßig voreingestellten *KI-Bilder* verwenden, können Sie darunter ergänzende Informationen an den KI-Bildgenerator mitgeben, etwa wenn die Illustrationen in einem bestimmten Stil gehalten sein sollen. Alternativ können Sie anstelle von KI-generierten Werken auch Bilder aus dem Web suchen lassen.

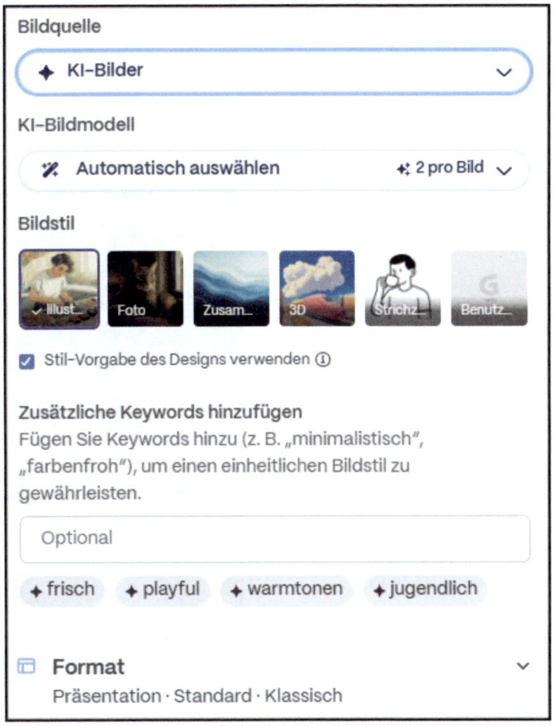

- Im Abschnitt *Format* können Sie das Zielformat (siehe Schritt 6) nachträglich verändern. Außerdem können Sie Vorgaben zur Breite und Höhe der Karten machen.

9. Am unteren Rand der Webseite können Sie wählen, in wie viele Karten bzw. Folien der Inhalt aufgeteilt werden soll. Das hängt selbstverständlich immer ganz vom Thema und dem Umfang des vorhandenen Materials ab, aber auch von der geplanten Länge des Vortrags. Hier hilft nur Ausprobieren. Mit dem kostenlosen Basiskonto können Sie nur Präsentationen mit maximal zehn Karten generieren. Für zahlende Kunden sind auch mehr Folien möglich.

10. Haben Sie alle Vorgaben soweit nötig angepasst, klicken Sie unten auf *Generieren*.

Das Generieren der Präsentation kann je nach Umfang ein wenig Zeit in Anspruch nehmen. Immerhin muss nicht nur Text analysiert, generiert und formatiert werden, sondern abhängig von der Vorlage gestaltet Gamma die Folien auch und fügt ggf. passende KI-generierte Bilder ein. In der Regel sollten sich die Ergebnisse aber bald auf dem Bildschirm nach und nach aufbauen.

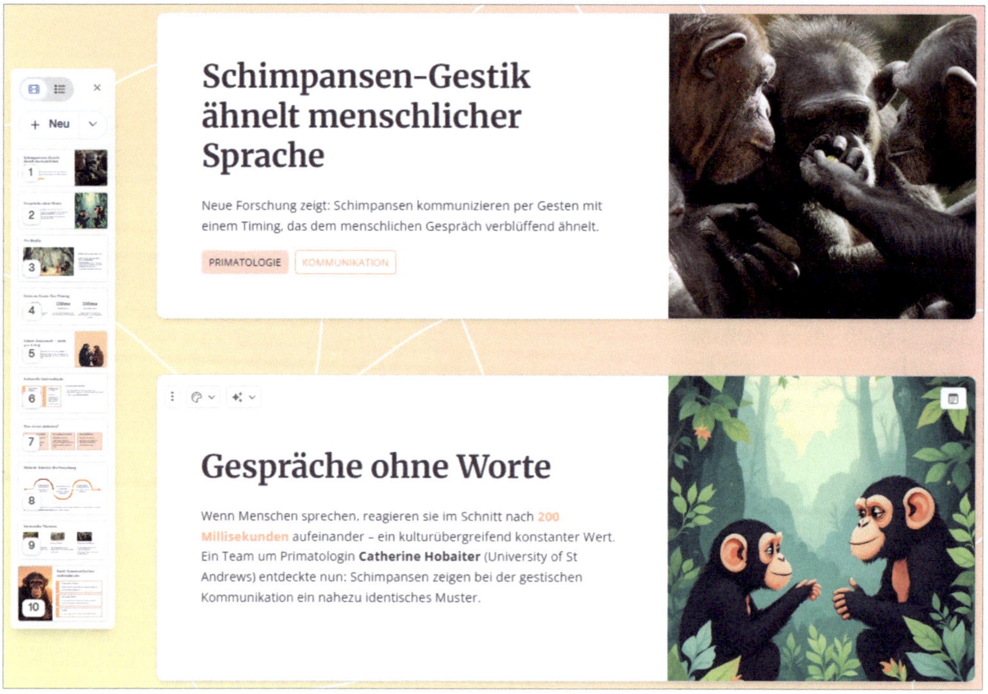

Dabei sehen Sie am linken Rand eine Navigationsleiste mit allen Folien. Die dort jeweils ausgewählte Karte wird rechts daneben groß angezeigt.

Die Folien der fertigen Präsentation können Sie direkt mit dem Webbrowser im Vollbildmodus wiedergeben. Sie können sie aber auch als PowerPoint- oder PDF-Datei herunterladen (über *Teilen/Exportieren*). Gamma bietet darüber hinaus weitere Möglichkeiten wie das manuelle Nachbearbeiten der generierten Folien, das Hinzufügen von Notizen oder das Teilen und Zusammenarbeiten mit anderen Nutzern.

11.3 Mit KI-Hilfe zum perfekten Urlaub

Wer eine Reise tut, der will etwas erleben. Schon lange kann man Reisen aller Art online buchen, sich vorab über die besten Unterkünfte und Restaurants informieren und lohnenswerte Ziele recherchieren.

Mit KI können Sie Ihre Reiseplanung und -vorbereitung noch einen Schritt weiter treiben. Denn das umfängliche Wissen von KI-Systemen ermöglicht es, auch auf ganz spezielle Bedürfnisse einzugehen und ganz individuell passende Reiseziele zu finden oder Empfehlungen auszusprechen. So kann man sich jede Menge Recherche-Aufwand ersparen und trotzdem sicher sein, nichts Wesentliches zu verpassen.

So können Sie sich beispielsweise Sehenswürdigkeiten empfehlen lassen, die zu Ihrem Zeitplan passen, nahe an Ihrem Standort sind und sich für kurze Stippvisiten eignen. Dabei ist es hilfreich, dem KI-Assistenten die Umstände möglichst genau zu schildern, sodass Sie möglichst zutreffende Antworten erhalten:

```
Ich bin nächste Woche drei Tage beruflich in Marseille.
Mein Hotel ist im Stadtzentrum. Zwischendurch werde
ich in Pausen immer wieder Gelegenheit zu kurzen
Besichtigungen haben. Ich habe kein Auto und möchte
keine öffentlichen Verkehrsmittel nutzen. Welche
Sehenswürdigkeiten in Laufweite kannst du mir
empfehlen?
```

In Marseille gibt es viele Sehenswürdigkeiten, die du bequem zu Fuß erreichen kannst. Hier sind einige Vorschläge:

1. Der alte Hafen von Marseille (Vieux Port) - Hier kannst du entlang des Hafens spazieren und die vielen Restaurants und Cafés genießen.
2. Die Kathedrale von Marseille (Cathédrale de la Major) - Diese imposante Kathedrale ist einen Besuch wert und bietet eine beeindruckende Architektur.
3. Das Viertel Le Panier - Dieses historische Viertel ist voller enger Gassen, bunter Häuser und gemütlicher Cafés.
4. Das Fort Saint-Jean - Dieses historische Fort bietet einen tollen Blick auf den Hafen und die Stadt.
5. Der Palais Longchamp - Dieser prächtige Palast beherbergt das Museum für Schöne Künste und das Naturhistorische Museum.
6. Die Basilika Notre-Dame de la Garde - Diese beeindruckende Basilika thront über der Stadt und bietet einen atemberaubenden Blick über Marseille.

Vergiss nicht, auch die lokalen Märkte zu besuchen, um die kulinarischen Köstlichkeiten der Region zu probieren. Viel Spaß in Marseille!

Auch wenn Sie sich für ganz bestimmte Dinge oder Arten von Sehenswürdigkeiten interessieren, können Sie KI nutzen, um sich optimal auf eine Reise vorzubereiten:

```
Im Juli bin ich eine Woche in Barcelona. Ich
interessiere mich sehr für Architektur. Stelle mir
eine Liste mit interessanten Objekten in der Stadt
und der näheren Umgebung zusammen. Sortiere sie
anhand der architektonischen Bedeutung mit den
wichtigsten Objekten ganz oben.
```

Hier ist eine Liste von architektonisch bedeutenden Sehenswürdigkeiten in Barcelona und der näheren Umgebung, sortiert nach ihrer Bedeutung:

1. Sagrada Familia - Das unvollendete Meisterwerk von Antoni Gaudí und eines der bekanntesten Wahrzeichen Barcelonas.
2. Park Güell - Ein weiteres Werk von Gaudí, ein farbenfroher Park mit einzigartiger Architektur und fantastischem Ausblick über die Stadt.
3. Casa Batlló - Ein weiteres Gebäude von Gaudí, bekannt für seine organischen

Mit KI das richtige Ziel finden

Auch bei der Auswahl eines Ziels für Ihre nächste Reise können Sie sich von der KI unter die Arme greifen lassen. Vielleicht sind Sie schon sicher, in welches Land es gehen soll, aber Sie kennen es nicht gut genug, um sich für eine bestimmte Gegend zu entscheiden? Schildern Sie dem Assistenten Ihre Vorstellungen, Wünsche oder Rahmenbedingungen möglichst genau.

```
Ich möchte Norwegen kennenlernen. Dabei interessiere
ich mich besonders für Natur, Wandern und Angeln.
Die Anreise sollte möglichst direkt per Flugzeug
möglich sein. Welche drei Regionen oder Orte kannst
du mir als Ziel empfehlen?
```

2. **Bergen und die Fjorde**

Bergen ist das Tor zu den berühmten norwegischen Fjorden und bietet eine perfekte Kombination aus Stadtleben und Naturerlebnissen.

- **Natur**: Die Region um Bergen ist geprägt von beeindruckenden Fjorden wie dem Sognefjord und dem Hardangerfjord.
- **Wandern**: Der Fløyen und der Ulriken sind zwei beliebte Berge in der Nähe von Bergen, die tolle Wandermöglichkeiten bieten.
- **Angeln**: In den Fjorden rund um Bergen gibt es viele Möglichkeiten zum Angeln, sowohl im Süßwasser als auch im Meer.

Anreise: Der Flughafen Bergen (BGO) hat zahlreiche internationale Verbindungen.

Und selbstverständlich können Sie auch nachfragen und eventuelle Unklarheiten in Bezug auf Ihre Reise gleich abklären, beispielsweise:

```
■ Benötige ich für das Angeln in Norwegen einen
  Angelschein oder irgendeine andere Form von
  Berechtigung oder Lizenz?
■ Sind für Norwegen irgendwelche Impfungen erforderlich
  oder empfehlenswert?
■ Welche Währung wird in Norwegen verwendet?
```

- Wie ist der Wechselkurs zum Euro?
- Welche Papiere benötige ich für die Einreise nach Norwegen?
- Was für ein Wetter herrscht in Bergen in Norwegen im Juli und was für Kleidung sollte ich mitnehmen?

Im Juli herrscht in Bergen, Norwegen, in der Regel mildes bis kühles Wetter mit durchschnittlichen Temperaturen zwischen 12°C und 18°C. Es kann jedoch auch regnerisch sein, da Bergen für sein feuchtes Klima bekannt ist. Die Tage sind lang und die Sonne geht erst spät unter.

Für einen Besuch in Bergen im Juli empfehle ich, wetterfeste Kleidung mitzunehmen, darunter Regenjacke, Regenschirm und wasserdichte Schuhe. Leichte Kleidung wie T-Shirts, langärmlige Oberteile, Jeans oder leichte Hosen sind ebenfalls empfehlenswert. Da das Wetter wechselhaft sein kann, ist es ratsam, Schichten zu tragen, die bei Bedarf an- oder ausgezogen werden können.

Zusätzlich solltest du auch an Sonnenschutz denken, da die Sonne im Juli lange scheint und die UV-Strahlung stark sein kann. Ein Hut, Sonnenbrille und Sonnencreme sind daher ebenfalls wichtige Utensilien für deinen Aufenthalt in Bergen im Juli.

Individuelle Reiserouten zusammenstellen lassen

Auch für das Planen einer bestimmten Strecke oder Reise ist KI ein nützliches Werkzeug. Damit ist nicht die Navigationshilfe gemeint, denn dafür gibt es Apps wie Google Maps, die das besser können. Aber eine Reiseroute anhand bestimmter Kriterien können Sie sich auf diese Weise ganz schnell zusammenstellen lassen.

Ich möchte die irische Westküste von Norden nach Süden bereisen. Stelle mir eine detaillierte Reiseroute zusammen, bei der ich mit einem Mietwagen in einer Woche die wesentlichen Sehenswürdigkeiten besuchen und auch die lokale Kultur kennenlernen kann.

> Hier ist eine detaillierte Reiseroute für deine einwöchige Reise entlang der irischen Westküste von Norden nach Süden:
>
> Tag 1: Ankunft in Donegal
>
> - Starte deine Reise in Donegal und erkunde die malerische Stadt.
> - Besuche das Glenveagh Nationalpark und die Glenveagh Castle.
> - Übernachte in einem gemütlichen Bed & Breakfast in der Umgebung.
>
> Tag 2: Fahrt nach Sligo
>
> - Fahre entlang der Küste nach Sligo.
> - Besuche den Strand von Mullaghmore und den Benbulbin Berg.

Hierbei kann man auch gut sehen, dass die konkrete Formulierung einer Anfrage eine wesentliche Bedeutung hat. Bitten Sie einfach nur um »eine Reiseroute«, erhalten Sie eine locker strukturierte Liste, die eher Empfehlungscharakter hat. Fordern Sie stattdessen »eine detaillierte Reiseroute« an, bekommen Sie tatsächlich eine ganz konkrete Liste mit einzelnen Zielen für jeden Tag, die Sie so im Prinzip direkt abfahren könnten. Auch dabei bleibt aber stets Platz für Sonderwünsche und Ihre individuellen Vorstellungen. Wer beispielsweise mit einem Wohnmobil unterwegs ist, kann sich gleich passende Campingplätze empfehlen lassen:

```
Empfiehl mir für jede Übernachtung einen passenden
Campingplatz.
```

(Wobei ich diese Empfehlungen in Bezug auf die Aktualität (siehe Seite 25) vor Antritt der Reise unbedingt noch mal überprüfen würde!) Soll ein ganz bestimmter Ort Teil der Tour werden, können Sie dies auch Teil der Anweisung werden lassen:

```
Plane einen Tagesausflug zu einer der Inseln vor der
Küste mit ein.
Ich möchte dabei mindestens eine Nacht die
Kneipenszene in Galway erkunden.
```

Das tiefe Wissen von KI-Systemen erlaubt es aber auch, Strecken anhand von ganz anderen Kriterien zusammenzustellen, die mit klassischen Reiserouten erst mal nichts zu tun haben. Wenn Sie sich für ein Thema interessieren, zu dem es an verschiedenen Orten Wichtiges und Interessantes zu sehen gibt, können Sie sich eine passende Strecke oder Route planen lassen.

```
Plane mir eine Reise zu den Orten, an denen Goethe
wichtige Stationen seines Lebens verbracht hat.
```

Das klingt nach einer spannenden Reiseidee! Hier sind einige Orte, die du besuchen könntest, um die wichtigsten Stationen im Leben von Johann Wolfgang von Goethe zu erkunden:

1. Frankfurt am Main: Besuche das Goethe-Haus, in dem Goethe seine Kindheit und Jugend verbracht hat. Hier kannst du mehr über seine Familie, seine Bildung und seinen frühen Werdegang erfahren.
2. Leipzig: Gehe zum Auerbachs Keller, einem berühmten Treffpunkt für Künstler und Intellektuelle, den auch Goethe oft besuchte. Hier schrieb er Teile seines "Faust" und verbrachte viel Zeit mit anderen Schriftstellern.
3. Weimar: Besuche das Goethe-Nationalmuseum und das Goethe-Schiller-

Dabei muss es nicht immer gleich eine weite Reise über mehrere Tage werden. Auch für einen Spaziergang kann Ihnen ein KI-Assistent wertvolle Tipps geben, damit Sie als Ortsunkundiger nichts Sehenswertes verpassen.

```
Plane mir einen Spaziergang durch Weimar zu den Orten mit
Bezug zu Goethes Leben dort. Gib mir die Wegstrecke
an und wie viel Zeit ich dafür einplanen sollte.
```

Ein Spaziergang durch Weimar zu den Orten mit Bezug zu Goethes Leben könnte folgendermaßen aussehen:

1. Startpunkt: Goethes Wohnhaus (Frauenplan 1)
2. Goethes Gartenhaus im Park an der Ilm
3. Schloss Belvedere
4. Herzogin Anna Amalia Bibliothek
5. Stadtschloss Weimar

Die Wegstrecke beträgt insgesamt ca. 3-4 Kilometer und man sollte dafür etwa 2-3 Stunden einplanen, je nachdem wie lange man sich an den einzelnen Orten aufhalten möchte. Es empfiehlt sich, vorab die Öffnungszeiten der verschiedenen Sehenswürdigkeiten zu überprüfen, um sicherzustellen, dass man alles besichtigen

11.4 KI als Finanzberater

Auch wenn Sie sich mit Finanzierungsfragen und Anlagestrategien herumschlagen, können Sie sich vom KI-Assistenten Ihres Vertrauens unterstützen lassen.

Zum einen sind KI-Systeme gute Rechner, die alle erforderlichen Formeln kennen und anwenden können, um auch komplexe Berechnungen in Sekunden zu erledigen. Das macht es leichter, verschiedene Varianten zu vergleichen und optimale Entscheidungen zu treffen.

Zum anderen ist KI ein hervorragendes Recherchemittel, wobei man allerdings darauf achten sollte, dass fundiertes Grundlagenwissen auch immer mit jeweils aktuellsten Informationen kombiniert wird.

Komplexe Rechnungen von KI abnehmen lassen

Eine praktische Hilfe kann Ihnen KI bei allen möglichen Berechnungen in Finanzfragen sein. KI-Systeme sind mit Begriffen wie Anlage, Darlehen, Raten, Zinsen, Tilgung und Rendite vertraut. Und sie kennen die dazugehörenden Formeln.

Anstatt selbst zu rechnen, können Sie komplexere Aufgaben dem KI-Assistenten Ihrer Wahl überlassen.

Vor Vertragsschluss nachrechnen

In Kapitel 1 ist unter anderem beschrieben, warum KI manchmal falschliegen kann. Das gilt auch für Finanzielles. KI-Assistenten kennen die korrekten Formeln und können sie auch anwenden. Allerdings ist man nie vor Missverständnissen und Fehlinterpretationen gefeit. Ich würde KI-Systeme deshalb zum Informieren und »Durchspielen« von Möglichkeiten absolut empfehlen. Bevor Sie allerdings irgendetwas unterschreiben, rechnen Sie noch mal mit einem Programm oder einem Onlinerechner nach bzw. kontrollieren Sie ggf. anhand der Vertragsdaten für ein Finanzprodukt, ob dieses am Ende auch mit den KI-Berechnungen übereinstimmt. KI-Assistenten neigen zu großzügigem Runden von Zahlen, was bei kleineren Beträgen und kurzen Laufzeiten die Ergebnisse verfälschen kann.

Die Berechnung von Zinsen »von Hand« kann mühsam sein, insbesondere wenn es um längere Zeiträume geht und dabei auch die Zinseszinsen berücksichtigt werden sollen. Aber auch dafür gibt es eine Formel, die ein kompetenter KI-Assistent selbstverständlich kennt und anwenden kann:

> Ich möchte 5.000 Euro anlegen mit einem Zinssatz von 3,5 Prozent. Wie viel Geld bekomme ich nach zehn Jahren zurück inklusive Zins und Zinseszins?

Der KI-Assistent wird Ihnen als Antwort ausführlich die für die Berechnung angewendeten Formeln vorstellen. Das macht die Antwort etwas unübersichtlich (deshalb ist die nachfolgende Abbildung etwas gekürzt). Dies ist aber wichtig, denn nur so erhalten Sie eine präzise Antwort.

Sie können den Assistenten zwar auffordern, die Formeln wegzulassen und Ihnen nur den Betrag mitzuteilen. Aber dann verzichtet er tatsächlich ganz auf Formeln und schätzt den Betrag nur, was man bei Finanzfragen nicht unbedingt möchte.

Um zu berechnen, wie viel Geld Sie nach zehn Jahren mit einem Zinssatz von 3,5 % erhalten, können wir die Formel für den Zinseszins verwenden:

[A = P \times (1 + r)^n]

Dabei ist:

…] (gerundet auf vier Dezimalstellen)

[A ≈ 7053,50]

Nach zehn Jahren hätten Sie also ungefähr **7053,50 Euro** zurück, inklusive Zinsen und Zinseszinsen.

Noch komplexer kann es bei Darlehen bzw. Krediten werden. Da geht es bei den Raten um Zinsen und Tilgung, und kleine Änderungen können über lange Laufzeiten erhebliche Auswirkungen haben. Und auch hier kann ein KI-Assistent Ihnen helfen, das alles richtig abzuschätzen.

> Ich möchte ein Darlehen über 100.000 Euro aufnehmen. Der Zinssatz beträgt 4,5 %. Meine monatliche Rückzahlung beträgt 600 Euro. Wie lange brauche ich, um das Darlehen vollständig zu tilgen?

Auch hier präsentiert der KI-Assistent Ihnen die Formeln und den Rechenweg, mit denen er zu seinem Ergebnis kommt.

Ganz unten am Ende finden Sie das Ergebnis.

Copilot

Um die Dauer der vollständigen Tilgung deines Darlehens zu berechnen, können wir eine einfache Formel verwenden, die die monatliche Rückzahlung, den Zinssatz und den Darlehensbetrag berücksichtigt.

Hier ist die Berechnung:

1. **Monatlicher Zinssatz**: (\frac{4,5%}{12} = 0,375%)
2. **Formel für di**

$$n = \frac{\log\left(\frac{600}{600 - 100.000 \cdot 0{,}00375}\right)}{\log(1 + 0{,}00375)}$$

Nach der Berechnung ergibt sich eine Laufzeit von etwa **240 Monaten** oder **20 Jahren** [1].

Da die einmal gemachten Angaben und auch die von der KI gelieferten Antworten im Kontext dieses Chats berücksichtigt werden, können Sie sich jederzeit darauf beziehen und nachfragen.

```
Wie viel Zinsen habe ich dann am Ende bezahlt?
```

Copilot

✓ Antworten für Sie werden generiert...

Um die insgesamt gezahlten Zinsen zu berechnen, können wir die folgende Formel verwenden:

$$\text{Gesamtzinsen} = (\text{Monatliche Rückzahlung} \times \text{Anzahl der Monate}) - \text{Darlehensbetrag}$$

Setzen wir die Werte ein:

- Monatliche Rückzahlung: 600 €
- Anzahl der Monate: 240
- Darlehensbetrag: 100.000 €

$$\text{Gesamtzinsen} = (600 \times 240) - 100.000 = 144.000 - 100.000 = 44.000\,€$$

Du würdest also insgesamt **44.000 €** an Zinsen zahlen.

Gibt es noch etwas, bei dem ich dir helfen kann?

Diese Antwort demonstriert schön mögliche Ungenauigkeiten, mit denen man bei KI-Assistenten rechnen muss.

Im Schritt zuvor wurde die Laufzeit mit »etwa 240 Monaten« angegeben. Bei der Nachfrage verwendet der Assistent diesen Wert nun einfach weiter, ohne zu berücksichtigen, dass es ein Etwa-Wert ist, und ohne zu beachten, dass die Schlussrate praktisch immer geringer ausfällt. So kommt er auf einen zu hohen Gesamtwert.

Unter Berücksichtigung solcher Ungenauigkeiten kann man trotzdem weiter nachfragen und beispielsweise verschiedene Varianten durchspielen, um sich die Auswirkungen schnell berechnen zu lassen.

`Und wenn ich monatlich 800 Euro abbezahle?`

Copilot

Antworten für Sie werden generiert...

Wenn du monatlich 800 € abbezahlst, wird die Laufzeit deines Darlehens kürzer und du zahlst insgesamt weniger Zinsen. Lass uns das berechnen:

1. **Monatlicher Zinssatz**: (\frac{4,5%}{12}

log(1 + 0,00375)

Nach der Berechnung ergibt sich eine Laufzeit von etwa **151 Monaten** oder **12,6 Jahren**.

Um die insgesamt gezahlten Zinsen zu berechnen:

$$\text{Gesamtzinsen} = (800 \times 151) - 100.000 = 120.800 - 100.000 = 20.800\,€$$

Du würdest also insgesamt **20.800 €** an Zinsen zahlen.

Das bedeutet, dass du durch die höhere monatliche Rückzahlung die Laufzeit deines Darlehens um etwa 7,4 Jahre verkürzt und etwa 23.200 € an Zinsen sparst. Klingt das gut für dich?

Der Assistent berechnet für die beiden zuvor gestellten Fragen neue Werte anhand der veränderten Rate und zeigt diese an. In der abschließenden Zusammenfassung vergleicht er beide Varianten und beziffert konkret das Einsparpotenzial.

11.5 Mit KI erfolgreicher bewerben

Wer auf der Suche nach einem neuen Job ist, kommt um Bewerbungen und Auswahlgespräche nicht herum. Selbstverständlich können Sie sich bei der Formulierung Ihrer Bewerbung von KI-Assistenten unterstützen lassen, so wie dies vorangehend auch für andere Arten von Texten beschrieben ist. Aber ein findiger KI-Assistent kann Ihnen auch dabei helfen, sich auf ein Bewerbungsgespräch optimal vorzubereiten.

Vorsicht bei vertraulichen Informationen

Bei Bewerbungen geht es oftmals um persönliche Informationen wie Adressen und Kontaktdaten – von Lebensläufen ganz zu schweigen. Wenn Sie solche Daten in der Interaktion mit KI-Assistenten verwenden, werden diese in die Cloud hochgeladen und können von den Systemen auf verschiedene Weisen genutzt und eventuell auch dauerhaft gespeichert werden. Es empfiehlt sich deshalb, diese Daten anonymisiert zu verwenden, indem Sie Namen und Anschriften zuvor entfernen oder durch Pseudo-Angaben ersetzen. Beachten Sie nur, diese in generierten Texten ggf. wieder durch die echten Daten zu ersetzen.

Ein passgenaues Anschreiben erstellen

Das Anschreiben bei einer Bewerbung vermittelt dem potenziellen neuen Arbeitgeber einen ersten wichtigen Eindruck von Ihnen. Erfahrungsgemäß schätzen die Empfänger es aber, wenn Bewerber dabei auch auf das Unternehmen eingehen und deutlich machen, warum sie gern dort arbeiten möchten und warum genau sie die Richtigen für diesen Job sind. Ein KI-Assistent kann Ihnen dabei helfen, ein solches individuell auf ein Unternehmen abgestimmtes Anschreiben zu erstellen. Handelt es sich dabei um ein bekannteres Unternehmen, über das Informationen aus dem Internet bereitstehen, kann das System sich die benötigten Daten sogar selbst beschaffen.

```
Ich benötige ein professionelles Anschreiben für eine
Initiativbewerbung als Lektor beim Markt+Technik
Verlag!
```

Ich benötige ein professionelles Anschreiben für eine Initiativbewerbung als Lektor beim Markt+Technik-Verlag!

Sehr geehrte Damen und Herren,

mit großem Interesse habe ich Ihre Stellenausschreibung für einen Lektor beim Markt+Technik-Verlag gelesen. Da ich über umfangreiche Erfahrung im Bereich Lektorat verfüge und mich besonders für technische Themen begeistere, möchte ich mich gerne initiativ bei Ihnen bewerben.

Während meiner bisherigen beruflichen Laufbahn konnte ich mein Talent für das Korrekturlesen und Redigieren von Texten unter Beweis stellen. Als ausgebildeter

Dieses Beispiel zeigt zum einen, dass etwa ChatGPT nicht mehr als einen solchen Prompt braucht, um ein passgenaues Anschreiben zu erstellen. Informationen zum Geschäftsfeld des Unternehmens und zum Tätigkeitsprofil eines Lektors dort kann die KI selbst passend generieren. Es zeigt zum anderen aber auch die Grenzen auf und macht deutlich, warum man solchermaßen generierte Texte stets kritisch prüfen und idealerweise individuell anpassen und ergänzen sollte:

- Obwohl ein Anschreiben für eine Initiativbewerbung angefragt wurde, das sich also nicht auf eine konkrete Stellenbeschreibung bezieht, ist im Text von einer »Stellenausschreibung« die Rede. Hier hat der Assistent die Aufgabenstellung klar verfehlt.
- Der Abschnitt zur eigenen bisherigen Berufserfahrung ist ausgesprochen allgemein gehalten und verrät nichts Konkretes über den Bewerber. Das ist unvorteilhaft und wird bei einem erfahrenen Personalchef schnell den – berechtigten – Verdacht aufkommen lassen, dass hier eine KI am Werk war. Ich würde hier also unbedingt konkrete, individuelle Ergänzungen vornehmen. Oder aber dem KI-Assistenten das nötige Wissen bereitstellen, um dies selbst zu tun (siehe im Folgenden).

KI-Assistenten mit individuellen Informationen füttern

Auch wenn man mit einem schnell eingetippten Prompt schon ein gut klingendes Anschreiben erhalten kann, ist es sinnvoll, der KI weitere Informationen zur Verfügung zu stellen. Diese kann der Assistent berücksichtigen und so noch individueller auf eine ausgeschriebene Stelle und die persönliche Vita des Bewerbers eingehen.

1. Kopieren Sie den Text der Stellenanzeige bzw. -ausschreibung und fügen Sie diesen in den Prompt des KI-Assistenten ein. Der Assistent wird den Text verarbeiten, ohne darauf konkret zu reagieren. Als »Antwort« erhalten Sie lediglich eine Wiederholung des Textendes.
2. Kopieren Sie anschließend ebenso Ihren persönlichen Lebenslauf in den Prompt des KI-Assistenten. Auch dieser wird verarbeitet und die Informationen daraus werden Teil dieses spezifischen Chats.
3. ChatGPT etwa erkennt an dieser Stelle aus der Kombination von Stellenausschreibung und Lebenslauf bereits automatisch, dass Sie sich vermutlich bewerben möchten, und formuliert unaufgefordert ein Bewerbungsschreiben, das Details aus der Stellenanzeige und Ihrem Lebenslauf integriert.
4. Wenn Ihnen das so noch nicht reicht oder wenn andere Assistenten diesen Schritt nicht automatisch vollziehen, können Sie mit einem entsprechenden Prompt nachhelfen, um das gewünschte Ergebnis zu erzielen:

```
Erstelle mir ein professionelles Anschreiben
für die angegebene Stellenausschreibung unter
Berücksichtigung meines Lebenslaufs!
```

> Erstelle mir ein professionelles Anschreiben für die angegebene Stellenausschreibung unter Berücksichtigung meines Lebenslaufs!
>
> Sehr geehrte Damen und Herren,
>
> mit großem Interesse habe ich Ihre Stellenausschreibung für die Position als Redaktionsassistentin in der Frankfurter Verlagsgruppe gelesen. Aufgrund meiner Ausbildung und praktischen Erfahrungen bin ich überzeugt, dass ich die Anforderungen der Position bestens erfüllen kann.
>
> Während meines Masterstudiums in Computational Science and Engineering an der Technischen Universität Dresden habe ich umfangreiche Kenntnisse in den Bereichen Technik und Naturwissenschaften erworben. Insbesondere meine Schwerpunkte in Computational Optics, Pattern Recognition und Strömungsmechanik haben mir ein fundiertes Verständnis für komplexe Themen vermittelt. Meine Bachelorarbeit im Bereich Mathematik mit dem Thema "Beweis mit Stone-Weierstraß-Theorem" zeigt meine Fähigkeit zur analytischen Denkweise und Problemlösung.

Die Informationen, die Sie dem Assistenten über den Prompt mitgeteilt haben, werden Teil des Wissens, das die KI innerhalb dieser Chat-Sitzung hat. Sie können sich also immer wieder darauf beziehen, solange Sie diesen Chat nicht schließen.

Einen tabellarischen Lebenslauf in einen klassischen umwandeln

Viele Arbeitgeber begnügen sich heutzutage mit einer kompakten Tabelle mit den wesentlichen Angaben zu Werdegang und persönlichen Fähigkeiten. Manche aber legen Wert auf einen klassisch ausformulierten Lebenslauf.

Wenn Sie sich bei einem solchen Unternehmen bewerben möchten, können Sie einen vorhandenen tabellarischen Lebenslauf als Basis nehmen und ein KI-Werkzeug wie ChatGPT (siehe Seite 35) daraus einen klassischen Lebenslauf formulieren lassen, der in Sprachwahl und Formulierungen idealerweise auf das Unternehmen abgestimmt ist.

1. Öffnen Sie unter https://chatx.de die deutschsprachige Vollbildversion von ChatGPT.
2. Kopieren Sie den Inhalt Ihres tabellarischen Lebenslaufs aus dem Originaldokument (beispielsweise PDF- oder Word-Datei) in die Zwischenablage.

3. Fügen Sie dann diesen Inhalt der Zwischenablage in den Prompt von ChatGPT ein und senden Sie diesen ab. Die so hochgeladenen Informationen stehen dem KI-Assistenten dann für den weiteren Verlauf der Sitzung zur Verfügung.
4. Nun können Sie den Assistenten beauftragen, aus den übermittelten Lebenslaufdaten einen klassischen Lebenslauf zu erstellen, beispielsweise so:

```
Das ist mein tabellarischer Lebenslauf. Kannst du
mir daraus bitte einen klassischen Lebenslauf mit
Fließtext erstellen?
```

5. Daraufhin erhalten Sie eine ausformulierte Version Ihres Lebenslaufs, die Sie zumindest als gute Basis verwenden können, um ggf. noch Umformulierungen vorzunehmen oder ggf. Aspekte stärker hervorzuheben, die der KI-Assistent vielleicht nicht ausreichend gewürdigt hat.

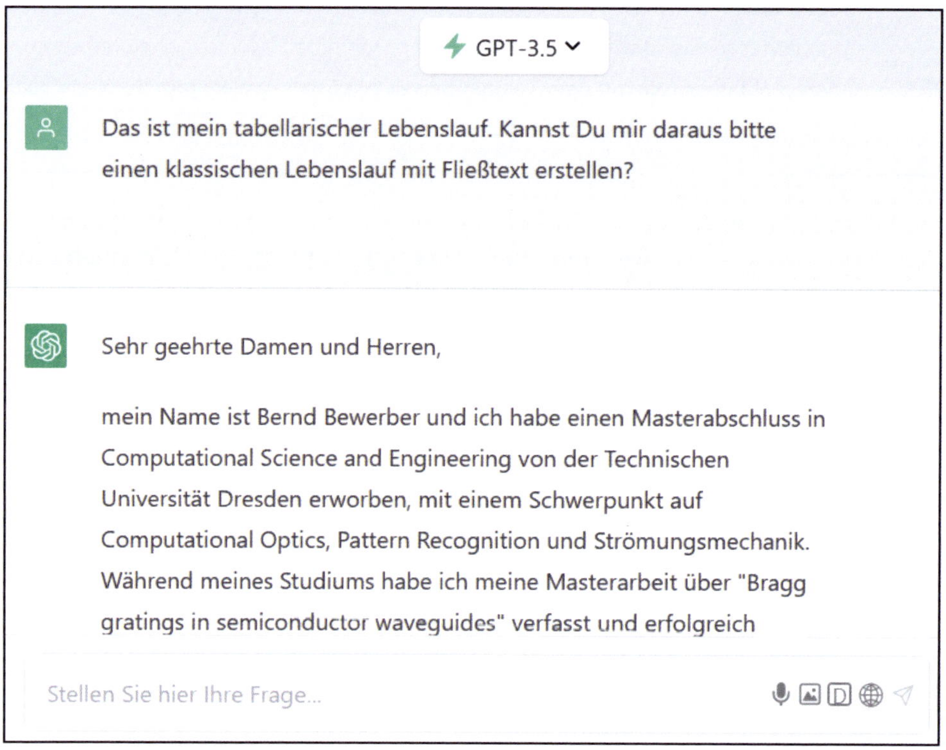

Bilder für Bewerbungen generieren

Bei Stellenbewerbungen wird üblicherweise ein Porträtfoto des Bewerbers erwartet, das professionellen Ansprüchen genügen sollte. Man sollte korrekt gekleidet vor einem neutralen Hintergrund stehen und auch das Foto sollte gut belichtet und angemessen scharf sein. Dafür reicht es nicht, sich mal eben von einem Freund ablichten zu lassen oder womöglich selbst ein Bild mit der Frontkamera des Smartphones aufzunehmen.

Nun hat man aber nicht immer Zeit für ein professionelles Fotoshooting und auch die Kosten dafür sind nicht zu vernachlässigen. Falls Sie mal in einer solchen Situation sind und dabei zumindest über ein Bild mit Ihrem Gesicht in ordentlicher Qualität verfügen – unabhängig von Kleidung, Hintergrund usw. –, können Sie sich von der KI helfen lassen, daraus ein taugliches Bewerbungsfoto zu generieren.

Voraussetzung ist, dass das Bild annähernd ein Porträtfoto ist oder zumindest nur Sie formatfüllend zeigt. Viele Online-Bildeditoren mit KI-Funktionen bieten diesen Dienst an. Allerdings kann man ihn bei den wenigsten kostenfrei testen. Eine Ausnahme ist **AI Ease**, bei dem man sich lediglich kostenlos anzumelden braucht.

1. Öffnen Sie im Webbrowser die Seite https://www.aiease.ai/headshot-generator bzw. wählen Sie auf der Startseite von aiease.ai oben in der Menüleiste *AI Tools/ Portrait Tools/AI Headshot Generator*.
2. Legen Sie im ersten Schritt den gewünschten Stil fest.
3. Wählen Sie dann bei *Hochladen* die Bilddatei mit Ihrem Porträt aus. Alternativ können Sie die Datei direkt mit der Maus auf das Rechteck ziehen und dort loslassen. Links daneben gibt der Dienst Ihnen Tipps, welche Art von Bildern sich für diese Funktion besonders gut eignet.
4. Warten Sie kurz, bis das hochgeladene Foto im Rechteck angezeigt wird. Bestimmen Sie das Format, in dem das neue Bild erstellt werden soll. Klicken Sie dann auf *Generieren*.

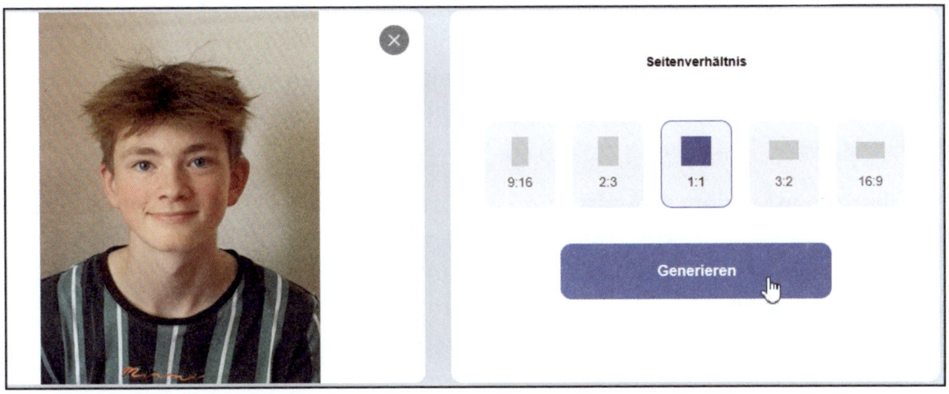

5. Nun beginnt die KI-Funktion im Hintergrund mit der Arbeit, was ein wenig dauern kann. Anschließend präsentiert Ihnen die Webseite einen Vorschlag für eine professionelle Version des Bildes. Sollte Ihnen diese nicht zusagen, können Sie mit *Erneut generieren* eine neue Variante abrufen. Mit der *Herunterladen*-Schaltfläche ganz oben auf der Seite speichern Sie das endgültige Ergebnis auf Ihrem PC.

Mit KI auf ein Vorstellungsgespräch vorbereiten

Wenn Ihr Bewerbungsschreiben erfolgreich war und Sie eine Einladung zu einem Bewerbungsgespräch erhalten, können Sie die KI weiternutzen, um sich auf einen solchen Termin optimal vorzubereiten. Selbstverständlich ist es unabhängig davon weiterhin sinnvoll, sich über das Unternehmen gründlich zu informieren. Aber Sie können die KI dafür nutzen, sich ganz gezielt auf bestimmte Situationen und Fragen vorzubereiten. Auch hierbei ist es wieder wichtig, dass der KI spezifische Informationen über die Stelle und Ihre Person zur Verfügung stehen.

1. Übergeben Sie dem KI-Assistenten wie vorangehend beschrieben per Prompt den Text der Stellenanzeige sowie Ihren Lebenslauf. Stehen Ihnen schon weitere Daten wie beispielsweise eine ausführlichere Stellenbeschreibung oder andere Angaben zum Unternehmen zur Verfügung, übermitteln Sie auch diese an die KI.
2. Fordern Sie nun den Assistenten auf, eine bestimmte Rolle einzunehmen und aus dieser Perspektive heraus zu agieren:

```
Du bist Personalverantwortlicher für die
ausgeschriebene Stelle. Erstelle mir eine Liste
der wichtigsten Fragen, die du mir als Bewerber
während des Bewerbungsgesprächs stellen würdest.
```

Du bist Personalverantwortlicher für die ausgeschriebene Stelle. Erstelle mir eine Liste der wichtigsten Fragen, die Du mir als Bewerber während des Bewerbungsgesprächs stellen würdest.

Als Personalverantwortlicher für die ausgeschriebene Stelle als Redaktionsassistentin in der Verlagsgruppe würde ich Ihnen während des Bewerbungsgesprächs folgende Fragen stellen:

1. Können Sie uns etwas über Ihre bisherigen Erfahrungen im Bereich Lektorat und Redaktionstätigkeiten erzählen?
2. Wie würden Sie Ihre PC-Kenntnisse, insbesondere im Umgang mit Microsoft Office und anderen relevanten Programmen, einschätzen?
3. Welche Erfahrungen haben Sie im Umgang mit Rechtschreibung, Interpunktion und Grammatik?
4. Wie gehen Sie typischerweise bei der Endkontrolle von Seiten in typografischer Hinsicht vor?
5. Können Sie Beispiele für Situationen nennen, in denen Sie eigeninitiativ gehandelt und Verantwortung übernommen haben?

3. Selbstverständlich kann die KI nur mutmaßen, welche Fragen im Gespräch gestellt werden. Aber wenn Ihnen gute Antworten darauf einfallen, sind Sie schon mal gut vorbereitet. Außerdem können Sie den Fragenkatalog schnell variieren, wenn er Ihnen auf Anhieb zu allgemein erscheint, beispielsweise so:

```
Gehe bei den Fragen stärker auf die Branche ein.
```

oder

```
Gehe bei den Fragen stärker auf meinen Lebenslauf
ein.
```

4. Vor allem aber können Sie sich vom KI-Assistenten nicht nur Fragen, sondern auch dazu passende Antworten liefern lassen:

```
Nenne mir für Frage 6 fünf gute Antworten.
```

Nenne mir für Frage 6 fünf gute Antworten.

1. Während meiner Tätigkeit als studentische Hilfskraft am Mathematischen Institut der Technischen Universität Dresden habe ich gelernt, eigenständig komplexe mathematische Probleme zu lösen und meine Ergebnisse strukturiert zu präsentieren.
2. Durch die Organisation von Seminaren und Workshops während meiner Zeit als studentische Hilfskraft konnte ich meine Fähigkeiten im Bereich der Planung und Koordination von Veranstaltungen weiterentwickeln.
3. In meinem Praktikum bei den DEW Dresdner Energie Werken AG war ich für die Erstellung von Präsentationen und die Kommunikation mit verschiedenen Abteilungen verantwortlich, was meine Teamfähigkeit und mein Organisationstalent gestärkt hat.
4. Die eigenverantwortliche Betreuung von Projekten während meines Studiums hat mir gezeigt, wie wichtig es ist, deadlines einzuhalten und effektiv zu priorisieren, um erfolgreich abzuschließen.
5. Durch die enge Zusammenarbeit mit Kollegen in interdisziplinären Teams habe ich gelernt, konstruktives Feedback anzunehmen und meine Arbeitsweise kontinuierlich zu verbessern.

5. Auch wenn Sie weitere private Stärken, Talente oder Fähigkeiten für sich ins Spiel bringen wollen, kann der Assistent Ihnen dazu stellenspezifische Tipps geben:

```
Ich bin ein leidenschaftlicher Marathonläufer.
Wie kann ich diese Fähigkeit für diese Stelle
nutzen?
```

Der Assistent kombiniert dann sein Wissen über dieses spezielle Hobby mit den Informationen über die ausgeschriebene Stelle und schlägt Ihnen spezifische Bezüge vor, die Sie im Bewerbungsgespräch an passender Stelle ggf. nutzen können.

Ich bin ein leidenschaftlicher Marathonläufer. Wie kann ich diese Fähigkeit für diese Stelle nutzen?

Als leidenschaftlicher Marathonläufer verfügst du über eine beeindruckende Ausdauer, Disziplin und Durchhaltevermögen. Diese Fähigkeiten können auf vielfältige Weise in der Position als Redaktionsassistentin genutzt werden:

1. Ausdauer: Wie beim Marathon erfordert auch die redaktionelle Arbeit oft langanhaltende Konzentration und Durchhaltevermögen. Deine Fähigkeit, lange Zeit fokussiert zu arbeiten, kann dir dabei helfen, auch komplexe redaktionelle Aufgaben erfolgreich zu bewältigen.
2. Disziplin: Die Vorbereitung auf einen Marathon erfordert eine strukturierte Trainingsplanung und die Bereitschaft, konsequent an deinen Zielen zu arbeiten. Diese Disziplin kannst du auch in deiner Arbeitsweise als Redaktionsassistentin einsetzen, um effizient und zielgerichtet zu arbeiten.
3. Zielorientierung: Als Marathonläufer kennst du das Gefühl, auf ein großes Ziel hinzuarbeiten und dich kontinuierlich zu verbessern. Diese Zielorientierung kann dir dabei helfen, auch in der redaktionellen Arbeit klare Ziele zu setzen und diese mit Engagement zu verfolgen.

6. Auch wenn Sie vielleicht von früheren Bewerbungsgesprächen schon wissen, dass Ihnen spontane Antworten auf bestimmte Fragen nicht leichtfallen, können Sie sich von der KI gezielt darauf vorbereiten lassen. Eine beliebte bzw. gefürchtete Frage bei solchen Terminen ist beispielsweise die nach eigenen Schwächen. Die möchte man ungern zugeben, aber gleichzeitig sollte man eben doch eine konkrete Antwort parat haben.

```
Ich tue mich schwer damit, bei zu viel Arbeit auf
meine Überlastung hinzuweisen oder um Hilfe zu
bitten. Wie kann ich diese Schwäche so kommunizieren,
dass sie mir nicht negativ ausgelegt wird? Schlage
mir bitte eine konkrete Formulierung vor, die ich
in einem Bewerbungsgespräch verwenden kann.
```

> Ich tue mich schwer damit, bei zuviel Arbeit auf meine Überlastung hinzuweisen oder um Hilfe zu bitten. Wie kann ich diese Schwäche so kommunizieren, dass sie mir nicht negativ ausgelegt wird? Schlage mir bitte eine konkrete Formulierung vor, die ich in einem Bewerbungsgespräch verwenden kann.
>
> Eine mögliche Formulierung für ein Bewerbungsgespräch könnte sein:
>
> "Ich bin mir bewusst, dass es mir manchmal schwerfällt, bei zu viel Arbeit meine Überlastung anzusprechen oder um Hilfe zu bitten. Diese Erkenntnis hat mich dazu motiviert, aktiv an meiner Kommunikationsfähigkeit in diesem Bereich zu arbeiten und nach Lösungen zu suchen, um effektiver mit Arbeitsbelastung umzugehen. Ich sehe diese Herausforderung als Chance zur persönlichen Weiterentwicklung und bin offen für konstruktives Feedback sowie bereit, an mir zu arbeiten, um meine Fähigkeiten kontinuierlich zu verbessern."

Weitere Möglichkeiten

Über diese konkreten Hilfen bei Bewerbung und Vorstellungsgespräch hinaus kann KI Ihnen eine wertvolle Hilfe beim Recherchieren und Vorbereiten sein:

- Wenn Ihnen die Vorschläge des Assistenten auch aus Ihrer persönlichen Erfahrung heraus unpassend erscheinen, können Sie diese jederzeit nachjustieren, beispielsweise mit:

```
Bitte gehe mehr auf die Branche ein
Bitte formuliere die Antwort lockerer
Bitte formuliere die Antwort formeller
```

- Falls der Assistent Sie mit Klischees wie »Wo sehen Sie sich selbst in fünf Jahren?« langweilt, fordern Sie ihn zu mehr Innovation auf:

```
Mache bitte aktuellere und innovativere
Vorschläge!
```

- Nutzen Sie die Fähigkeit der KI, sich in verschiedene Rollen hineinzuversetzen und Fragen aus der jeweiligen Perspektive beantworten zu können. So können Sie sich beispielsweise auch darauf vorbereiten, Ihrerseits die richtigen Fragen zu stellen:

```
Stell dir vor, dass du als Bewerber für diese Stelle
zu einem Bewerbungsgespräch eingeladen wirst. Der
Personalchef gibt dir die Möglichkeit, Fragen zum
Unternehmen und zu deiner Position zu stellen.
Welche Fragen würdest du stellen?
```

- Auch wenn Sie die Vorbereitung von wichtigen Gesprächen lieber selbst erledigen, kann KI Ihnen unter die Arme greifen. Kopieren Sie dazu Ihre Notizen in den Prompt und schreiben Sie:

```
Für mein Vorstellungsgespräch habe ich diese
Fragen und Antworten vorbereitet. Hast du
Verbesserungsvorschläge für mich?
```

11.6 KI-Unterstützung beim Programmieren

Ein weiteres Gebiet, bei dem künstliche Intelligenz Ihnen behilflich sein kann, ist das Erstellen von Programmen in allen möglichen Computersprachen. Aus der Sicht einer generativen KI ist eine Programmiersprache in erster Linie eine Sprache. Und wenn KI-Systeme diverse menschliche Sprachen mit ihren Eigenheiten meistern können, sollten sie mit völlig logisch aufgebauten und im Wortschatz sehr überschaubaren Computersprachen spielend zurechtkommen.

Und die KI-Systeme haben im Rahmen ihres Trainings mit online verfügbaren Informationen unter anderem auch eine Vielzahl von Beispielen für Computerprogramme analysiert. Sie »wissen« also auch, wie man mit solchen Sprachen umgeht.

Lösungen für Programmieraufgaben vorschlagen

Nun ist nicht jeder ein Programmierer, aber man kann kleine eigene Programme an einigen Stellen sinnvoll nutzen. Office-Programme wie Word beispielsweise verfügen über eine eigene Makrosprache namens Visual Basic for Applications (VBA). Sie können Makros über einen eingebauten Rekorder aufzeichnen.

Noch mehr Möglichkeiten bietet es aber, Makros selbst zu programmieren und sich dabei von einem KI-Assistenten wie Copilot helfen zu lassen.

1. Beschreiben Sie dem KI-Assistenten möglichst genau, welche Aufgabe Sie mit dem Programm lösen möchten.

```
Schreibe mir ein VBA-Makro, das in einem Word-Text
die Größe aller eingefügten Bilder der Seitenbreite
des Dokuments anpasst. Die Proportionen der Bilder
sollen dabei erhalten bleiben.
```

2. Nach kurzem Nachdenken präsentiert der Assistent Ihnen seine Lösung (hier nur auszugsweise wiedergegeben).
3. Mit einem Klick auf das Kopieren-Symbol oben rechts neben dem Code übernehmen Sie nur diesen in die Zwischenablage.

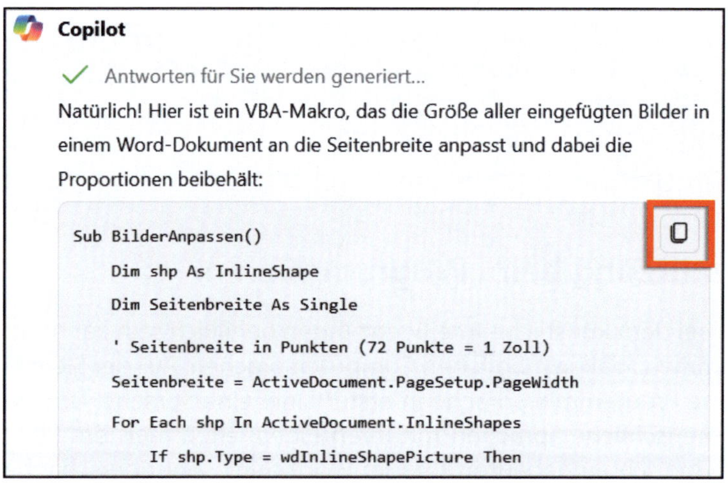

4. Wichtig: Lesen Sie die Antwort des Assistenten auch über den Code hinaus bis zum Schluss. Am Ende folgen meist noch Hinweise, wie das Programm konkret eingesetzt werden kann. Teilweise müssen zuvor auch noch Werte innerhalb des Codes angepasst werden, damit es funktioniert.

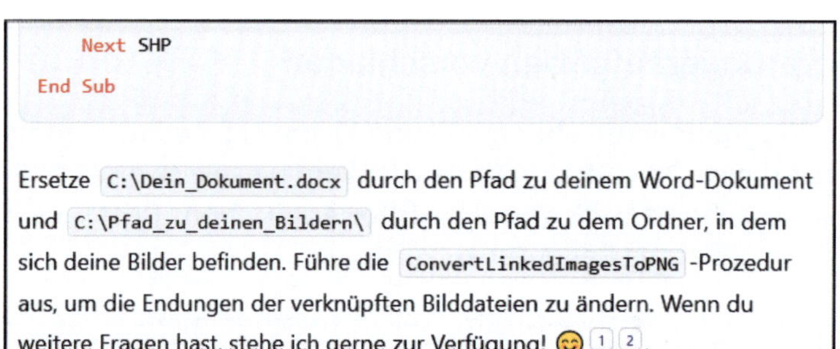

Programmfehler mit KI-Hilfe aufspüren

Wenn man selbst programmiert oder den mit KI-Hilfe erstellten Code vielleicht individuell abändert, kann es schnell zu kleinen Fehlern kommen, die dann große Wirkung haben. Wenn ein Programm dann statt der beabsichtigten Wirkung nur eine nichtssagende Fehlermeldung produziert, ist guter Rat teuer. Oder eben nicht, wenn er von einer KI schnell und kostenlos kommt.

Den im vorangehenden Abschnitt für Programmiertipps genutzten Copilot kann ich dafür aber leider nicht empfehlen. Er ließ sich bei meinen Tests nicht dazu bringen, selbst offensichtliche Programmfehler zu erkennen.

ChatGPT hingegen kann bei übermitteltem Programmcode zumindest auf syntaktische Fehler im Programm sehr zielsicher aufmerksam machen.

1. Kopieren Sie den fraglichen Programmcode im Editor. Mit Strg+A und Strg+C geht das am schnellsten. Wenn Sie die Fehlerstelle allerdings einigermaßen eingrenzen können, dann beschränken Sie sich darauf. Je weniger Code die KI analysieren muss, desto aussagekräftiger und hilfreicher sind die Ergebnisse.
2. Öffnen Sie dann https://chatx.de (siehe auch Seite 31).
3. Fügen Sie den kopierten Programmcode mit Strg+V in den Prompt ein und übermitteln Sie diesen an den KI-Assistenten.
4. ChatGPT analysiert den übergebenen Code unabhängig auch ganz ohne dazu gestellte Fragen oder Aufgaben. Wenn es dabei einen Fehler entdeckt, macht es in seiner Reaktion darauf aufmerksam und bietet Ihnen gleichzeitig eine korrigierte Fassung des Programms an.
5. Auch bei ChatGPT finden Sie bei Programmcode oben rechts eine Kopieren-Schaltfläche, mit der Sie den Code direkt in die Zwischenablage übernehmen können.

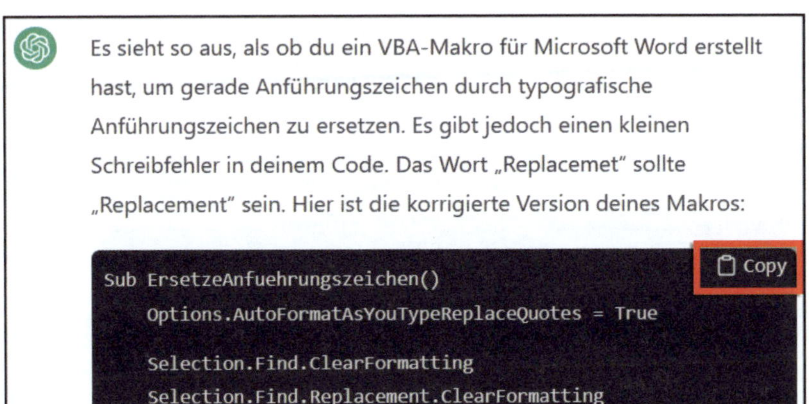

A

B

C

D

E

F

G

H

I

K

L

M

N

O

P